Franzius

DR. MARIANNE SKARICS

ENNEAGRAMM UND HOCHSENSIBILITÄT

Die neun Persönlichkeitstypen und ihr Entwicklungspotenzial

Ratgeber

Ein Buch aus dem FRANZIUS VERLAG

Cover: Jacqueline Spieweg
Bildlizenzen: shutterstock, pixabay
Korrektorat/Lektorat: Petra Liermann
Verantwortlich für den Inhalt des Textes
ist die Autorin Dr. Marianne Skarics
Satz, Herstellung und Verlag: Franzius Verlag GmbH
Druck und Bindung: BoD, Norderstedt

2. Auflage

ISBN 978-3-96050-170-1

Die Deutsche Nationalbibliothek verzeichnet diese Publikation in der Deutschen Nationalbibliografie; detaillierte bibliografische Daten sind im Internet über http://dnb.dnb.de abrufbar.

INHALT

Vorwort 9
1 Hochsensibilität 11
1.1 Begriffserklärung 11
1.2 Charakteristika 13
1.2.1 Allgemeine Charakteristika 13
1.2.2 Hochsensibilität bezüglich äußerer Reize 14
1.2.3 Hochsensibilität bzgl. innerer und sonstiger Reize 16
1.2.4 Weitere Charakteristika 18
2 Enneagramm 21
2.1 Herkunft des Enneagramms 21
2.2 Einführung in das Enneagramm 23
2.2.1 Kurzvorstellung der neun Enneagrammtypen 23
2.2.2 Grundbedürfnisse und Grundenergien 24
2.2.3 Die neun Leidenschaften 28
2.2.4 Das Prinzip der Flügel 31
2.2.5 Das Prinzip der Instinktvarianten 32
2.2.6 Das Prinzip der Trost- und Stresspunkte 34
2.2.7 Integration und Desintegration 36
3 Die neun Typen des Enneagramms 40
3.1 Typ EINS – Der kritische Perfektionist 41
3.1.1 Vorstellung von Typ EINS 41
3.1.2 Erweitertes Persönlichkeitsprofil – »Musterkinder sind nicht wütend« 43
3.1.3 Flügeltypen der EINS 49
3.1.4 Instinktvarianten der EINS 51
3.1.5 Integration und Desintegration der EINS 54
3.2 Typ ZWEI - Der verführende Helfer 60
3.2.1 Vorstellung von Typ ZWEI 60
3.2.2 Erweitertes Persönlichkeitsprofil – »Liebe muss man sich verdienen« 63
3.2.3 Flügeltypen der ZWEI 68
3.2.4 Instinktvarianten der ZWEI 70
3.2.5 Integration und Desintegration der ZWEI 74
3.3 Typ DREI – Der chamäleonartige Erfolgstyp 80
3.3.1 Vorstellung von Typ DREI 80

3.3.2 Erweitertes Persönlichkeitsprofil –
»Du bist was du leistest« ... 82
3.3.3 Flügeltypen der DREI ... 88
3.3.4 Instinktvarianten der DREI ... 91
3.3.5 Integration und Desintegration der DREI ... 94
3.4 Typ VIER – Der sehnsüchtige Ästhet ... 100
3.4.1 Vorstellung von Typ VIER ... 100
3.4.2 Erweitertes Persönlichkeitsprofil –
»Die Suche nach der blauen Blume« ... 103
3.4.3 Flügeltypen der VIER ... 108
3.4.4 Instinktvarianten der VIER ... 111
3.4.5 Integration und Desintegration der VIER ... 115
3.5 Typ FÜNF - Der zurückgezogene Beobachter ... 120
3.5.1 Vorstellung von Typ FÜNF ... 120
3.5.2 Erweitertes Persönlichkeitsprofil -
»Ich denke, also bin ich« ... 123
3.5.3 Flügeltypen der FÜNF ... 129
3.5.4 Instinktvarianten der FÜNF ... 131
3.5.5 Integration und Desintegration der FÜNF ... 135
3.6 Typ SECHS – Der loyale Skeptiker ... 141
3.6.1 Vorstellung von Typ SECHS ... 141
3.6.2 Erweitertes Persönlichkeitsprofil –
»Vorsicht ist besser als Nachsicht« ... 144
3.6.3 Flügeltypen der SECHS ... 149
3.6.4 Instinktvarianten der SECHS ... 152
3.6.5 Integration und Desintegration der SECHS ... 156
3.7 Typ SIEBEN – Der planende Enthusiast ... 162
3.7.1 Vorstellung von Typ SIEBEN ... 162
3.7.2 Erweitertes Persönlichkeitsprofil – »Wenn
wenig gut ist, ist viel noch viel besser« ... 165
3.7.3 Flügeltypen der SIEBEN ... 171
3.7.4 Instinktvarianten der SIEBEN ... 173
3.7.5 Integration und Desintegration der SIEBEN ... 177
3.8 Typ ACHT – Der dominante Herausforderer ... 183
3.8.1 Vorstellung von Typ ACHT ... 183
3.8.2 Erweitertes Persönlichkeitsprofil –
»Wer ist hier der Boss?« ... 186
3.8.3 Flügeltypen der ACHT ... 192

3.8.4 Instinktvarianten der ACHT ... 194
3.8.5 Integration und Desintegration der ACHT ... 198
3.9 Typ NEUN – Der sanfte Friedliebende ... 204
3.9.1 Vorstellung von Typ NEUN ... 204
3.9.2 Erweitertes Persönlichkeitsprofil – »Hauptsache Frieden« ... 207
3.9.3 Flügeltypen der NEUN ... 215
3.9.4 Instinktvarianten der NEUN ... 218
3.9.5 Integration und Desintegration der NEUN ... 222
4 Hochsensibilität im Enneagramm ... 230
4.1 Korrelation von Hochsensibilität und bestimmten Enneagrammtypen ... 230
4.2 Ausprägung der Hochsensibilität bei den einzelnen Enneagrammtypen ... 237
4.2.1 Der hochsensible Typ EINS ... 239
4.2.2 Der hochsensible Typ ZWEI ... 242
4.2.3 Der hochsensible Typ DREI ... 245
4.2.4 Der hochsensible Typ VIER ... 247
4.2.5 Der hochsensible Typ FÜNF ... 251
4.2.6 Der hochsensible Typ SECHS ... 254
4.2.7 Der hochsensible Typ SIEBEN ... 257
4.2.8 Der hochsensible Typ ACHT ... 260
4.2.9 Der hochsensible Typ NEUN ... 263
5 Persönliches Wachstum ... 268
5.1 Typ EINS ... 270
5.1.1 Selbstbeobachtung ... 270
5.1.2 Imaginieren von Veränderungen ... 270
5.1.3 Übungen ... 270
5.1.4 Für die hochsensible EINS ... 275
5.2 Typ ZWEI ... 277
5.2.1 Selbstbeobachtung ... 277
5.2.2 Imaginieren von Veränderungen ... 278
5.2.3 Übungen ... 278
5.2.4 Für die hochsensible ZWEI ... 282
5.3 Typ DREI ... 285
5.3.1 Selbstbeobachtung ... 285
5.3.2 Imaginieren von Veränderungen ... 286
5.3.3 Übungen ... 286

5.3.4 Für die hochsensible DREI 291
5.4 Typ VIER 294
5.4.1 Selbstbeobachtung 294
5.4.2 Imaginieren von Veränderungen 295
5.4.3 Übungen 295
5.4.4 Für die hochsensible VIER 299
5.5 Typ FÜNF 301
5.5.1 Selbstbeobachtung 301
5.5.2 Imaginieren von Veränderungen 302
5.5.3 Übungen 302
5.5.4 Für die hochsensible FÜNF 306
5.6 Typ SECHS 309
5.6.1 Selbstbeobachtung 309
5.6.2 Imagination von Veränderungen 309
5.6.3 Übungen 310
5.6.4 Für die hochsensible SECHS 315
5.7 Typ SIEBEN 317
5.7.1 Selbstbeobachtung 317
5.7.2 Imaginieren von Veränderungen 318
5.7.3 Übungen 318
5.7.4 Für die hochsensible SIEBEN 323
5.8 Typ ACHT 325
5.8.1 Selbstbeobachtung 325
5.8.2 Imaginieren von Veränderungen 325
5.8.3 Übungen 326
5.8.4 Für die hochsensible ACHT 330
5.9 Typ NEUN 333
5.9.1 Selbstbeobachtung 333
5.9.2 Imaginieren von Veränderungen 334
5.9.3 Übungen 334
5.9.4 Für die hochsensible NEUN 339
Zum Geleit 344
Literaturempfehlungen 346

Vorwort

Als ich im Jahr 2001 begonnen habe, mich mit der Thematik rund um die Hochsensibilität zu beschäftigen, gab es dazu kaum Literatur. Inzwischen sind zahlreiche Bücher über hochsensible Menschen erschienen.

Je mehr Hochsensible ich im Laufe der Jahre kennengelernt und für meine Bücher interviewt habe, umso deutlicher verlagerte sich mein Interesse von der Ergründung der mittlerweile ohnehin gut dokumentierten offensichtlichen Gemeinsamkeiten vor allem auf die vorhandenen Unterschiede zwischen Hochsensiblen.

Ich stellte mir die Frage, ob sich etwa ein sehr rationaler, mehr themen- als menschenbezogener Hochsensibler mit der häufig stark die empathische und gefühlvolle Seite vieler Hochsensibler betonenden Literatur über diese Gruppe von Menschen überhaupt identifizieren kann.

Wie steht es mit jemandem, der seine Hochsensibilität innerlich ablehnt und sie mit nach außen demonstrierter Stärke, Dominanz und offensivem Auftreten zu verbergen sucht?

Oder jemandem, der den Perfektionismus, den viele Hochsensible gemeinsam haben, primär gegen sich selbst wendet, der mit sich hart ins Gericht geht, sich kaum Auszeiten gönnt und sich trotz Überstimulation selbst zu permanenten Höchstleistungen antreibt?

Wie sollen dermaßen unterschiedliche Hochsensible sich in einem Buch, das keinerlei Differenzierungen zwischen verschiedenen Ausprägungen der Hochsensibilität anbietet, wiederfinden?

So wurde der Wunsch geboren, die Unterschiede zwischen Hochsensiblen zu beschreiben und diese zugleich besser begründen und klassifizieren zu können.

Der Schlüssel dafür war meine mittlerweile fast 20-jährige Beschäftigung mit dem Enneagramm. Das Enneagramm beschreibt verschiedene Persönlichkeitstypen nicht nur, sondern es erklärt, *warum* wir sind, wie wir sind, es deckt unsere Motive, Ängste, Grundbedürfnisse und Abwehrmechanismen auf und veranschaulicht unsere Entwicklungsmöglichkeiten. So stellt das Wissen um den eigenen Enneagrammtyp eine wertvolle Ergänzung zum Wissen um die eigene Hochsensibilität dar und vieles, das weder die Hochsensibilität alleine noch das Enneagramm alleine erklären kann, wird durch die Kombination von beidem transparent.

Natürlich hilft das Enneagramm auch, unsere Mitmenschen, deren Motive und somit auch deren Eigenheiten und typische Verhaltensweisen besser zu verstehen.

Außerdem ist das Enneagramm nicht statisch, sondern es zeigt das Entwicklungspotenzial jedes Persönlichkeitstyps auf und gibt uns Anregung zu Wachstum und positiver Veränderung. Da gerade Hochsensible, die sich selbst und ihre Mitmenschen intensiver und meist besonders reflektiert wahrnehmen, oft großes Interesse an der Entwicklung ihrer Persönlichkeit haben, ist das Enneagramm für sie ein hervorragendes Tool, sich selbst noch besser zu ergründen, die ganz spezielle Ausprägung ihrer Hochsensibilität noch differenzierter zu verstehen und Anregungen zum persönlichen Wachstum zu erhalten.

1 Hochsensibilität

1.1 Begriffserklärung

Wir alle filtern die Sinneseindrücke und weiteren Reize, die permanent auf uns einwirken.

Würden wir das nicht, wäre es beispielsweise unmöglich, einem Gespräch in einem lauten Lokal zu folgen und wichtige von unwichtigen akustischen, optischen, olfaktorischen und sonstigen Reizen zu unterscheiden. Viele Reize bleiben also unterhalb der Wahrnehmungsschwelle oder werden zumindest soweit gefiltert, dass wir sie nur noch dann bewusst wahrnehmen, wenn wir uns auf sie konzentrieren.

Dieses Prinzip unterscheidet Hochsensible von Nicht-Hochsensiblen zwar nicht, allerdings sind die Filter, mit denen wir die Reize in wichtig und unwichtig trennen, bei hochsensiblen Menschen wesentlich feinmaschiger. Aus diesem Grund dringen automatisch mehr Reize ins Bewusstsein.

So kommt es, dass ein Hochsensibler in einem lauten Lokal so viele verschiedene Sinnesreize aufnehmen und verarbeiten muss, dass es ihm extrem schwerfallen kann, einem Gespräch zu folgen, da alle anderen Reize sehr ablenkend wirken.

Doch nicht nur Informationen aus dem Außen werden weniger stark gefiltert, auch innere Reize (Erinnerungen, Vorstellungen, Gedanken, intuitive Verbindungen etc.) werden in einer größeren Fülle bzw. einer höheren gleichzeitigen Anzahl registriert. Das bedeutet, dass feinere Einzelheiten in einem größeren Spektrum wahrgenommen werden, was beispielsweise der Fall sein kann, wenn ein Hochsensibler unausgesprochene Differenzen zwischen Freunden registriert, obwohl diese sich sehr bemühen, sich nichts anmerken zu lassen.

Was genau nun hochsensible Menschen im Einzelfall besonders intensiv wahrnehmen und verarbeiten, variiert ziemlich. So gibt es etwa Hochsensible, bei denen Gerüche ganz besonders stark nuanciert registriert werden, bei anderen liegt der Schwerpunkt mehr auf optischen, akustischen, haptischen oder inneren Reizen.

Die grundlegende Forschungsarbeit zum Konstrukt der Hochsensibilität stammt von der amerikanischen Psychologin Elaine Aron aus dem Jahr 1997. Aron bezieht sich darin unter anderem auf eine Arbeit von Jerome Kagan, laut der 15 bis 25 Prozent der Menschen auf eine Konfrontation mit Reizen besonders stark reagieren, was an einer subtileren Wahrnehmung und intensiveren Verarbeitung innerer und äußerer Reize liege. Diese Reizoffenheit führt aufgrund der dichteren Überflutung mit Reizen zu einem früheren Zeitpunkt der Überreizung.

Wichtig ist hierbei, dass dies nicht bedeutet, dass weniger Reize ertragen werden, sondern dass die Anzahl der Reize, die registriert werden müssen, bis Übererregung eintritt, bei Hochsensiblen eher erreicht ist.

Elaine Aron prägte infolge den Begriff der »sensory-processing sensitivity« und spricht von »highly sensitive persons« (kurz HSP), auf die dieses Merkmal zutrifft.

Aron zeigte zudem auf, dass Hochsensible nicht automatisch gehemmt oder schüchtern sein müssen, sondern dass diese Merkmale in erster Linie bei jenen hochsensiblen Personen zu finden sind, die in einem ungünstigen elterlichen Umfeld aufgewachsen sind. Hochsensibilität kann also als eine Grundveranlagung gesehen werden, bei der negative Einflüsse in der Kindheit auf einen besonders nährenden Boden fallen. Das führt dazu, dass Schüchternheit, Gehemmtheit, soziale Introversion und negative Emotionalität per se keine Merkmale der Hochsensibilität sind, wenngleich sie bei hochsensiblen Personen unter suboptimalen Umständen begünstigt werden können.

Allerdings registrieren und verarbeiten hochsensible Menschen natürlich nicht nur negative Reize stärker, sondern auch positive Reize, was bedeutet, dass HSP die besten Voraussetzungen dafür haben, täglich viele kleine wunderschöne Dinge zu sehen und zu erleben, die anderen oft verborgen bleiben oder die sie zumindest nicht so nachhaltig berühren.

Das macht die Hochsensibilität zu einer Veranlagung mit Vor- und Nachteilen. In einer immer hektischer werdenden Zeit ist sie ohne Frage eine große Herausforderung. Sie birgt aber auch einen wertvollen Schatz in sich, den es zu entdecken und zu nähren gilt.

1.2 Charakteristika

1.2.1 Allgemeine Charakteristika

Rasche Überstimulation

Das gemeinsame Charakteristikum, das für Hochsensibilität am bezeichnendsten ist, ist die rasche Überstimulation. Da von den vielen Informationen, die ständig auf unser System einprasseln, bei Hochsensiblen weniger Informationen ausgeblendet und dadurch unter die Wahrnehmungsschwelle verschoben werden (können), nehmen sie ständig mehr Reize bewusst wahr als ihre nicht hochsensiblen Mitmenschen. Diese Flut an Reizen führt dazu, dass das Fass, bei dessen Überlaufen es bei jedem Menschen zur Überreizung kommt, bei Hochsensiblen früher voll ist. Es kommt also zu einer schnelleren Überreizung und Überforderung mit Reizen. Folgerichtig ist es für Hochsensible besonders wichtig, sich immer wieder in reizärmere Umgebungen zurückziehen zu können, um sich von der Überstimulation wieder zu erholen.

Erhöhte Stressneigung

Die raschere Überreizung führt natürlich dazu, dass Hochsensible früher an den Punkt gelangen, wo ganz einfach »nichts mehr geht«, an dem sie nur noch in eine Schutzhaltung flüchten, zumindest aber nicht mehr problemlos einwandfrei »funktionieren« können.

So kommt es etwa, dass hochsensible Menschen unter Beobachtung so gestresst sind, dass sie signifikant schlechtere Leistungen erbringen, als wenn sie unbeobachtet sind. Großraumbüros etwa, in denen zur ständigen Beobachtung noch viele weitere verstärkte Sinnesreize kommen, angefangen vom erhöhten Geräuschpegel über verschiedenste Gerüche, eine eventuell schlechtere Luftqualität und vieles mehr, können für Hochsensible daher das Arbeiten dermaßen erschweren, dass sie nur einen Bruchteil dessen, was sie eigentlich könnten, zu leisten imstande sind.

Aber auch die verstärkte Wahrnehmung und tiefere Verarbeitung innerer Reize trägt zur erhöhten Stressneigung hochsensibler Menschen bei. So ist es beispielsweise für einen Hochsensiblen ganz besonders schwer, sich nach einem Streit mit seinem Partner auf ein berufliches Projekt zu konzentrieren, da es für ihn eine kaum überwindbare Herausforderung darstellt, die zu dem Streit gehörigen Empfindungen für eine Weile beiseitezuschieben und zur Tagesordnung überzugehen.

1.2.2 Hochsensibilität bezüglich äußerer Reize

Geräuschempfindlichkeit

Einen wichtigen Teil der Hochsensibilität macht die nuanciertere Wahrnehmung und Verarbeitung äußerer Reize aus. Ein bedeutender Faktor ist hier die erhöhte Empfindlichkeit für Geräusche. Seien es allgemein als eher unangenehm empfundene Geräusche wie Sirenen, Reifenquietschen oder lautes Hundegebell, seien es eigentlich grundsätzlich angenehme Geräusche wie leise Musik im Kaufhaus oder Radioberieselung im Büro oder seien es leise Geräusche, die weniger Sensiblen oft gar nicht bewusst auffallen wie das Ticken einer Uhr oder das Summen des Kühlschrankes: Sie alle können Hochsensible sehr stressen, sie erschöpfen oder ihre Konzentration signifikant beeinträchtigen.

Geruchsempfindlichkeit

Die Empfindlichkeit für Gerüche ist ebenfalls ein weiteres Charakteristikum, das viele HSP gemeinsam haben. So gibt es etwa nicht wenige Hochsensible, die wegen der zu starken Überreizung durch verschiedenste Gerüche nicht oder nur sehr ungern (und teilweise mit dezent über die Nase gezogenem Halstuch oder Jackenkragen) mit öffentlichen Verkehrsmitteln fahren. Immerhin reicht dort die Palette an potenziell überreizenden olfaktorischen Eindrücken von kaltem Zigarettenrauch über verschiedenste Körperausdünstungen, Parfums und Weichspüler bis hin zu Essensgerüchen. Aber auch die Empfindlichkeit gegenüber der Luftqualität (Staub, Rauch, Ozonbelastung, Dämpfe, ungelüftete Räume etc.) ist charakteristisch für Hochsensible.

Temperaturempfindlichkeit

Auch das Temperaturempfinden ist ein Bereich, in dem viele Hochsensible zur Überreizung neigen. So gibt es HSP, die 16 Grad schon als zu warm empfinden, während andere bei 25 Grad noch den Mantel anbehalten. Ein überheiztes Büro kann daher hitzeempfindlichen Hochsensiblen das Arbeiten zur Qual machen und ihre Konzentrationsfähigkeit markant sinken lassen, während andere HSP es kaum ertragen, in einem mittels Klimaanlage gekühlten Büro zu sitzen. Überheizte Einkaufszentren oder öffentliche Verkehrsmittel können ebenfalls als sehr stressig wahrgenommen werden. Auch Zugluft kann für viele Hochsensible recht problematisch sein.

Berührungssensibilität

Berührungen von anderen Menschen, das Berühren bestimmter Dinge oder das Berührtwerden durch bestimmte Dinge kann von Hochsensiblen ebenfalls besonders intensiv wahrgenommen werden. Kratzende Etiketten aus Shirts und Röcken zu schneiden, gehört bei vielen HSP daher zum Standardprogramm nach dem Kauf neuer Kleidungsstücke. Bestimmte Stoffe (etwa Wolle, manche Leinenarten oder synthetisches Gewebe o. a.) können so unangenehm sein oder so sehr jucken, dass man sie nicht am Körper tragen kann. Schuhe zu finden, die nicht unangenehm sind oder Blasen verursachen, kann zu einer Herausforderung werden. Bestimmte Berührungen von anderen Menschen wie etwa feste Umarmungen können als zu überwältigend wahrgenommen werden und ein einzelnes ins Gesicht hängendes Haar kann als dermaßen irritierend wahrgenommen werden, dass man sich sofort auf die Suche nach ihm machen muss, um es aus dem Gesicht zu kämmen.

Optisch-ästhetische Sensibilität

Vielen Hochsensiblen ist auch eine stark ausgeprägte optisch-ästhetische Sensibilität eigen, das heißt, dass sie großen Wert auf eine optisch ansprechende Umgebung legen, da sie sich sonst nicht wohlfühlen. So wird der neue Arbeitsplatz möglichst bald mit einem schönen Blumenstock oder einem hübsch gerahmten Foto dekoriert und auch ihr Zuhause gestalten diese HSP mit einem besonders feinen Sinn für Farben, Muster und optisch ideal miteinander harmonierenden Einrichtungs- und Dekorationsgegenständen. Allerfeinste optische Abweichungen können bereits dazu führen, dass ein Gegenstand als optisch ansprechend, ein anderer jedoch als vollkommen unharmonisch empfunden wird.

Hohe Schreckhaftigkeit

Ihre hohe Schreckhaftigkeit führt bei vielen Hochsensiblen dazu, dass sie sich keine Filme mit übermäßig spannenden Überraschungseffekten ansehen. Auch ein Besuch in der Geisterbahn wäre für zu hoher Schreckhaftigkeit neigende Hochsensible etwas, das sie nicht einmal gegen gute Bezahlung erleben möchten, und ein lustig gemeintes »Ha!« eines Freundes, der hinter einer Ecke hervorspringt, kann durchaus etwas sein, bei dem ihnen vor lauter Schreck die Tränen kommen können.

Geschmackssensibilität, Nahrungsmittel- und Medikamentenunverträglichkeit, Allergien

Eine weitere Gemeinsamkeit vieler hochsensibler Menschen ist ihr sehr sensibler Geschmackssinn, der dazu führt, dass bestimmte Nahrungsmittel, Gewürze, Zusatzstoffe oder Geschmacksrichtungen gemieden werden. Oft gibt es auch Unverträglichkeiten bestimmter Nahrungsmittel oder Nahrungszusatzstoffe. Auffallend viele HSP berichten auch von einer Unverträglichkeit verschiedener Inhaltsstoffe von Medikamenten. Auch Allergien kommen bei Hochsensiblen gehäuft vor, was angesichts der erhöhten Empfindsamkeit auf Reize aller Art nicht verwundert. Die generell höhere Sensibilität des Körpers von Hochsensiblen kann des Weiteren dazu führen, dass sie Krankheitssymptome bereits in einem besonders frühen Stadium wahrnehmen.

1.2.3 Hochsensibilität bezüglich innerer und sonstiger Reize

Idealismus und Gerechtigkeitsdenken

Neben der erhöhten Empfindsamkeit bezüglich äußerer Reize nehmen Hochsensible auch innere Reize wie etwa Gedanken und Gefühle nuancierter wahr und verarbeiten diese ausführlicher. Sie reflektieren daher sehr tief, nehmen vieles besonders ernst und denken gründlich über den Zustand der Welt nach. Gerechtigkeit, Freiheit, sozialer Ausgleich und Fairness sind Werte, nach denen Hochsensible typischerweise besonders intensiv streben, weshalb man sie zurecht als Idealisten bezeichnen kann.

Neigung zur Introversion

Da Introversion mit einer höheren Sensibilität für Stimulation einhergeht und introvertierte Menschen sich daher in Situationen mit geringerer Stimulation wohler fühlen, gibt es hier deutliche Parallelen zur Hochsensibilität. Nichtsdestotrotz gibt es auch extravertierte Hochsensible, die beispielsweise beim Zusammensein mit einer Gruppe netter Menschen Energie tanken. Dies ist jedoch nur bei einem relativ niedrigen Prozentsatz von HSP der Fall, während die Mehrheit der Hochsensiblen introvertiert ist und daher auch nach einem schönen Beisammensein mit lieben Menschen erst einmal Ruhe benötigt, um wieder Energie zu tanken.

Ausgeprägte Intuition

Eine sehr gute Intuition ist ebenfalls eine Gemeinsamkeit vieler hochsensibler Menschen. Intuition bedeutet ein direktes, ohne bewusstes Nachdenken stattfindendes Begreifen, bei dem ein Ganzes direkt erfasst wird. Solche plötzlichen Einsichten, ohne dafür eine rationale Erklärung abgeben zu können, oder das sehr frühe intuitive Herstellen von Zusammenhängen und Querverbindungen zwischen verschiedenen Themen ist für HSP oft etwas Selbstverständliches. Einen Zusammenhang gibt es hier mit der subtileren Wahrnehmung hochsensibler Menschen. Da HSP kleinste Informationen wahrnehmen, sind sie früher imstande, von wenigen Puzzleteilen auf ein größeres Ganzes zu schließen. Die ausgeprägte Intuition ist sehr wertvoll beim Einschätzen komplexer Situationen oder dem Fällen von Entscheidungen.

Empathie und Mitgefühl

Empathie bezeichnet die Fähigkeit, sich in andere Lebewesen einzufühlen und deren Empfindungen verstehen und nachempfinden zu können. Grundlage für Empathie ist unsere Selbstwahrnehmung, d. h. je offener wir für unsere eigenen Emotionen sind, umso besser können wir auch die Gefühle anderer Menschen deuten und nachvollziehen. So verwundert es also nicht, dass eine Mehrheit der Hochsensiblen auch stark empathisch veranlagt ist. Sehr oft sind HSP nicht nur ihren Mitmenschen, sondern auch Tieren und oft sogar Pflanzen gegenüber sehr empathisch. So kommt es, dass es einen Hochsensiblen durchaus recht traurig stimmen kann, wenn etwa ein alter, mächtiger Baum gefällt wird, weil er nachempfindet, dass hier ein so lange gewachsenes Leben einfach ausgelöscht wird. Viele Hochsensible pflücken aus diesem Grund auch keine Blumen.

Ihre große Empathie anderen Menschen gegenüber ermöglicht HSP eine tiefe Verbindung zu ihren Mitmenschen, sie ist aber oft auch verbunden mit extremem Mitgefühl und damit einem sehr intensiven Mit-Leiden, dem man sich, auch wenn man es möchte, nicht entziehen kann.

Hohe Ansprüche an sich selbst / Perfektionismus

Aufgrund ihrer hohen Detailwahrnehmung fällt Hochsensiblen naturgemäß recht schnell auf, wenn irgendetwas unvollständig oder nicht perfekt ist. Wegen dieser hohen Fehler-Sensibilität stellen viele hochsensible Menschen an sich selbst auffallend hohe Ansprüche.

Diese extremen Selbstanforderungen führen natürlich zu mehr selbst auferlegtem Druck und damit zu erhöhtem Stress. So kommt es bei Hochsensiblen auch häufig zu besonders starkem Prüfungsstress. In Prüfungssituationen und unter Beobachtung sind HSP ohnehin schon so überreizt, dass sie deutlich schlechtere Ergebnisse erbringen als in entspannteren Situationen und der hohe Anspruch an sich selbst kommt bei vielen noch als weiterer Stressfaktor hinzu.

Gewissenhaftigkeit / Zuverlässigkeit

Die hohen Ansprüche, die HSP typischerweise an sich selbst stellen, führen infolgedessen zu einer großen Gewissenhaftigkeit und Zuverlässigkeit. Viele Hochsensible haben einen starken »inneren Richter« und würden es sich selbst nicht verzeihen, wenn sie Aufgaben nicht sorgfältig und gewissenhaft durchführen und Abmachungen nicht korrekt einhalten würden.

Es ist ihnen aber auch wichtig, alles so zu erledigen, dass nicht nur sie selbst, sondern vor allem auch andere zufrieden sind.

1.2.4 Weitere Charakteristika

Schüchternheit und Selbstwertproblematiken

Nicht zu verwechseln mit Introversion ist Schüchternheit. Introvertierte Menschen tanken Energie beim Alleinsein und verlieren Energie bei länger andauerndem Kontakt mit anderen Menschen, auch dann, wenn dieser Kontakt schön für sie ist. Schüchterne Menschen hingegen sind in Gegenwart anderer oder in bestimmten Situationen besonders gehemmt, schämen sich leicht und vermeiden eventuell sogar bestimmte soziale Situationen, wenn ihnen das möglich ist. Oft geht Schüchternheit einher mit einem nicht so ausgeprägten Selbstwertgefühl. Auch wenn natürlich bei Weitem nicht alle Hochsensiblen schüchtern sind oder ein wackeliges Selbstwertgefühl haben, so ist es doch ein häufiges Merkmal von HSP, da ein selbstsicheres Sich-Behaupten oft nicht – oder zumindest nicht in jungen Jahren – zu ihren Eigenschaften zählt. Oft ist dies darauf zurückzuführen, dass Hochsensible meist schon als Kind erfahren mussten, dass andere, nicht hochsensible Kinder weniger zurückhaltend und vermeintlich robuster und belastbarer waren, wodurch sie sich noch mehr in der Defensive fühlten. Auch das meist etwas später einsetzende Bewusstsein, dem kulturellen Ideal des sicher auftretenden, schlagfertigen, extravertierten und sich durchsetzenden Erfolgsmenschen nicht zu entsprechen, tut sein

Übriges zur Förderung schüchterner und selbstunsicherer Tendenzen bei Hochsensiblen.

Melancholie

Gemein ist vielen Hochsensiblen auch ein Hang zur Melancholie. Wer viele Einzelheiten registriert und vieles sehr tief verarbeitet, neigt oft auch zu einer besinnlich-nachdenklichen Wehmut. In unserer Spaßgesellschaft wird Melancholie oft nur negativ gesehen und nicht wertgeschätzt, aber melancholische Stimmungen können durchaus auch eine Quelle der Kraft sein. So entstehen etwa viele Kunstwerke, Gedichte oder Lieder in melancholischen Phasen.

Nicht umsonst bezeichnete bereits Victor Hugo die Melancholie als »das Glück, traurig zu sein«.

Intensives Innenleben, tiefe Reflexion und Wertschätzung kleiner Dinge

Die meisten Hochsensiblen haben ein ausnehmend intensives Innenleben, sie reflektieren besonders tief und machen sich sehr viele Gedanken über ihre Beziehungen zu anderen und über die Welt sowie das Leben an sich. Ihr tiefes Empfinden ermöglicht es hochsensiblen Menschen auch, in vielen alltäglichen Dingen Schönheit zu erkennen. Ihre nuancierte Wahrnehmung vieler kleiner Details sowie deren besonders nachhaltige Verarbeitung ist für sie eine Quelle der Freude im Alltag. Sei es der Anblick eines in der Sonne glitzernden Regentropfens, eines Schneeglöckchens mit ungewöhnlicher Weise vier statt drei Blütenblättern, der inbrünstige Gesang einer Amsel am frühen Morgen oder der herzliche Gesichtsausdruck einer fremden Person, mit der man ein paar Worte im Supermarkt wechselt, all dies kann hochsensiblen Menschen viel bedeuten.

Fantasie und Kreativität

Da Hochsensible oft intuitiv und spielerisch mit Ideen umgehen und eine originelle, flexible Denkweise haben, sind sie häufig auch sehr kreativ und fantasievoll. Durch Verknüpfungen gedanklich eigentlich weit voneinander entfernt liegender Elemente erschaffen sie oft spielerisch etwas Neues. Sie haben daher auch häufig originelle Hobbys, die ihnen erlauben, sich kreativ auszutoben und schöpferisch tätig zu sein. Schwierig wird es nur, wenn kreative, fantasievolle Hochsensible sich einem standardisierten Arbeitsablauf anzupassen haben, denn schließlich kann man kreativen Eingebungen nicht gut vorschreiben, wann sie sich auftun sollen. In diesem Fall ist berufliche Selbstständigkeit also meist die bessere Lösung.

Kindliche Freude

Die Gabe, sich freuen zu können wie ein Kind, ist eine bereichernde Gemeinsamkeit vieler Hochsensibler. Viele Menschen verlieren diese Eigenschaft im Laufe ihres Erwachsenenlebens. Hochsensible haben das Glück, sie sich relativ oft erhalten zu können.

Die Kombination aus Idealismus, Dankbarkeit für kleine Dinge und der generell für Hochsensible typischen Wahrnehmung feinerer Nuancen macht es wohl aus, dass ein Hochsensibler sich meist besonders intensiv freuen kann, etwa beim Anblick eines Regenbogens, wenn er eine Wette gegen einen Freund gewinnt oder wenn ihm sein Partner seine Lieblingsschokolade aus dem Supermarkt mitbringt.

Vegetarismus

Ebenfalls vielen Hochsensiblen gemein ist ein Hang zum Vegetarismus oder Veganismus. Das Leid anderer Lebewesen stark nachempfinden zu können, ausgeprägter Idealismus, Gerechtigkeitsdenken und Verantwortungsgefühl für Natur und Umwelt sowie die Neigung, aufgrund einer feineren Selbstwahrnehmung meist gut auf ihren Körper und ihre Gesundheit zu achten, prädestinieren Hochsensible geradezu dafür, sich vegetarisch oder vegan zu ernähren.

2 Enneagramm

2.1 Herkunft des Enneagramms

Sich selbst und seine Mitmenschen besser zu verstehen, ist vielen Menschen ein wichtiges Anliegen. Ein wertvoller Zugang zur Menschendeutung und zu mehr Menschenkenntnis sowie ein Werkzeug zum persönlichen Wachstum ist die Typenlehre des Enneagramms.

Das Enneagramm beschreibt neun Persönlichkeitstypen und hat daher mit anderen Typologien die vergröbernde Reduktion menschlichen Verhaltens auf eine begrenzte Anzahl von Persönlichkeitsmustern gemeinsam. Wie alle anderen Typologien wird auch das Enneagramm immer wieder dafür kritisiert. Allerdings unterscheidet sich das Enneagramm signifikant von den meisten anderen Typologien dahingehend, dass es (abgesehen davon, dass es mit seinen vielen Unterteilungen in Flügeltypen, Instinktvarianten und Entwicklungsstufen letztlich weit mehr als die ursprünglichen 9 Typbeschreibungen gibt) nicht nur eine Landkarte der Seele ist – obwohl das alleine auch schon sehr hilfreich bei der Selbsterkenntnis sein kann –, sondern es auch Wege der Veränderung und Persönlichkeitsreifung aufzeigt und somit als Werkzeug für persönliches Wachstum und Persönlichkeitsentwicklung dienen kann.

Eine weitere Besonderheit des Enneagramms ist, dass die Grundlage der einzelnen Typen nicht primär deren Verhalten, sondern die Motivation für deren Verhalten bildet. Da uns unsere eigene Motivation aber oft gar nicht bewusst ist, bedarf es schon einer umfassenden Beschäftigung mit der Materie, um dem eigenen Enneagrammtyp auf die Spur zu kommen.

Aus diesem Grund werden die Enneagrammtypen hier nicht nur als oberflächliche Verhaltensbeschreibungen, sondern in ihrer Tiefe mit ihren Grundängsten, Grundbedürfnissen und Grundenergien vorgestellt.

Die Wurzeln des Enneagramms (»Neuner-Figur« aus dem Altgriechischen »ennea« = Neun und »gramma« = Geschriebenes) sind unbekannt. Vermutlich stammt es aber aus der östlichen Weisheitstradition und wurde über Jahrhunderte, wenn nicht Jahrtausende mündlich weitergegeben.

Einigkeit besteht darin, dass der Einfluss der Sufis auf die Entwicklung des Enneagramms groß gewesen sein dürfte. Ebenfalls einig ist man sich, dass es im 20. Jahrhundert im Wesentlichen zwei Autoren waren, die das Enneagramm maßgeblich geprägt und bekannt gemacht haben: George I. Gurdjieff und Oscar Ichazo.

Gesichert ist, dass das Enneagramm vom spirituellen Lehrer George I. Gurdjieff in den 1920er-Jahren in den Westen gebracht wurde. Der Schwerpunkt lag bei Gurdjieff in der Verwendung des Enneagramms als Werkzeug zur persönlichen Weiterentwicklung und Bewusstseinstransformation.

In den 1960er-Jahren wurde schließlich die heute noch weitgehend gelehrte Version des Enneagramms menschlicher Persönlichkeitsmuster durch den Philosophen Oscar Ichazo bekannt gemacht. Ichazo verwendete in seiner Lehre die Neuner-Figur als Grundlage für ein System der Persönlichkeitsentwicklung und verband Elemente der östlichen Weisheitstradition mit jenen westlicher Seelenkunde.

Einer breiteren Öffentlichkeit zugängig gemacht wurde das Enneagramm schließlich in den 1980er-Jahren durch den chilenischen Psychiater und Psychotherapeuten Claudio Naranjo und dessen Schüler. Naranjo bekam das Enneagramm von Oscar Ichazo gelehrt und gab es wiederum an seine Schüler weiter, von denen einige – wie etwa Helen Palmer – zu bekannten Enneagrammlehrern wurden, deren Publikationen große Verbreitung fanden. So wurde das Enneagramm nach und nach sowohl von christlich geprägten Autoren als auch von Vertretern der humanistischen und transpersonalen Psychologie beschrieben und weiter ausgearbeitet. Im deutschsprachigen Raum wurde das Enneagramm schließlich zuerst durch die Jesuiten bekannt, die es zur Exerzitienarbeit nutzten. Das Buch »Das Enneagramm – die neun Gesichter der Seele« von Richard Rohr und Andreas Ebert wurde zu einem Bestseller.

Im Laufe der Jahrzehnte wurde das Enneagramm also von verschiedenen Seiten ergänzt und neu interpretiert. Es gibt in der Literatur daher mittlerweile eine breite Herangehensweise an das Thema, die von eher nüchtern gehaltenen über spirituelle Arbeiten bis hin zu psychotherapeutisch gefärbten Werken und von reinen Charakterbeschreibungen bis hin zu Ratgebern zur Persönlichkeitsentwicklung und -transformation reicht. Das Enneagramm ist somit dynamisch und in ständiger Weiterentwicklung.

2.2 Einführung in das Enneagramm

2.2.1 Kurzvorstellung der neun Enneagrammtypen

Das Enneagramm beschreibt neun angeborene Persönlichkeitsmuster, von denen jedes die Welt aus einer anderen Perspektive wahrnimmt und anders auf sie reagiert.

Diese **neun Persönlichkeitsmuster** sind:

Typ EINS: Der kritische Perfektionist
Ihm ist wichtig, stets richtig zu handeln, sich selbst und idealerweise auch die Welt zu verbessern. Er versucht, seinen Zorn zurückzuhalten, ist kritisch mit sich selbst und anderen, hat ein starkes Verantwortungsgefühl und ein Auge für Fehler.

Typ ZWEI: Der verführende Helfer
Er möchte für andere da sein und ihnen helfen, dafür steckt er selbst gerne zurück. Sehr menschenbezogen ist es ihm wichtig, Liebe zu erhalten, und er ist stolz darauf, ein gebender Mensch zu sein und selbst nicht um Hilfe zu bitten.

Typ DREI: Der chamäleonartige Erfolgstyp
Er leistet viel, ist fokussiert und zielorientiert, denn er möchte bewundert werden. Als effizienter Gewinnertyp weiß er, sich ideal zu präsentieren und sein Image gegebenenfalls anzupassen oder etwas aufzupolieren.

Typ VIER: Der sehnsüchtige Ästhet
Er liebt das Besondere und sehnt sich oft neidvoll nach etwas, das andere haben, das ihm selbst aber unerreichbar scheint, da er das Gefühl hat, anders zu sein als andere Menschen. Er legt viel Wert darauf, sich selbst zu erkennen und authentisch auszudrücken.

Typ FÜNF: Der zurückgezogene Beobachter
Er schätzt Wissen, Weisheit und Objektivität und möchte die Welt mit seinem Verstand erfassen. Wenn er nicht aufpasst, analysiert er das Leben, anstatt es zu leben, geht allzu sehr auf Abstand zu anderen Menschen und geizt mit sich und seinen Gefühlen.

Typ SECHS: Der loyale Skeptiker

Er ist ein sicherheitsbedachter und verlässlicher Mensch, der einige Widersprüche in sich birgt und häufig von Zweifeln und Unsicherheit geplagt wird. Der loyale Teamplayer vertraut Menschen erst, wenn er sie besser kennt.

Typ SIEBEN: Der planende Enthusiast

Er ist ein Glückssucher mit jeder Menge Pläne im Kopf. Als optimistischer, lebhafter Mensch, der Negatives gerne von sich fernhalten möchte, ist er gedanklich oft schon bei zukünftigen schönen Erlebnissen und hetzt daher manchmal etwas zu sehr und oberflächlich durch sein Leben.

Typ ACHT: Der dominante Herausforderer

Er ist eine Führungspersönlichkeit, die gerne das Ruder in der Hand hat. Entschlusskräftig, beschützend und dominant beeinflusst er mit seiner Stärke oft andere und verbirgt seine Verletzlichkeit und sein weiches Herz meist unter einem harten Panzer.

Typ NEUN: Der sanfte Friedliebende

Er möchte seine Ruhe haben, scheut direkte Konfrontationen, ist diplomatisch, friedliebend, eher passiv und passt sich oft an. Schnell abgelenkt, kann er stundenlang mit Unwichtigem beschäftigt sein. Zu etwas gedrängt, schaltet er auf stur und lässt andere seinen Unmut indirekt spüren.

2.2.2 Grundbedürfnisse und Grundenergien

Jedes Persönlichkeitsmuster bzw. jeder Enneagrammtyp kann als eine Lebensstrategie, ein Komplex aus Vermeidungsstrategien, Idealvorstellungen und Abwehrmechanismen gesehen werden, mithilfe derer wir bereits als Kind auf Situationen reagieren, die einen Urschmerz in uns auslösen. Unser Enneagrammtyp diente somit schon früh dem Schutz der Psyche und hat auch später eine Schutzfunktion, denn er hilft uns, die volle Wucht jenes Urschmerzgefühls abzufedern, die immer dann droht, wenn unser kindlicher Urschmerz, unser problembehaftetes existenzielles Grundgefühl in verschiedensten Situationen wieder angestoßen wird. Somit hat jedes Persönlichkeitsmuster eine wichtige schützende Aufgabe.

Innerhalb dieser Persönlichkeitsmuster gibt es eine enorme Bandbreite an Entwicklungsstufen. Ein unreifer (desintegrierter) Vertreter seines Typs unterscheidet sich daher signifikant von einem reifen (integrierten) Vertreter desselben Typs. Je desintegrierter wir sind, desto mehr verstricken wir uns in unser Persönlichkeitsmuster.

Problematisch wird es also, wenn wir unser Muster zu starr leben, uns zu stark durch unser Muster schützen möchten und dadurch mehr und mehr in ihm verstricken. Problematisch deshalb, weil es dann unseren Handlungsspielraum einengt und zunehmend nur noch darauf fokussiert ist, den kindlichen Urschmerz bzw. Mangel nicht wieder aufflammen zu lassen.

Wir reduzieren dann unser Verhalten, reagieren nicht mehr unbefangen auf neue Situationen und vermeiden so zunehmend neue Erfahrungen, die unser Verhaltensmuster erweitern und bereichern würden und eine korrigierende Funktion hätten. Wahre Entwicklung wird dadurch blockiert, es kommt stattdessen zu einer Negativentwicklung, einer Desintegration, einer Verhinderung der Reifung.

Unser Enneagrammtyp bzw. unser Persönlichkeitsmuster dient also einerseits unserem Selbstschutz, es kann aber andererseits paradoxerweise auch vereiteln, dass man genau das bekommt, was man bräuchte, um dem problembehafteten existenziellen Grundgefühl reif begegnen und es infolgedessen heilen können. Dies führt wiederum dazu, dass dieses Grundgefühl, dieser Urschmerz, immer wieder neu entfacht wird.

Die existenziellen Grundbedürfnisse, die damals den Urschmerz bzw. das Mangelgefühl in uns ausgelöst haben, und dieser kindliche Schmerz, der einst nicht angemessen beantwortet werden konnte und dem wir daher mit unserem Persönlichkeitsmuster als Notlösungsstrategie begegnet sind, legen also den Grundstein für unsere Persönlichkeit.

Diese Grundbedürfnisse werden aus enneagrammatischer Sicht in drei zentrale Kategorien unterteilt, die alle gleich wertvoll und allesamt für eine gesunde Persönlichkeitsentwicklung bedeutsam sind:

1. geliebt und gesehen werden
2. sich orientieren können und sicher fühlen sowie
3. sich behaupten und autonom sein.

Diese drei Kategorien werden im Enneagramm **die drei »Zentren«** genannt, und zwar

1. das **Herzzentrum** oder das Grundzentrum der **Herzenergie**. Ihm werden die Enneagrammtypen ZWEI, DREI und VIER **(Herztypen)** zugeordnet.

Das Herzzentrum umfasst unser Bedürfnis nach Beachtung, Beziehung, Freundschaft, Wertschätzung, Fürsorge erfahren und geben, Zugehörigkeit, Lieben und Geliebtwerden, einander verstehen und danach Kontakte zu pflegen. Es geht hier viel um die Wirkung auf andere und generell um Facetten von Verbindungen zu anderen Menschen. Hier dreht sich alles um das Selbstbild und das Festhalten an einem verzerrten Ich. Die Herzenergie kreist um die Frage »Mit wem bin ich in Beziehung und welche Qualität hat diese Beziehung?«

2. das **Kopfzentrum** oder das Grundzentrum der **Kopfenergie**. Zu ihm zählen die Typen FÜNF, SECHS und SIEBEN **(Kopftypen)**. Das Kopfzentrum umfasst das Bedürfnis nach Sicherheit und Klarheit, danach, die Dinge zu überblicken, sich auszukennen, zu überprüfen, was vertrauenswürdig ist, und danach, Zusammenhänge zu erfassen. Es geht hier viel um eine verstandesgemäße Durchdringung der Welt, um das Erlangen von Durchblick und Orientierung. Die Kopfenergie kreist also um die Frage »Wo bin ich und ist es hier sicher für mich?«

3. das **Bauchzentrum** oder das Grundzentrum der **Bauchenergie**. Ihm gehören die Typen ACHT, NEUN und EINS **(Bauchtypen)** an. Das Bauchzentrum umfasst unser Bedürfnis nach Autonomie, einem eindeutigen Ich-Gefühl, klaren Grenzen, Gerechtigkeit, Verteidigung, Sicherheit sowie danach, vitale Impulse zu spüren und auszuleben. Hier geht es vor allem darum, sich in der Welt zu positionieren und seinen Platz zu behaupten, Aggression und Repression sind Grundprobleme. Die Bauchenergie kreist um die Frage »Wer bin ich (in Abgrenzung zu dir) und was ist der mir zustehende Raum?«

Um diese Grundenergien kreisen also die existenziellen Grundprobleme der jeweiligen Enneagrammtypen.

- Das existenzielle Grundproblem der Herztypen hat also damit zu tun, sich *nicht* ausreichend geliebt und gut emotional versorgt zu fühlen.
- Das existenzielle Grundproblem der Kopftypen hat damit zu tun, sich *nicht* ausreichend sicher und orientiert zu fühlen.
- Das existenzielle Grundproblem der Bauchtypen hat damit zu tun, seine Autonomie *nicht* ausreichend gegeben zu fühlen.

Jeder Typ hat nun wiederum seine ganz spezifische Art, mit seinem existenziellen Grundproblem umzugehen und so seinen Urschmerz zu lindern. Dabei gibt es grundsätzlich drei Strategien, das Urschmerz- bzw. einstige

Mangelgefühl aus dem Bewusstsein zu verbannen. Dafür werden die **Impulse der Grundenergie** (Herz-, Kopf- oder Bauchenergie) verformt, indem sie entweder **betäubt, nach außen oder nach innen** (auf sich selbst) **gerichtet** werden.

- Die **Betäubung** der Impulse der Grundenergie ist die Strategie der jeweils mittleren Typen jedes Zentrums, also von Typ DREI, SECHS und NEUN. Wir sprechen hier auch vom »inneren Dreieck« in der Enneagrammfigur.
- Die **Außenrichtung** der Impulse der Grundenergie ist die Strategie der Typen ZWEI, FÜNF und ACHT.
- Die **Innenrichtung** der Impulse der Grundenergie ist die Strategie der Typen EINS, VIER und SIEBEN.

Konkret bedeutet dies:

- Typ EINS richtet die Bauchenergie nach innen, gegen die eigenen Impulse, was zu Aggression gegen sich selbst, ausgeprägtem Perfektionismus, Denken in starren Richtig-Falsch-Kategorien und einem starken, zornigen, dabei jedoch sehr kontrollierten Über-Ich führt.
- Typ ZWEI richtet die Herzenergie nach außen, was zu einer starken Konzentration auf das Wohlergehen seiner Mitmenschen und einer ausgeprägten Fürsorglichkeit führt.
- Typ DREI betäubt seine Herzenergie, was dazu führt, dass er sich mehr über Image, Leistung und Außenwirkung als über sein wahres Wesen definiert.
- Typ VIER richtet die Herzenergie nach innen, was dazu führt, dass er »selbstverliebt« sehr viel um sich selbst kreist und permanent melancholisch seine eigenen Gefühle erforscht.
- Typ FÜNF richtet die Kopfenergie nach außen, was ihn zu einem scharfen und analytischen Denker und Beobachter macht, letztlich aber zu einem Rückzug ins Wissen führt.
- Typ SECHS betäubt seine Kopfenergie, was ihn unsicher, zweifelnd und misstrauisch macht und dazu führt, dass er seiner Angst entweder durch Unterwerfung oder Rebellion begegnet.
- Typ SIEBEN richtet die Kopfenergie nach innen wodurch er gedanklich ständig mit neuen Plänen und Ideen zur positiven Selbststimulation beschäftigt ist.

- Typ ACHT richtet die Bauchenergie nach außen, gegen die Umwelt, was zu erhöhter Kampf- und Aggressionsbereitschaft, großer Vitalität und starkem Autonomiebedürfnis führt.
- Typ NEUN schließlich betäubt seine Bauchenergie, was zu verschwommenen Ich-Grenzen führt sowie dazu, dass für ihn Autonomieimpulse nur sehr schwach wahrnehmbar sind, wodurch er sehr anpassungsfähig und friedfertig, allerdings auch passiv-aggressiv wird.

2.2.3 Die neun Leidenschaften

Eine weitere Dimension des Enneagramms erschließt sich, wenn man die sogenannten Leidenschaften der neun Typen näher betrachtet. Diese Leidenschaften sind emotionale Grundenergien, die den meisten Menschen nicht bewusst sind und die unsere Aufmerksamkeit lenken. Sie weisen darauf hin, auf welche Themen wir am stärksten »anspringen« und welche emotionale Haltung wir dem Leben gegenüber generell einnehmen.

Die Leidenschaften gehen Hand In Hand mit der Verformung der Grundenergien.

Zorn

Zorn ist die grundlegende Leidenschaft von Typ EINS. Dabei erlebt Typ EINS sich meist selbst nicht als zornig, denn er unterdrückt seinen Zorn, und doch ist es der Zorn, der ihn antreibt und der seine Aufmerksamkeit lenkt: Zorn auf die Unvollkommenheit der Welt, Zorn auf die Unvollkommenheit seiner Mitmenschen und nicht zuletzt Zorn auf die eigene Unvollkommenheit. Dieser Zorn macht Typ EINS zu einem strengen Richter über alles Nicht-Perfekte. Perfekt und nicht perfekt, gut und böse, richtig oder falsch: Das sind die Kategorien, in denen die EINS denkt. Entsprechend springen ihr Fehler und Mängel natürlich sofort ins Auge und am liebsten würde sie die Welt, ihre Mitmenschen und sich selbst perfektionieren.

Sie ist ein Idealist, der sich nach einer perfekten Welt sehnt und doch ständig mit Fehlern konfrontiert wird. Zornige Gedanken sind die Folge.

Stolz

Typ ZWEI ist (ebenfalls meist unbewusst) stolz auf seinen Einsatz für andere Menschen, er ist stolz darauf, stets hilfsbereit und fürsorglich zu sein. Die ZWEI ist stolz darauf zu erkennen, was andere benötigen, und darauf, dass sie es ihnen geben kann. Und nicht zuletzt ist sie stolz darauf, dass sie selbst im Gegenzug nicht um Hilfe bittet, dass sie unabhängig, nicht bedürftig und nicht auf andere angewiesen ist. Wird ihre Hilfe einmal abgelehnt oder erlebt sie keinerlei Dankbarkeit für geleisteten Beistand, ist sie gekränkt, denn das verletzt ihren Stolz. In diesen Momenten kann sie sich ihren Stolz am ehesten ins Bewusstsein bringen.

Täuschung

Typ DREI lebt die Leidenschaft der Täuschung, da es ihm (auch meist unbewusst) vor allem darum geht, gut dazustehen. Die Täuschung ist hier aber in erster Linie auch als Selbsttäuschung zu verstehen, denn die DREI kann so sehr in einem Image verschwinden, dass sie selbst ihre wahren Gefühle gar nicht mehr wahrnimmt. Sie redet sich ein, ihre Außenwirkung wäre das Wichtigste und hält dann die von ihr erschaffene Außenwirkung für ihre Identität, denn sie identifiziert sich mit ihrer Maske. So täuscht die DREI nicht nur andere, sondern auch sich selbst und es fällt ihr oft schwer, ihre wahre Natur zu entfalten.

Neid

Die Leidenschaft der VIER ist der Neid. Auch wenn es ihr meist nicht bewusst ist, so zieht sich doch der Neid wie ein roter Faden durch das Leben der VIER. Die VIER erlebt sich selbst als irgendwie mangelhaft. Oft kann sie nicht genau benennen, was es ist, das sie von anderen trennt, doch sie spürt, dass sie anders ist als andere und dass ihr irgendetwas fehlt oder abhandengekommen ist, weil andere glücklicher, zufriedener oder erfüllter sind als sie.

Neidvoll fühlt sie also, dass andere etwas haben oder fähig sind, etwas zu bekommen, das ihr selbst verwehrt ist. Dieser Neid nährt wiederum ihre Sehnsucht nach dem Unerreichbaren.

Geiz

Die ebenfalls oft unbewusste Leidenschaft von Typ FÜNF ist der Geiz. Auch wenn die FÜNF generell sehr sparsam sein kann und es etliche FÜNFer gibt, die ziemlich spartanisch leben, so ist der Geiz der FÜNF doch in erster Linie als ein Ich-Geiz zu verstehen, denn die FÜNF geizt vor allem mit sich selbst. Ihre Zeit, ihre Energie und ob sie jemand teilhaben lässt an ihrer Welt, erst recht an ihrer Gefühlswelt, all das will wohlüberlegt und gut dosiert sein. Die FÜNF möchte keinesfalls überwältigt werden, denn sie hat das Gefühl, nur knappe innere Rücklagen zu haben, und ihr Ich-Geiz ist ihr Schutz vor potenzieller Überwältigung. Am schlimmsten sind für die FÜNF emotional dichte Situationen, wo viel Persönliches von ihr gefragt ist. In solchen Situationen würde sie sich am liebsten unsichtbar machen oder zumindest nur distanziert-sachlicher Beobachter sein.

Zweifel

Typ SECHS hat als grundlegende Leidenschaft den Zweifel, denn auch wenn es ihm nicht bewusst ist, so hat er doch dem Leben gegenüber eine latent misstrauische Grundeinstellung.

Er sucht nach verborgenen Absichten und Motiven, doppeldeutigen Botschaften und zweifelt häufig daran, wem er vertrauen kann. Außerdem zweifelt Typ SECHS oft an seinen eigenen Entscheidungen und macht sich Sorgen um (potenzielle) zukünftige Ereignisse. Er richtet sein Augenmerk daher stets auf mögliche Komplikationen, Gefahren und Fallstricke und zweifelt generell daran, dass man ihm wohlgesonnen ist und dass alles gut ist, so wie es ist.

Gier

Die Gier ist die oft unbewusste Leidenschaft von Typ SIEBEN. Die SIEBEN giert nach schönen Erlebnissen und ist generell unersättlich, wenn es darum geht, möglichst viel von dem zu bekommen, zu sehen oder zu unternehmen, das ihr gefällt. So lenkt Typ SIEBEN seine Aufmerksamkeit automatisch weg von allem Unangenehmen, Traurigen und Schmerzhaften und beschäftigt sich stattdessen gedanklich mit all dem Schönen, das er in seinem Leben haben möchte. Diese mentale Selbststimulation geht so weit, dass die SIEBEN Gefahr läuft, gierig und gehetzt durchs Leben zu hasten, was ihren Hunger immer mehr steigert, anstatt ihn zu stillen.

Lust

Die Leidenschaft von Typ ACHT ist die Lust. Damit ist gemeint, dass die ACHT von einem Bedürfnis nach Intensität, Macht und Selbstbehauptung angetrieben wird. Sie hat besonders viel Energie und fordert mit dieser Energie lustvoll ihren Platz in der Welt ein. Überschüssige Energie verbrennt Typ ACHT gerne durch lustbetonte »Exzesse«, sei es bei einem »guten Streit«, einer verausgabenden Feier, der Sexualität oder bei einer Schlemmerei. Die Aufmerksamkeit von Typ ACHT richtet sich darauf, wer Freund und wer Feind ist. Der Ungerechtigkeit lustvoll die Maske herunterzureißen, befriedigt sie zutiefst. ACHTer sind Beschützer der Schwachen und ihre Energie sowie die Lust daran, diese Energie zu verströmen, ist ihnen schon von Weitem anzusehen.

Trägheit

Typ NEUN hat die Trägheit als Leidenschaft. Damit ist weniger Faulheit, sondern in erster Linie eine Art Ich-Trägheit gemeint. Das bedeutet, dass die NEUN dazu tendiert, sich wenig zielgerichtet mit Unwichtigem zu beschäftigen und abzulenken, statt sich den für sie wirklich wichtigen Themen zuzuwenden. Das geschieht deshalb, weil ihr das Unwichtige oft gleich wichtig erscheint wie das Wichtige oder weil das Unwichtige weniger aufwühlend ist. Sie kann also durchaus sehr beschäftigt sein, dabei aber wenig von dem tun, was wirklich bedeutend wäre. Die NEUN wählt generell gerne den Weg des geringsten Widerstandes, sie möchte in Ruhe gelassen werden, weicht Konflikten aus und findet es schwer, ein Ziel zu finden und zu verfolgen. Sie kann ihre Energie also oft nicht gut bündeln und stellt sich dem Leben daher häufig nicht ganz. All das ist gemeint, wenn man von der Trägheit der NEUN spricht.

2.2.4 Das Prinzip der Flügel

Da die neun Enneagrammtypen im Enneagrammsymbol kreisförmig angeordnet sind, hat jeder Enneagrammtyp zwei Nachbartypen. Einer dieser beiden Nachbartypen färbt unseren Haupttyp mit ein, er ergänzt also unseren Haupttyp und rundet ihn ab. Der andere ist meist nicht auffallend stark ausgeprägt und daher kaum relevant. Der dominantere Nachbartyp ist unser Flügel.

Man kann sich die Persönlichkeitsmuster auf dem Enneagrammsymbol also als Kontinuum vorstellen. Wir alle besetzen mit unserem Enneagrammtyp sozusagen einen Punkt auf diesem Kontinuum. So ist etwa eine FÜNF nie nur eine FÜNF, sondern der Punkt, der ihren Persönlichkeitstyp kennzeichnet, befindet sich zwar im Bereich der FÜNF, er liegt aber entweder ein Stück weit vom absoluten Zentrum der FÜNF entfernt in Richtung der VIER oder ein Stück weit in Richtung der SECHS. Je weiter die Entfernung vom Zentrum der FÜNF, desto stärker ist der Flügel ausgeprägt. Es gibt also Personen mit schwach, mittel oder stark ausgeprägtem Flügel.

Folgende Kombinationen sind daher möglich:
Typ EINS mit Flügel NEUN oder Typ EINS mit Flügel ZWEI
Typ ZWEI mit Flügel EINS oder Typ ZWEI mit Flügel DREI
Typ DREI mit Flügel ZWEI oder Typ DREI mit Flügel VIER
Typ VIER mit Flügel DREI oder Typ VIER mit Flügel FÜNF
Typ FÜNF mit Flügel VIER oder Typ FÜNF mit Flügel SECHS
Typ SECHS mit Flügel FÜNF oder Typ SECHS mit Flügel SIEBEN
Typ SIEBEN mit Flügel SECHS oder Typ SIEBEN mit Flügel ACHT
Typ ACHT mit Flügel SIEBEN oder Typ ACHT mit Flügel NEUN
Typ NEUN mit Flügel ACHT oder Typ NEUN mit Flügel EINS

Die Flügel der jeweiligen Typen werden in den entsprechenden Typenkapiteln näher beschrieben.

2.2.5 Das Prinzip der Instinktvarianten (selbsterhaltend / sexuell / sozial)

Die Instinktvarianten geben Auskunft darüber, welche Aspekte des Lebens stärker im Fokus eines Individuums stehen. Bei jedem von uns ist eine Instinktvariante die dominanteste (eine zweite ist weniger stark und die dritte am allerschwächsten ausgeprägt). Deshalb gibt es von jedem Enneagrammtyp drei Variationen. Da die Instinktvarianten nicht wie die Flügel vom jeweiligen Enneagramm-Grundtyp abhängen, können sie unabhängig davon allgemein beschrieben werden. Wohl aber äußert sich jede Instinktvariante je nach Enneagrammtyp unterschiedlich nuanciert. Diese typbezogenen Beschreibungen der Instinktvarianten finden sich bei den jeweiligen Typenkapiteln. Eine allgemeine Beschreibung soll hier erfolgen.

Selbsterhaltende Instinktvariante

Die Selbsterhaltungsvariante legt Wert auf körperliches Wohlbefinden und physische Sicherheit. Wichtige Themen sind daher Gesundheit, finanzielle Situation, Wohnen, Nahrung, Kleidung und Temperatur. Stellt man sich jemanden mit dominanter Selbsterhaltungsvariante bei der Ankunft zu einem Wochenendseminar vor, so wird derjenige am ehesten zuerst in Erfahrung bringen wollen, wo und wie er untergebracht ist, ob das Bett komfortabel, der Raum ideal beheizt und belüftet ist und ob sich alles im Zimmer befindet, was er benötigt. Bevor das Seminar beginnt, wird er sich mit allem Notwendigen versorgen (Wasser, angenehme Kleidung, Halstuch, falls es kühler wird, etc.), und er wird viel Wert darauf legen, einen idealen Sitzplatz zu finden.

Sexuelle Instinktvariante

Die Bezeichnung »sexuell« ist hier leider nicht unbedingt glücklich gewählt, denn sie hat nichts damit zu tun, ob jemand sexy ist oder ein reges Sexualleben hat, sondern es geht bei ihr darum, Intensität zu suchen. »Intensitätsvariante« wäre daher eigentlich der treffendere Name.

Diese Variante legt Wert auf ein hohes Maß an Anregung, tiefe Gespräche, Anziehung und ein hohes Maß an Energie. Stellt man sich nun jemand mit dominanter sexueller Instinktvariante bei demselben Seminar vor, so wird er seinem Zimmer meist weit weniger Aufmerksamkeit schenken. Stattdessen wird er sich schon vor Beginn des Seminars umsehen, ob er vielleicht mit jemandem ein anregendes Gespräch führen kann. Dabei geht es ihm nicht um freundlichen Small Talk, den würde er generell gerne immer überspringen, sondern um eine intensive Unterhaltung über ein fesselndes Thema. Außerdem wird er darauf achten, mit welchen Seminarteilnehmern die Chemie stimmt, damit er sich denjenigen eventuell später einzeln intensiv widmen kann und welche Möglichkeiten der Anregung sich eventuell auch jenseits des Seminars an diesem Wochenende bieten.

Soziale Instinktvariante

Die Sozialvariante legt Wert auf Akzeptanz, Zugehörigkeit und eine angenehme Atmosphäre innerhalb einer Gruppe. Sie hat ein feines Gespür für Hierarchien, Intrigen und unausgesprochene Unstimmigkeiten in Gruppen, kurz: für gesellschaftlichen Kontext. Eine dominante Sozialvariante kann zwar, muss aber keineswegs heißen, dass man ein besonders geselliger Mensch ist. Sie bedeutet lediglich, dass man ein ausgeprägtes Bewusstsein für gesellschaftlichen Kontext hat. Wenn nun jemand mit dominanter sozialer Instinktvariante zum selben Seminar fährt, wird er sich dafür interessieren, welche Zimmernachbarn er hat und wie die Teilnehmergruppe strukturiert ist. Er wird sich einen Überblick verschaffen darüber, wer dominant, wer zurückhaltend ist, wer eventuell die Stimmung stören könnte, wer das Sagen hat, wer schüchtern, wer vielleicht ein Angeber ist und wie er selbst sich innerhalb dieser Gruppe positionieren kann. Ein wenig Small Talk zu betreiben, um die Grundstimmungen zu erspüren, kommt ihm meist recht gelegen.

2.2.6 Das Prinzip der Trost- und Stresspunkte

Ein weiterer Aspekt des Enneagramms ist die Bewegung der Typen zu ihren sogenannten Trost- und Stresspunkten. Im Enneagrammsymbol sind alle Typen durch Pfeile mit jeweils zwei anderen Typen verbunden. Der Typ, zu dem der von unserem Enneagrammtyp ausgehende Pfeil zeigt, ist unser Trostpunkt, während der Typ, von dem ausgehend ein Pfeil auf unseren Enneagrammtyp zeigt, unser Stresspunkt ist.

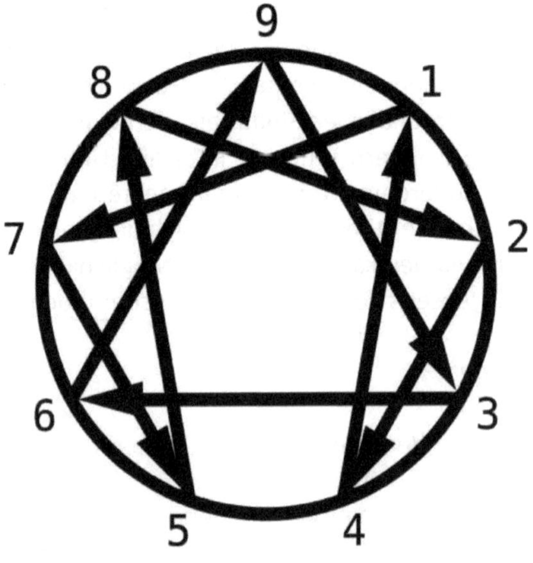

Das ergibt folgende Stress- und Trostpunkte:

Typ EINS:	Stresspunkt Typ VIER, Trostpunkt Typ SIEBEN
Typ ZWEI:	Stresspunkt Typ ACHT, Trostpunkt Typ VIER
Typ DREI:	Stresspunkt Typ NEUN, Trostpunkt Typ SECHS
Typ FÜNF:	Stresspunkt Typ SIEBEN, Trostpunkt Typ ACHT
Typ SECHS:	Stresspunkt Typ DREI, Trostpunkt Typ NEUN
Typ SIEBEN:	Stresspunkt Typ EINS, Trostpunkt Typ FÜNF
Typ ACHT:	Stresspunkt Typ FÜNF, Trostpunkt Typ ZWEI
Typ NEUN:	Stresspunkt Typ SECHS, Trostpunkt Typ DREI

In Stresssituationen bzw. wenn unser Urschmerz aktiviert wird, bewegen wir uns in Richtung unseres Stresspunktes. Unser eigener Enneagrammtyp (Haupttyp) ändert sich zwar niemals, er wird jedoch dann eingefärbt durch einige Aspekte unseres Stresspunktes. Das bedeutet, dass wir in solchen Situationen einzelne problematische Charakteristika dieses anderen Enneagrammtyps annehmen, wodurch wir uns noch mehr in unser Persönlichkeitsmuster verstricken.

In Situationen jedoch, in denen wir uns sicher fühlen und beginnen, über uns selbst hinauszuwachsen, bewegen wir uns in Richtung unseres Trostpunktes. Auch hier ändert sich unser eigener Enneagrammtyp (Haupttyp) zwar nicht, aber wir nehmen einige positive Charakteristika dieses anderen Enneagrammtyps an, die dann unseren Haupttyp mit einfärben.

Dies hilft uns dabei, uns aus den Verstrickungen mit unserem Persönlichkeitsmuster zu lösen.

Wir können uns im Laufe unseres Lebens immer wieder, einmal mehr, einmal weniger, sowohl zu unserem Trost-, als auch unserem Stresspunkt hin- und wieder wegbewegen. Die Bewegung zum Trostpunkt muss also noch nicht bedeuten, dass wir uns auf einem dauerhaften Weg der Integration befinden, sowie jene zum Stresspunkt noch nicht bedeuten muss, dass wir dauerhaft desintegrieren.

In der neueren Enneagrammliteratur entwickeln sich zunehmend andere Ansichten über die Bewegung zu den Trost- und Stresspunkten. So gibt es Autoren, die der Meinung sind, man könne auch im Stresspunkt Trost finden bzw. auch positive Aspekte des Stresspunktes integrieren und im Gegenzug unter Stress auch zum Trostpunkt wandern, d. h. auch von diesem Typ dann negative Aspekte annehmen. Des Weiteren gibt es die Ansicht, dass man sich gar nicht so sehr auf diese beiden anderen Punkte, zu denen wir Verbindungslinien haben, konzentrieren sollte, da wir von *jedem* anderen Enneagrammtyp, der nicht unserem Haupttyp entspricht, positive (wie negative) Eigenschaften annehmen können und der Weg zur Integration darüber führt, auch Qualitäten *aller* anderen Enneagrammtypen in sich zu vereinen.

Während es mit Sicherheit richtig ist, dass wir von allen Enneagrammtypen Wertvolles lernen können, bietet der Trostpunkt eines jeden Typs nichtsdestotrotz ganz spezielle Fähigkeiten, die dem jeweiligen Typ besonders hilfreich sie können, um die Starrheit seines Musters zu durchbrechen (und derer er sich daher auch besonders häufig bedient), während der Stresspunkt auf besonders typische Weise die Verstrickung im eigenen Muster kennzeichnet.

Die Trost- und Stresspunkte aller neun Enneagrammtypen werden daher in den jeweiligen Typenkapiteln besprochen. Der Schwerpunkt bei der Erörterung der Entwicklung jedes Typs soll aber – ganz im Sinne der neueren Erkenntnisse über das Enneagramm – nicht nur darauf, sondern auf Integration und Desintegration im Gesamten liegen, die deutlich über eine Bewegung zum Trost- oder Stresspunkt hinausgehen.

2.2.7 Integration und Desintegration

Die Integration, d. h. die positive Entwicklung, die dazu führt, dass wir uns aus der Starrheit unseres Enneagrammmusters lösen, und die Desintegration, d. h. die negative Entwicklung, die dazu führt, dass wir uns tiefer in die Starrheit unseres Enneagrammmusters begeben, sind also mehr als nur bloße Hinwendungen zu unserem Trost- bzw. Stresspunkt.

Während wir uns zu unseren Trost- und Stresspunkten oft auch relativ punktuell hinwenden und bei Änderung der Situation wieder wegbewegen können, sind Integration und Desintegration langfristigere und deutlich tiefer greifende Vorgänge. Zwar kann eine Hinwendung zum Trostpunkt ein Indiz sein, dass wir uns insgesamt in Richtung Integration bewegen, sie ist aber nur ein Baustein auf diesem Entwicklungsweg. Genauso verhält es sich mit der Bewegung zum Stresspunkt hin, die zwar Teil einer Desintegrationsbewegung sein kann, diese jedoch noch nicht im Kern ausmacht.

Wir alle haben innerhalb unseres Enneagrammtyps eine enorme Bandbreite an Entwicklungspotenzial. Zwar ändert sich unser Enneagrammtyp (Haupttyp) niemals, das Spektrum reicht aber von einem sehr gesunden (integrierten) Zustand, über einen durchschnittlichen Bereich, in dem die meisten von uns sich einen Gutteil ihres Lebens bewegen, bis hin zu einem sehr ungesunden (desintegrierten) Zustand.

Im gesunden Bereich kann jeder Enneagrammtyp seine besten Seiten leben, er ist also ausgeglichen, lebensbejahend und gereift. Seine Grundangst ist nicht mehr handlungsbestimmend und er kreist nicht mehr um sein Ego.

Unsere Ängste führen jedoch dazu, dass wir uns vom gesunden Bereich weg in den durchschnittlichen Bereich bewegen. Im durchschnittlich gesunden Bereich kommen wir zwar immer noch gut zurecht, schöpfen aber nur noch einen Teil unseres Potenzials aus und pflegen bereits unser Ego und dessen Marotten. Im durchschnittlich gesunden Bereich haben wir also das Gefühl, wir müssten eine bestimmte Art Mensch sein. Wir füllen eine bestimmte soziale Rolle aus und bedienen uns der typischen Mechanismen unseres Enneagrammtyps, mithilfe derer wir uns eine Befriedigung unserer Grundbedürfnisse und eine Linderung unserer Grundangst erhoffen. Von unseren Mitmenschen erwarten wir Unterstützung der Anliegen unseres Egos, womit Konflikte vorprogrammiert sind.

Je mehr wir uns in Richtung Desintegration bewegen, desto mehr identifizieren wir uns mit unserer Ego-Struktur. Man kann aus unterschiedlichen Gründen in den ungesunden Bereich gelangen, meist aufgrund schwerer Krisen oder neurotischer Verhaltensmuster. Zum Glück halten sich die meisten von uns dort aber nicht dauerhaft auf. Je mehr wir desintegrieren, desto mehr verlieren wir den Kontakt zu unserer wahren Natur und identifizieren uns bald vollständig mit den beschränkenden Mustern, Identifikationen und Abwehrmechanismen unserer Persönlichkeit.

Das scheinbar Paradoxe ist, dass bei Desintegration unsere Handlungen genau das bewirken, was wir am dringendsten vermeiden wollten bzw. wovor wir uns am meisten gefürchtet haben und für dessen Abwehr wir deshalb diverse Strategien, Handlungsmuster und Abwehrmechanismen erarbeitet haben. Da all das aber nur Hilfswerkzeuge waren, die nur bis zu einem gewissen Grad funktionieren, kommt irgendwann der Punkt, an dem sie uns nicht mehr dienlich sind und an dem nun das über uns hereinbricht, was wir am meisten gefürchtet haben, sodass wir dann entweder über uns hinauswachsen oder daran zerbrechen.

Bei der Integration wiederum bemerken wir das umgekehrte scheinbare Paradoxon: Das, was wir am meisten (teilweise bewusst, oft aber auch unbewusst) fürchteten oder ablehnten, führt uns zu dem, was wir am meisten brauchen. Unsere Abwehrmechanismen haben also im Gegensatz zu unserer früheren Annahme auf Dauer sogar genau das Gegenteil von dem bewirkt, was wir eigentlich wollten. Man könnte auch sagen, dass die Integration eine Integration dessen ist, was uns im Laufe unserer Kindheit verloren gegangen ist, was für uns als Kind nicht dauerhaft funktioniert hat, wir als Kind nicht bekommen konnten oder verleugnen mussten.

Integration und Desintegration aller neun Enneagrammtypen werden in den jeweiligen Typenkapiteln ausführlich besprochen, die beiden **scheinbaren Paradoxa der Desintegration und Integration** sollen hier zur besseren Veranschaulichung für jeden Typ kurz nach demselben Schema erörtert werden:

- ❖ Typ EINS erlebt bei der Desintegration, dass seine Handlungen zu *Kontrollverlust und Ausbrüchen von Zorn* geführt haben. (Das ist genau das, was er am dringendsten vermeiden wollte.) Bei der Integration hingegen *lernt die EINS, dass das Loslassen und Abgeben von Kontrolle* (was ihr in der Kindheit abhandenkam und was sie nun am meisten fürchtete) viele positive unterdrückte Qualitäten freisetzt und ihr zu einem nie gekannten inneren Freiheitsgefühl verhilft.
- ❖ Typ ZWEI erlebt bei der Desintegration, dass seine Handlungen zu einer *Abwendung seiner Mitmenschen* geführt haben. (Das ist genau das, was er am dringendsten vermeiden wollte.) Bei der Integration hingegen lernt die ❖ ZWEI, dass *wahre Selbstliebe* (die ihr in der Kindheit abhandenkam und die sie nun am meisten ablehnte) viele positive, unterdrückte Qualitäten freisetzt und ihr zu einem nie gekannten inneren Freiheitsgefühl verhilft.
- ❖ Typ DREI erlebt bei der Desintegration, dass seine Handlungen zu *Versagen und Imageverlust* geführt haben. (Das ist genau das, was er am dringendsten vermeiden wollte.) Bei der Integration hingegen lernt die DREI, dass das Entdecken *ihres wahren Wertes in sich selbst* (was ihr in der Kindheit abhandenkam und was sie daraufhin am meisten ablehnte) viele positive, unterdrückte Qualitäten freisetzt und ihr zu einem nie gekannten inneren Freiheitsgefühl verhilft.
- ❖ Typ VIER erlebt bei der Desintegration, dass seine Handlungen zu *einem Gefühl von Gewöhnlichkeit, Verlorenheit und Zurückgewiesen-Werden* geführt haben. (Das ist genau das, was er am dringendsten vermeiden wollte.) Bei der Integration hingegen lernt die VIER, dass *aktiv und mit Durchhaltevermögen Ziele zu verfolgen* (was ihr in der Kindheit abhandenkam und was sie nun am meisten ablehnte) viele positive, unterdrückte Qualitäten freisetzt und ihr zu einem nie gekannten inneren Freiheitsgefühl verhilft.
- ❖ Typ FÜNF erlebt bei der Desintegration, dass seine Handlungen zu einem *Gefühl der Unzulänglichkeit und Leere* geführt haben. (Das ist genau das, was er am dringendsten vermeiden wollte.) Bei der Integration hingegen lernt die FÜNF, dass *kraftvolles Handeln statt nur zu denken* (was ihr in der Kindheit abhandenkam und was sie nun am meisten

fürchtete) viele positive unterdrückte Qualitäten freisetzt und ihr zu einem nie gekannten inneren Freiheitsgefühl verhilft.

- Typ SECHS erlebt bei der Desintegration, dass seine Handlungen zu *Sicherheitsverlust und Gefahr, seine Verbündeten zu vergraulen,* geführt haben. (Das ist genau das, was er am dringendsten vermeiden wollte.) Bei der Integration hingegen lernt die SECHS, dass *Sicherheit in sich selbst zu finden und Vertrauen in andere zu haben* (was ihr in der Kindheit abhandenkam und was sie nun am meisten ablehnte) viele positive unterdrückte Qualitäten freisetzt und ihr zu einem nie gekannten inneren Freiheitsgefühl verhilft.
- Typ SIEBEN erlebt bei der Desintegration, dass seine Handlungen zu *Leid und Schmerz* geführt haben. (Das ist genau das, was er am dringendsten vermeiden wollte.) Bei der Integration hingegen lernt die SIEBEN, dass *Rückzug und das Zulassen all ihrer, vor allem auch negativer, Gefühle* (was ihr in der Kindheit abhandenkam und was sie nun am meisten fürchtete) viele positive, unterdrückte Qualitäten freisetzt und ihr zu einem nie gekannten inneren Freiheitsgefühl verhilft.
- Typ ACHT erlebt bei der Desintegration, dass seine Handlungen zu *Respektverlust und verwundbarer Unsicherheit* geführt haben. (Das ist genau das, was er am dringendsten vermeiden wollte.) Bei der Integration hingegen lernt die ACHT, dass die *Anerkennung ihrer zarten und weichen Seite* (die ihr in der Kindheit abhandenkam und die sie nun am meisten ablehnte) viele positive, unterdrückte Qualitäten freisetzt und ihr zu einem nie gekannten inneren Freiheitsgefühl verhilft.
- Typ NEUN erlebt bei der Desintegration, dass seine Handlungen zum *Verlust seines inneren Friedens* geführt haben. (Das ist genau das, was er am dringendsten vermeiden wollte.) Bei der Integration hingegen lernt die NEUN, dass *aktive Teilnahme am Leben* (die ihr in der Kindheit abhandenkam und die sie nun am meisten fürchtete) viele positive, unterdrückte Qualitäten freisetzt und ihr zu einem nie gekannten inneren Freiheitsgefühl verhilft.

3 Die neun Typen des Enneagramms

Am Beginn der Beschreibung jedes Typs findet sich eine Liste typischer Merkmale bzw. Statements des jeweiligen Enneagrammmusters. Diese soll eine erste Orientierungshilfe bieten, um sich selbst besser einem der neun Typen zuordnen zu können. Dabei ist es jedoch wichtig zu bedenken, dass solche Listen, genau wie Enneagrammtests, die im Prinzip kaum etwas anderes als ein Abfragen solcher Merkmalslisten sind (weshalb hier darauf verzichtet wird), keine absolute Zuverlässigkeit beim Bestimmen des Typs bieten können. Der Grund hierfür liegt darin, dass unser Enneagrammtyp auf unseren Grundmotivationen bzw. Grundbedürfnissen beruht und nicht auf unseren Eigenschaften, er liegt also mehr im »Warum« als im »Wie«. Da uns unsere Motivationen aber, sofern wir uns nicht schon lange ausführlich mit dieser Thematik beschäftigen, oft nicht bewusst oder bestenfalls schemenhaft bewusst sind, können wir sie nicht gut mittels Listen oder Tests abfragen.

Abgefragt werden können also großteils nur typische, den Grundbedürfnissen meist entsprungene Eigenschaften und Handlungsweisen. Diese bieten zwar einen gewissen Anhaltspunkt, aber eben keine absolute Zuverlässigkeit, da sie bei mehreren Typen teilweise ähnlich aussehen können und sich dann eben nur durch die jeweils dahinterliegenden Grundmotivationen unterscheiden.

Die Statement-Listen am Beginn jedes Typs sind daher ein erster Anhaltspunkt zum Finden des eigenen Typmusters, es ist aber unerlässlich, sich alle Typbeschreibungen komplett durchzulesen und der eigenen Hauptmotivation auf den Grund zu gehen, um dem eigenen Enneagrammtyp auf die Spur zu kommen. Das kann aufgrund der Komplexität dieses Unterfangens durchaus einige Zeit in Anspruch nehmen.

3.1 Typ EINS – Der kritische Perfektionist

3.1.1 Vorstellung von Typ EINS

Typische EINSer-Statements:

- Ordnung muss sein.
- Ich fühle mich oft schuldig.
- Ein kleiner Fehler kann mir alles verderben.
- Ich bin kein Freund von Grauzonen, die Dinge sind meist schwarz oder weiß, falsch oder richtig, schlecht oder gut.
- Ich habe einen stark ausgeprägten Gerechtigkeitssinn.
- Unperfektes springt mir sofort ins Auge.
- Ich achte auf eine tadellose Umsetzung.
- Ich habe jede Menge To-do-Listen im Kopf (oder auf Papier).
- Ich mache mir viele Sorgen.
- Ich bin diszipliniert und habe eine hohe Arbeitsmoral.
- Ich fürchte, verurteilt zu werden, wenn ich etwas falsch mache.
- Ich bin selbst mein strengster Richter.
- Ich bin sehr idealistisch und würde gerne die Welt verbessern.
- Ich habe einen inneren Kritiker, der mich kontrolliert.
- Ich habe hohe Ideale und Prinzipien, nach denen ich zu leben trachte.
- Mir ist bewusst, dass ich oft einen hohen Preis dafür zahle, perfekt sein zu wollen.
- Fehler sind mir ein Gräuel, weshalb ich mich extrem anstrenge, keine zu machen.
- Auf meinen Schultern lastet viel Verantwortung.
- Es ist wichtig, stets zwischen Recht und Unrecht unterscheiden zu können.
- Zu vielen Menschen fehlt heutzutage die Moral.
- Ich mag es gerne ordentlich und wenn jedes Ding auf seinem Platz ist.
- Ich bin im Grunde ein eher ernster Mensch.
- Ich versuche stets, ein besserer Mensch zu werden.
- Auf mich kann man sich verlassen.
- Ich mache meist mehr als das unbedingt Nötige.
- Details sind mir wichtig.
- Ich verurteile mich innerlich, wenn ich Fehler mache.
- Ich kann nur schwer entspannen, weil immer so viel getan werden muss.

- Ich wünschte, man müsste nicht so oft hinter anderen nacharbeiten, damit alles zufriedenstellend erledigt ist.
- Es fällt mir schwer zu verzeihen.
- Ich bin meistens angespannt.
- Ich nehme sehr vieles im Leben sehr ernst.
- Ich bin ziemlich oft gereizt.
- Ich behalte gerne recht.
- Ich bin genau und pünktlich.
- Ich entdecke manchmal zwanghafte Züge an mir.
- Tadellos zu sein, macht mich liebenswerter.
- Es ärgert mich, wenn andere sich zu wenig anstrengen.
- Ich kann zuweilen recht starrsinnig sein.
- Bei Schwierigkeiten lege ich mich noch mehr ins Zeug.

Stärken: Integrität, Idealismus, Fleiß, Wille, sich zu verbessern, hohes Verantwortungsgefühl, Anspruch an hohe Standards, Eigenständigkeit, Korrektheit, Verpflichtung gegenüber Werten und Idealen, guter Blick für Optimierungsmöglichkeiten, Genauigkeit, Zuverlässigkeit, Perfektionismus, hohe ethische und moralische Grundsätze, Problemorientiertheit, Ernsthaftigkeit, Präzision, Exaktheit, Vorbildfunktion

Potenzielle Schwächen: Zwanghafter Perfektionismus, Rigidität, Kritiksucht, Besserwisserei, Negativität (nur die Fehler und Schwachstellen wahrnehmen), zu große Ernsthaftigkeit, Verbissenheit, Verkopftheit

Ermunterung, die Typ EINS bräuchte: »Die grundlegende Natur von allem, mich selbst eingeschlossen, ist vollkommen, gut und positiv.«

Stattdessen verinnerlichte Ansicht: »Um nicht verurteilt zu werden, muss ich stets tadellos, verantwortungs- und pflichtbewusst sein und alles richtig machen.«

Reaktion darauf: Sich selbst und die Umwelt ständig verbessern.

Grundbedürfnis, das die EINS damit erfüllen möchte: Recht zu haben, integer, gut und tugendhaft zu sein.

Grundangst: Unvollkommen, schlecht, böse, korrupt, unehrlich und fehlerhaft zu sein, verurteilt zu werden, vom Leben bestraft zu werden, nicht anerkannt zu werden

Der Grundleidenschaft (Zorn) entsprungene Wesenszüge:
Perfektionismus, Tadelsucht, Kritiksucht sowohl gegenüber anderen als auch sich selbst, große Anspruchshaltung, Tendenz zu moralischen Vor-

würfen, nach innen gekehrter Ärger, extreme Kontrolliertheit, große Disziplin

Aufmerksamkeits- und Energiefluss: Die Aufmerksamkeit richtet sich automatisch auf »richtig« und »falsch«, speziell auf alles Falsche oder nicht Perfekte, das korrigiert gehört. Dazu zählen auch falsches eigenes Verhalten sowie falsches Verhalten anderer. Selbstkritik und Kritik durch andere sind wichtige Themen. Daher wird viel Energie dafür aufgewendet, alles richtig zu machen, hohen Standards zu genügen, verantwortungsbewusst und verlässlich zu sein. Um das zu erreichen, erlaubt die EINS sich selbst vieles nicht, zensiert sich, ist streng mit sich und verbietet sich Vergnügen.

Was die EINS vermeiden möchte: Typ EINS ist der einzige Typ, der seine Grundleidenschaft, den Zorn, zugleich vermeidet. Dementsprechend groß ist die innere Anspannung, unter der er steht. Des Weiteren vermeidet Typ EINS Fehler, den Verlust von Selbstkontrolle, das Relativieren seiner Prinzipien sowie das Verletzen sozialer Normen.

Was Stress verursacht: Der Fehler anderer beschuldigt zu werden, den inneren Kritiker nicht unter Kontrolle zu bekommen, wegen des eigenen zu großen Verantwortungs- und Pflichtgefühls überlastet zu sein, zu viele Fehler, die zu korrigieren sind, den Groll zu unterdrücken, zu viel Chaos.

Verhalten unter Druck (Hauptabwehrmechanismus): **Reaktionskontrolle / Reaktionsbildung**, d. h., um Ärger, Wut und Zorn nicht zu zeigen, kontrolliert und zensiert Typ EINS diese Reaktionen und versteckt sie hinter Sachlichkeit und moralisch anerkanntem Handeln. Die Wut wird hier also in ihr Gegenteil verkehrt und das **ideale Selbstbild**, ein guter, korrekter Mensch zu sein, kann dadurch aufrechterhalten werden. Dies führt allerdings zu großem inneren Druck und letztlich zu noch mehr Zorn.

3.1.2 Erweitertes Persönlichkeitsprofil – »Musterkinder sind nicht wütend«

Verhalten als Kind

EINSer sind die Musterkinder des Enneagramms. Schon als Kinder brav und artig, sind sie schon früh besonders korrekt und darauf bedacht, alles richtig zu machen, um nicht kritisiert zu werden. Bereits in jungen Jahren sind sie strebsam, stellen Vergnügungen zurück und machen auf jeden Fall zuerst ihre Hausaufgaben, bevor sie sich selbst erlauben zu spielen.

Dass sie selbst sich Vergnügen häufig versagen, ist ihnen gar nicht bewusst, denn ihr Denken kreist schon früh um die Frage, was getan werden muss, und nicht darum, was sie tun möchten. Infolge verlieren sie auch häufig den Kontakt zu dem, was sie eigentlich wollen, sodass sie es irgendwann selbst nicht mehr wissen und vollkommen durch das, was sie tun müssen, ersetzt haben.

Viele EINSer-Kinder verhalten sich wie Erwachsene und übernehmen sehr früh große Verantwortungen und Verpflichtungen wie etwa die Versorgung jüngerer Geschwister oder wichtige Arbeiten im Haushalt. Manche EINSer übernehmen sogar eine Elternrolle anstelle eines dafür zu instabilen Elternteils. Unsicherheit oder Chaos im Elternhaus bringen junge EINSer dazu, für Kontrolle und Verlässlichkeit zu sorgen und all das zu tun, was in ihrer Macht steht, um Struktur und Ordnung zu schaffen. Belohnt werden sie dafür nicht, ihr Einsatz wird typischerweise eher als selbstverständlich angesehen, ihre Belohnung besteht also nur in dem Gefühl, das Richtige zu tun, tugendhaft zu sein und genug Selbstkontrolle zu haben, um alles zu schaffen, was sie machen müssen.

Das Verhalten der EINS ist also früh darauf ausgelegt, nicht kritisiert oder verurteilt werden zu können, und zwar weder von sich selbst noch von anderen. Die EINS geht davon aus, dass es ein Richtig und Falsch gibt und dass alles daran zu setzen ist, stets das Richtige zu tun, damit die Felle nicht davonschwimmen.

Infolge fühlt sie sich schuldig und verurteilt sich selbst, wenn sie einmal nicht alles schafft oder meint, nicht das Richtige getan oder sich nicht genug diszipliniert zu haben. EINSer leben dadurch unter großer innerer Anspannung und dem ständigen Anspruch an sich selbst, den eigenen hohen Standards zu genügen.

Strenge Regeln, Routinen, hohe ethische Ansprüche und Verhaltensstandards geben der EINS ein Gefühl der Stabilität und Sicherheit. Alles unter Kontrolle zu haben, ist wichtig, um den inneren Druck zumindest ein wenig abbauen zu können. Sich selbst der strengste Richter zu sein, bedeutet außerdem, Kritik von anderen möglichst zuvorzukommen. Die EINS versucht so, durch Selbstverurteilung die Verurteilung durch andere zu vermeiden und lebt nach dem Motto: »Wie ich bin, bin ich nicht in Ordnung. Ich muss mich stets verbessern, um perfekter zu werden.« Zugleich macht es sie wütend zu sehen, dass andere nicht diesen hohen Ansprüchen gerecht werden bzw. nicht das Gefühl haben, ihnen gerecht werden zu müssen.

Die Freiheit derer, die nicht unter einem derart strengen, selbst auferlegten Verhaltenskodex leben wie sie, wird zornig abgelehnt und heimlich, manchmal sogar nur unbewusst, beneidet.

Der Grundstein für ihre Hauptleidenschaft, den Zorn, ist somit gelegt.

Zornesproblematik

Die EINS ist der einzige Enneagrammtyp, bei dem die Hauptleidenschaft, der Zorn, zugleich das ist, was unbedingt vermieden werden soll, denn Zorn ist etwas Böses, Unvollkommenes und darf daher nicht sein. Natürlich führt das aber zu immensen inneren, oft zornigen Spannungen.

Dabei empfinden sich die meisten EINSer selbst nicht als zornige Menschen. Sie fühlen sich typischerweise maximal ein wenig verstimmt oder von den vielen Pflichten etwas angespannt.

Es sind eher die Mitmenschen, die den leicht moralinsäuerlichen Unterton in der Stimme, den angespannten Gesichtsausdruck oder die steife Körperhaltung der EINS bemerken und die Wut dahinter spüren. Manchmal äußert die EINS zwar durchaus auch beißende Kritik, in der Regel sind es aber eher Kleinigkeiten, anhand derer man ihre Verstimmtheit erkennen kann.

Zum Ausdruck bringt die EINS ihre Wut bewusst am liebsten nur durch ihren Einsatz für Gerechtigkeit. Im Zusammenhang mit dem Kampf um eine gute Sache kann man schon einmal ein wenig wütend sein, was die EINS sich sonst ja verbietet. So kann sie zum glühenden Verfechter für alle möglichen Belange werden, die sie als gut und gerecht erachtet.

Im Rahmen ihres Einsatzes für einen guten Zweck muss sie sich nicht zwingen, gut zu sein, und sich auch keine Vorwürfe machen, wenn sie zuweilen zornig ist. Das kommt der EINS sehr entgegen, denn es strengt natürlich an, sich ständig bemühen zu müssen, gut zu sein, zumal diese Anstrengung meist noch nicht einmal belohnt wird, was die EINS als sehr unfair empfindet. Menschen, die die Regeln brechen, sind EINSern ein Dorn im Auge, denn sie erlauben sich falsches Verhalten auch noch dreist.

Perfektionismus

Da die EINS wie ein Dampfkochtopf ist, der ständig unter Druck steht, sich aber zugleich nicht erlaubt, den Deckel zu öffnen, muss sie neben dem Kampf für eine gute Sache noch andere Wege finden, zumindest ein wenig

Wut rauslassen zu können, damit der Deckel nicht platzt. Eine solche weitere Möglichkeit, den Zorn und die Wut indirekt rauszulassen, ist ihr Perfektionismus. Der Perfektionismus erstreckt sich bei der EINS sowohl auf sich selbst als auch auf andere Menschen und ihre Umwelt. Die EINS sieht also Fehler überall. Betritt sie das Wohnzimmer eines Freundes, sieht sie also zuerst das schiefe Bild an der Wand (das sie am liebsten sofort geraderücken würde) und erst später das geschmackvolle Sofa. Hat sie selbst einen kaum sichtbaren Fleck auf der Bluse, kann sie sich kaum noch auf etwas anderes konzentrieren als darauf, wie unmöglich das aussieht und wie sie es am besten verdecken kann. Und führt ihr ein Bekannter stolz sein neues Auto vor, springt ihr – auch wenn sie es sich eventuell verkneift, es zu sagen – sofort ins Auge, dass es nur einen einzigen Getränkehalter darin gibt oder das Handschuhfach zu klein ist. Der Perfektionismus der EINS ist also eine Möglichkeit, die Wut darüber, dass nichts und niemand perfekt ist, in ein Gefühl umzuleiten, das die EINS sich gestattet.

Der Perfektionismus ist zugleich aber auch zusätzlicher Druck, denn die EINS möchte ihm schließlich auch selbst stets genügen. Da dies jedoch unmöglich ist, fühlt sich die EINS schuldig für vieles, was man einfach nur als menschlich bezeichnen würde.

Da Perfektionismus auf der Annahme beruht, dass es für jede Situation genau *eine* richtige Lösung gäbe, die, sobald sie bekannt ist, von allen Menschen akzeptiert und angestrebt werden würde, fällt es der EINS oft sehr schwer zu akzeptieren, dass andere Menschen ihre Auffassung von der »richtigen Lösung« nicht teilen. Die Vorstellung, dass mehrere Verfahren gleichermaßen richtig sein könnten, erscheint ihr chaotisch und absurd, ja geradezu anarchisch. EINSer sind daher fortwährend frustriert, da nicht nur nichts perfekt ist, sondern Perfektion – bzw. das, was sie darunter verstehen – ja noch nicht einmal angestrebt wird. Diese Sichtweise abzulegen, bedeutet für EINSer meist harte Arbeit. Einen Ausgleich finden viele EINSer in der Natur, die ihnen noch am ehesten den Rahmen für ein wenig Gelassenheit bietet.

Innerer Kritiker

Mit möglichst tadellosem Verhalten möchten EINSer ihren stets wachsamen inneren Kritiker zufriedenstellen, der sie verurteilt für alles, das sie nicht perfekt gemacht haben. Sie möchten gut sein, um nicht vom eigenen Gewissen verdammt zu werden. Für EINSer ist es außerdem besonders schmerzhaft, von anderen kritisiert zu werden, da sie bereits genug an der Last ihrer Selbstkritik tragen. Lob versucht die EINS zu verdienen, indem sie sich intensiv selbst prüft und gegebenenfalls korrigiert, indem sie alle Angelegenheiten gründlich, fristgerecht und präzise erledigt, stets ordentlich ist, ihr äußeres Erscheinungsbild immer dem Anlass entsprechend gestaltet, tadellose Konversation betreibt und ständig aufmerksam auf alle Details achtet. Das kann so weit gehen, dass EINSer sogar ihre eigenen Gedanken kontrollieren möchten und sich verurteilen dafür, wenn sie einmal etwas »Böses« denken.

Die rigide Selbstkontrolle durch den inneren Kritiker ist wie ein ständiger innerer Strafprozess, in dem die EINS sich selbst anklagt, verteidigt und letztendlich verurteilt, und sie kann so weit führen, dass es für die EINS erschreckend ist, ihre wahren Wünsche wahrzunehmen.

Entspannung und Erholung gönnt die EINS sich selten, denn beides hätte man nur verdient, wenn alles perfekt erledigt wäre, was es zu erledigen galt, nichts mehr korrigiert werden müsste und man sich selbst absolut nichts vorzuwerfen hätte. Und wann ist das schon je der Fall? So lebt die EINS typischerweise vernünftig, puritanisch und asketisch und gönnt sich selten etwas, denn so kann sie zumindest versuchen, ihrem Idealbild möglichst nahe zu kommen und den inneren Kritiker zufriedenzustellen.

Auch in ihrer Wohnung spiegelt sich der innere Kritiker der EINS typischerweise wieder, denn diese ist meist so blitzblank geputzt, dass man vom Fußboden essen könnte. Putzen ist generell häufig ein Ventil für die EINS. Viele EINSer berichten, dass Putzen sie entlastet, ihnen hilft, Stress (und Wut!) abzubauen, und das alles noch mit Sinn und Zweck und einem hoffentlich einigermaßen zufriedenstellenden, idealerweise aber natürlich einem perfekten Endergebnis.

Weitere Möglichkeiten, den inneren Kritiker ruhigzustellen, sind die oft zwanghafte Pünktlichkeit der EINS, ihre Vorliebe für die exakte Abarbeitung von To-do-Listen und ihre extreme Gründlichkeit und Zuverlässigkeit.

Die innere Zensur, die die EINS mittels Reaktionskontrolle betreibt, bewirkt, dass sie in Sekundenbruchteilen darüber entscheidet, was sie sagt und wie sie das tut und vor allem auch, was sie zurückhält. Unüberlegte Spontanäußerungen könnten schließlich alles andere als perfekt sein und würden vor dem inneren Kritiker daher womöglich niemals bestehen können.

Diese Kontrolliertheit lässt Typ EINS in den Augen anderer oft rigide oder unflexibel erscheinen.

In **Liebesbeziehungen** ist für Typ EINS das starke Verlangen charakteristisch, trotz seiner Unvollkommenheit angenommen zu werden. Es ist für die EINS schwer zu glauben, dass ihr Partner sie auch dann noch liebt, wenn er schlechte Eigenschaften an ihr entdeckt. Sie hat daher ständig Angst, dass ein Fehlverhalten ihren Partner abstoßen könnte. Dies wiederum lässt ihre innere Anspannung immer mehr steigen, bis die EINS bald so empfindlich für Zurückweisung ist, dass sie, quasi um das ohnehin unausweichlich Scheinende vorwegzunehmen, ihrerseits beginnt, den Partner zu kritisieren. Eine Herausforderung für die EINS ist auch die Akzeptanz der Tatsache, dass jeder Mensch »gute« und »schlechte« Eigenschaften hat und dass es keine perfekte Liebesbeziehung geben kann. Und auch, dass sie ihren Partner nicht ändern können, ist für EINSer zuweilen schwer zu schlucken. Die EINS tendiert dazu, ihren Partner immer dann zu kritisieren und seine vermeintlichen Charakterfehler anzuprangern, wenn sie den Kontakt zu ihrer Beziehung zu verlieren droht.

Als Ventil für ihren angestauten Frust nörgelt sie dann herum, zwingt den Partner zu einem von ihr als richtig erachteten Verhalten oder überwacht und kontrolliert ihn heimlich, um herauszufinden, ob er etwas »Falsches« macht.

Lernt sie hingegen, sich fallen zu lassen, verletzlich zu zeigen und die rigide Selbstkontrolle auch einmal aufzugeben, dann kann sie den Blick immer mehr von ihrer vermeintlichen Unvollkommenheit und der generellen Unvollkommenheit ihrer Liebesbeziehung weglenken. Dadurch öffnet sich die EINS der Annahme dessen, was ist, und dann weiß sie die vielen schönen Seiten ihrer Partnerschaft und die charakterlichen Besonderheiten, die sowohl sie selbst als auch ihren Partner auszeichnen, zu schätzen.

In **Berufsbeziehungen** kommt Typ EINS natürlich seine Genauigkeit, Verlässlichkeit und hohe Arbeitsmoral sehr entgegen. Problematisch kann es werden, wenn seine berufliche Tätigkeit sich nicht mit dem Idealismus der EINS im Einklang befindet. Ein straff strukturiertes Arbeitsumfeld kommt der EINS durchaus entgegen, mit Detailgenauigkeit, Fristen und systematischem Arbeiten hat sie keine Probleme. Fehlersuche und die Optimierung von Vorgängen sind ihre Spezialgebiete. Ebenfalls gut ist die EINS darin, anderen Menschen zu helfen, das Beste aus sich herauszuholen. Ein chaotisches Arbeitsumfeld oder eines, in dem sie häufigen Unterbrechungen ausgesetzt ist oder gar ständigen Veränderungen und der Notwendigkeit, sich immer wieder neu auszurichten und anzupassen, wird sie hingegen selten glücklich machen.

3.1.3 Flügeltypen der EINS

EINS mit Flügel NEUN

Typ EINS mit Flügel NEUN ist besonders idealistisch und unpersönlicher als die EINS mit Flügel ZWEI. Er ist des Öfteren hin- und hergerissen zwischen der Tendenz der EINS, für positive Veränderung auch Konflikte in Kauf zu nehmen, und der Konfliktvermeidung der NEUN.

Dieser Flügeltyp ist meist introvertierter und mehr unbeteiligter Beobachter als die EINS mit ZWEIer-Flügel. Gut entwickelt, ist er außerdem objektiver und moderater in seinen Urteilen, schon alleine deshalb, weil er außenstehend bleiben mag und nicht so sehr zum Zentrum des Geschehens werden möchte.

Oft fühlt sich dieser Flügeltyp generell mehr zu Tieren, der Natur und Kunst hingezogen als zu anderen Menschen. Er bevorzugt es auch oft, alleine zu arbeiten, da er gerne möglichst selbstbestimmt sein möchte und Auseinandersetzungen lieber erst gar nicht aufkommen lässt, als sie auszutragen. Er geht emotional weniger aus sich heraus als der andere Flügeltyp und wirkt sanfter und zurückgezogener, ist aber, wenn er sich für jemanden entschieden hat, ein loyaler, selbstloser Freund.

Durch den Einfluss der NEUN sind diese EINSer etwas entspannter als der andere Flügeltyp und überlegter, bevor sie etwas Kritisches äußern. Sie brauchen meist länger, um eine Entscheidung zu fällen, etwas, das der EINS generell schwerfällt, da sie sich ja keineswegs falsch entscheiden und daher alle Argumente sorgsam abwägen möchte, und was durch den Einfluss der NEUN, für die typischerweise alle Argumente ihre Berechtigung haben und die deshalb generell schwer Position bezieht, noch verstärkt wird.

Der Flügel NEUN hilft der EINS, langfristige Freundschaften und Bindungen aufrecht zu erhalten, da er ihre Ecken und Kanten sanfter gestaltet, sie weniger hart erscheinen lässt und die EINS nicht nur gegenüber anderen, sondern manchmal sogar sich selbst gegenüber etwas nachsichtiger und milder urteilen lässt. Sie sieht auch mehr Nuancen und kann sich in ihre Mitmenschen besser einfühlen als der andere Flügeltyp.

Äußerlich wirkt die EINS mit NEUNer-Flügel gefasster und ruhiger als die EINS mit ZWEIer-Flügel, denn durch den NEUNer-Einfluss brodelt es bei ihr oft nur im Inneren. Sie kann nach außen auch so wirken, als hätte sie wenig menschliche Wärme. Ihre äußere Erscheinung ist angemessen, korrekt, funktionell, dabei aber recht farblos.

EINSer mit NEUNer-Flügel sind sanfte Verbesserer, kultiviert, klug und reserviert. Ihr Zorn ist verborgener als der des anderen Flügeltyps und zeigt sich noch indirekter wie zum Beispiel durch beißenden Humor, kleine spitze Bemerkungen, ungeduldiges oder starres, »bockiges« Verhalten.

Im unreifen Zustand neigt dieser Flügeltyp zu herablassenden und hochmütigen Ansichten.

Auch seine politischen Ansichten können dann zwar logisch begründet, letztlich aber hart und herzlos sein. Er weigert sich dann, irgendetwas, das außerhalb seiner Weltsicht liegt, anzuerkennen, ist emotional und intellektuell unzugänglich und zieht sich misanthropisch und verbittert zurück.

EINS mit Flügel ZWEI

Typ EINS mit ZWEIer-Flügel ist es ein besonders großes Anliegen, »gut« zu sein, da die EINS ihren eigenen inneren Maßstäben gemäß gut sein und die ZWEI anderen Menschen Gutes tun möchte. Andererseits ist die EINS eher objektiv und unpersönlich, während die ZWEI sehr persönlich und emotional ist. Der Einfluss der ZWEI lässt diesen Flügeltyp daher mit mehr persönlicher Wärme auftreten und generell mehr menschenorientiert sein als die EINS mit Flügel NEUN. Außerdem ist dieser Flügeltyp meist extravertierter und geht generell mehr aus sich heraus als die sehr reservierte EINS mit NEUNer-Flügel. Er ist also deutlich weniger Beobachter als vielmehr Teilnehmer am menschlichen Geschehen. Außerdem ist er persönlicher und fürsorglicher, sodass reife Vertreter dieses Flügeltyps ihre härteren EINSer-Eigenschaften gut mit Empathie, Toleranz und aufrichtigem Interesse am Gegenüber abfedern können.

Da der Idealismus dieses Flügeltyps ein persönlicherer ist, findet man ihn häufig in helfenden, heilenden und lehrenden Berufen. Auch politische Karrieren sind für die EINS mit Flügel ZWEI oft attraktiv, da es ihr ein Anliegen ist, die Bedingungen für ihre Mitmenschen zu verbessern, und sie zudem gut darin ist, ihre Ansichten zu verbalisieren.

Da das EINSer-typische Bedürfnis, sich selbst zu kontrollieren, hier auf das Bedürfnis der ZWEI, andere zu kontrollieren, trifft, kann dieser Flügeltyp im weniger reifen Zustand auf andere Menschen recht vereinnahmend wirken und ihnen das Gefühl vermitteln, es ihm niemals recht machen zu können.

Dieser Flügeltyp äußert seinen Groll auch eher verbal als die EINS mit Flügel NEUN und lässt seine Mitmenschen seinen Unmut darüber, dass diese seine gut gemeinten Ratschläge nicht befolgen, wissen. Auch zu emotionaler Manipulation und Eifersucht neigt dieser Flügeltyp stärker.

Dafür ist er auf der Positivseite humanistischer orientiert und gutherziger. Er ist mehr auf andere Menschen ausgerichtet, erkennt deren Bedürfnisse besser, kümmert sich auch stärker um seine Mitmenschen und scheut nicht vor persönlichem Einsatz für seine Ideale zurück. Er investiert Zeit und Energie in sein Engagement für andere Menschen und ist häufig ein sehr effektiver Problemlöser, der allerdings darauf achten muss, sich nicht zu viele Aufgaben auf einmal vorzunehmen.

Der augenscheinlichste Unterschied zwischen den beiden Flügeltypen ist also neben der stärkeren Ausrichtung auf andere Personen der EINS mit ZWEIer-Flügel vor allem auch ein energetischer.

Im unreifen Zustand wird diese Flügelvariante herablassend und intolerant zu all jenen, die ihre Ansichten nicht teilen. Ihre starken geheimen Aggressionen bringen sie dann dazu, andere emotional zu manipulieren, indem sie ihnen das Gefühl gibt, etwas falsch gemacht zu haben oder nicht in Ordnung zu sein.

3.1.4 Instinktvarianten der EINS

Selbsterhaltende EINS

Die selbsterhaltende Instinktvariante der EINS macht sich in erster Linie viele Sorgen. Sie sorgt sich um ihre materielle Situation, die Gesundheit und darum, ob auch wirklich alles so funktioniert wie geplant. Oft hält sie sich an strenge Ernährungsregeln, denn es ist ihr ein großes Anliegen, sich optimal und gesund zu ernähren, weshalb sie auch meist sehr pflichtbewusst Sport betreibt, um fit zu bleiben. Manchmal kann es sein, dass sie sich hinreißen lässt und ihren Bedürfnissen doch einmal nachgibt, Schokolade und Chips isst und auf ihr Training verzichtet, aber schon sehr bald straft sie sich dafür selbst mit extra harter Askese.

Die selbsterhaltende EINS ist besonders ordentlich und gut organisiert, ihr Zuhause ist stets blitzblank geputzt und der gesamte Haushalt ist effektivst organisiert. Struktur, Sauberkeit, Zuverlässigkeit und Ordnung sind ihre Stützpfeiler im Kampf gegen das befürchtete Chaos.

Sie ist außerdem sehr sicherheitsbewusst und kann äußerst gut mit Geld umgehen. Unnötige Fehlkäufe gibt es bei ihr nicht.

Ihre Disziplin ist herausragend, aufgrund ihrer ständigen inneren besorgten Angespanntheit ist sie dabei allerdings im Dauerstress. Körperliche Verspannungen sind sehr häufig, auch deshalb, weil die selbsterhaltende EINS ja stets in Sorge ist, Fehler zu machen. Ein einziger Fehler könnte schließlich alles zerstören. Deshalb kann sie auch recht pingelig sein.

Zuweilen überträgt die selbsterhaltende EINS ihre Sorgen auch auf andere. So kann es vorkommen, dass sie andere zur Sparsamkeit mahnt, wenn sie selbst knapper bei Kasse ist, oder ihren Partner wegen seines Süßigkeitenkonsums rügt, wenn sie selbst gerade ein schlechtes Gewissen wegen eines eben heimlich gegessenen großen Tortenstücks hat.

Wut und Zorn zeigt die selbsterhaltende EINS am wenigsten von allen Instinktvarianten der EINS. Die unreife selbsterhaltende EINS kann schwanken zwischen Phasen des ausufernden Gesundheitsfanatismus´ und Phasen des Junkfoodkonsums, den sie dann eventuell durch Unmengen von Vitaminpillen zur Beruhigung des inneren Kritikers auszugleichen versucht.

Sexuelle EINS

Die sexuelle Instinktvariante der EINS stellt besonders hohe Ansprüche an ihren Partner und an Freundschaften. Diese EINS sehnt sich nach der perfekten Liebe, tut sich aber schwer damit, jemanden zu finden, der auf Dauer ihren hohen Erwartungen gerecht wird. Findet sie allerdings so jemanden, neigt sie dazu, ihn zu idealisieren und auf ein Podest zu stellen, und hofft ständig, ihrem Partner gerecht werden zu können. Sie kann dann auch besonders eifersüchtig sein, den Partner heimlich überwachen, ihm Fangfragen stellen, um ihn zu überprüfen, und ständig daran zweifeln, ob sie auch wirklich seine oberste Priorität ist.

Sie ist loyal und treu und legt auf diese Eigenschaften auch bei anderen besonderen Wert.

Rückzüge des Partners bezieht sie auf sich und empfindet sie daher als besonders beunruhigend und bedrohend. Sie hat deshalb auch große Angst, für eine perfektere und attraktivere Person verlassen zu werden, und vergleicht sich eifersüchtig mit möglichen Konkurrentinnen. Das kann so weit gehen, dass sie positive Äußerungen des Partners über eine andere Person als negative Äußerung über sich selbst deutet. (»Deine Schwester kann gut kochen« kann für sie dann so viel bedeuten wie »Du kochst schlechter als deine Schwester«.)

Die sexuelle EINS ist feuriger und leidenschaftlicher als die anderen beiden Instinktvarianten.

Der Zorn ist bei ihr weniger tief vergraben, sie kann ihn nicht so gut in Schach halten und lässt ihn ihr Gegenüber daher zuweilen deutlich spüren. Sie ist auch die durchsetzungsfähigste und bestimmendste Instinktvariante.

Außerdem ist die sexuelle EINS besonders idealistisch. Sie hat eine klare Vorstellung davon, wie die Dinge sein sollten, oft hat sie eine reformatorische Ader und einen großen Drang zu revolutionären Verbesserungen, speziell zur Verbesserung anderer Menschen.

Die feurige Natur der sexuellen EINS macht sie zudem besonders zielgerichtet, schnell erregbar, argumentativ, kritiksüchtig, entschlossen, rechtschaffen und zuweilen manipulativ.

Die sexuelle Instinktvariante der EINS kann im unreifen Zustand sehr dominant, fordernd, besitzergreifend, wütend und eifersüchtig vergleichend sein.

Soziale EINS

In der sozialen Instinktvariante zeigt sich die EINS als besonders überzeugt von den sozialen Werten, die sie vertritt. Das Aufdecken von Ungerechtigkeiten und Missständen und der Einsatz für soziale Verbesserungen kennzeichnen sie und sie möchte in diesen Bereichen auch aktiv etwas bewirken.

Ihr Selbstwertgefühl bezieht die soziale EINS aus ihren Überzeugungen, weshalb es ihr auch besonders wichtig ist, dafür Zustimmung zu erhalten. Sie kann ein Musterbeispiel für Integrität und Prinzipientreue sein und wird als systemischer Denker motiviert davon, stets ihr Bestes zu geben und ein Vorbild für die eigenen Überzeugungen und Werte abzugeben. Deshalb steht sie auch unter besonders starkem inneren Druck, dieser Vorbildrolle stets gerecht zu werden. Die soziale EINS fühlt sich sehr angezogen von Gruppen und Organisationen, die ihre Ideale teilen, reißt darin aber oft alle anfallenden Tätigkeiten bald an sich, da sie überzeugt ist, sie am zufriedenstellendsten erledigen zu können, und verlässt die Gruppen letztlich immer wieder frustriert. Sie ist sehr reformatorisch und kritisch, erfüllt jemand eine Aufgabe nicht bestmöglich, wird sie das sicher nicht hinnehmen, sondern ihn zurechtweisen.

Die soziale EINS richtet einen so großen Teil ihrer Energie auf den Bereich der sozialen Verbesserungen und auf das Ausfüllen ihrer Rolle als Vorbild, dass sie ihr Privatleben oft hinten anstellt. Persönliche Anliegen kommen für sie generell nach den für sie dringlicheren sozialen Problemen, mit denen sie sich befasst. Ihr Familienleben und ihre Beziehungen zu Freunden leiden infolge häufig unter dieser Einstellung.

Des Weiteren ist die soziale EINS die rechthaberischste und unflexibelste Instinktvariante der EINS. Sie ist zwar sozial korrekt, passt sich jedoch nicht an, sondern vertritt ihre Ansichten mit ungeheurer Vehemenz. Sie kann im unreifen Zustand durch ihr dringendes inneres Bedürfnis nach Überlegenheit recht oberlehrerhaft wirken und neigt dazu, ihre eigenen Gefühle zu versachlichen. All dies verleiht ihr ein oft recht steifes Auftreten. Tatsächlich findet man auffallend viele soziale EINSer in Lehrberufen.

3.1.5 Integration und Desintegration der EINS

- Unreif bzw. desintegriert ist Typ EINS: intolerant, besserwisserisch und zwanghaft
- Normal entwickelt ist Typ EINS: perfektionistisch, ordnungssüchtig und idealistisch
- Reif bzw. integriert ist Typ EINS: gerecht, vernünftig, kritisch und doch milde

Die EINS am Trostpunkt

Der angespannten EINS hilft es, sich bei der gesunden SIEBEN anzusehen, wie es aussieht, wenn man nicht von Pflicht, Verantwortung, Kontrolle, Sollen und Müssen bestimmt wird.

Von der SIEBEN kann die EINS ein wenig mehr Leichtigkeit lernen, mehr Optimismus, Fröhlichkeit und den Glauben an das Gute. Sie kann lernen, das Positive und Schöne an Situationen zu erkennen, anstatt sich mit Fehlern und Unperfektem herumzuschlagen. Wenn die EINS sich auf Typ SIEBEN zubewegt, akzeptiert sie die Wirklichkeit in ihrer Unvollkommenheit, ohne ständig etwas verbessern zu wollen. Dadurch kann sie entspannen und wird infolge produktiver, da sie nicht mehr das Gefühl hat, alles perfekt machen zu müssen, was viel Druck von ihr nimmt. Das führt dazu, dass die EINS dann oft viel einfacher Lösungen für Probleme findet, für die ihr zuvor ihre zwanghaft vom Unvollkommenen angezogene Betrachtungsweise den Weg versperrt hat.

Das belastende Gefühl, alleine für die Rettung der Welt verantwortlich zu sein, fällt von ihr ab, wodurch ihr Leben deutlich stressfreier und freudvoller wird. Die EINS lernt dann auch abzuwarten, wie sich Situationen von selber entwickeln. Sie wird entspannter und weicher, zufriedener, begeisterungsfähiger, weniger verbissen und lernt, das Leben nicht nur in Schwarz-Weiß-Kategorien zu sehen.

Außerdem lernt die EINS von den gesunden Qualitäten der SIEBEN, dass es nicht selbstsüchtig, maßlos oder verantwortungslos ist, glücklich zu sein. Sie lernt also, nicht mehr so hart zu sich selbst zu sein und es sich zu erlauben, glücklich zu sein, ohne sich dabei schuldig zu fühlen und ein schlechtes Gewissen zu haben. Außerdem wird ihr bewusst, dass Freude und Vergnügen nicht mit Disziplinlosigkeit gleichzusetzen sind, sondern dass beides, Vergnügen und Disziplin, gleichermaßen nebeneinander existieren können, das eine das andere also nicht ausschließt, sondern sogar bedingt. Die EINS lernt von der SIEBEN also, Lebensfreunde und Schaffenskraft in Einklang zu bringen, und sie lernt zu erkennen, dass Perfektion nicht immer und überall förderlich und notwendig ist, wodurch ihr innerer Kritiker mehr zur Ruhe kommt.

Sie wird freier, im positiven Sinne verspielter, kann auch ihre Gefühle spontan äußern sowie auch einmal spontan handeln und hat mehr kreative Ideen, da sie nicht mehr so sehr durch ihre Über-Kontrolliertheit blockiert ist. Dadurch gelangt sie zu einer natürlichen Balance zwischen Verantwortung und Entspannung, ohne ihre Werte zu verleugnen.

Durch ihre Bewegung in Richtung SIEBEN lernt die EINS also, das Leben so anzunehmen, wie es ist, ohne ständig das Haar in der Suppe zu sehen, und erlangt dadurch deutlich mehr inneren Frieden. Sie lernt mit Gelassenheit anzunehmen, dass sie auf dem Weg ist und nicht am Ziel und dass dieser Weg nicht nur mit Disziplin und Pflichtbewusstsein gegangen, sondern auch mit Leichtigkeit und Lebensfreude genossen werden möchte.

Was ihr als Kind verwehrt blieb, nämlich auch einmal einfach nur Spaß zu haben, die Dinge lockerer zu nehmen, aufgeschlossen und spontaner zu sein und sich am Leben zu erfreuen, kann sie nun in ihr Leben integrieren, wodurch sie deutlich gelassener wird. Sie hat sich von der Bürde des Perfektsein-Müssens befreit und erkannt, dass auch so sehr vieles im Leben gut ist. Häufig beobachtet man diese Bewegung der EINS zu ihrem Trostpunkt im Urlaub, wo sie fast wie ein anderer Mensch wirken kann.

Die EINS am Stresspunkt

Die EINS strebt nach Vollkommenheit. Kann sie diese nicht erreichen, versucht sie immer gestresster, verbissener und rigider, doch noch die angestrebte Perfektion zu erlangen.

Funktioniert es dennoch nicht und waren also ihre Anstrengung und Selbstkasteiung umsonst, ist dies für die EINS eine ernüchternde Erkenntnis. Ebenso ernüchtert und resigniert ist die EINS, wenn ihre Mitmenschen ihre hohen Maßstäbe nicht erfüllen können. Die EINS kommt dann ins Stocken, wird passiv und quält sich bald mit Schuldgefühlen. Ihre Ideale sind ihr kein Halt mehr, sondern sie ist kläglich damit gescheitert.

An diesem Punkt geht die EINS zur unreifen VIER und richtet wie diese ihre negativen Gefühle gegen sich selbst. Sie wird dann zornig oder schämt sich, wird deprimiert, verzweifelt oder aggressiv gegen sich selbst. Sie gibt sich selbst die Schuld dafür, in diese Lage geraten zu sein, und ist verzweifelt darüber, dass ihre Ideale ihr nicht geholfen, sondern, wie es scheint, gar gegen sie gearbeitet haben, und dass Richtig und Falsch offenbar ihre Bedeutung verloren haben. Die EINS fühlt sich deshalb völlig verwirrt, macht sich Vorwürfe, zweifelt und übt unbarmherzig Kritik an sich und landet schließlich in der Depression wie die unreife VIER. Darüber schämt sie sich wiederum, denn der Zustand, in dem sie sich nun befindet, ist von dem Idealbild, das sie von sich selbst entworfen hat, viel zu weit entfernt.

Wie die Unreife VIER ist die EINS in diesem Zustand launisch, badet in egozentrischem Selbstmitleid und hat eine »Alles sinnlos«-Haltung.

Sie würde sich am liebsten befreien von all ihren Bürden, da ja doch niemand versteht, wie sehr sie sich abmüht, und blickt neidisch auf all jene, denen es besser geht als ihr und die sich erlauben, das Leben leichter zu nehmen, wodurch sie sich noch wertloser fühlt. Sie reagiert dann extrem sensibel auf Kritik, empfindet sich als absolut nicht liebenswert und möchte sich am liebsten von allen Verpflichtungen und Verantwortlichkeiten losreißen.

Es kann auch sein, dass sich die EINS auf ihrem Weg zur unreifen VIER in all ihren Anstrengungen und Leistungen nicht gesehen und verstanden fühlt oder dass sie denkt, ihre Werte würden nicht gewürdigt. Sie fühlt sich dann unverstanden, zieht sich zurück, wird launisch und abweisend und beweihräuchert sich trotzig selbst. Eventuell macht sie ihrem Gegenüber dann auch Szenen und verhält sich als Flucht vor ihrem selbstauferlegten Zwang zum Perfektionismus so, wie man es von ihr sonst gar nicht gewohnt ist. Sie stopft sich dann beispielsweise mit Süßigkeiten voll oder tut andere Dinge, die sie sich normalerweise streng verwehrt. Darauf folgen dann Schuldgefühle und ein Sich-selbst-Verdammen. Die EINS wird immer selbstkritischer und lässt kein gutes Haar mehr an sich, wodurch sie noch deprimierter wird. Im schlimmsten Fall führt das zu hoffnungslosem Selbsthass, Zusammenbruch und längeren depressiven Phasen.

Entwicklungsziel und Lebensaufgaben der EINS - Vom Zorn zur heiteren Gelassenheit

»Die Perfektion der menschlichen Schöpfung liegt in ihren Fehlern.« Tobias Vogt

Das Entwicklungsziel von Typ EINS ist, ihren inneren Krieg zu beenden. Das bedeutet für sie zu erkennen, dass wir perfekt sind, so wie wir sind, mit all unseren Fehlern und dass unser Wert unabhängig davon ist, ob wir etwas richtig oder falsch machen. Es bedeutet also, dass die EINS sich selbst mit all ihren Eigenschaften akzeptieren muss. Dafür muss sie lernen, sich nicht zu verurteilen für all ihre vermeintlichen Fehler und vermeintlich nicht perfekten Eigenheiten, ja, sie muss lernen, auch diese Seiten an sich anzunehmen und anzuerkennen, dass es das Nicht-Perfekte ist, das uns als Menschen wertvoll macht.

Eine EINS, die dieses Ziel erreicht hat, ist gelassen, denn sie sieht nun die vielen Grautöne und erkennt an, dass die Welt und menschliches Verhalten nicht nur in Schwarz und Weiß, Richtig und Falsch einteilbar sind, sondern dass sich das Leben zu einem Großteil in dem Graubereich zwischen diesen Extremen abspielt. Sie erkennt die Relativität vieler Dinge, ist tolerant und hat gelernt, Unvollkommenes anzunehmen.

Eine EINS beginnt sich positiv zu entwickeln, wenn sie ihres selbst geschnürten Korsetts aus Pflichterfüllung, Müssen, Verantwortung und extremem Perfektionsstreben überdrüssig wird, wenn sie langsam beginnt, sich damit anzufreunden, dass Chaos zum Leben genauso gehört wie Ordnung, wenn Lebensfreunde vermehrt die reine Pflichterfüllung abzulösen beginnt, wenn sie anfängt, lockerer zu werden und auch einmal über sich selbst lachen kann und wenn sie annimmt, dass es nicht mit Verantwortungslosigkeit gleichzusetzen ist, wenn man im Leben zu einer gewissen Leichtigkeit gelangt.

Zur Entwicklung der EINS gehört auch, differenziert wahrzunehmen, ohne aber zu urteilen. Stattdessen muss sie lernen, Sachverhalte, Meinungen, Lebenswege und Entscheidungen anderer zu akzeptieren und anzuerkennen, dass es nicht nur *eine* Wahrheit oder *einen* richtigen Weg gibt.

Eine gereifte EINS hat zu **heiterer Gelassenheit** gefunden. Sie kann tolerant sein, Unvollkommenheiten akzeptieren, die Grautöne des Lebens erkennen und zu schätzen wissen.

Ihre Werte verliert sie dabei aber nicht aus den Augen. Der reife Typ EINS ist ein tatkräftiger und mutiger Reformer, der aber zugleich menschlich milde und aufgeschlossen ist und zu einer gewissen Mühelosigkeit gelangt ist, mit der er weit besser durch sein Leben kommt als mit dem immensen Druck, den er sich früher gemacht hat.

Integration - Die EINS im gesunden Bereich

Eine gesunde, gereifte EINS hat es geschafft, aus dem Kreislauf der Perfektion auszubrechen.

Sie ist nicht mehr so streng mit sich selbst, sie ist freier, hat mehr Leichtigkeit und Spontanität. Sie hat nicht mehr das Gefühl, dass das Leben eine Aneinanderreihung von Pflichterfüllungen ist, sondern sie sieht es auch als eine Reihe von Optionen. Sie erkennt, was sie möchte, und konzentriert sich nicht mehr nur auf das, was sie tun sollte. Dieses Loslassen-Können öffnet ihr den Weg für Spontanität und Lebensfreude.

Sie ist optimistisch und kann sich sowohl der äußeren als auch ihrer inneren Realität problemlos öffnen. Sie hat authentisches Interesse an den Ansichten anderer und lernt, das Leben von verschiedenen gleichwertigen Standpunkten aus zu betrachten. Sie ist neugierig und offen für Neues und fühlt sich anderen Menschen näher, da diese nun auch persönlicher auf sie reagieren, weil auch die EINS mehr persönliche Wärme ausstrahlt. Sie spürt eine tiefe Dankbarkeit und Annahme dessen, was das Leben für sie bereithält. Sie ist gewissenhaft, vernünftig, diszipliniert und hat ihre Prinzipien. Dabei verliert sie aber die Standpunkte ihrer Mitmenschen nicht aus den Augen, die sie genauso gelten lässt wie ihre eigenen.

Gesunde EINSer können wahrhaft Großes bewirken und gute Vorbilder dafür sein, wie man das Leben prinzipientreu und dennoch fair, pflichtbewusst und dennoch nicht hart, moralisch korrekt und dennoch nicht lebensfeindlich sowie fleißig und dennoch nicht verbissen meistert.

Die EINS im durchschnittlichen Bereich

Wenn eine EINS sich vom gesunden in den durchschnittlichen Bereich bewegt, identifiziert sie sich zunehmend mit ihrer Ego-Struktur. Bei der EINS bedeutet das, dass sie sich mehr und mehr verpflichtet fühlt, Dinge, die nicht perfekt sind, selbst in Ordnung zu bringen. Sie hat nun mehr Angst, Fehler zu machen, arbeitet hart auf ihr Ideal hin, ist korrekt, ordentlich, pflichtbewusst, genau und fleißig, aber auch zunehmend starr, unpersönlich und unfreier in ihrem emotionalen Ausdruck. Durchschnittlich gesunde EINSer sind kontrollierter, ernster, kritischer, pingeliger, zwanghafter und denken in Schwarz-Weiß-Kategorien. Außerdem können sie ungeduldiger und arbeitssüchtiger sein sowie zu Moralpredigten tendieren. Sie wollen andere von ihren Prinzipien überzeugen, sind diszipliniert und durchorganisiert.

Desintegration - Die EINS im ungesunden Bereich

Wenn die EINS sich in den ungesunden Bereich bewegt, wird sie immer dogmatischer und empfindlicher gegenüber Kritik. Sie ist dann extrem perfektionistisch und zunehmend nur noch darauf fokussiert, was alles *nicht* perfekt ist, anstatt auch anzuerkennen, was bereits gut ist.

Sie neigt dann auch zur Rechthaberei und selbstgerechtem Verhalten, verteidigt ihre Vorgehensweisen, die sie für die alleinig richtigen hält, und empfindet Alternativvorschläge mehr und mehr als Angriff. Sie kann dann auch kaum noch entspannen, ist extrem verbissen und gönnt sich kein Vergnügen. Auf andere wirkt sie dogmatisch, unnachgiebig, intolerant und steif.

Die desintegrierte EINS rechtfertigt ihre eigenen Handlungen, um das Selbstbild, das sie von sich erschaffen hat, aufrechterhalten zu können und um Kritik vorzugreifen, die sie immer weniger ertragen kann. Sie ist engstirnig, urteilt sehr hart und hält ihren Mitmenschen vor, wo diese überall im Unrecht sind. Ihre eigene Position, die sie für die einzig vernünftige hält, behauptet sie vehement. Sie hat vermehrt Vorurteile, wird immer bitterer, unnachgiebiger und zwanghafter und agiert schließlich auch immer häufiger offen wütend.

Sie ist besessen von den Vergehen anderer, beginnt aber selbst, ähnliches oder Schlimmeres zu tun, wofür sie allerdings vernünftige Gründe findet. Mehr und mehr agiert die ungesunde EINS nun das aus, was sie sich immer verwehrt und auch bei anderen nicht toleriert hat, bis sie schließlich das Gefühl hat, die Kontrolle vollkommen verloren zu haben. Der verzweifelte Versuch, ihre Obsessionen loszuwerden und doch noch irgendwie die Kontrolle zurückzuerlangen, kann im (zum Glück sehr seltenen) Extremfall in Selbstverletzungen, Selbsttötung oder Mord enden.

3.2 Typ ZWEI - Der verführende Helfer

3.2.1 Vorstellung von Typ ZWEI

Typische ZWEIer-Statements:

- Meine Beziehungen zu anderen Menschen sind mir das Wichtigste im Leben.
- Geben ist mir lieber als Nehmen.
- Ich bitte andere ungern um etwas.
- Es ist mir wichtig, dass die Menschen sich bei mir wohlfühlen.
- Ich finde es schön, Komplimente zu machen.
- Ich nehme sehr gerne Anteil am Leben anderer.
- Ich weiß, was ich tun muss, damit ich gemocht werde.
- Ich unterhalte mich gerne mit verschiedensten Menschen, auch Fremden.
- Ich bin sehr gerne großzügig zu anderen.
- Ich helfe gerne, aber es stört mich, wenn das gar nicht gewürdigt wird.
- Ich sehe mich als rücksichtsvollen und großherzigen Menschen.
- Mir wurde schon gesagt, ich solle öfters mir selbst statt anderen Gutes tun.
- In der Rolle des Gastgebers fühle ich mich wohl.
- Um lieben Menschen eine Freude zu machen, nehme ich gerne etwas Mühe auf mich.
- Ich nehme teil am Innenleben vieler Menschen.
- Ich mag nicht von anderen abhängig sein.
- Kritik trifft mich oft recht hart.
- Ich mag es, wenn man mich um Rat fragt.
- Wenn man es anderen recht macht, wird man eher gemocht.

- Ich brauche viel Nähe zu meinen Lieben und es verletzt mich, wenn ich sie nicht bekomme.
- Es gibt mir viel, bewundert und anerkannt zu werden.
- Ich bin oft sehr emotional.
- Es ist schon passiert, dass ich mich für andere so verausgabt habe, dass ich krank geworden bin.
- Manchmal fühle ich mich extrem einsam.
- Die Menschen kommen mit ihren Problemen gerne zu mir.
- Ich kann nur sehr schwer Nein sagen, wenn ich um etwas gebeten werde.
- Es ist mir wichtig, wie andere über mich denken.
- Wenn ich nach meinen Bedürfnissen gefragt werde, fällt mir die Antwort schwer.
- Ich möchte, dass man von mir denkt, dass ich jeden mag, auch Personen, bei denen das nicht stimmt.
- Ich kann die Bedürfnisse anderer wortlos erkennen.
- Ich bin ein fürsorglicher Mensch.
- Ich bin gerne wichtig für andere Menschen.
- Selbst wenn ich eigentlich keine Lust dazu habe, fühle ich mich von innen heraus dazu angetrieben, anderen zu helfen.
- Wenn ich um etwas gebeten werde, sage ich normalerweise spontan Ja, mögliche unangenehme Folgen des Wunsches erkenne ich erst später.
- Ich bin schon ein wenig stolz auf meine aufopfernde Haltung.
- Oft kann ich für andere besser sorgen als für mich selbst.
- Es gibt mir sehr viel, die wichtigste Person in jemandes Leben zu sein.
- Andere Menschen vertrauen mir schnell.
- Ich habe mich schon dabei ertappt, andere durch meine Hilfsbereitschaft zu manipulieren.
- Ich achte darauf, dass all meine Lieben haben, was sie für ihr Wohlergehen benötigen.

Stärken: Hilfsbereitschaft, Großzügigkeit, Sensibilität für die Gefühle anderer, Verständnis, hohes Maß an Energie, Ausdrucksfähigkeit, Überschwänglichkeit, romantisches Naturell, Herzlichkeit, Kontaktfreude, Interesse an anderen, Charme, guter Gastgeber, Wertschätzung gebend, Akzeptanz, Empathie, Fürsorglichkeit, Aufmerksamkeit (Beim-anderen-Sein)

Potenzielle Schwächen: Funktionalisieren der Beziehungspartner (indem sie der ZWEI Wertschätzung vermitteln sollen), manipulatives Verhalten, Berechnung, überfürsorgliches Verhalten, ungefragtes Einmischen, andere zu Hilfsbedürftigen machen

Ermunterung, die Typ ZWEI bräuchte: »Die Bedürfnisse aller, mich selbst eingeschlossen, werden gleichwertig und bedingungslos erfüllt.«

Stattdessen verinnerlichte Ansicht: »Man muss geben, um etwas zu bekommen, und lieben, um geliebt zu werden.«

Reaktion darauf: Hilfreich und gebend sein, stets Ausschau haltend danach, wer etwas benötigen könnte.

Grundbedürfnis, das die ZWEI damit erfüllen möchte: (für das eigene Selbst) geliebt zu werden.

Grundangst: keine Liebe zu verdienen, nicht um seiner selbst willen geliebt zu werden, unerwünscht zu sein, zurückgewiesen zu werden, emotionale Vereinsamung, keine Liebe zurückzuerhalten

Der Grundleidenschaft (Stolz) entsprungene Wesenszüge: Geliebt-werden-Wollen, Verführung, Schmeichelei, (falsche) Großzügigkeit, emotionaler Beistand, Emotionalität

Aufmerksamkeits- und Energiefluss: Die Aufmerksamkeit richtet sich auf Bedürfnisse und Wünsche der Mitmenschen, speziell derer, die einem wichtig sind und von denen man besonders gemocht werden will. Die Emotionen anderer und Beziehungen generell sind im Fokus des Interesses. Daher wird viel Energie aufgewendet, um die (emotionalen) Bedürfnisse der Mitmenschen zu erkennen und zu erfüllen, denn das bewirkt, dass Typ ZWEI sich gut fühlt. Anerkennung, Annahme und Liebe werden gesucht.

Was die ZWEI vermeiden möchte: Vermieden werden eigene Bedürfnisse bzw. das Zeigen eigener Bedürftigkeit, des Weiteren vermeidet die ZWEI, andere zu enttäuschen, Abhängigkeit, Hilfe in Anspruch zu nehmen, sich zurückgewiesen und unerwünscht zu fühlen.

Was Stress verursacht: Der Versuch, ganz unabhängig von anderen nur für sich selbst da zu sein und auf die eigenen Bedürfnisse zu schauen, für zu viele Menschen oder Projekte unverzichtbar zu sein, Erschöpfung wegen zu großem Einsatz für andere

Verhalten unter Druck (Hauptabwehrmechanismus): **Verdrängung**, d. h. Typ ZWEI verdrängt Impulse, die Ablehnung und Liebesentzug nach sich ziehen könnten. Die ZWEI versucht also zu verstecken, wenn sie etwas am Gegenüber stört, traurig oder wütend macht. Ebenso verdrängt die ZWEI ihre eigenen Wünsche, projiziert sie auf andere und wandelt ihre eigene Bedürftigkeit in ein Gefühl heiterer Zufriedenheit um.

Und auch das Bewusstsein darüber, dass ihre Hilfsbereitschaft und ihr Einsatz für andere nicht immer uneigennützig sind, sondern dass sie gibt, um zu bekommen, verdrängt Typ ZWEI. Ihren starken Hunger nach Liebe und das Gefühl, selbst nicht liebenswert zu sein, verdrängt die ZWEI ebenfalls. Ihr **ideales Selbstbild**, ein mitfühlender, gebender, selbstlos liebender Mensch zu sein, wird so aufrechterhalten.

3.2.2 Erweitertes Persönlichkeitsprofil – »Liebe muss man sich verdienen«

Verhalten als Kind

Schon als Kind verfestigt sich in der ZWEI das Gefühl, dass die Bedürfnisse der anderen wichtiger sind als die eigenen, dass man diese Bedürfnisse aufspüren muss, damit man dem Gegenüber geben kann, was es braucht, und dass man geben muss, um schließlich auch einmal etwas zurückzubekommen. Zuneigung, so denkt die ZWEI, ist also etwas, das man sich verdienen muss, denn um seiner selbst willen wird man nicht geliebt. Oft wurden ihre eigenen Bedürfnisse von ihren Bezugspersonen wenig beachtet, sodass die junge ZWEI sich den Bedürfnissen anderer zuwendet.

Aus diesem Grund möchte die ZWEI es schon als Kind allen recht machen, um über diesen Umweg Zuwendung zu erhalten. Manche ZWEIer berichten, dass sie sich schon früh sehr gefällig gezeigt haben und dafür auch viel Liebe und Zuneigung erhalten haben. Eventuell wurden sie zu diesem auffallend starken Wohlverhalten auch animiert und absichtlich dafür belohnt in der Ansicht, diese Erziehungsmethode sei pädagogisch wertvoll.

Oft war die ZWEI auch schon in jungen Jahren eine wichtige emotionale Stütze in der Familie und nicht selten fand ein fataler Rollentausch (eine sogenannte Parentisierung) statt, sodass die kleine ZWEI einen bedürftigen Erwachsenen bemuttert und ihre eigenen Bedürfnisse dafür zurückgesteckt hat. Dieser Rollentausch legt auch den Grundstein für den Stolz, die Hauptleidenschaft der ZWEI, denn er gibt dem kleinen Kind eine »Macht« und »Größe«, die ihm eigentlich nicht zusteht. Die kleine ZWEI erlebt sich also selbst als mächtig im Vergleich zum bedürftigen Erwachsenen, es entsteht ein unnatürliches Gefälle und die ZWEI beginnt, insgeheim herabzusehen auf den Erwachsenen, dem sie gefällig ist.

ZWEIer sind typischerweise schon als Kinder kontaktfreudig und gesellig und haben meist viele Freunde, doch auch in ihren Freundschaften zeigt sich das gleiche Muster, nämlich dass die ZWEI befürchtet, nicht gemocht zu werden, wenn sie sich nicht gefällig zeigt. So überlässt sie anderen Kindern ihre liebsten Spielzeuge oder ihr Pausenbrot in der Schule, denn sie ist sehr sensibel und spürt, worüber ihre Freunde sich freuen würden. Merkt sie, dass ihr Verhalten gut ankommt, dass sie dafür ein liebes Wort oder bestätigendes Lächeln erntet, bestärkt sie das darin, so weiterzumachen.

ZWEIer-Kinder können recht früh unabhängig sein, da sie ihre eigenen Bedürfnisse nicht als etwas sehen, das erfüllt werden sollte, schon gar nicht von anderen. Sie sind daher bemerkenswert bedürfnislos und müssen deshalb wenig umsorgt werden.

So kommt es, dass ZWEIer schon früh selbstlos, gefällig, gebend und aufopfernd sind, sich von den Nöten, dem Leid und der potenziellen Bedürftigkeit anderer angezogen fühlen und sich anderen anpassen, um deren Gunst zu erhalten oder nicht zu verlieren. Was sie dabei jedoch oft verlieren, ist der Kontakt zu ihren eigenen Bedürfnissen.

Die Problematik des Stolzes

Hauptthemen der ZWEI sind also die Suche nach Anerkennung und Liebe, die Vermeidung des Abgelehntwerdens, der Stolz darauf, anderen zu helfen, selbst jedoch nicht hilfsbedürftig zu sein, die Schwierigkeit des Erkennens eigener Bedürfnisse und die Tendenz, andere Menschen zu manipulieren.

Sobald eine andere Person anwesend ist, richtet die ZWEI ihre Aufmerksamkeit ganz auf diese Person und deren Bedürfnisse, wodurch sie den Kontakt zu sich selbst verliert. Die Ursache dafür liegt darin, dass die ZWEI unbewusst darauf ausgerichtet ist, möglichst viel zu unternehmen, um so oft wie möglich ihre Daseinsberechtigung zu fühlen. Da sie dieses Gefühl der Daseinsberechtigung nicht aus sich selbst, sondern aus anderen Menschen bezieht, hat sie all die Fähigkeiten perfektioniert, die ihr behilflich sein können, durch andere Menschen ihre Daseinsberechtigung zu erhalten. Dazu zählen Hilfsbereitschaft, Einfühlungsvermögen, Empathie, Einsatz für andere und Aufgeschlossenheit für die Probleme ihrer Mitmenschen. Die ZWEI weiß, wie sie an kleinsten Informationen, die sie von ihrem Gegenüber bekommt, wie etwa einem Blick, dem Verziehen eines Mundwinkels oder einer Handbewegung erkennen kann, was ihr Gegenüber für sein Wohlbefinden benötigt. Es ist für sie völlig normal, sich selbst über die Bedürfnisse anderer zu definieren und von ihnen emotionale Bestätigung zu erhoffen, wenn sie diese Bedürfnisse erfüllen konnte. Die wohlwollende Reaktion ihres Gegenübers ist für die ZWEI so wichtig, ja sie ist ihre Daseinsberechtigung, dass es nicht verwundert, wenn die ZWEI dafür häufig auch frustrierende Umstände in Kauf nimmt. ZWEIer erwecken nicht den Eindruck, dass es ihnen besonders wichtig ist, Dank für ihre Anstrengungen zu erhalten, denn das verbietet ihnen ihr Stolz, in Wahrheit aber benötigen sie einen bestätigenden Satz oder einen dankbaren Blick wie ein Verdurstender einen Schluck Wasser.

Sosehr die ZWEI sich interessiert zeigt an den Problemen und Bedürfnissen anderer, so wenig möchte sie selbst als bedürftig erscheinen, denn die ZWEI befürchtet, abgelehnt zu werden, wenn sie selbst die Bedürftige ist. Das kann soweit führen, dass die ZWEI denkt, selbst tatsächlich keine Bedürfnisse zu haben.

Es ist ihr Stolz, der die ZWEI verblendet und sie glauben lässt, ihr Sich-Kümmern um andere sei vollkommen uneigennützig. Ebenfalls ihr Stolz ist es, der die ZWEI dazu bringt, die Bedürftigkeit anderer so vergrößert zu sehen, dass ihre eigene Bedürftigkeit dahinter verschwindend klein erscheint. Ihr Stolz führt auch dazu, die ZWEI denken zu lassen, sie hätte sich für ihren großen Einsatz Privilegien verdient, und er kann die ZWEI sogar manchmal dazu verführen, sich für unentbehrlich zu halten.

Schmeichelei und Verführung

Etwas, das die ZWEI oft selbst kaum glauben kann, ist, dass sie andere subtil manipuliert, um die so dringend gebrauchte Anerkennung zu erhalten. Doch die ZWEI tendiert dazu, andere Menschen von ihrer Fürsorglichkeit abhängig zu machen, indem sie sich unentbehrlich macht.

Sie ist überzeugt davon, dass ihr Gegenüber manche Dinge ohne ihre Hilfe ganz einfach nicht geschafft hätte, und käme nie auf die Idee, dass sie ihr Gegenüber subtil verführt hat, etwas zu machen, das es eigentlich gar nicht vorhatte. Wenn ZWEIer sich zu stark mit ihrem Gegenüber identifizieren, verlieren sie das Gefühl für sich selbst und versuchen, sich über dem Umweg des Gebens und Umsorgens selbst zu finden, was aber natürlich zum Scheitern verurteilt ist. Hierbei kann die ZWEI sehr verführerisch und umschmeichelnd agieren. Die ZWEI gibt dabei das, was sie sich selbst am dringendsten vom Gegenüber wünscht, nämlich Zuneigung, Aufmerksamkeit und Liebe, in der Hoffnung, dann genau das auch retour zu bekommen. Was sie gibt, ist also unbewusst eigennützig geprägt von ihren eigenen inneren Erwartungen. Dass sie gibt, um etwas zu bekommen, wird die ZWEI jedoch zumeist entrüstet von sich weisen. Nur eine sehr bewusste ZWEI kann dies beschämt erkennen (und hinter sich lassen).

Ist sich die ZWEI nicht sicher, ob sie geliebt wird, sucht sie nach Anzeichen dafür, dass dies doch der Fall ist. Auch ein bestimmter Tonfall oder ein freundschaftlicher Händedruck kann für die ZWEI ein solches Anzeichen sein. Je unsicherer die ZWEI jedoch ist, desto weniger kann sie erkennen, von wem sie tatsächlich geliebt wird. Das kann so weit gehen, dass ZWEIer in der Hoffnung auf Anerkennung in co-abhängigen Beziehungen zu anderen leben.

Selbstdarstellung und Identitätsproblematik

Da die ZWEI ihre Identität darauf aufbaut, wie andere ihr gesonnen sind, steht ihr Identitätsgefühl auf sehr wackeligen Beinen. Dementsprechend steigt oder sinkt die Stimmung der ZWEI, je nachdem wie viel der ihr entgegengebrachten Zuneigung sie wahrnimmt.

Das Wohlbefinden der ZWEI hängt also davon ab, wie ihre Umwelt auf sie reagiert. Ihre eigenen Aktivitäten haben demnach im Grunde das primäre Ziel, von anderen bestätigt zu werden.

ZWEIer sind gut darin, andere dazu zu bringen, sie zu mögen. Sie sind aufmerksam und beobachten ihr Gegenüber genau, um sich bestmöglich auf es einzustellen und sich dessen Gefühlen anzupassen. Wenn es gut ankommt, gibt die ZWEI sich auch verführerisch oder kokett. Sie mag es, Menschen in persönliche Gespräche zu verwickeln. Wenn jemand alles stehen und liegen lässt, was er gerade tut, um sich anregend mit der ZWEI zu unterhalten, fühlt sich dies für sie wie ein kleiner Siegeszug an, denn es bedeutet, sie ist wichtig genug, dass ihr Gesprächspartner ihr seine volle Aufmerksamkeit widmet. Der ZWEI ist es generell wichtig, anziehend zu wirken. Oft legt sie daher großen Wert darauf, wie sie sich kleidet und frisiert.

Bei einer unreifen ZWEI, die zu krampfhaft versucht, ihre Mitmenschen zu »verführen«, hat dies zur Folge, dass sie von anderen zunehmen als irritierend wahrgenommen wird. Ihr Gegenüber spürt eine subtile Energie, die von den Handlungen und der Selbstdarstellung der ZWEI ausgeht, es spürt, dass die Handlungen der ZWEI eine bestimmte versteckte Absicht haben, und es fühlt, dass in der Interaktion mit der ZWEI etwas Unechtes und Dargestelltes mitschwingt. Das kann so weit gehen, dass man sich von der ZWEI umklammert oder eingefangen fühlt und ihr kaum noch Persönliches anvertrauen möchte, weil man spürt, dass die ZWEI es dafür verwenden wird, um darin potenzielle Bedürfnisse zu erkennen, die sie erfüllen könnte. Jede Handlung der ZWEI scheint dann zu rufen: »Ignorier mich nicht, wertschätze mich, brauche mich!«

Das ist der Punkt, an dem das Blatt sich wendet und die ZWEI nicht mehr nur selbst manipuliert, sondern ihrerseits manipuliert werden kann. Sobald ihr jemand sagt, er brauche sie, kann sie nicht anders, als sofort zur Stelle zu sein. Egal wie müde oder ausgelaugt sie ist, egal wie wenig sie eigentlich selbst möchte und egal, wie kaputt sie danach sein wird, sie wird helfen, denn es ist einfach zu schmeichelhaft für sie, wenn sie gebraucht wird, als dass sie Nein sagen könnte.

Die ZWEI ist also im Prinzip vollkommen von anderen abhängig, um ihren Selbstwert nicht zu verlieren. Meist gelangt sie aber irgendwann an den Punkt, wo sie ein Bedürfnis nach Freiheit verspürt, wo sie es als einengend empfindet, immer nur für andere da zu sein, und wo sie ihre eigenen Wünsche erfüllen, eine von anderen Menschen unabhängige emotionale Stabilität und Unabhängigkeit vom Wohlwollen anderer finden möchte. Das ist der Zeitpunkt, an dem die ZWEI beginnt, sich aus den Verstrickungen ihres Enneagrammmusters zu lösen. Denn erst dann, wenn sie nicht mehr (unbewusst) das tut, was ihren Stolz befriedigt, und ihr Gegenliebe einbringen soll, kann die ZWEI zu einem wirklich uneigennützigen Helfer werden.

Beziehungen der ZWEI

Liebesbeziehungen sind das Terrain der ZWEI, denn Liebe bedeutet ihr schlichtweg alles.

Die ZWEI ist der persönlichste Typ von allen, sie hat tiefe Gefühle und auch kein Problem damit, Gefühle in Worte zu fassen. Typisch für die ZWEI ist allerdings, dass viele Gefühle, die sie hat, gar nicht ihre eigenen sind, sondern die ihres Gegenübers. In Liebesbeziehungen macht sie das natürlich zu einem mit dem Partner sehr stark verbundenen Menschen. Die

Kehrseite ist, dass sie selbst als Individuum oft relativ schwer greifbar bleibt.

Die ZWEI gibt einem Partner das, was sie selbst am dringendsten benötigt, nämlich positive Wertschätzung. Sie signalisiert ihrem Partner, dass er ihr wichtig ist und sie ihn so annimmt, wie er ist. Ihre ausgeprägte Empathie und Hilfsbereitschaft machen sie zu einem liebevollen, aufopferungsbereiten Partner. Sie hat feine Antennen dafür, wie sie ihren Partner glücklich machen oder ihm Freude bereiten kann. Aufpassen muss die ZWEI, dass ihr Partner sie nicht für zu selbstverständlich nimmt und beginnt, sie auszunutzen. Sie muss auch darauf achten, nicht in manipulativer Absicht zu handeln, nicht zu besitzergreifend zu werden und dem Partner nicht vor lauter Umsorgen die Luft zum Atmen zu nehmen.

Oft merkt die ZWEI erst nach vielen Jahren bzw. meist gar Jahrzehnten in einer Partnerschaft, dass sie erschöpft davon ist, ständig die Bedürfnisse ihres Partners vor ihre eigenen zu stellen. Sie fühlt sich dann zunehmend, als würde sie vom Willen des Partners kontrolliert. Infolge kommt es manchmal zur Rebellion der ZWEI und dazu, dass sie langsam lernt, auch einmal mehr auf sich selbst zu hören.

In **Berufsbeziehungen** ist die ZWEI oft die unterstützende Kraft hinter dem Chef, was ihr jedoch ganz recht so ist. Ihre guten interpersonellen Fähigkeiten prädestinieren sie für Aufgaben mit häufigem Kontakt zu anderen Menschen. ZWEIer halten die Leute zusammen und sind daher oft die guten Seelen von Büros. Sie sind empathisch, optimistisch und imagebewusst und daher auch befähigt, ihre Firma nach außen zu vertreten.

3.2.3 Flügeltypen der ZWEI

ZWEI mit Flügel EINS

Typ ZWEI mit EINSer-Flügel kombiniert die Empathie der ZWEI mit den hohen ethischen Grundsätzen der EINS, wodurch das Bedürfnis entsteht, menschliches Leid zu lindern, sozial tätig zu sein und generell zum Wohle der Menschheit beizutragen. Oft in Sozialberufen zu finden, ist die ZWEI mit Flügel EINS stets bereit, auch undankbare Aufgaben zu übernehmen.

Auf keinen Fall möchte sie egoistisch wirken und ihre Gefühle zeigt sie generell weniger als die ZWEI mit Flügel DREI, da sie die Aufmerksamkeit nicht auf sich selbst ziehen möchte.

Stattdessen zieht sie es vor, sich im Hintergrund unentbehrlich zu machen. ZWEIer mit Flügel EINS möchten als verlässlich und verantwortungsbewusst gesehen werden und es ist ihnen sehr wichtig, ihre Aufgaben ordentlich zu erledigen. Sie sind selbstkritischer als die andere Flügelvariante und wollen daher nicht nur vor den Augen anderer, sondern auch vor sich selbst bestehen. Aber sie sind auch kontrollierender, vertrauen weniger schnell und fühlen sich eher schuldig.

Die ZWEI mit Flügel EINS hat klarere Grenzen und kann ihre eigenen Bedürfnisse zwar besser erkennen, dafür aber weniger gut zum Ausdruck bringen. Dadurch kann ein Dilemma zwischen ihren inneren Bedürfnissen und den äußeren Regeln entstehen, die sie unbedingt befolgen will und denen sie ihre eigenen Anliegen im Zweifel opfert.

Diese Flügelvariante ist äußerst gewissenhaft und nach außen hin weniger emotional, dafür aber melancholischer als die andere Variante. Außerdem ist sie objektiver und idealistischer als die ZWEI mit Flügel DREI, des Weiteren ernster, ruhiger und zielgerichteter. Sie möchte anderen Menschen bestmöglich dienen und ist dabei altruistischer als die andere Flügelvariante. Oft sind ZWEIer mit Flügel EINS gute Lehrer, da sie nicht nur Fakten vermitteln, sondern dies mit persönlicher Wärme und viel Verständnis tun und ihre Schüler ermuntern können, das Beste aus sich herauszuholen.

Im unreifen Zustand kommt es zu Spannungen zwischen ihrem starken Bezug zu anderen Menschen und ihrem Idealismus. Es kann dann sein, dass die ZWEI mit Flügel EINS anderen ungefragt und unerwünscht ihre Hilfe aufdrängt, da sie die Ethik ihres Helfens für vollkommen gerechtfertigt hält. Ihre eigenen Wünsche werden dann unterdrückt und – um Schuldgefühle zu vermeiden – stattdessen bei anderen Menschen vermeintliche Bedürfnisse geortet. Sie wird dann dominierend und kontrollierend, empfindet sich selbst dabei aber als stets liebevoll und hilfsbereit. Bleibt der erhoffte Dank für ihre Bemühungen aus, kommt schleichend das Gefühl auf, zu gut für diese Welt zu sein und ständig ausgenutzt zu werden.

ZWEI mit Flügel DREI

Der DREIer-Flügel lässt die ZWEI tatkräftiger und extravertierter erscheinen. ZWEIer mit Flügel DREI sind daher meist geselliger, im reifen Zustand sind sie zudem sehr charmant und herzlich. Typischerweise sind sie besonders gute Gastgeber, die es lieben, dazu beizutragen, dass alle sich bei ihnen wohlfühlen. Liebe möchten sie erhalten, indem sie persönliche Bindungen schaffen und es ihrem Gegenüber ermöglichen, sich bei ihnen wie Zuhause zu fühlen. Da sowohl die ZWEI als auch die DREI gut im Kontakt mit Menschen sind, ist diese Flügelvariante persönlicher, charmanter, verführerischer und anpassungsfähiger. Mit ihrer freundlich-charmanten Art und ihrem gekonnten Sozialverhalten möchte sie andere Menschen für sich gewinnen. Es ist ihr ein Anliegen, anerkannt und wertgeschätzt zu werden, und sie legt sich dafür ganz schön ins Zeug. Beziehungen zu anderen Menschen sind in ihrem Leben immer das Wichtigste.

Im Zentrum der Aufmerksamkeit zu stehen, gefällt ihr deutlich besser als der anderen Flügelvariante und sie strahlt gerne gute Laune, Herzlichkeit und Optimismus aus. Anderen Menschen möchte sie nicht so sehr dienen wie die andere Flügelvariante, sondern sie stattdessen mehr beschenken und Schönes mit ihnen teilen wie etwa dadurch, dass sie etwas Gutes für alle kocht, einen lustigen Spieleabend veranstaltet oder mit Freunden in alten Fotoalben stöbert.

Die ZWEI mit Flügel DREI kann ziemlich eitel sein und es ist ihr wichtig, attraktiv und begehrenswert auszusehen. Außerdem arbeitet sie oft hart und möchte erfolgreich sein. Weit mehr als die andere Flügelvariante ist sie daran interessiert, Komplimente zu machen und ihren Mitmenschen zu schmeicheln, und auch sie selbst ist empfänglicher für Komplimente als die ZWEI mit EINSer-Flügel. Klatsch und Tratsch interessieren sie ebenfalls deutlich mehr. Es ist ihr außerdem sehr wichtig, wie sie bei ihrem Gegenüber ankommt und was man über sie denkt.

Unreife Vertreter dieser Flügelvariante sind besonders manipulativ bis hin zu opportunistisch und feindselig, um zu bekommen, was sie von anderen möchten. Oberflächlich sind sie charmant, aber darunter können sie ziemlich bösartig werden. Sie tendieren dazu zu zerstören, was sie nicht haben können – speziell Beziehungen. Auch Stalking gehört dann zu ihrem möglichen Verhaltensspektrum.

3.2.4 Instinktvarianten der ZWEI

Selbsterhaltende ZWEI

Die selbsterhaltende ZWEI schafft persönliche, herzliche Beziehungen zu verschiedenen Menschen. Sie widmet ihre Aufmerksamkeit ganz ihren

Mitmenschen und deren Bedürfnissen und kümmert sich stets erst darum, ob es anderen gut geht, bevor sie sich um sich selbst sorgt.

Sie versucht, die Bedürfnisse ihres Gegenübers zu erspüren und sofort zu erfüllen.

Irgendwann beschleicht sie dann aber manchmal das Gefühl, selbst zu kurz zu kommen, da ihre Mitmenschen sie nicht ebenso zuvorkommend umsorgen, wie die selbsterhaltende ZWEI es bei ihnen macht.

Innerlich fühlt sie sich nämlich wie ein bedürftiges Kind, nach außen zeigt sie dies jedoch kaum. Sie tut so viel für andere, da hätte eigentlich auch sie eine Sonderstellung bei ihren Mitmenschen verdient. Unbewusst möchte sie also all das wiederbekommen, was sie selbst zu geben bereit ist.

Seine Bedürfnisse äußern möchte der selbsterhaltende ZWEIer aber nicht, dafür ist er zu stolz, und er schämt sich auch, überhaupt bedürftig zu sein. Maximal gibt er ganz kleine Hinweise, mehr nicht, denn auch er benötigt von anderen schließlich nicht mehr, um zu erkennen, was diese von ihm brauchen. Er kann enttäuscht reagieren und sich von seinen Mitmenschen betrogen und nicht wahrgenommen fühlen, wenn diese seine Wünsche im Gegenzug nicht wahrnehmen und erfüllen. Infolge denkt er nun erst einmal an sich selbst.

Die anderen unterstützt er zwar weiterhin, aber mit einer inneren Herablassung und einer stolzen Haltung und falscher Bescheidenheit, hinter der sich das Gefühl verbirgt, selbst nicht genug geschätzt und gewürdigt zu werden. Manchmal kauft er sich dann viele schöne Kleinigkeiten, um sich selbst zu entschädigen und sein Leid zu kompensieren oder er tröstet sich mit seinen Lieblingsleckereien.

Generell steht der selbsterhaltende Typ ZWEI also ständig in einem Spannungsfeld zwischen der Befriedigung eigener und fremder Bedürfnisse. Er kann sich fühlen wie ein Märtyrer, unterdrückt seine aufkommenden Aggressionen, spielt seine Probleme herunter, beschwert sich zwischendurch aber auch manchmal darüber, dass keinem auffällt, wie arm er eigentlich ist. Als nächsten Schritt in Richtung unreifes Verhalten beginnt er, seine Mitmenschen emotional zu erpressen, indem er ihnen subtil Schuldgefühle einimpft. Noch unreifer lässt er seine Mitmenschen emotional verhungern oder wird offen aggressiv und zornig.

Sexuelle ZWEI

Die sexuelle ZWEI tritt verführerischer auf als die selbsterhaltende Instinktvariante. Sie wendet sich einer geringeren Zahl an Menschen zu, diesen jedoch dafür besonders intensiv.

Sexuelle ZWEIer mögen intensive Beziehungen, in denen man einander besonders viel Aufmerksamkeit und Anerkennung schenkt und Geheimnisse teilt. Sie sind mitfühlend, haben häufig eine intensive Körpersprache und ein – nicht unbedingt sexuell – verführerisches Verhalten. Ihre Beziehungen zu anderen Menschen sind aber nicht zwingend immer von langer Dauer, ausschlaggebend ist für die sexuelle ZWEI vielmehr der Intensitätsgrad.

Die sexuelle ZWEI ist deutlich aggressiver als die selbsterhaltende ZWEI, sie tritt verführerischer auf, ist auf Eroberung aus und eher bereit zum Angriff und sie ist manipulativer. Sie fühlt sich schnell in ihren Bedürfnissen bedroht und versucht, Personen, die ihr wichtig sind, für sich einzunehmen (zu »verführen«), um ihre Bedürfnisse zu sichern und ihre Angst zu vermindern. Diese Instinktvariante geht auch körperlich häufiger auf Tuchfühlung und legt ihrem Gegenüber beispielsweise im Gespräch die Hand auf den Arm.

Ihr selbst ist dies oft gar nicht bewusst.

Mit ihrer verführerischen Art ist die sexuelle ZWEI häufig auf »Jagd« nach neuen »Eroberungen«, wobei dies durchaus meist im übertragenen Sinne zu verstehen ist, geht es ihr doch in erster Linie nicht um sexuelle, sondern ganz allgemein um anregende, intensive Kontakte.

In Partnerschaften passt sie sich einerseits den Bedürfnissen ihres Gegenübers an, ist andererseits aber auch selbst sehr fordernd und tritt verführerisch und aggressiv im Wechsel auf. Sie kann sehr charmant sein, allerdings auch aufdringlich, wenn sie auf Widerstand stößt, was sie dazu veranlasst, zudringlicher und manipulativer zu werden, um ihr Gegenüber selbst bei dessen Gegenwehr noch für sich zu gewinnen.

Die sexuelle ZWEI spürt sofort, wer in einer Gruppe das Sagen hat, und wendet ihre Verführungskünste bei dieser Person an. Ihr Naturell ist also verführerisch und hartnäckig, aufmerksam, empathisch und charmant. Ihre Sehnsucht gilt dabei stets einer engen, intensiven Beziehung. Oft wählt sie unpassende oder emotional unerreichbare Partner, da sie dies davon abhält, sich mit ihrer eigenen, tief verborgenen Angst vor wahrer Intimität auseinandersetzen zu müssen. Im unreifen Bereich wird sie aufdringlich und fordernd, sehr eifersüchtig und besitzergreifend.

Soziale ZWEI

Die soziale ZWEI möchte vor allem beliebt und anerkannt sein und Spuren im Leben anderer Menschen hinterlassen. Sie will für ihre Freundlichkeit, Wärme, aber auch Kompetenz anerkannt werden, liebt es, Komplimente zu erhalten, und ist charmant, dynamisch und aktiv und ein wundervoller Gastgeber.

Beruflich ist sie oft die treibende Kraft hinter einem Vorgesetzten und auch privat ist sie häufig in einer den Partner stark unterstützenden Rolle aktiv. Sie hat meist viele soziale Verpflichtungen und einen dementsprechend vollen Terminkalender. Soziale Anerkennung bedeutet ihr sehr viel.

Ihr Freundeskreis ist meist groß, sie mag es, wenn man sie kennt und auch in der Nachbarschaft legt sie Wert auf persönlichen Umgang und kennt die Namen aller Menschen, mit denen sie auch nur entfernten Kontakt hat. Ausgeschlossen zu werden, empfände sie als sehr kränkend, weshalb sie sich möglichst unentbehrlich macht. Sie macht gerne Menschen miteinander bekannt, stellt Kontakte her und verkuppelt ihre Freunde.

Beruflich steht die soziale Instinktvariante der ZWEI bevorzugt hinter einflussreichen Menschen und sonnt sich in deren Ansehen. Manchmal besetzt sie auch selbst einflussreiche Positionen. Wenn sie fürchtet, an Beliebtheit und Ansehen zu verlieren, bemüht sie sich darum, Fähigkeiten zu entwickeln, die unbedingt benötigt werden. Sie gibt dann gerne Ratschläge, lässt wichtige Namen fallen, mit denen sie in gutem Kontakt steht oder plaudert kleine Geheimnisse aus, um einen Rahmen vertrauter Intimität zu erzeugen.

Die soziale ZWEI ist kontaktfreudig, aufgeschlossen, raffiniert, kompetent, unterhaltsam, ermutigend, übermütig und extravertiert. Kontakt zu Menschen belebt sie. Sie kann recht diplomatisch sein und hat gute organisatorische Fähigkeiten.

Im unreiferen Zustand betonen soziale ZWEIer ihre eigenen Vorzüge und rühmen sich ihrer guten Taten. Sie pflegen dann eine solch hohe Anzahl sozialer Kontakte, dass sie kaum noch den Überblick behalten können. In ihrem Wunsch, in der Öffentlichkeit Aufmerksamkeit zu erhalten und als jemand Besonderer dazustehen, verzetteln sie sich in so vielen sozialen

Aktivitäten, dass keine davon die Möglichkeit hat, je mehr Tiefgang zu erlangen.

3.2.5 Integration und Desintegration der ZWEI

- Unreif bzw. desintegriert ist Typ ZWEI: in Opferhaltung, manipulativ und vereinnahmend
- Normal entwickelt ist Typ ZWEI: schmeichelnd, selbstaufopfernd und umsorgend
- Gereift bzw. integriert ist Typ ZWEI: einfühlsam, hochherzig und uneigennützig

Die ZWEI am Trostpunkt

»Eigenliebe ist der Beginn einer lebenslangen Leidenschaft.« Oscar Wilde

Bewegt sich die ZWEI in Richtung ihres Trostpunktes VIER, kommt sie in besseren Kontakt mit ihren Gefühlen. Dies kann ihr helfen, ihre Abhängigkeit von der Wertschätzung durch andere Menschen zu verringern. Die VIER ist insofern ein Gegenpol zur ZWEI, als die VIER sich sehr viel um sich selbst und die ZWEI sich sehr viel um andere Menschen dreht. Ein Blick auf die VIER kann der ZWEI daher helfen, mehr bei sich selbst zu sein, das Ausmaß der Verdrängung ihrer eigenen Bedürfnisse zu erkennen und es nicht mehr allen recht machen zu müssen. Außerdem ist die VIER gut darin, auch dunklen Gefühlen Raum zu geben, sodass die ZWEI, wenn sie zur VIER geht, eine Erweiterung ihrer Gefühlspalette erfährt, indem sie lernt, all ihre Gefühle anzunehmen. Die ZWEI lernt dann zu akzeptieren, dass auch Wut, Trauer, Bedürftigkeit, Egozentrik und zweifelhafte Motive zu ihr gehören, was ihr hilft, ihren Stolz zu besänftigen, der ihr gerne suggeriert, sie wäre eine völlig uneigennützig dienende, stets vollkommen selbstlos liebende und vor allem selber total unbedürftige Person. Durch das Annehmen der dunklen Seite ihrer Seele erlangt die ZWEI also zu mehr Ganzheit.

Die ZWEI, die zu ihrem Trostpunkt VIER geht, betreibt also nicht nur Nabelschau, sondern ist ehrlich zu sich selbst und fähig, ihre eigenen Motive zu durchleuchten. Dadurch wird sie emotional authentischer und sensibler nicht nur anderen, sondern auch sich selbst gegenüber, denn sie wird sich mehr und mehr bewusst, wie sie wirklich ist.

Infolge ist die ZWEI fähig, auch ihre eigenen wahren Bedürfnisse zu erkennen, wodurch sie nicht mehr so sehr unter dem inneren Zwang steht, die Bedürfnisse anderer zu erfüllen. Sie lernt, sich selbst die Wertschätzung und Beachtung entgegenzubringen, die sie sonst nur ihren Mitmenschen entgegenbringt. Und sie lernt, ihre wahren Gefühle unabhängig von anderen Personen zu spüren und zu äußern, anstatt immer nur Reaktionen auf die Gefühle anderer zu zeigen. In diesem Zustand lässt sie es auch zu, dass sie manchmal in sich selbst versunken oder launisch ist, denn auch diese Gefühle dürfen nun sein. Eventuell betätigt sie sich auch nur für sich kreativ.

Die ZWEI steht dann nicht mehr so sehr unter dem inneren Druck, Bestätigung zu benötigen, denn sie lernt nun, sich selbst zu lieben. Sie ist befreit vom zwanghaften Gefallen-Müssen und kann daher klare Grenzen im Umgang mit ihren Mitmenschen einhalten. Dadurch wird sie authentischer und ehrlicher und zwingt ihr Umfeld nicht mehr in ein Gefühl, sich zu Dank verpflichtet zu fühlen. Die VIER hilft ZWEIern, zu fühlen, dass sie geliebt werden, ohne dafür rundum gut oder gar zum Märtyrer werden zu müssen, mehr noch, dass sie dann sogar authentischer geliebt werden. Sie hilft ihnen, sich treu zu bleiben, mit sich selbst Freundschaft zu schließen, und sie hilft ihnen, besser alleine sein zu können. Häufig kommt die ZWEI zu dieser Erkenntnis auch durch längeres Alleinsein (wie etwa nach dem Tod des Partners oder wenn die Kinder das Elternhaus verlassen haben).

Eine ZWEI, die zu ihrem Trostpunkt VIER geht, kann sich selbst Gutes tun und weiß, dass ihre Bedürfnisse nicht ihre Verbindung zu ihren Mitmenschen behindern, sondern dass es im Gegenteil für eine gesunde Beziehung zu ihren Mitmenschen wichtig ist, auch die eigenen Gefühle und Bedürfnisse anzuerkennen. Dadurch, dass die ZWEI lernt, sich selbst wirklich anzunehmen, kann sie ihrem Gegenüber auf einer noch tieferen, authentischeren Ebene begegnen, wodurch ihre Beziehungen ehrlicher, menschlicher und wechselseitiger werden. Sie ist nun auch im Reinen damit, dass sie nicht alle Menschen mag, wodurch ihre Zuwendung zu jenen, die sie mag, eine ehrliche Zuwendung ist.

Eine ZWEI, die in Richtung VIER geht, ist nicht klammernd, sondern erlaubt anderen, ihren eigenen Weg zu gehen, und gibt ohne jeden Hintergedanken und nicht, weil sie Dank und Liebe erwartet. Sie fühlt sich nun auch gut, wenn sie sich um sich selbst und nicht um andere Menschen kümmert, denn sie hat die Balance zwischen der Beachtung ihrer eigenen Bedürfnisse und Gefühle und jener ihrer Mitmenschen gefunden.

Manchmal bewundert die ZWEI sich selbst für ihre Hilfsbereitschaft und die Opfer, die sie für ihre Mitmenschen bringt. Sie fühlt sich dann wie ein gütiger, selbstloser Held, völlig bedürfnislos und stattdessen stets für die Bedürfnisse anderer da. Dabei erkauft sie sich die Wertschätzung, Dankbarkeit und Zuwendung ihrer Mitmenschen durch ihr Verhalten und es geht ihr gut, solange sie diese Reaktionen erhält. Bleiben sie jedoch aus, ist die ZWEI in einem Dilemma. Ihr Wohlergehen, das ja vom Wohlwollen anderer abhängt, ist ernsthaft in Gefahr. Dieses Gefühl, das eigene Wohlergehen gefährdet zu sehen, ist bereits der erste Schritt zum Stresspunkt ACHT, deren Maßlosigkeit ja auch auf der Angst, selbst zu kurz zu kommen, wenn man das Ruder nicht selbst in die Hand nimmt, fußt.

Zunächst begegnet die ZWEI dieser Problematik dadurch, sich noch mehr zu bemühen, noch mehr auf ihr Gegenüber einzugehen und sich selbst und die eigenen Wünsche noch mehr zurückzunehmen. Die ZWEI weist ihr Gegenüber dann auch vermehrt auf ihre Bemühungen hin, was überwiegend nicht so quittiert wird, wie sie es sich wünscht. Meist bleibt der ersehnte Effekt daher nun erst recht aus, was für die ZWEI puren Stress bedeutet. Die Stimmung der ZWEI kippt dann und sie beginnt, sich ausgenutzt, gedemütigt, abgewiesen oder nicht gewürdigt zu fühlen. Sie ist nun so verletzt, dass sie das nicht mehr überspielen kann, und holt stattdessen zum Gegenschlag aus.

An diesem Punkt wandert die ZWEI noch weiter in ihren Stresspunkt ACHT. Ihr Umgangston ändert sich nun, sie wird reizbar, herrschsüchtig und angriffslustig und statt der sonst so liebenswürdigen Freundlichkeit können ihre Worte nun bitter, scharf, anklagend und drohend sein. Sie lässt es sich nicht länger bieten, undankbar ausgenutzt zu werden, sie ist aufgebracht und wütend über die ungerechte Behandlung vonseiten ihrer Mitmenschen und sie ist bereit, zum Angriff überzugehen. Sie verhält sich schroff, passiv-aggressiv, abweisend und wirsch.

Wenn die ZWEI zu ihrem Stresspunkt ACHT geht, wird sie hart, entschlossen und fordernd. Oft beschwert sie sich dann offen und laut und unerwartet aggressiv über ihre undankbaren Mitmenschen.

Da die ZWEI nicht so vertraut damit ist, Aggressionen direkt herauszulassen wie die ACHT, bedient sie sich oft subtilerer Methoden. So kann sie beispielsweise durch kleine Bemerkungen das Gesprächsklima vergiften, sie kann lästern oder über jemanden, der sich ihr gegenüber nicht wertschätzend genug gezeigt hat, hinter dessen Rücken schlecht reden oder aber sie behandelt ihre undankbaren Mitmenschen plötzlich wie Luft. Die ZWEI nimmt also subtile oder manchmal auch weniger subtile Rache auf der Beziehungsebene, denn die Beziehungsebene ist schließlich der in ihrem Leben bedeutendste und verletzlichste Bereich.

Bewegt sich die ZWEI noch mehr ich Richtung der ACHT, kann sie richtiggehend hasserfüllt werden, Rachegelüste haben und dementsprechend agieren. Im schlimmsten Fall neigt sie nun sogar zur Gewalttätigkeit.

Entwicklungsziel und Lebensaufgaben der ZWEI – Vom Stolz zur Demut

Das Entwicklungsziel der ZWEI ist es zu lernen, dass sie um ihrer selbst willen geliebt wird und nicht dafür, wie viel sie gibt oder wie sehr sie von ihren Mitmenschen gebraucht wird.

Die ZWEI muss lernen, dass für die Bedürfnisse aller gesorgt wird und dass dies nicht ihre Aufgabe ist.

Eine ZWEI beginnt sich positiv zu entwickeln, wenn sie sich ihren Hochmut eingesteht und dazu selbstironisch auf Distanz gehen kann und wenn sie ihre eigenen Motive zu hinterfragen beginnt und dadurch anfängt, emotional ehrlicher zu werden. Sie entwickelt sich positiv, wenn sie anerkennt, dass sie genauso wie alle anderen Menschen sowohl Bedürfnisse als auch dunkle Gefühle hat, wenn ihr also bewusst wird, dass auch ihr Eigennutz und egozentrische Beweggründe nicht fremd sind. Und sie entwickelt sich positiv, wenn sie sich nicht mehr im Stillen stolz für ihre eigene Güte rühmt und wenn sie gewillt ist, ihren Selbstwert für sich ganz alleine zu entdecken und dadurch wirklich autonom zu werden.

Eine Lebensaufgabe der ZWEI ist also auch, ihre Sensibilität nicht nur auf die Gefühlszustände ihrer Mitmenschen, sondern auch auf ihre eigenen Gefühlszustände zu richten. Denn dies ist der Anfang für echten Wandel. Die ZWEI muss sich also selbst der beste Freund werden, denn nur dann kann sie auch anderen aus tiefstem Herzen der beste Freund sein. Wenn sie ihre Antennen auch in Richtung ihres eigenen Inneren ausrichtet, besteht auch keine Veranlassung mehr, zu ihrem Stresspunkt zu gehen, wenn sich jemand als zu wenig wertschätzend erweist, denn sie ist auf diese Wertschätzung dann nicht mehr angewiesen.

Eine gereifte ZWEI hat zur **Demut** gefunden. Sie hat ihren Stolz überwunden und ihre eigene Hilfsbedürftigkeit angenommen. Sie kann sich nun auch einmal von ihren Mitmenschen helfen lassen, ohne den Drang zu verspüren, das durch eine endlose Reihe von »Wiedergutmachungsgesten« ausgleichen zu müssen. Sie kann Hilfe und Unterstützung nun also problemlos auch einmal selbst annehmen.

Integration – Die ZWEI im gesunden Bereich

Die gesunde ZWEI hat es geschafft, den Kreislauf des Angewiesenseins auf die Wertschätzung ihrer Mitmenschen zu durchbrechen. Sie hat gelernt, dass Liebe keine Ware ist, und sie ist sich bewusst, wie stark sie ihre eigenen Bedürfnisse und weniger positiven Gefühle verleugnet hat. Sie hat durchschaut, wie sehr sie sich selbst über ihre Motive getäuscht hat, und sie hat zu einer Annahme ihres Selbst mit all seinen Facetten gefunden.

Gesunde ZWEIer sind sich selbst gegenüber aufrichtig, sie sind sensibel, authentisch und ausdrucksstark. Sie sorgen gut für sich und können aus dieser Fülle und nicht mehr aus einem Mangelgefühl heraus ihren Mitmenschen Hilfe und Stütze sein, ohne sich ausnutzen zu lassen und ohne auf bestimmte Gegenreaktionen angewiesen zu sein.

Die gesunde ZWEI liebt bedingungslos, sie ist bescheiden, gütig, aufrichtig, großzügig, warmherzig, uneigennützig, engagiert und lebensfroh. Sie ist fähig, Grenzen zu setzen, kann auch einmal Nein sagen und liebt das Leben. Sie sieht das Gute in ihren Mitmenschen und kann weniger selbstbewussten Freunden daher zu mehr Selbstsicherheit verhelfen.

Gesunde ZWEIer haben wahre menschliche Größe und können gute Vorbilder dafür sein, wie man das Leben altruistisch und dabei aber nicht selbstvergessen, hilfsbereit und dennoch sich nicht aufdrängend, seine Mitmenschen, aber auch sich selbst bedingungslos liebend sowie uneigennützig und dennoch auf sich selbst achtend meistert.

Die ZWEI im durchschnittlichen Bereich

Wenn eine ZWEI sich vom gesunden in den durchschnittlichen Bereich bewegt, identifiziert sie sich zunehmend mit ihrer Ego-Struktur. Bei der ZWEI bedeutet das, dass sie ihre Mitmenschen verstärkt für sich einnehmen und ihnen gefallen möchte.

Die durchschnittlich gesunde ZWEI beginnt daher, besonders viel Anteil zu nehmen und sich verstärkt um die Bedürfnisse anderer zu kümmern. Sie übt dabei subtil Druck auf ihre Mitmenschen aus, der sich jedoch nur schwer fassen lässt, und sie beginnt, jeden für sich einnehmen zu wollen, sei es der Müllmann, die neue Nachbarin oder das Kind einer Bekannten.

Die durchschnittliche ZWEI möchte also ein Vakuum in sich füllen mit der Zuneigung, die andere ihr als Reaktion auf ihr Verhalten hoffentlich entgegenbringen. Tief in ihrem Inneren fürchtet sie aber, nur für ihre Zuwendungen geduldet und nicht wirklich geliebt zu werden.

Durchschnittliche ZWEIer opfern sich für ihre Mitmenschen auf, sind darauf zunehmend stolz und unterdrücken vermehrt ihre Gefühle. Sie sind übereifrig, zuweilen aufdringlich, besitzergreifend, halten sich für unentbehrlich, schaffen subtil Abhängigkeiten und erwarten Dankbarkeit.

Desintegration - Die ZWEI ungesunden Bereich

Wenn die ZWEI sich in den ungesunden Bereich bewegt, wird sie manipulativer und missachtet zunehmend Grenzen, indem sie sich ungefragt in Angelegenheiten anderer einmischt. Sie schmeichelt ihren Mitmenschen, neigt stark dazu, ihnen gefällig zu sein, und kümmert sich außerdem bald nur noch um die Bedürfnisse anderer und kaum noch um ihre eigenen. Außerdem wird sie immer emotionaler und reagiert zuweilen über.

Wenn sie sich abgelehnt fühlt, kann sie sich bitterlich beklagen. Mit zunehmender Desintegration neigt sie dazu, andere herabzusetzen, geringschätzige Bemerkungen zu machen, herrschsüchtig und aggressiv zu werden und sich ausgenutzt zu fühlen. Sie verlangt nun, dass einmal erwiesene Gefälligkeiten erwidert werden, erwartet besondere Vergünstigungen dafür, wie sehr sie sich aufopfert, fühlt sich missbraucht und empfindet ihre Mitmenschen als extrem undankbar und egoistisch.

Ungesunde ZWEIer versuchen, Mitleid zu erwecken und andere von sich abhängig zu machen, um nicht irgendwann alleine dazustehen. Sie sehnen sich verzweifelt nach Liebe, spüren aber, dass ihnen mehr und mehr die Felle davonschwimmen. Da sie sich so sehr aufgeopfert haben, glauben sie, ein Recht zu haben, all das retour zu bekommen, was sie möchten. Sie bringen dieses Bedürfnis in ihrer aggressiven Verzweiflung mehr und mehr auf eine Weise zum Ausdruck, die genau das bewirkt, was sie am wenigsten möchten, nämlich ihre Mitmenschen abzustoßen. Schließlich erkennt die ZWEI, in welchen Schlamassel sie sich selbst gebracht hat, oder aber sie erkennt es nicht und fühlt sich wie ein Märtyrer. In beiden Fällen landet sie an diesem Punkt irgendwann im Zusammenbruch, aus dem sie ohne Hilfe kaum wieder herausfindet.

3.3 Typ DREI – Der chamäleonartige Erfolgstyp

3.3.1 Vorstellung von Typ DREI

Typische DREIer-Statements:

- Ich versuche, mich ins beste Licht zu setzen.
- Ich achte stets darauf, wie ich im Vergleich zu anderen vorankomme.
- Ich möchte mein Potenzial voll ausschöpfen.
- Auch wenn mich etwas stark berührt, ist es mir ein Anliegen, rasch wieder zur Tagesordnung überzugehen.
- Es ist mir wichtig, einen guten ersten Eindruck zu machen.
- Erst die Arbeit, dann das Vergnügen.
- Manchmal beneide ich Menschen, die mehr Erfolg haben als ich.
- Zuweilen muss man ein wenig mogeln, um Ziele zu erreichen.
- Unsicherheiten möchte ich mir keinesfalls anmerken lassen.
- Erfolgreich zu sein, bedeutet mir mehr, als beliebt zu sein.
- Überstunden zu machen, macht mir nichts aus.
- Es ist mir wichtig, als kompetent zu gelten.
- Ich kann mich selbst gut motivieren, Ziele zu erreichen.
- Wenn ich nichts zu tun habe, fühle ich mich unausgefüllt.
- Es ist mir wichtig, dass meine Leistung erkannt und anerkannt wird.
- Um Ziele zu erreichen, kann ich mich gut anpassen.
- Wenn ich in einem Gebiet nicht der Beste sein kann, suche ich mir ein neues Gebiet, um darin zu glänzen.
- Arbeit aufzuschieben, ist nicht mein Ding.
- Es ist mir sehr wichtig, mich finanziell absichern zu können.
- Ich bin mit mir selbst meistens zufrieden.
- Ich möchte meinem Potenzial stets gerecht werden.
- Ich setze mir immer wieder neue Ziele, um immer Höheres zu erreichen.
- Effizienz ist mir wichtiger als Perfektion.
- Tiefschürfende Gespräche über mein Gefühlsleben umgehe ich lieber.
- Ich erwähne (oft indirekt) gerne, was ich alles geleistet habe.
- Ich werde gerne als Gewinnertyp wahrgenommen.
- Ausgebremst zu werden, finde ich ätzend.
- Ich umgebe mich gerne mit erfolgreichen Menschen.
- Ich kann Menschen für mich gewinnen.
- Ich habe eine sehr gute Überredungskraft.

- ❖ Andere beneiden mich des Öfteren um das, was ich erreicht habe.
- ❖ Ich bin gut im Organisieren.
- ❖ Manchmal beschleicht mich heimlich das Gefühl, besser zu sein als die meisten.
- ❖ Um den Erfolg zu fördern, muss man manchmal ein wenig tarnen und täuschen.
- ❖ Ich mag es, bewundert zu werden.
- ❖ Ich mag Auszeichnungen, Titel und Diplome, denn sie zeigen mir, dass ich vorankomme.
- ❖ Ich kann gut für neue Projekte oder Ideen werben.
- ❖ Den Gedanken, meine Möglichkeiten eventuell nicht ganz auszuschöpfen, finde ich beunruhigend.
- ❖ Die Inkompetenz anderer hinzunehmen, ist schwierig für mich.
- ❖ Ich kann mich verschiedensten Situationen gut anpassen.

Stärken: Enthusiasmus, Kompetenz, Führungsqualitäten, Selbstbewusstsein, praktisches Denken, Effizienz, sicheres Auftreten, Zielstrebigkeit, Leistungsorientiertheit, Kontaktfähigkeit, Pragmatismus, Flexibilität, Motivationsfähigkeit, Überzeugungskraft, Optimismus, Esprit, Engagement, Antriebsstärke

Potenzielle Schwächen: Funktionalisieren der Beziehungspartner (indem sie der DREI Anerkennung und Lob geben sollen), Vernachlässigung des wahren Ichs, Unechtheit, Übertreibung, Angespanntheit, Arbeitssucht, Setzen falscher Prioritäten

Ermunterung, die Typ DREI bräuchte: »Alles funktioniert ganz selbstverständlich, indem es der natürlichen Ordnung folgt.«

Stattdessen verinnerlichte Ansicht: »Nur persönlicher Einsatz bringt brauchbare Ergebnisse. Man erfährt Wertschätzung für das, was man tut, nicht dafür, wer man ist.«

Reaktion darauf: Liebe und Anerkennung durch Erfolg, Produktivität und ein ansprechendes Image erlangen zu wollen.

Grundbedürfnis, das die DREI damit erfüllen möchte: akzeptiert und bestätigt zu werden, beliebt, begehrenswert, anerkannt zu sein, sich wertvoll zu fühlen

Grundangst: abgelehnt zu werden, jenseits der Leistung nichts wert zu sein, sich bedeutungslos und wertlos zu fühlen, zu versagen und erfolglos zu sein, in den Augen anderer schlecht dazustehen

Der Grundleidenschaft (Täuschung) entsprungene Wesenszüge: Beachtetwerden-Wollen, Leistungsorientierung, soziales Geschick, Image-Manipulation, Wettbewerbsorientierung, Attraktivitätskult, Oberflächlichkeit, ausgeprägter Marktforschungssinn

Aufmerksamkeits- und Energiefluss: Die Aufmerksamkeit richtet sich auf alles, was getan werden muss, Aufgaben, die erledigt werden müssen, Ziele, die man erreichen will, effiziente Lösungswege und wie man am besten abschneiden kann. Die Energie fließt daher in die rasche, erfolgversprechende Erledigung von Aufgaben, in die Konkurrenz mit anderen, Selbstvermarktung, Anpassung zwecks Erhöhung der Wettbewerbschancen und das Erlangen von Anerkennung für Geleistetes.

Was die DREI vermeiden möchte: Versagen und Misserfolg oder zumindest deren Eingeständnis, von anderen überschattet zu werden, Gesichtsverlust, Ablenkung vom Erreichen seiner Ziele (auch Emotionen), das beunruhigende Gefühl, das durch zu große Inaktivität entstehen würde

Was Stress verursacht: sich zu viel aufzuhalsen, sich seiner wahren Gefühle und Werte nicht sicher zu sein, der Druck, den man sich selbst verursacht, weil man stets der Beste und Erfolgreichste sein möchte

Verhalten unter Druck (Hauptabwehrmechanismus): **Identifikation**, d. h. Typ DREI unterdrückt seine eigene Identität und identifiziert sich stattdessen ganz mit seiner Rolle, mit einem Idealbild, das er von sich selbst entworfen hat.

Dieses Idealbild ist das Ergebnis seiner »Marktforschung«, also eines Prozesses, der ihn zu dem Schluss hat kommen lassen, was am besten ankommt und wie er die Erwartungen anderer ideal erfüllen könnte. Diesem Image möchte die DREI nun gerecht werden und es fühlt sich für die DREI auch wie ihre eigene Identität an. Die Idealisierung dient hier also sowohl der Selbst-, als auch der Fremdtäuschung und bewirkt, dass das **Selbstbild** der DREI, ein erfolgreicher, bewundernswerter Mensch zu sein, aufrechterhalten bleibt.

3.3.2 Erweitertes Persönlichkeitsprofil – »Du bist, was du leistest«

Verhalten als Kind

Typ DREI hat schon als Kind den Verdacht, nicht um seiner selbst willen geliebt zu werden. Er wird für Erfolge, gutes Benehmen und besondere Leistungen gelobt und belohnt. Die Eltern sind stolz auf seine herausragenden Noten, Erfolge bei Wettbewerben und Medaillen beim Sport. DREIer verinnerlichen also schon früh, dass sie Liebe erhalten, wenn sie besondere Leistungen erbringen, dass Liebe also nicht bedingungslos ist.

Manche DREIer erfahren es ganz deutlich, dass sie nur bei anständigen Leistungen Liebe erfahren und sonst eher links liegen gelassen werden. Aber auch wenn die Eltern keine Erwartungen in diese Richtung hin aussprechen und denken, ihr Kind positiv anzuspornen, wenn es für gute Leistungen besonders gelobt wird, bemerkt die DREI natürlich die zusätzliche Zuwendung, die ihr bei Erbringen guter Leistungen widerfährt, und möchte dies daher bestmöglich wiederholen.

Wächst die DREI in einer sehr dysfunktionalen Familie auf, setzt sich in ihr das Credo fest: »Egal, was ich tue, es ist niemals gut genug.« Solche DREIer setzen besonders viel daran, alles zu tun, um endlich wahrgenommen, angenommen und geliebt zu werden, und sie verlieren dabei völlig den Bezug zu sich selbst. Im schlimmsten Fall endet dies in einem äußerlich erfolgreichen, innerlich aber vollkommen leeren Leben.

Aber auch wenn das Leben der DREI weit weniger tragisch verläuft, so ist doch stets charakteristisch für sie, dass sie bereits in der Kindheit ihre Leistungen als Basis ihrer Identität definiert. Dabei müssen ihre Eltern nicht sagen, dass sie die junge DREI nur lieben, wenn sie Leistung erbringt, sie müssen es noch nicht einmal denken, doch sind ihre Eltern zum Beispiel beeindruckt von akademischen Karrieren, wird die DREI aller Wahrscheinlichkeit nach eine solche anstreben. Ist für die Bezugspersonen ein Leben als tüchtiger Handwerker etwas Solides und Erstrebenswertes, wird es die DREI in diese Richtung ziehen. Was die DREI selbst möchte, ist dabei irrelevant und wird von ihr selbst so wenig beachtet, dass es verkümmert, denn sie denkt ja, selbst zu wollen, was sie anstrebt, und merkt nicht, dass sie nicht einem eigenen inneren Antrieb folgt.

Oft fällt Eltern nicht auf, welchen Druck sie ihren DREIer-Kindern machen, wenn sie sich offen für sie wünschen, »mehr« aus ihrem Leben zu machen, oder wenn sie ihrer Freude über deren Erfolge allzu sehr Ausdruck verleihen. Denn DREIer wollen ihre Eltern nicht enttäuschen und werden alles daransetzen, dass dies auch niemals passiert, koste es, was es wolle, und sei es das eigene Ich. So lernt die DREI, das zu tun, was von ihrem Umfeld wertgeschätzt wird, und verwechselt diese Wertschätzung mit Liebe. Dies legt auch den Grundstein für die Hauptleidenschaft der DREI, die Täuschung. Die DREI täuscht sich in erster Linie selbst und sie wird auch andere Menschen täuschen, um sich stets möglichst vorteilhaft zu präsentieren.

Täuschung und Image

Die DREI ist jemand, zu dem viele Menschen bewundernd aufschauen. Sie hat Elan und kann viel in Bewegung setzen, sie ist fleißig und verwirklicht ihre Vorhaben mit großer Ausdauer und sie kann auch ihre Mitmenschen dazu inspirieren, ihr Potenzial voll auszuschöpfen.

DREIer strahlen das Image des Erfolges aus, sind oft sehr beliebt und dienen anderen häufig als Vorbild dafür, was man alles schaffen kann, wenn man sich nur richtig dafür ins Zeug legt.

Als Kind hat die DREI gelernt, in welchen Bereichen sie sich hervortun sollte, um bei ihren Bezugspersonen gut anzukommen. Bis ins Erwachsenenalter hat sie bereits nuanciert verinnerlicht, wie sie Eigenschaften und Fähigkeiten, für die sie bewundert wird, kultivieren und perfektionieren kann. Dies ist ausgesprochen wichtig für die DREI, die Erfolg benötigt, um sich wertvoll zu fühlen (und nicht wie etwa die SIEBEN, um sich dann viele schöne Dinge kaufen zu können, oder wie die ACHT, um Macht und Unabhängigkeit zu erlangen).

Das Problem ist nun bei der DREI, dass sie dem Erfolg oder der Bestätigung dermaßen verbissen nachjagt, dass dabei ihre eigenen Gefühle und Interessen völlig auf der Strecke bleiben. Sie macht die Wertvorstellungen anderer Menschen zu ihren eigenen und kultiviert ein Image, das sie bald nicht mehr von ihrem wahren Wesen trennen kann und infolge selbst für ihr wahres Wesen hält. Eine ungesunde DREI ist folglich von sich selbst völlig entfremdet und sich dessen meistens überhaupt nicht bewusst.

Die DREI hinterlässt deshalb bei anderen zuweilen einen ziemlich emotionslosen Eindruck.

Sie kann sich zwar für ihre Projekte begeistern, als Mensch scheint sie jedoch relativ schwer greifbar. Doch meist ist man als Gegenüber der DREI ohnehin mehr mit dem beschäftigt, was die DREI einem »verkaufen« möchte. Da die DREI ständig auf ihre Wirkung achtet, kann sich für sie das ganze Leben wie ein einziges Verkaufsgespräch anfühlen. Sie weiß, wie sie sich anpassen muss, um attraktiv zu scheinen, und der Erfolg gibt ihr recht, denn sie wird schließlich immer wieder in ihrer Selbstdarstellung bestätigt und nicht darin, wie sie wirklich ist. Das kann so weit führen, dass die DREI selbst nicht mehr in ihr eigenes Inneres schauen möchte, weil sie befürchtet, dort nur noch Leere vorzufinden.

Angst vor Nähe und Identifikation mit einem Idealbild

Die DREI hat sich mit einem Idealbild identifiziert, das sie von sich selbst als Reaktion auf die Erwartungen anderer entworfen hat. Diesem Image versucht sie nun gerecht zu werden, indem sie es so formvollendet wie möglich imitiert.

Damit niemand hinter die Fassade schauen kann und es für die DREI einfacher ist, alles im Griff zu haben, tendiert sie dazu, nicht zu viel Nähe zuzulassen. Im durchschnittlich gesunden Bereich ist der DREI nämlich sehr wohl bewusst, dass zwischen dem Image, das sie verkörpert, und der Realität eine Lücke klafft und sie möchte um jeden Preis vermeiden, dass anderen diese Diskrepanz auffällt. DREIer versuchen daher, sich andere Menschen in einer sicheren Distanz zu halten, nahe genug, um sie zu beeindrucken, aber weit genug weg, um stets das Gesicht wahren zu können.

Das kann sogar dazu führen, dass die DREI selbst vor ihrem Ehepartner eine gewisse Distanz wahrt. Sie führt dann die nach außen perfekte Ehe, um die sie von anderen beneidet wird, sie ist mit ihrem Partner gern gesehener Gast bei diversen Veranstaltungen und man geht davon aus, ein wahres Traumpaar vor sich zu haben. Doch jenseits dieser Fassade bröckelt es oft gewaltig, denn nicht selten fühlt sich der Partner der DREI emotional vernachlässigt und hat das Gefühl, nur ein Mitspieler in einem großen Spiel zu sein, bei dem es nur darum geht, in den Augen anderer zu glänzen.

Bei DREIern, die keinen Partner haben, kann die Angst vor Nähe dazu führen, dass sie sich zwar perfekt zurechtmachen können, um auf erfolgversprechende Partnersuche zu gehen. Es fällt ihnen auch nicht schwer, jemanden auf sich aufmerksam zu machen und sich so zu zeigen, dass das Interesse des Gegenübers steigt. All das gehört schließlich zu den Dingen, die die DREI perfekt beherrscht. Interessiert sich das Gegenüber dann allerdings zu sehr und vor allem zu persönlich für die DREI, setzt die Angst vor Nähe wieder ein und die DREI reagiert abweisend und zieht sich zurück.

Verhalten je nach Bezugsgruppe

Für die DREI ist das Leben ein Konkurrenzkampf, bei dem es um gewinnen oder verlieren geht. In diesem Konkurrenzkampf gibt die DREI alles und verkörpert häufig den Idealtypus ihrer jeweiligen Bezugsgruppe. DREIer-Männer entsprechen oft dem Idealbild des Mannes, das je nach Bezugsgruppe vom schnittigen Geschäftsmann mit Luxuslimousine über den starken Macher mit perfektem Waschbrettbauch und Modellook bis hin zum tüchtigen Selfmademan und Allrounder mit eigenem Handwerksbetrieb reichen kann. Dementsprechend verkörpert die DREIer-Frau ebenfalls je nach Bezugsgruppe, innerhalb derer sie der »Star« sein möchte, die knallharte Businessfrau, die jeden über den Tisch ziehen kann, die perfekte Ehefrau und Mutter, die trotz Kindern nicht auf die eigene Karriere verzichtet und dabei auch noch stets blendend aussieht, oder die makellose Verführerin, die jeden Mann geistreich und charmant um den Finger wickeln kann.

Es kann auch sein, dass die DREI in mehreren Bezugsgruppen mit ganz verschiedenen Lebensstilen interagiert. In dem Fall tauscht sie Rolle und Image, sobald sie sich von einer zur anderen Bezugsgruppe bewegt. Heikel wird es, wenn sie Personen beider Bezugsgruppen gleichzeitig trifft, denn dann steht die DREI vor dem Dilemma, nicht zu wissen, wie sie sich nun geben soll. Zwar ändert sich ihr Verhalten je nach Bezugsgruppe nicht komplett, es sind die Nuancen, die dann voneinander abweichen, aber es verwundert dennoch nicht, dass die DREI eine Vermengung ihrer Bezugsgruppen geschickt zu vermeiden weiß.

DREIer wirken auf andere oft wie attraktive Erfolgsmenschen, denen alles fast wie von alleine zufällt. Dabei arbeiten sie hart und unermüdlich für ihre Erfolge. Sie mögen es aber, wenn es so wirkt, als würden sie alles, was sie erreichen, locker und ohne sich anzustrengen schaffen. Meist sind sie sehr positiv und wenn ihnen etwas gelungen ist, reden sie gerne darüber – natürlich auf eine ausgeklügelte Weise, die sie nicht zu angeberisch oder nach Lob heischend wirken lässt. Sie lassen eher hin und wieder kleine Bemerkungen am Rande fallen, die ihre Erfolge dezent verdeutlichen. Auf diese Weise erwähnen sie gerne Auszeichnungen, Projekte, die sie abgeschlossen haben, und einflussreiche Personen, mit denen sie Bekanntschaft gemacht haben. Dabei erhofft die DREI sich ständig Lob, denn Lob braucht sie wie die Luft zum Atmen. Da die DREI sich dies aber nicht anmerken lässt und zudem so stark und selbstbewusst wirkt, dass kaum jemand auf die Idee kommt, wie viel ihr Komplimente bedeuten, bleibt das ersehnte Lob oft aus, was sehr schmerzhaft für sie ist.

Wenn sie ganz ehrlich mit sich selbst ist, weiß die DREI jedoch, dass ihr Selbstbewusstsein gar nicht so groß ist, wie es scheinen mag. So kann es Zeiten im Leben der DREI geben, in denen sie in sich geht und sich bewusst wird, dass wenig übrig bliebe, wenn man ihr ihre »Produkte« und ihr Image nähme. Das sind die Momente, wo die DREI ganz weich und traurig wird und ihr schmerzlich bewusst wird, dass ihre Erfolge und sie als Person nicht ein und dasselbe sind. Jene Momente bergen aber auch die Chance zu echtem Wachstum in sich.

Beziehungen der DREI

Liebesbeziehungen können für Typ DREI herausfordernd sein, da er von allen Typen am wenigsten Zugang zu seinen Gefühlen hat. Zwar ist es für die DREI meist relativ einfach, einen potenziellen Partner für sich zu interessieren, da sie sich mühelos von ihrer vorteilhaften Seite zeigen, charmant und geistreich sein und sich in jeder Situation tadellos verhalten kann.

Schwierig wird es aber, wenn die Beziehung schon eine Weile besteht, denn die DREI möchte das Image der perfekten Familie und der perfekten Partnerschaft nach außen ausstrahlen, was auf Dauer für den Partner sehr frustrierend sein kann. Auch innerhalb der Beziehung tun sich viele DREIer extrem schwer, authentisch zu sein. Sie präsentieren dann beispielsweise Sensibilität wenn Sensibilität verlangt wird, spüren jedoch selbst, dass sie in Wahrheit eine Rolle spielen.

Den richtigen Eindruck zu hinterlassen, ist der DREI wichtiger, als ihre eigenen Gefühle zu spüren, was manchmal dazu führen kann, dass die Beziehung für die DREI unbewusst einer von mehreren Punkten auf einer Liste wird, die sie abzuarbeiten hat. Zumindest fühlt es sich auch für den Partner zuweilen so an.

Eventuell hat die DREI auch Angst, in einigen Bereichen nicht so hervorragend abzuschneiden, wie sie gerne würde, und deshalb vom Partner zurückgewiesen zu werden.

Verstärkt wird dies zudem, wenn die DREI sich zuvor in diesen Bereichen als besonders kompetent angepriesen hat.

Weitere schwierige Bereiche in Liebesbeziehungen können die Arbeitssucht der DREI sein, ihre Unbeholfenheit, wenn echte Emotionen hochkommen (sofern es sich um eine eher unreife DREI handelt) und (sofern es sich um eine reifere DREI handelt) ihre Angst, nur für ihre Fähigkeiten oder ihr Aussehen geliebt zu werden.

Auf der Positivseite bringt die DREI Optimismus in die Beziehung, sie ist außerdem geistreich, unterhaltsam, motivierend und aufgeschlossen für Neues. Die reife DREI ist zudem um Authentizität und Wahrhaftigkeit bemüht und ermutigt den Partner, sich ebenfalls so zu zeigen, wie er wirklich ist.

Berufsbeziehungen sind für die DREI meist deutlich einfacher zu handhaben, denn die Arbeit ist typischerweise ihr Element. Sie setzt sich ein, um beruflich voranzukommen, und kann aufgrund ihrer Anpassungsfähigkeit mit den unterschiedlichsten Menschen gut umgehen. DREIer können exzellente Verkäufer sein, sind hervorragend darin, sich Ziele zu setzen und diese auch zu erreichen, sie können Geschäftspartner für neue Projekte begeistern und diese Projekte bestmöglich präsentieren. Charismatisch, enthusiastisch und souverän wissen sie, wie man gute Geschäftsbeziehungen aufbaut und erhält, Projekte in Gang setzt und effizient abschließt und die Ergebnisse seiner Arbeit bestmöglich präsentiert. Zudem können sie Mitarbeiter gut motivieren.

3.3.3 Flügeltypen der DREI

DREI mit Flügel ZWEI

Die DREI mit ZWEIer-Flügel hat eine außerordentliche Sozialkompetenz, denn sowohl die DREI als auch die ZWEI geht auf Menschen zu und hat kein Problem damit, im Fokus der Aufmerksamkeit zu stehen. Sie ist daher oft sehr beliebt, denn sie ist nicht nur kommunikativ, sondern auch sehr charmant und meist humorvoll. Sie sucht vor allem nach Prestige und Anerkennung im öffentlichen Leben und weniger im privaten Bereich.

Diese Flügelvariante hat Talent zum Entertainer und Schauspieler, sie ist ein Verkaufstalent und der ideale Pressesprecher. Für ihre Leistungen anerkannt zu werden, ist ihr extrem wichtig, sie ist aber auch gut darin, anderen Menschen zum Erfolg zu verhelfen und sie zu ermutigen.

Typ DREI mit Flügel ZWEI ist es wichtiger, nach außen zu glänzen, als der anderen Flügelvariante und es trifft ihn daher besonders hart, wenn er nicht genügend wahrgenommen wird. Dies wird jedoch nur selten der Fall sein, denn er hat das Talent, sein »Licht einzuschalten«, wann immer er glänzen möchte.

Diese Flügelvariante ist spontan und lebhaft, freundlich, großzügig und hilfsbereit, biedert sich dabei jedoch nicht an. Sie strahlt eine gewisse Wärme aus und es ist ihr ein Anliegen, nett und freundlich zu sein, Gutes zu tun und sich als großzügig zu erweisen. Die DREI mit Flügel ZWEI ist verführerischer als die andere Flügelvariante und sie tendiert dazu, ihre Ideale auf andere zu projizieren. Ihren Erfolg sieht sie dann darin, den anderen erfolgreich zu unterstützen, was bis hin zu manipulativem Verhalten führen kann.

Um die für sie so wichtige Wertschätzung zu erhalten, bemüht sie sich sehr, der ideale Ehepartner, Mitarbeiter, Freund oder das Kind zu sein, auf das die Eltern stolz sein können.

Wenn ihre diesbezüglichen Bemühungen zu angestrengt sind, kann sie auf andere dabei manchmal wie ein eitler Gockel wirken.

Auch prahlerische Überheblichkeit und Egoismus können Verhaltensweisen der unreifen DREI mit ZWEIer-Flügel sein, wobei der Kontakt zu ihrer wahren Identität immer mehr verloren geht, bis sie im schlimmsten Fall die Umwelt und im Grunde sogar sich selbst wissentlich und absichtlich täuscht, um gut dazustehen. Feindselig, narzisstisch und eifersüchtig versucht sie dann verzweifelt, das für ihr Selbstwertgefühl so sehr nötige Ansehen zu erlangen.

DREI mit Flügel VIER

Da Typ VIER Authentizität sehr wichtig ist, während Typ DREI ein Chamäleon ist, dem die Außenwirkung viel bedeutet, ist diese Flügelvariante eine relativ widersprüchliche Mischung.

So kann es sein, dass sie nach außen etwas repräsentiert, das sie tief in ihrem Inneren als unecht ablehnt.

Generell ist diese Flügelvariante aber etwas weniger imagebewusst, etwas introvertierter und subtiler im Verhalten. Glänzen möchte sie oft eher durch künstlerische oder sozial relevante Leistungen, da ihr durch den Einfluss der VIER neben dem, was sie nach außen darstellt, auch eine tiefe Sinnhaftigkeit und persönliche Befriedigung durch ihre Arbeit ein wichtiges Anliegen ist. Sie kann sich außerdem meist sehr effektiv selbst motivieren, hat eine gute Selbsterkenntnis und den Willen, an sich zu arbeiten.

Diese Flügelvariante ist ruhiger, privater, ästhetischer orientiert, zurückhaltender im Auftreten, emotional verletzlicher und geht weniger aus sich heraus. Sie hat außerdem wegen des VIERer-Einflusses einen besseren Zugang zu ihren echten Emotionen. Oft hat sie besonderes Stilbewusstsein, das sich in ihrer Kleidung und ihrem Zuhause widerspiegelt. Generell schätzt sie aber Intelligenz mehr als äußere Attraktivität.

Selbstzweifel sind bei DREIern mit Flügel VIER häufiger und sie sind ehrgeizig und streben nach Vollkommenheit, um sich vor Scham und Schande zu schützen. Ihr Privatleben ist ihnen wichtiger als der anderen Flügelvariante und aus ihrem Verhalten, das sowohl Überlegenheit als auch Unsicherheit zeigt, wird man oft nicht ganz schlau. Sie haben ein reiches Innenleben und es zieht sie weniger stark in die Öffentlichkeit als die DREI mit Flügel ZWEI. Ihre größere Emotionalität lässt sie sehr vorsichtig an ihrem Image arbeiten, denn es geht ihnen nicht nur um äußeren Erfolg, sondern sie sind anspruchsvoll und wollen sich zudem nicht selbst verlieren. Häufig stehen sie mit sich selbst sogar mehr im Wettstreit als mit anderen Personen und in ihrem Inneren kämpfen Selbstzweifel und Konkurrenzdenken gegeneinander an. Jedes wichtige Projekt ist für sie zugleich ein Kampf um ihren Selbstwert.

Oft von humanistischem Interesse geleitet, ist diese Flügelvariante also mehr nach innen gekehrt. Tritt sie in offenen Wettbewerb mit anderen, zeigt sie sich zuweilen hochmütig bis anmaßend. Ihr Interesse an Prestige und Erfolg ist subtiler, ihre Gefühle sind ihr deutlich mehr präsent und sie muss sie oft willentlich unterdrücken, um den Eindruck auf andere zu machen, den sie machen möchte. Bei der anderen Instinktvariante läuft dieser Prozess um einiges unbewusster ab. Wenn ihr etwas nicht gelingt, neigt sie dazu, sich selbst die Schuld zu geben, weshalb der Gedanke an Versagen für sie besonders beängstigend ist.

Diese DREI ist launischer und oft arroganter und gibt weitaus subtiler an als die andere Flügelvariante. Im unreifen Zustand ist ihr Kampf zwischen Selbstzweifeln und Grandiositätsdenken unübersehbar, wobei zweites überwiegt. Erlangt sie nicht den Erfolg, der ihr vorschwebt, kann sie sich immer wieder für längere Phasen frustriert und depressiv zurückziehen, von Launen, Melodramatik und einem Gefühl innerer Leere geplagt, bevor sie sich wieder aufrichtet und erneut in Erscheinung tritt.

3.3.4 Instinktvarianten der DREI

Selbsterhaltende DREI

Die selbsterhaltende Instinktvariante von Typ DREI möchte Sicherheit und Stabilität durch fleißigen Arbeitseinsatz erlangen. Finanzielle Sicherheit und materieller Wohlstand sind ihr besonders wichtig. Sie macht ihren Wert abhängig von ihrer Fähigkeit, diese Bedürfnisse befriedigen zu können. Aus diesem Grund arbeiten selbsterhaltende DREIer hart, um sich das solide Fundament zu schaffen, das sie benötigen, um sich sicher und wertvoll zu fühlen. Sie können deshalb auch nicht einfach ihre Arbeit niederlegen, denn dafür steht für sie zu viel auf dem Spiel, weshalb sie häufig Workaholics sind, die nicht selten bis zum Herzinfarkt schuften. Der Gedanke an ein einziges komplett freies Wochenende kann sich durchaus bedrohlich für sie anfühlen, so als stünde der Ruin kurz bevor.

Von ihren Gefühlen ist die selbsterhaltende DREI am meisten von allen drei Instinktvarianten abgeschnitten. Zuneigung drückt sie daher ebenfalls über das Erreichen von Zielen für ihren Partner aus, was aber keineswegs bedeutet, dass sie kein großes Herz für ihre Familie und Freunde hat.

Diese Instinktvariante kann sich sehr gut nach außen darstellen und verkaufen und verkörpert deshalb besonders deutlich das Image von wirtschaftlichem Erfolg. Mit großem Antrieb und viel Energie kann sie ihre Ziele beharrlich verfolgen und bringt es daher oft zu einigen materiellen Annehmlichkeiten wie einem schönen Haus oder teuren Markenartikeln.

Allerdings verliert der selbsterhaltende DREIer dabei den Kontakt zu sich selbst. Er identifiziert sich so sehr mit seinem wirtschaftlichen Erfolgsdenken, dass er glaubt, sein Lebensglück und das so sehr ersehnte Gefühl von Sicherheit tatsächlich durch Erreichen materieller Annehmlichkeiten automatisch mit zu erlangen. Die Täuschung der DREI ist hier also primär auch eine Selbsttäuschung, denn sie glaubt, die von ihr so stark empfundene Grundangst des Überlebens durch materielle Sicherheit in den Griff zu bekommen. In Wahrheit aber hat auch die selbsterhaltende DREI selbst dann, wenn sie materiellen Reichtum anhäuft, weiterhin verschiedenste existenzielle Ängste.

Große öffentliche und eitle Zurschaustellung ihrer Talente ist weniger ihr Ding, sie wirkt stattdessen anständig und tugendhaft und konkurriert in Wahrheit am meisten mit sich selbst und nicht mit anderen. Sie tritt freundlich, fair, autonom, ruhig, strebsam und pragmatisch auf, ist stets am Nützlichen orientiert und zielgerichtet im Handeln. Sie arbeitet oft gut in Teams, kann effizient planen und hält sich aus Streitigkeiten wenn möglich heraus. Wenn es beruflich einmal nicht so gut läuft, ist der Selbstwert der selbsterhaltenden DREI natürlich in großer Gefahr. Sie muss daher ständig dafür sorgen, dass es niemals zu einer beruflichen Flaute kommt. Im weniger reifen Zustand zerstört die Arbeitswut der selbsterhaltenden DREI mehr und mehr ihre persönlichen Beziehungen und ihre Gesundheit.

Irgendwann versucht sie nur noch verzweifelt, ihre psychischen und physischen Probleme zu verstecken. Im schlimmsten Fall endet das in (Nerven-)Zusammenbrüchen.

Sexuelle DREI

Die sexuelle Instinktvariante der DREI hat das Gefühl, ihr Wert würde von ihrer Attraktivität abhängen, weshalb sie natürlich viel daran setzt, ihre Attraktivität zu erhöhen. Es verwundert daher nicht, dass auffallend viele Models und Schauspieler sexuelle DREIer sind.

Die sexuelle DREI ist besonders gut darin, ein erfolgreiches Image aufzubauen und zu verkörpern, das auf Charisma, Stärke (häufiger bei Männern), Sinnlichkeit (öfters bei Frauen) und Attraktivität aufbaut. Sie achtet sehr darauf, was optisch gut ankommt, stylt und kleidet sich dementsprechend und passt ihr Verhalten diesem Image an. Leider steckt hinter dieser attraktiven Fassade oft eine innere Leere, wodurch die sexuelle DREI zwar freundlich und gewinnend, aber auch oft hohl und emotional flach wahrgenommen wird. Genau wie die ZWEI möchte auch die sexuelle DREI verführen. Im Gegensatz zur ZWEI lenkt die sexuelle DREI dabei die Aufmerksamkeit aber auf sich selbst und nicht auf ihr Gegenüber.

Sie will ganz besonders gut gefallen, um akzeptiert zu werden und dadurch ihre Angst zu lindern, was aber natürlich auf Dauer auch sehr auslaugend ist. Der ständige Versuch, ihrem Publikum den Atem zu rauben, erschafft ein künstliches Bild, das es umso schwieriger macht, die »Bühne« auch einmal zu verlassen, um echte menschliche Nähe und Intimität zu erleben.

So spielt die sexuelle DREI sogar in Partnerschaften ihre Rolle weiter, in der steten Hoffnung, dafür geliebt und bewundert zu werden. Dieses unechte Bild hat aber natürlich wenig mit echter Vertrautheit zu tun. Sie kann aber nicht anders, da sie befürchtet, zurückgewiesen zu werden, wenn sie sich wirklich öffnet und auch vermeintlich nicht perfekte Seiten von sich zeigt.

Im unreifen Zustand kann das dazu führen, dass die sexuelle DREI auf ihrer Suche nach Identität immer weitere, andere Personen für sich einzunehmen versucht, da sie ja darauf angewiesen ist, einer nahe stehenden Person zu gefallen und das auf Dauer bei nur einem Partner schwierig ist, wenn sie sich niemals zeigt, wie sie wirklich ist. Zwar kann sie eine weiche, geschmeidige, sanfte, anziehende und fröhliche Ausstrahlung haben, um ihre inneren, oft eher melancholischen bis traurigen Gefühle zu kaschieren, aber irgendwann kommt sie meist an den Punkt, an dem das alleine nicht ausreicht. Außerdem weiß sie zwar gut, wie man eine Beziehung aufbaut, ist aber ungeschickt darin, sie aufrecht zu erhalten. Im unreifen Bereich werden Eroberungen schließlich zu ihrem Lebensinhalt. Noch unreifer zweifeln sexuelle DREIer schließlich an ihrer Attraktivität und werden extrem verletzlich, wenn ihre Eitelkeit gekränkt wird. Sie können dann rachsüchtig werden und verzweifelt versuchen, ihre Unsicherheit durch gesteigerte sexuelle Aktivität zu kompensieren.

Soziale DREI

Die soziale Instinktvariante von Typ DREI benötigt gesellschaftliche Anerkennung, um sich wertvoll zu fühlen. Diplome, Zeugnisse, Auszeichnungen und akademische Grade bedeuten ihr meist viel, denn sie sind ein nach außen sichtbares Zeichen des Erfolges. Die soziale DREI möchte für ihre harte Arbeit und ihren unermüdlichen Einsatz gewürdigt werden. Sie ist sehr anpassungsfähig und fügt sich schnell in neue Arbeitsbedingungen, neue gesellschaftliche Kreise oder auch neue Länder und Kulturen ein. Sie ist stets motiviert, ihre Aufgaben bestmöglich zu erledigen, und kann auch andere Menschen dazu anregen, ihr Bestes zu geben.

Für jedes Problem findet sie eine kreative Lösung, außerdem ist sie sehr effizient und energiegeladen.

Um sich den Kreisen zugehörig fühlen, denen sie zugehören möchten, gehen soziale DREIer auch so weit, sich eine bestimmte Art zu sprechen anzugewöhnen, sie tragen die entsprechende Kleidung und legen sich wenn möglich die nötigen Statussymbole zu, kurz: Sie sind wie ein Chamäleon.

Der sozialen DREI ist es wichtig, die »richtigen« Leute zu kennen, sie ist stolz darauf, mit einflussreichen Erfolgsmenschen befreundet zu sein, und sie strebt nach steter Zunahme ihres eigenen Erfolges durch permanentes Selbstmarketing, Verkäuferverhalten und Pflege ihres Images. Prestige und öffentliches Ansehen bedeuten ihr alles, denn dadurch erhält sie ihren Selbstwert. Sie ist der Prototyp des geschickten Verkäufers, liebt die Öffentlichkeit und steht gerne im Rampenlicht. Das geht so weit, dass sie ihr inneres Selbst mit äußerem Erfolg verwechselt. Ein hoher sozialer Rang, Markenprodukte und von anderen bewundert zu werden, bedeutet für sie, einen großen Wert als Mensch zu haben.

In ihrem Streben nach Prestige kann die soziale DREI listig und ohne hohe ethische Grundsätze auftreten. Die Werbe- und Medienbranche ist daher häufig ihr Revier. Im unreifen Zustand kann das bedeuten, dass soziale DREIer kein anderes Leben mehr kennen als das Streben nach Erfolg, Ruhm und Bewunderung. Sie hetzen materiellen Verlockungen nach und ersetzen Liebe durch Statussymbole. Sie sind dann sowohl anderen Menschen als auch sich selbst gegenüber hart, zeigen sehr starkes Konkurrenzverhalten, geben mit ihren Leistungen an oder schmücken sie zudem noch aus und greifen zu unlauteren Mitteln, um ihre Erfolgschancen zu erhöhen.

3.3.5 Integration und Desintegration der DREI

- Unreif bzw. desintegriert ist Typ DREI: doppelzüngig, betrügerisch und opportunistisch
- Normal entwickelt ist Typ DREI: imagebewusst, konkurrierend und rollenorientiert
- Gereift bzw. integriert ist Typ DREI: tüchtig, resilient und wahrhaftig

Die DREI am Trostpunkt

Typ DREI tendiert dazu, sehr viel zu riskieren, um das zu bekommen, was er anstrebt. Es ist ihm so wichtig, in der Konkurrenz mit anderen vorne zu liegen und in jedem Wettbewerb zu siegen, dass er dafür bereit sein kann, soziale Normen zu missachten. Geht Typ DREI nun zu seinem Trostpunkt, der SECHS, gewinnt er an menschlicher Wärme und achtet mehr auf seine Mitmenschen und das soziale Miteinander im Generellen. Er kann von der SECHS lernen, loyaler zu sein und zuverlässig zu seinem Wort zu stehen, anstatt sich wie das Fähnchen im Wind so zu drehen, wie er es gerade braucht, um gut anzukommen. Das wiederum bestätigt die DREI in ihrem Wert als Mensch und nicht nur als verbissener Erfolgsbringer.

Wenn die DREI sich in Richtung SECHS bewegt, lernt sie Verbindlichkeit, was sich bei ihr etwa so äußert, dass sie nun Vorhaben nicht mehr nur so lange verfolgt, wie sie prestigeversprechend sind. Sie lernt, sich nicht in den Vordergrund zu spielen und dauernd Werbung für sich selbst zu machen, sondern ihre Arbeit völlig unprätentiös zu erledigen. Sie erfüllt ihre Pflichten dann mit größerer Selbstverständlichkeit, ohne ständig deren persönlichen Nutzen im Auge zu haben, und sie spielt sich generell nicht mehr narzisstisch in den Vordergrund, muss also nicht mehr dauernd der Star sein, sondern wird realistischer und aufrichtiger.

Dadurch schafft es die DREI, ihre nervöse Geschäftigkeit und ihre gestresste Dauerselbstdarstellung abzulegen. Durch diese Anerkennung von über das Eigeninteresse hinausreichenden Werten entwickelt die DREI nun ein deutlich soziales Gewissen. Sie kann also ihre Gaben nun auch in den Dienst einer Sache stellen und hat das Wohl der Gemeinschaft mehr im Auge als ihre Karriere oder die Politur ihres Egos. Die DREI wächst also deutlich über ihre selbstbezogene Haltung und egoistische Zielsetzung hinaus und gewinnt gerade dadurch die soziale Attraktivität, der sie davor so sehr nachgejagt ist.

Wenn die DREI zur SECHS geht, beginnt sie auch, sich selbst mehr zu hinterfragen. Sie fängt nun an, auf ihre Zweifel und Ängste zu hören (und wagt es auch immer öfter, diese zu artikulieren), wodurch sie nun mehr mit ihren Gefühlen verbunden ist und zudem ihr oft sehr rasantes Tempo etwas einschränkt und überlegter wird. Auch die Fähigkeit, sich auf andere Menschen auf einer tieferen Ebene einzulassen und die eigenen Gefühle zu zeigen, erlangt die DREI, sobald sie zu ihrem Trostpunkt SECHS geht, denn dann schafft sie es, sich von ihrer Angst, ihr Gegenüber könnte ihre Maske durchschauen und erkennen, dass sich dahinter hauptsächlich Leere verbirgt, zu lösen. Dies ist ihr deshalb möglich, weil sie an ihrem Trostpunkt selbst einen besseren Zugang zu ihren wahren Gefühlen hat und daher immer deutlicher merkt, dass hinter ihrer Maske sehr wohl sehr viel, nämlich ein authentischer, interessanter Mensch zu finden ist. Diese Verbindlichkeit, die die DREI an ihrem Trostpunkt SECHS nun findet, ist für sie die Chance, ihre Flucht in Rollen und Masken zu beenden, wodurch der Weg zu innerem Wachstum geebnet ist. Auch ihre Bindungsfähigkeit wird dadurch größer, weshalb längerfristige Beziehungen und Partnerschaften für die DREI nun einfacher möglich sind.

An ihrem Trostpunkt fällt es der DREI auch zunehmend leichter, Erfolge mit anderen Menschen zu teilen. Sie muss dann nicht mehr alleine auf dem Podest stehen, da ihr Selbstwertgefühl davon nicht mehr abhängt, und sie kann anderen Menschen echte Wertschätzung und Respekt entgegenbringen. DREIer am Trostpunkt SECHS sind nicht mehr konkurrierend, sondern kooperierend, nicht mehr ausbeutend, sondern auch am Wohlergehen ihrer Mitmenschen interessiert, und spielen nicht mehr die Überlegenen, sondern empfinden sich als gleichrangig. Aufgrund ihrer nun gewonnenen menschlichen Reife bekommen sie von ihren Mitmenschen nun auch echte Sympathie und authentische Zuneigung retour.

Die DREI am Stresspunkt

Da die DREI ihr Selbstwertgefühl von der Anerkennung ihrer Erfolge und Leistungen durch ihre Mitmenschen erhält, strengt sie sich natürlich ganz besonders an. Sie pflegt ihr Image und verkörpert, was immer ihr erfolgversprechend erscheint. Bleibt die Anerkennung durch andere aus, probiert sie neue Methoden, wechselt das Aufgabengebiet, ändert ihr Image oder wird noch aktiver. Bringt das auch nicht den erwünschten Erfolg, schreckt sie in ihrer Not auch vor Mogeleien, Manipulationen oder Täuschungen nicht zurück, um ihr Image doch noch irgendwie zu retten. Sie kann dann durchaus arglistig und feindselig werden.

Wenn dies jedoch alles auch nicht hilft oder die DREI damit zu weit geht und sich dessen bewusst wird, kann sie ihr Image irgendwann nicht mehr weder vor anderen noch vor sich selbst aufrechterhalten. Ihre Rollen funktionieren nicht mehr und sie gelangt an den Punkt, wo sie zu ihrem Stresspunkt, der NEUN, wandert. Zuerst schaltet sie auf Autopilot wie eine selbstvergessene NEUN und verzettelt sich wie eine NEUN, die Probleme hat, Prioritäten zu setzen. Sie hält sich dann lange mit Nebensächlichkeiten auf, hat viel weniger Energie als früher, wird passiv, ineffizient und fühlt sich wie betäubt.

Statt sich eigene Fehler einzugestehen, schaltet die DREI als nächsten Schritt in Richtung NEUN jegliche Gefühle ab. Sie entwickelt also keine Schuldgefühle und spürt keine aufsteigende Angst, sondern schneidet sich auch von diesen Emotionen ab und empfindet nur noch Leere wie eine von ihrem wahren Selbst abgetrennte NEUN. Statt Reue zu empfinden, ist die DREI ausgebrannt, erstarrt, ohnmächtig, interessen- und antriebslos sowie entpersönlicht. Es besteht nun die Gefahr, dass die DREI sich völlig gehen lässt und aufgibt, da ihr deutlich wird, wie sehr sie nur in ihren Rollen und ihrem Image gelebt hat und wie wenig übrig ist, wenn ihr dies genommen wird. Dieser Tiefpunkt ist aber auch eine Chance für die DREI, nach innen zu gehen, ihr wahres Selbst zum Leben zu erwecken und irgendwann zu erkennen, dass sie nicht für das geschätzt wird, was sie leistet, sondern dafür, was für ein Mensch sie ist.

Entwicklungsziel und Lebensaufgaben der DREI - Von der Täuschung zur Wahrhaftigkeit

Das Entwicklungsziel der DREI ist es zu erkennen, dass sie um ihrer selbst willen wertvoll ist und nicht, weil sie Anerkennung für ihre Leistungen erhält. Wenn eine DREI das verinnerlicht hat, kann sie zu sich selbst finden.

Frei vom selbst auferlegten Erfolgsdruck beginnt die DREI, sich positiv zu entwickeln, indem sie langsam spürt, wie wertvoll menschliche Echtheit ist und dass wahre Gefühle zuzulassen und zu zeigen weit mehr Wert hat als jede noch so ausgefeilte Rolle. Sie entwickelt sich positiv, wenn ihr bewusst wird, dass schöner Schein bzw. ein tolles Image und emotionaler Tiefgang einander zumeist ausschließen und dass man durch herausragende Leistungen nicht zwangsläufig Glück findet. Ein Zeichen für positive Entwicklung ist auch, wenn die DREI nicht mehr unbedingt im Mittelpunkt der Aufmerksamkeit stehen muss, wenn in ihr der Wunsch nach authentischen, loyalen und verlässlichen Beziehungen entsteht und wenn sie generell ihre Herzenswünsche spürt und beginnt, ihnen nachzugehen.

Ein weiteres Indiz für Integration ist es, wenn die DREI anfängt, ihren Mitmenschen mehr zu vertrauen, wenn sie lernt, sich selbst auch dann zu mögen, wenn sie gerade keine herausragende Leistung erbracht hat, und wenn ihr die Bewunderung durch andere Menschen nicht mehr so viel bedeutet wie früher.

Ein großer Entwicklungsschritt für die DREI ist auch, wenn sie beginnt, mit anderen zu kooperieren, wodurch sich ihre Aufmerksamkeit von der Pflege ihres Selbstbildes automatisch auf gemeinsame Ziele verlagert, was die DREI selbstloser werden lässt.

Die DREI reift, wenn sie ihre Maske ablegt und sich mit ihrer inneren Leere auseinandersetzt, die sich durch das Ablegen der Maske automatisch mehr und mehr mit Leben füllt. Dadurch erlangt sie Authentizität und ihre wahren Qualitäten können zum Vorschein kommen.

Eine gereifte DREI hat **Wahrhaftigkeit** und **Glaubwürdigkeit** gefunden. Sie verbiegt die Realität nicht mehr so, dass sie in ihr Erfolgskonzept passt. Sie ist authentisch und nicht länger auf Bestätigung von außen angewiesen, um sich gut zu fühlen und sich selbst zu mögen. Sie hat Grundwerte, die ihr wichtiger sind als Image und schneller Erfolg, und sie würdigt auch die Beiträge ihrer Mitmenschen.

Integration - Die DREI im gesunden Bereich

»Jede Ehrlichkeit beginnt mit der Ehrlichkeit zu sich selbst.«
Dieter Gropp

Die gesunde, gereifte DREI hat ihre Angst vor Wertlosigkeit und Versagen abgelegt. Sie ist selbstbewusst und glaubt an ihren Wert als Mensch. Sie konkurriert nicht mehr mit anderen, ist anpassungsfähig, charmant, kommunikativ, beliebt und authentisch. Sie arbeitet gerne gemeinsam mit anderen auf ein höheres Ziel hin und leistet viel, verausgabt sich für ihren Beruf aber nicht auf ungesunde Weise. Sie hat ehrliche, tiefgründige, verlässliche, dauerhafte Beziehungen und Partnerschaften.

Gereifte DREIer motivieren ihre Mitmenschen und helfen gerne, wenn ihr Einsatz benötigt wird, haben aber auch kein Problem damit, sich selbst helfen zu lassen. Ihre Beziehungen sind wechselseitig und ausgewogen und von gegenseitigem Vertrauen geprägt. Sie sind selbstlos und gönnen auch ihren Mitmenschen Erfolg und Ansehen. Reife DREIer wissen, dass ihr Selbstwert Teil ihrer Natur und somit unabhängig vom Außen ist. Daher haben sie sich von dem dringenden Bedürfnis, Anerkennung durch ihre Mitmenschen zu erhalten, losgelöst. Das wiederum ist der Grundstein für ein wahrhaft erfülltes Leben.

Gesunde DREIer sind motivierend und werden oft aufrichtig bewundert, denn sie sind häufig menschliche Vorbilder dafür, wie man das Leben selbstbestimmt und doch aufrichtig, erfolgreich und doch nicht abhängig vom Erfolg, ehrgeizig, dabei aber nicht egoistisch, sowie mit sozialem Geschick, dabei aber authentisch meistert.

Die DREI im durchschnittlich gesunden Bereich

Wenn eine DREI sich vom gesunden in den durchschnittlichen Bereich bewegt, zeigt sie Konkurrenzverhalten, da sie beginnt, sich davon getrieben zu fühlen, erfolgreich sein zu müssen. Sie misst sich nun dauernd mit anderen, achtet genau darauf, wie sie bei ihren Mitmenschen ankommt, und setzt mehr und mehr ihren Wert mit ihrem Erfolg gleich. Sie möchte sich unbedingt von der breiten Masse abheben. Diplome, Auszeichnungen, Ansehen, Prestige, Statussymbole und Beförderungen sind es, die ihr nun immer wichtiger werden.

Durchschnittlich gesunde DREIer sind Chamäleons, die stets versuchen, sich dem Umfeld, in dem sie sich gerade bewegen, anzupassen, sei es in ihrer Sprache, dem Kleidungsstil oder ihrem sonstigen Verhalten. Sie haben zunehmend Probleme mit tieferen menschlichen Bindungen und Verpflichtungen und nehmen es mit der Ehrlichkeit nicht mehr ganz genau, da ihnen wichtiger ist, andere zu beeindrucken.

Sie setzen sich selbst mit hohen Erwartungen unter Druck, sind sehr fleißig, strebsam und können zuweilen arrogant wirken.

Desintegration – Die DREI im ungesunden Bereich

Wenn die DREI sich in den ungesunden Bereich bewegt, konzentriert sie sich immer mehr auf Äußerlichkeiten und erliegt ihrer Eitelkeit. Sie wird zunehmend unehrlicher, da sie alles unter den Tisch kehrt, was ihrer Rolle und ihrem Image nicht dienlich ist. Sie wird immer erfolgssüchtiger, weshalb sie sich ständig selbst hervorhebt und eine Art Dauerwerbesendung für sich betreibt, und sie übernimmt sich mit zu vielen Projekten. Beziehungen zu ihren Mitmenschen werden nun als bremsende Hindernisse auf dem Weg zum Erfolg betrachtet und daher vernachlässigt. Außerdem wird die DREI, die sich in Richtung Desintegration bewegt, für ihre Mitmenschen immer weniger greifbar, sie ist menschlich kaum noch zu fassen und wirkt stattdessen aalglatt.

Sie hat zunehmend den Verdacht, ihr Leben auf einer sehr wackeligen Basis aufgebaut zu haben, und spielt, aus Angst zu versagen und um ihr Selbstbild noch irgendwie aufrechterhalten zu können, sich selbst und anderen immer häufiger etwas vor. Sie benutzt andere Menschen, um selbst an der Spitze zu bleiben, und fühlt sich dabei innerlich immer leerer. Die desintegrierte DREI ist ineffektiv, antriebslos, von ihrem wahren Selbst völlig abgeschnitten und bedient sich verstärkt auch unehrlicher Methoden, um doch noch zur ersehnten Anerkennung zu kommen. Sie beginnt zu lügen, zu manipulieren und zu täuschen, ist hinterlistig und übervorteilt ihre

Mitmenschen. Die DREI ist nun auch heimtückisch und betrügerisch, fällt anderen in den Rücken, erniedrigt sie oder ruiniert deren guten Ruf.

Wichtig ist ihr nur noch, ihr Image irgendwie zu retten. Schließlich wird sie rachsüchtig und gewalttätig bis hin zu psychopathischen Tendenzen und fühlt sich dabei innerlich vollkommen leer. Katatonische, völlig dissoziierte Zustände sind nun keine Seltenheit.

3.4 Typ VIER – Der sehnsüchtige Ästhet

3.4.1 Vorstellung von Typ VIER

Typische VIERer-Statements:

- Auch wenn es merkwürdig klingt, aber ich genieße meine melancholischen Phasen.
- Ich möchte alle Gefühle des Lebens auskosten, die hellen wie die dunklen.
- Die Suche nach meinem wahren Selbst ist eines meiner wichtigsten Lebensthemen.
- Oft fühle ich mich als Außenseiter, weil ich anders bin als die anderen.
- Mein Anderssein macht mich speziell, zu etwas Besonderem.
- Ich sehne mich oft nach dem stillen Glück der anderen.
- Vergangenheit und Zukunft sind mir häufig präsenter als die Gegenwart.
- Eine starke Sehnsucht nach dem Unerreichbaren kennzeichnet mich.
- Ich mag es, wenn man mich für mysteriös und schwer durchschaubar hält.
- Auch unter lieben Menschen fühle ich mich oft alleine.
- Ich male mir potenzielle Begegnungen und Gespräche gerne in meiner Fantasie aus.
- Ich kann ziemlich launisch sein.
- Meine Intuition ist mir sehr wichtig.
- Ich tue mir schwer damit, Gewöhnlichkeit nicht heimlich zu verachten.
- Ich mache alles gerne auf meine ganz spezielle Art.
- Bei Kritik ziehe ich mich zurück wie ein verwundetes Tier.
- Regeln und Konventionen empfinde ich oft als hinderlich für den Selbstausdruck.
- Ich fühle tiefer als die meisten Menschen.
- Schlechter Geschmack ist fast unerträglich für mich.

- ❖ Meine Stimmung schwankt oft ohne ersichtlichen Grund.
- ❖ Nicht verstanden zu werden, schmerzt mich ganz besonders.
- ❖ Zuweilen erscheint mir das Leben furchtbar trivial.
- ❖ Ich habe einen Makel, den ich tief in mir verberge.
- ❖ Manchmal fühle ich mich vollkommen verlassen.
- ❖ Das Ungewöhnliche zieht mich magisch an.
- ❖ Ich habe so viele verschiedene Gefühle, dass ich kaum weiß, auf welches ich zuerst achten soll.
- ❖ Ich bin ein ziemlich intensiver Mensch.
- ❖ Kreativität ist mir extrem wichtig.
- ❖ Ich mag traurige Filme, Lieder und Geschichten.
- ❖ Wenn ich in melancholischer Stimmung bin, möchte ich nicht aufgeheitert werden.
- ❖ Als Durchschnittsmensch bezeichnet zu werden, fände ich beleidigend.
- ❖ Extreme Gefühle ziehen mich an.
- ❖ Ich drücke mich gerne durch Symbole aus.
- ❖ Ich habe einen extravaganten Geschmack.
- ❖ Ich werde häufig für unnahbar und reserviert gehalten.
- ❖ Ich fühle mich oft missverstanden.
- ❖ Meine tiefen Gefühle sind anderen nicht zugänglich.
- ❖ Ich kann mich gut in den tragischen Clown versetzen, der unter Tränen lacht.
- ❖ Wenn mein Leben ein Film wäre, dann am ehesten ein Melodram.
- ❖ Ich fühle mich häufig als Außenseiter.

Stärken: Empfindsamkeit, Kreativität, Intensität, Leidenschaft, Authentizität, emotionale Tiefe, Gefühlsbetontheit, gute Selbstbeobachtungsgabe, Intuition, hoher ästhetischer Anspruch, gestalterische Fähigkeiten, Einfühlungsvermögen, Empathie, guter Beistand in seelischen Krisen, Fantasie, Individualität, Gefühlstiefe

Potenzielle Schwächen: Funktionalisieren der Beziehungspartner (indem sie der VIER ihre Sehnsucht nach Erkanntwerden erfüllen sollen), Selbstversunkenheit, hohe Verletzbarkeit, Unechtheit, zwanghaftes Außergewöhnlich-sein-Wollen

Erinnerung, die Typ VIER bräuchte: »Jeder Mensch, mich eingeschlossen, hat eine vollständige und tiefe Verbundenheit mit allen anderen Menschen und Dingen.«

Stattdessen verinnerlichte Ansicht: »Ich fühle mich von anderen abgeschnitten und verlassen und bin irgendwie anders als die anderen.«

Reaktion darauf: Sehnsuchtsvolle, neiderfüllte Suche, die tiefe Verbundenheit wiederzuerlangen

Grundbedürfnis, das die VIER damit erfüllen möchte: Sich selbst zu finden, sich eine besondere, bedeutungsvolle Identität zu geben und diese auszudrücken, individuell zu sein, sich selbst zu verstehen

Grundangst: Defekt oder mit einem Makel behaftet zu sein, vom Leben abgeschnitten und verloren zu sein, unzulänglich, unvollständig, mangelhaft zu sein, verlassen zu werden, ohne Identität und persönliche Bedeutung zu sein

Der Grundleidenschaft (Neid) entsprungene Wesenszüge: Negatives Selbstbild, vergleichende Arroganz, Dramatisierung des Leidens, Emotionalität, Ästhetisierung des Lebens, Liebessehnsucht

Aufmerksamkeits- und Energiefluss: Die Aufmerksamkeit richtet sich darauf, was in der Gegenwart fehlt, man aber entweder in der Vergangenheit einmal hatte oder sich für die Zukunft erträumt. Das Negative wird also in der Gegenwart, das Positive in der Vergangenheit oder Zukunft geortet. Ästhetisch Ansprechendes und Bedeutungsvolles hat eine große Anziehungskraft. Die Energie wird in intensiven Gefühlen von Verlangen und Traurigkeit gebündelt. Liebe, Bedeutung und Erfüllung durch authentischen Selbstausdruck zu finden sowie einzigartig zu sein, sind wichtige Bedürfnisse.

Was die VIER vermeiden möchte: Gewöhnlichkeit, wie die anderen zu sein, ein normaler Durchschnittsmensch zu sein, sich verloren zu fühlen, zurückgewiesen und verlassen zu werden, unwichtig zu sein, emotional Flaches sowie das Gefühl, dass mit einem etwas nicht stimmt

Was Stress verursacht: etwas anderes zu wollen, als haben zu können, andere beneiden für das, was sie haben oder sind, zu unkontrollierbare Emotionen, die Enttäuschung, wenn das romantische Ideal nicht erfüllt wird

Verhalten unter Druck (Hauptabwehrmechanismus): **Introjektion / künstlerische Sublimierung**, d. h. Typ VIER nimmt Gefühle und Impulse in das eigene Gedanken- und Gefühlssystem auf, erlebt sie als etwas Eigenes und verfremdet sie in Symbole, Metaphern und Rituale, mittels derer er die verinnerlichten Gefühle dramaturgisch gestaltet ausdrückt. So kann die VIER die Gefühle indirekt äußern und setzt sich so nicht so stark der

Gefahr aus, abgelehnt zu werden. Ihr **Selbstbild**, ein besonderer und einzigartiger Mensch zu sein, kann aufrechterhalten werden.

3.4.2 Erweitertes Persönlichkeitsprofil – »Die Suche nach der blauen Blume«

Verhalten als Kind

Typ VIER hat oft schon als Kind das Gefühl, ganz anders zu sein als seine Eltern. Häufig fühlen sich junge VIERer missverstanden oder so, als wären sie das hässliche Entlein in einer Schwanenfamilie. Sie erleben sich von ihren Bezugspersonen nicht ausreichend gespiegelt, wodurch es zu Problemen mit der Ausbildung ihrer eigenen Identität kommt.

Häufig kann die junge VIER ihre Eltern nicht als positive Rollenvorbilder heranziehen. Der Grund hierfür kann sein, dass ihre Beziehung zu den Eltern dafür zu wenig ausgebildet ist. Es kann aber auch daran liegen, dass die Eltern einfach zu anders sind und sich die VIER in ihnen nicht ausreichend wiedererkennt. In anderen Fällen liegt es daran, dass die Interessen, Talente und Qualitäten der jungen VIER in ihrer Herkunftsfamilie nicht als solche wahrgenommen werden und daher nicht positiv darauf Bezug genommen wird. In jedem Fall aber führt es dazu, dass die VIER im Außen keine ausreichenden Anhaltspunkte für ihre Identitätsfindung ausmachen kann und sich deshalb dafür notgedrungen ihrer Innenwelt zuwendet.

Das bedeutet aber auch eine immense Verunsicherung für das VIERer-Kind, denn wenn es sich nicht in den Eltern wiederfinden kann und sich als so anders empfindet, wer ist es dann überhaupt? Aus diesem verlorenen Gefühl der VIER entspringt das Empfinden, offenbar irgendwie defekt zu sein, unvollständig, denn irgendetwas fehlt ja ganz offensichtlich.

Vielen VIERern ist auch gemein, dass sie in ihrer Kindheit ein Erlebnis hatten, das man als »Vertreibung aus dem Paradies« umschreiben könnte. Meist war das ein Bruch in der Familie (häufig die Trennung der Eltern), der eine zuvor da gewesene Verbindung zerstört hat.

Daraus entwickelt sich wiederum die für die VIER so typische Sehnsucht, eine Sehnsucht nach einer verlorenen oder gar nie wirklich da gewesenen Liebe, die sie erlösen wird.

Zugleich ist dies auch der Grundstein für die Hauptleidenschaft der VIER, den Neid, denn andere haben schließlich das, was ihr fehlt, andere sind zu einem Glück fähig, das ihr verwehrt bleibt, andere sind nicht so defekt wie sie. Dieser sehnsuchtsvolle Neid zieht sich durch das gesamte Leben der VIER und bedeutet, dass die VIER sich ständig auf das konzentriert, was nicht da ist, und nicht auf das, was bereits da ist. Irgendetwas fehlt für sie also immer.

Das Sich-anders-Fühlen der VIER zieht sich durch ihre ganze Kindheit, sie fühlt sich also auch anders als ihre Schulkollegen und Freunde. Das bedeutet für das VIERer-Kind natürlich auch eine große Einsamkeit und den Wunsch, endlich irgendwo dazuzugehören und wirklich verstanden zu werden.

Sehnsucht

Genau wie die anderen beiden Herztypen, die ZWEI und die DREI, bezieht auch die VIER ihre Lebensenergie von anderen Menschen. Während die ZWEI zu fragen scheint »Hast du mich lieb, wenn ich alles für dich tue?« und die DREI zu fragen scheint »Hast du mich lieb, wenn ich so erfolgreich wie nur möglich bin?«, scheint die VIER zu fragen »Hast du mich lieb, wenn ich etwas ganz Besonderes bin?«.

Darin ist auch bereits die Problematik der VIER erkennbar. Die VIER möchte etwas Besonderes sein, denn tief in ihr sitzt die Angst, genau das eben nicht zu sein und deshalb nicht geliebt zu werden. Die VIER empfindet sich als anders als die anderen, sie hat das Gefühl, irgendetwas in sich zu haben, das sie davon abhält, jemals so erfüllt sein zu können wie andere Menschen. Dieses Anderssein kultiviert die VIER infolge, um es ertragen zu können, sie macht also aus einem verunsicherten »Ich bin anders« ein trotziges »Ich bin etwas Besonderes«. Die VIER ist zudem sehr emotional, sehnsuchtsvoll und hat generell ein melancholisches Grundgefühl.

Die VIER vermeidet Gewöhnliches. Wenn sie schon anders ist, dann ist sie gerne anders, und sie möchte das auch betonen. Manche VIERer heben ihre Besonderheit durch ungewöhnliche Kleidung oder raffinierten Schmuck hervor, andere haben auffallende Tätowierungen oder sehr fantasievolle Frisuren und wieder andere heben sich zwar optisch nicht sonderlich ab, meiden aber in anderen Bereichen das Gängige und Konventionelle.

VIERer vergleichen die Realität ständig mit dem, was sein könnte. Auf den ersten Blick erscheint diese Sicht der Welt ähnlich wie die der EINS, doch während die EINS Nicht-Perfektes aufspürt, um es zu verbessern, ist der Blick der VIER weniger auf Perfektionierung ausgelegt, sondern auf ein melancholisches Betrauern dessen, was zwar sein könnte, aber nicht ist. Das Nicht-Perfekte, das die VIER wahrnimmt, hat zudem einen anderen thematischen Schwerpunkt. Ist es für die EINS das schief an der Wand hängende Bild, das sie stört, das sich aber immerhin problemlos geraderücken lässt, so sind es für die VIER eher zwischenmenschliche Themen, stark gefühlsbeladene oder kompliziert miteinander verwobene Bereiche, in denen die VIER etwas anderes ersehnen würde, was sich aber nicht so einfach realisieren lässt.

Oft geht es der VIER gar nicht darum, die Ärmel hochzukrempeln und konkret etwas zu verändern, denn das Sehen des Unvollkommenen führt dazu, dass sie sich von Unerreichbarem angezogen fühlt. Es speist außerdem die Sehnsucht der VIER, und diese melancholische Sehnsucht ist es, der die VIER wiederum viel abgewinnen kann. Die VIER identifiziert sich also mit einem Bild des Mangels, was sich in ihrem romantisch-tragischen Selbstbild zeigt.

Sie sieht sich als jemand, der niemals bekommen wird, wonach er sich sehnt, als jemand, der ständig auf der Suche nach der »blauen Blume« ist, diese jedoch niemals sein Eigen nennen kann, der aber gerade deshalb eine bedeutungsvolle Gefühlstiefe hat.

Melancholie und Kreativität

»Melancholie ist das Vergnügen, traurig zu sein.« Victor Hugo

Die Melancholie liegt oft wie ein Schleier über dem Leben der VIER und sie empfindet sich zuweilen wie die tragische Gestalt in einem Filmdrama. Doch die VIER mag ihre Melancholie, denn in ihr fühlt sie sich zuhause, sie ist für sie wie eine zweite Haut. Oft verstärkt die VIER ihr melancholisches Grundgefühl absichtlich, indem sie traurige Lieder hört, dramatische Gedichte schreibt oder sich tragische Filme ansieht.

Die VIER hat also eine Affinität zum Leiden, so wie sie generell eine Affinität zu starken Gefühlen hat. Sie möchte gerne die ganze Gefühlspalette des Lebens auskosten und spart dabei (im Gegensatz zu Typ SIEBEN) die dunklen Gefühle keineswegs aus. Im Gegenteil, denn ihre Sehnsucht und Melancholie sind für die VIER oft Impulsgeber für künstlerisches Schaffen. (Natürlich sind nicht alle VIERer Künstler, sie gehen aber überdurchschnittlich oft zumindest künstlerischen oder kreativen Hobbys nach.)

Das einfache, stille Glück, wie es viele andere Menschen scheinbar genießen, erscheint der VIER zwar einerseits attraktiv, denn es ist genau das, was sie selbst offenbar niemals erreichen kann, andererseits befremdet es sie aber auch. Die VIER nimmt nämlich an, dass es zugleich das Ende ihrer süßen Traurigkeit wäre, die ihr so vertraut und lieb ist. Wie sollte sie jemals ohne ihre Melancholie solch einen inneren Reichtum, solch eine Gefühlsstärke in sich spüren? Wie sollte sie schöpferisch tätig sein können, wenn nicht mit einem bittersüßen Schmerz als Impulsgeber? Der VIER scheint das fast undenkbar. Das kann sogar dazu führen, dass selbst depressive VIERer, die einer Behandlung bedürften, diese oft ablehnen aus Angst, sie würden mit ihrer Gesundung auch ihre Gefühlstiefe verlieren.

Oft drückt die VIER ihre Gefühle auch gerne künstlerisch verfremdet und dramaturgisch aufbereitet aus. Eine VIER, die in ihrer Partnerschaft unglücklich ist, weil sie sich nicht mehr genügend wahr- und wichtig genommen fühlt, kann ihrem Partner beispielsweise Lieder vorspielen, deren Texte die Entfremdung eines Paares thematisieren. Sie betont dann, wie bedeutungsvoll und vielsagend sie diese Texte findet, ohne aber dabei auf ihre eigene Beziehungsproblematik hinzuweisen. Sie hofft, der Partner würde auch so verstehen, was sie ihm sagen möchte, und sich wieder mehr um sie bemühen.

Neid und Identitätsproblematik

»Neid schaut immer durchs Vergrößerungsglas.« Erhard Blanck

Je unreifer die VIER wird, desto stärker werden ihr Neid und ihr Bedürfnis, als etwas Besonderes und Einzigartiges gesehen zu werden. Diese beiden Themen hängen zusammen, denn: Je defekter und unerfüllter die VIER sich fühlt, desto mehr sieht sie Glück und Erfüllung im Leben anderer Menschen. Sie denkt, dies nie haben zu können, da sie so anders ist als die anderen. Sie beneidet die anderen Menschen um das, was ihr verwehrt bleibt, und hat zugleich das Bedürfnis, in ihrer Einzigartigkeit und Besonderheit wahrgenommen zu werden, denn das ist die einzige Kompensationsmöglichkeit, die ihr in dieser Situation bleibt.

Die VIER ist dann noch selbstversunkener und versucht, sich permanent selbst zu ergründen, um endlich eine stabile Identität zu finden, die eine greifbarere Grundlage hat als nur ein »Anders-Sein«. Während die anderen beiden Herztypen, ZWEI und DREI, ihre Identität durch Beziehungen zu anderen Menschen erhalten, geht die VIER also einen anderen Weg und sucht ihre Identität im ständigen inneren Dialog mit sich selbst. Ihre Identität ist anders als bei ZWEI und DREI sogar stark daran geknüpft, eben nicht von anderen zu kommen, sondern im Gegensatz zu ihnen zu entstehen. Dass ihre Gefühle, auf denen sie ihre Identität zu gründen versucht, so veränderlich sind, erschwert die Identitätssuche der VIER zudem. Der Weg aus der Verstrickung führt für die VIER durch die Einsicht, sich selbst nicht mit ihren Gefühlen gleichzusetzen, und ihre Energie statt auf ständige Selbstanalyse und Selbstmitleid auf aktives Handeln und Selbstdisziplin zu lenken.

Beziehungen der VIER

Liebesbeziehungen sind für die VIER etwas ganz Essenzielles. Da reife VIERer auch für die Gefühle ihres Partners sehr sensibel sind und den authentischen Austausch lieben, können sie sehr bereichernde Beziehungspartner sein. Sie sind gute Zuhörer und stehen ihrem Partner in Krisenzeiten bei. Sie haben eine faszinierende Ausstrahlung, viele kreative Ideen, sind vorurteilsfrei und träumen gerne von einer besseren gemeinsamen Zukunft. Es wird also selten langweilig mit ihnen. Allerdings tendiert die VIER auch dazu, sich in eigenen emotionalen Dramen zu verstricken.

Eine häufige Beziehungsproblematik der VIER resultiert aus ihrer Tendenz, das Mangelhafte am Anwesenden und das Erfüllende im Abwesenden zu sehen und aus ihrem Wesen, das darauf ausgerichtet ist, sich nach etwas Unerreichbarem zu sehnen. So kann es passieren, dass der Partner der VIER nach einer Weile zunehmend relativ ätzender Kritik ausgesetzt ist und die VIER seine guten Seiten kaum noch wahrnehmen kann. Zieht der Partner sich dann mehr zurück oder kommt es gar zur Trennung, realisiert die VIER plötzlich, was sie verloren hat bzw. im Begriff ist zu verlieren. Nun wendet sich das Blatt und die VIER erkennt ganz deutlich all die positiven Seiten des Partners und ersehnt ihn sich zurück.

Kommt es zu einem Neuanfang der Beziehung, beginnt diese Dynamik nach einer Weile von vorne. Es ist daher oft ein Drahtseilakt für die VIER, einen Partner genau so nahe an sich heranzulassen, dass sie sich noch ab und zu nach ihm sehnen und sich seine guten Seiten ins Gedächtnis rufen kann, wenn sie beginnt, sich vom Negativen abgestoßen zu fühlen.

Außerdem kann es passieren, dass die VIER so in sich selbst vertieft und von ihren eigenen Gefühlen so übermannt ist, dass sie sich kaum noch mit der Gefühlswelt ihres Partners abgibt. Die VIER kann dann zuweilen launisch und reizbar sein, Dramen inszenieren und den Partner dadurch indirekt nötigen, sie wie ein rohes Ei zu behandeln. Sie kann überempfindlich auf Kleinigkeiten reagieren und den Partner mit Liebesentzug strafen.

Hat sie jedoch Angst, den Partner zu verlieren, kann die VIER sehr klammernd und emotional bedürftig werden.

In **Berufsbeziehungen** ist die VIER gefühlsorientiert und stark auf Authentizität achtend. Ihr ist es wichtig, sich mit dem, was sie tut, identifizieren zu können. Häufig ist sie im künstlerischen oder therapeutischen Bereich tätig. Wichtig ist ihr vor allem, ihre Kreativität, die Tiefe ihrer Gefühle und ihren besonderen Stil zum Ausdruck bringen zu können und einen tieferen Sinn in ihrer Arbeit zu erkennen. Mit Routinearbeiten hat sie große Mühe und zu viele Details sind ebenfalls nicht ihr Metier. Oft arbeitet sie auch gerne alleine. Eine VIER, die sich durch einen reinen Brotberuf kämpft, tut dies meist, um damit ihre wahre, meist künstlerisch-kreative Leidenschaft zu finanzieren, der sie nach Dienstschluss nachgeht.

3.4.3 Flügeltypen der VIER

VIER mit Flügel DREI

Diese Flügelvariante will zugleich einzigartig sein und das Beste aus sich herausholen. Sie vergleicht sich mit anderen und schraubt, wenn nötig, ihre emotionale Intensität zurück, um einen guten Eindruck zu hinterlassen. Sie ist extravertierter als die VIER mit Flügel FÜNF, sie kann dramatischer auftreten und ist auch produktiver, setzt ihre Visionen also eher auch tatsächlich in die Realität um. Es ist ihr wichtiger, gesehen und bemerkt zu werden, und sie hat oft deutlichere Stimmungsschwankungen als die andere Flügelvariante.

Die VIER mit DREIer-Flügel hat Stil, ist effektiv und häufig kreativ. Oft ist sie sehr fantasievoll und zugleich ehrgeizig. Manchmal verleiht sie ihrer Individualität durch stilvolle, etwas ausgefallene Kleidung Ausdruck.

Diese Flügelvariante achtet auf ihr persönliches Vorwärtskommen, sie ist geselliger, meist auch recht humorvoll und hat ein größeres Bedürfnis, ihre Kreativität auch nach außen vor ein Publikum zu tragen. Dementsprechend achtet sie auch mehr darauf, etwas zu schaffen, das bei anderen Menschen gut ankommt. Auch sie selbst möchte einen guten Eindruck hinterlassen und ist dabei kultiviert, elegant und extravagant. Oft spüren andere ein gewisses Überlegenheitsgefühl in ihrer Ausstrahlung.

Generell kann der DREIer-Flügel manche eher problematischen Eigenschaften der VIER gut mildern. Diese Flügelvariante ist daher weniger zurückgezogen, weniger stark mit sich selbst beschäftigt, sie hat häufig eine gute Sozialkompetenz, ist charmant, anpassungsfähiger, unterhaltsamer und erfolgsorientierter. Da sowohl die DREI als auch die VIER stark mit ihrem Image beschäftigt sind, hat die DREI mit Flügel VIER dafür mehr mit Selbstunsicherheit zu kämpfen.

Häufig ist diese Flügelvariante erfolgreich im künstlerischen Bereich tätig und sie scheut auch nicht vor der Bühne zurück, weshalb es hier deutlich mehr darstellende Künstler zu finden gibt als bei Typ VIER mit Flügel FÜNF.

Die VIER mit Flügel DREI kann, da es ihr wichtiger ist, gut anzukommen, ihre wahren Gefühle besser verbergen. Sie möchte gerne bewundert werden und die Aufmerksamkeit auf sich ziehen, hat aber auch Angst vor Bloßstellung und Demütigung. Sie ist zwar praktischer als die andere Flügelvariante, umgibt sich aber auch gerne mit erlesenen Dingen und neigt daher eher dazu, sich dafür finanziell zu übernehmen. Guter Geschmack ist für sie von außerordentlicher Wichtigkeit und es ist ihr ein Anliegen, als kultiviert zu gelten.

Für Vorschläge und Kritik ist sie offener als die Vier mit Flügel FÜNF, denn es ist ihr wichtiger, anderen zu gefallen.

Im unreifen Zustand trennt sie ihr öffentliches und privates Leben oft strikt. Sie beneidet dann andere Menschen heimlich und fühlt sich einsam und verloren, bleibt dabei aber relativ lange nach außen funktionsfähig. Wenn der Abwärtstrend anhält, flüchtet sie sich in Fantasien und träumt heimlich vom Märchenprinzen, anstatt ihren realen Partner als Menschen mit Stärken und Schwächen annehmen zu können. Oft fühlt sich auch schuldig dafür, dass sie nicht das bekommen und sein kann, was sie möchte. Selbstbestrafung ist die Folge.

VIER mit Flügel FÜNF

Mit Flügel FÜNF zeigt sich die VIER zurückgezogener. Die VIER zieht sich zurück, um ihre Gefühle zu schützen, die FÜNF, um in Sicherheit zu sein. Diese Kombination ergibt also einen Typ mit deutlich stärkeren Rückzugstendenzen als die andere Flügelvariante. Sie ist wesentlich öffentlichkeitsscheuer, hat stärkere soziale Unsicherheiten und ist weniger ehrgeizig als die VIER mit Flügel DREI. Dafür beobachtet sie ihre Umgebung mehr und hat eine besondere intellektuelle Tiefe und Intensität.

Wenn sie Kunst schafft, ist es ihr ein besonderes Anliegen, darin ihr Innerstes zum Ausdruck zu bringen, während sie den potenziellen kommerziellen Erfolg ihres Schaffens kaum im Auge behält. Es ist ihr außerordentlich wichtig, authentisch zu sein und sich nicht zu verbiegen, um zu gefallen. Auch um Autoritäten und Konventionen kümmert sie sich relativ wenig und sie kann ziemlich exzentrisch sein.

Diese Flügelvariante interessiert sich ganz besonders für ihre innere Landschaft. Ihr eigenes Seelenleben zu erforschen, wird ihr niemals langweilig. Sie verbringt gerne viel Zeit alleine mit ihren Gefühlen. Oft haben VIERer mit Flügel FÜNF auch großes Interesse an ungewöhnlichen, geheimnisvollen, makabren und surrealen Themen. Sie leben meist ziemlich zurückgezogen, empfinden sich mehr als Außenseiter und wollen auch äußerlich weit weniger auffallen als die VIER mit Flügel DREI. Meist kleiden sie sich recht unauffällig, manchmal aber auch leicht unkonventionell oder stets ganz in Schwarz.

Außerdem haben sie zwar geniale Ideen und sind oft auffallend kreativ und sehr intuitiv, dabei aber deutlich unkonventioneller, eigenwilliger und weniger praktisch veranlagt. Häufig sind sie sowohl intellektuell als auch schöpferisch begabt, oft auch interessiert an sozialwissenschaftlichen oder philosophischen Themen. Sie sind deutlich weniger an anderen Menschen ausgerichtet und es fällt ihnen auch oft um einiges schwerer, einem geregelten Beruf nachzugehen. Leider haben sie häufig damit zu kämpfen, zu wenig Durchhaltevermögen zu haben, um ihre genialen Ideen auch wirklich umzusetzen. Sie sind unabhängig, wirken auf andere oft rätselhaft und undurchschaubar und haben kein Interesse an Gesprächen mit all jenen, von denen sie sich ohnehin nicht verstanden fühlen. Sie leben minimalistischer und eventuell auch exzentrischer als die andere Flügelvariante.

Im unreifen Zustand kapseln sie sich immer mehr von der Umwelt ab, verlieren sich in Träumen und Fantasien, werden von Selbstzweifeln und Schamgefühlen geplagt und fühlen sich immer unfähiger, am realen Leben teilzunehmen. Sie werden zunehmend lebensverneinend, hoffnungslos, isoliert, morbid und von anderen Menschen entfremdet.

3.4.4 Instinktvarianten der VIER

Selbsterhaltende VIER

Die selbsterhaltende Instinktvariante von Typ VIER ist die still leidende VIER. Statt ihren Neid und ihr Leiden nach außen zu tragen, hat sie gelernt, viel zu schlucken und still zu erdulden, was immer das Leben ihr aufbürdet. Sie ist nicht nach außen hin dramatisch, sondern praktisch, bescheiden, asketisch, angepasst, oft künstlerisch begabt und zäh. Sie steht im Spannungsfeld zwischen dem selbsterhaltenden Wunsch, sich materiell abzusichern, und dem Bedürfnis, frei von materiellen Bedürfnissen einfach nur sie selbst sein zu können.

Im Gegensatz zur selbsterhaltenden DREI wird die selbsterhaltende VIER sich im Zweifel gegen eine gesicherte Karriere und für die Möglichkeit, ihrer kreativen Individualität Ausdruck zu verleihen, entscheiden, selbst wenn das erhebliche finanzielle Einbußen bedeutet. Außerdem kann sie so (unbewusst) wieder die Opferrolle der VIER einnehmen, gegen die sie sich dann grimmig stellen und zäh ankämpfen kann. Das unerschrockene Aushalten von Schmerz und Leid ist ein zentraler Aspekt bei der selbsterhaltenden VIER. Sie möchte geliebt werden für das, was sie alles tapfer erträgt. Eine stoische Bescheidenheit zeichnet sie aus, Zähigkeit und Durchhaltevermögen.

Sie ist ständig auf der Suche nach sich selbst und ihr Identitätsgefühl steht auf ziemlich wackeligen Beinen. Sie versteht sich als besonderer, einzigartiger Mensch, als kreativer Individualist und häufig künstlerisch tätiger Schöpfer, dem der kreative Selbstausdruck zwar immer wichtiger sein wird als das Anhäufen materieller Dinge, der aber dennoch selbstständig für sein materielles Überleben sorgt.

Die selbsterhaltende VIER ist stoisch und versucht sich das, was sie anderen still neidet, selbst zu erarbeiten, anstatt ihrem Neid Ausdruck zu verleihen. Allerdings ist das, was sie sich erarbeitet oder erkämpft hat, leider nie genug, um ihre Sehnsucht zu stillen. Sie hat dieselben Gefühle wie die anderen beiden Instinktvarianten der VIER – das Leid, die Scham, das Haben-Wollen des Unerreichbaren und das Sich-defekt-Fühlen –, aber sie lässt diese Gefühle nicht nach außen dringen. Im Stillen hofft sie, dass ihre Leistung, nämlich zu leiden, ohne zu klagen, anerkannt und sie dafür geliebt wird. Liebe zu erhalten durch masochistisches Verhalten, lautet also ihr (meist unbewusstes) Credo. Sie muss darauf achten, nicht in Beziehungen zu verharren, die ihr nicht guttun, da sie dazu tendiert, auch in Beziehungen viel zu viel einzustecken.

Die selbsterhaltende VIER verlangt sich selbst viel ab, indem sie sich nicht erlaubt, ihre Fragilität auszuleben. Sie möchte als erfolgreich angesehen werden, zeigt sich aber angesichts ihrer eigenen Leistungen bescheiden, da sie der Ansicht ist, Eitelkeit verdiene keine Anerkennung. Sie hat ein großes Herz für jene am Rande der Gesellschaft, für Leidende, Randgruppen und all jene, denen Ungerechtigkeit widerfährt. Auf diese Art kann sie ihren eigenen Schmerz zumindest auf dem Umweg über andere Menschen ausleben.

Oft sabotiert sich die selbsterhaltende VIER auch selbst. So kann sie beispielsweise glücklich sein wollen, aber das Glücklichsein mit einem unbewussten Tabu belegen. Sie kann ehrgeizig sein und dennoch gegen ihre eigenen Ziele agieren. Oder sie kann impulsiv handeln wollen, ihre Impulse aber drosseln in der Hoffnung, dann eher geliebt zu werden.

Im unreifen Zustand neigt die selbsterhaltende VIER zu einer schleichenden Selbstzerstörung. Sie vernachlässigt dann ihre Gesundheit oder fühlt sich von gefährlichen oder hoffnungslosen Situationen angezogen. Möglich ist auch, dass sie Schulden anhäuft oder sich nicht mehr um ihren Lebensunterhalt kümmert.

Sexuelle VIER

Die sexuelle Instinktvariante der VIER ist selbstbewusster und extravertierter als die selbsterhaltende VIER. Sie ist emotional besonders intensiv, was sowohl ihre Stärke als auch ihre Schwäche ist. Die sexuelle VIER kann äußerst temperamentvoll und zu großer Intimität fähig sein und ist sehr gut darin, sich in die menschliche Psyche einzufühlen, da ihr selbst sämtliche Hochs und Tiefs bekannt sind.

Um ihr Gefühl des inneren Mangels zu überwinden, ist die sexuelle VIER im ständigen Wettkampf mit anderen Menschen. Sie sieht ihr eigenes Selbstwertgefühl im Vergleich mit anderen Menschen ständig entweder erhöht oder erniedrigt. Die sexuelle VIER beneidet generell Menschen, die sie für erfüllter, faszinierender, begabter oder glücklicher hält.

Bei der sexuellen VIER kann es durchaus öfters zu sehr heftigen emotionalen Reaktionen bis hin zu öffentlichen Gefühlsausbrüchen kommen. Die Rivalität zu anderen Menschen, die die sexuelle VIER typischerweise empfindet, ist besonders stark in Bezug auf ihren Partner. Sie befindet sich also in ständigem Wettbewerb mit ihrem Partner, was für diesen recht anstrengend sein kann.

Durch diese Konkurrenz, durch Entwertung anderer Menschen und zuweilen sogar durch Hassgefühle versucht die sexuelle VIER, ihre Angst zu mindern. Ihr Selbst scheint ständig bedroht und nur wenn sie im Konkurrenzkampf die Oberhand behält, fühlt es sich einigermaßen gesichert an.

Dramatische Inszenierungen und »Szenen« sind das Terrain der sexuellen VIER, die extrem individualistisch auftritt, meist auffallend geschmackvoll gekleidet ist und häufig großes künstlerisches Talent hat. Diese Instinktvariante kann besonders anziehend und ungewöhnlich verletzlich wirken, sie kann sowohl dynamisch als auch romantisch sein.

Häufig dreht sich ihr überbordendes Gefühlsleben fast gänzlich um eine von ihr auserkorene Person, mit der sie sich verbinden möchte, um sich selbst zu vervollständigen. Deshalb stellt sie auch besonders hohe Erwartungen an ihren Partner und idealisiert ihn, beneidet ihn aber zugleich auch häufig, da sie dazu tendiert, sich in Menschen zu verlieben, die Qualitäten aufweisen, die sie selbst gerne hätte. Es kann sein, dass sie ihren Partner immer wieder von sich stößt und ihn dann wieder vermisst. Kommt er ihr dann wieder näher, beginnt das Spiel von vorne. Oder aber sie träumt vom Märchenprinzen, der sie aus dem öden Alltag errettet, oder fühlt sich zu einer unerreichbaren Person hingezogen und hasst all jene, die dieser Person näher kommen als sie selbst.

Wenn eine geliebte Person sich ihr entzieht oder diese von ihrem Traumbild doch abzuweichen droht, kann die Liebe der sexuellen VIER in Ablehnung und manchmal sogar in blanken Hass umschlagen. Im unreifen Zustand werden sexuelle VIERer emotional unberechenbar und nicht selten rachsüchtig oder sie schaffen aus dem Nichts heraus Rivalitäten.

Soziale VIER

Die soziale Instinktvariante von Typ VIER empfindet tiefe Scham darüber, dass sie sich als unzulänglich und auf ungesunde Weise anders als die anderen Menschen fühlt. Sie vergleicht sich viel mit anderen und schneidet in ihren Augen dabei ständig schlecht ab. Oft hat die soziale VIER das Gefühl, nirgendwo wirklich zuhause zu sein und erlebt sich, als irrte sie heimatlos und verwirrt durchs Leben.

Sie fürchtet, ihren eigenen Idealen niemals gerecht werden zu können, nicht kreativ genug, nicht intelligent genug und nicht beziehungsfähig genug zu sein. Sie hat Angst, Fehler zu machen, denn jeder Fehler bedeutet noch mehr Scham.

Sie hat das Gefühl, in Gesellschaft anderer seltsam und unbeholfen zu wirken, und versucht dies entweder durch besonderen Charme, gespieltes Selbstvertrauen oder indem sie sich möglichst »unsichtbar macht« zu überspielen. In ihrem Kopf betreibt sie ständige Selbstanalyse: »Hätte ich einen anderen Gesichtsausdruck machen sollen?«, »Hätte ich das besser so nicht gesagt?«, »War ich zu forsch?«, »Wird man mich für dumm halten?«, etc.

Die soziale VIER ist äußerst sensibel, hat sehr tiefe Gefühle, fühlt sich unverstanden und leidet oft. Dabei möchte sie in ihrem Leiden gesehen werden, denn sie hofft, dass, wenn ihr Leid verstanden und anerkannt wird, ihr vielleicht all ihre Unzulänglichkeiten nachgesehen werden und sie bedingungslos geliebt wird. Sie sieht sich häufig in der Opferrolle, sabotiert sich zuweilen selbst und unternimmt aktiv nichts, um ihr Leiden zu lindern. Im Gegensatz zur selbsterhaltenden VIER, die aktiv versucht, all das zu bekommen, was sie anderen neidet, suhlt sich die soziale VIER in ihrem Leid. Sie verstärkt dieses ihr so vertraute und beinahe schon beruhigende Gefühl sogar noch und verklärt es romantisch, indem sie traurige Filme sieht, melancholische Gedichte liest oder sich der süßen Traurigkeit elegischer Musik hingibt.

Sie fühlt sich anderen gegenüber minderwertig, mangelhaft und unterlegen, bei all ihren Vergleichen landet sie immer an letzter Stelle. Ihr Selbstwertgefühl ist daher schlecht, sie unterschätzt sich sehr, wertet sich ab, redet schlecht über sich selbst, um keinen Neid anderer auf sich zu ziehen, und traut sich auch dann noch wenig zu, wenn sie von anderen als intelligent und kompetent wahrgenommen wird. Sie verhält sich somit genau gegensätzlich zur sexuellen VIER, die die Unzulänglichkeiten auf andere Menschen projiziert und diese infolge verletzt.

Die soziale VIER schämt sich ihrer Wünsche und Bedürfnisse und wagt es nicht, diese zu äußern. Stattdessen empfindet sie einen Mix aus Neid, Eifersucht, Missgunst, Hass und Konkurrenz, lässt davon aber kaum etwas nach außen dringen. Sie konkurriert auch nicht offen oder gar hasserfüllt mit anderen wie die sexuelle VIER, sondern zeigt sich freundlich, sanft und lieb, sensibel, empfindsam, oft schüchtern, manchmal auch lustig und ironisch und lebt ihre dunklen Emotionen nur für sich allein. Kritische Kommentare sind das einzig »Negative«, das die soziale VIER offen von sich gibt. Sie wäre gerne etwas Besonderes, ist im unreifen Zustand aber in Gefahr, ihre Scham nicht zu überwinden. Stattdessen tendiert sie dazu, eine permanente Opferhaltung einzunehmen, sich schuldig zu fühlen und von ihren Mitmenschen tieftraurig zu isolieren, zugleich aber von ihren Bezugspersonen abhängiger zu werden, da sie oft auch keiner geregelten Arbeit mehr nachgeht.

3.4.5 Integration und Desintegration der VIER

❖ Unreif bzw. desintegriert ist Typ VIER: launenhaft, todesverliebt und deprimiert
❖ Normal entwickelt ist Typ VIER: selbstversunken, ästhetisch und melancholisch
❖ Reif bzw. integriert ist Typ VIER: schöpferisch, mitfühlend und differenzierend

Die VIER am Trostpunkt

Die VIER fühlt sich ständig von Unerreichbarem angezogen. Diese Sehnsucht nach dem Fehlenden ist die Tarnung des Neides der VIER. Würde die VIER erkennen, dass sie bereits alles hat, was sie braucht, könnten ihr Neid und ihr melancholischer Zweifel an sich selbst ausgeglichener Lebensfreude weichen. Ein Schritt in diese Richtung ist es, wenn die VIER erkennt, dass sie sich mit ihrer selbstbezogenen Nabelschau im Kreis dreht und sich stattdessen liebevoll, aber auch kritisch beobachtet. Denn dann ist sie in der Lage zu erkennen, wann sie sich vollkommen von ihren Gefühlen und Launen lenken lässt.

Bewegt sich die VIER in Richtung ihres Trostpunktes EINS, befähigt sie das, aus ihrer Selbstzentriertheit heraus zu einer objektiveren Haltung zu finden. Sie erkennt dann Prinzipien und Werte außerhalb ihrer selbst und tut zunehmend das, was getan werden muss, und nicht das, nach dem sie sich gerade fühlt. Sie versucht nun Missstände aktiv zu verbessern, statt sie dramatisch zu betrauern, und sie bekommt Durchhaltevermögen, Fleiß und Disziplin und bricht ihre Projekte nicht mehr vorzeitig ab, wenn sie frustriert ist. Die EINS verhilft der VIER zu einem nüchternen Abstand zu sich selbst und dazu, sich selbst und ihre Launen zurückzustellen.

Selbstdisziplin tritt nun an die Stelle von Selbstmitleid, Ausgeglichenheit an die Stelle von Launenhaftigkeit. Die VIER lernt an ihrem Trostpunkt EINS auch, sachliche Kritik anzunehmen, ohne sie persönlich zu nehmen, sie lernt, Struktur und Routine wertzuschätzen, und sie lernt, sich auch auf das zu konzentrieren, was für *andere* Menschen wichtig ist, wodurch ihre Beziehungsfähigkeit deutlich steigt. Sie handelt nun vermehrt nach objektiven Grundsätzen statt aus ihrem subjektiven Gefühl heraus. Ihr immenser Drang, etwas Besonderes sein zu wollen, weicht nach und nach einer authentischen Originalität. Dadurch erschafft sie sich einen Platz in der wirklichen Welt anstatt nur in ihrer Fantasie. Die VIER, die zu ihrem Trostpunkt EINS geht, lebt mehr im Hier und Jetzt, sie wird nun nicht mehr von dauernd wechselnden Gefühlen beherrscht, sie ist zufrieden mit dem, was ist, und sehnt sich nicht mehr ständig nach dem, was sein könnte. Gerade deshalb kann sie, beispielsweise durch von ihr erschaffene Kunst oder in beratender Tätigkeit, ihren Mitmenschen nun etwas von ihrem emotionalen Reichtum abgeben.

Die VIER am Stresspunkt

Wenn die VIER von ihrer Umwelt nicht die erwünschte Rückmeldung erhält, etwa weil sie nicht in ihrer Einzigartigkeit bestätigt wird oder sie vielleicht sogar erfährt, dass man sie für langweilig oder gewöhnlich hält, ist das für sie ausgesprochen kritisch. Und auch wenn sie sich selbst eingestehen muss, nur Gewöhnliches zustande zu bringen, tendiert sie stark zur Bewegung in Richtung ihres Stresspunktes. Weitere Situationen, die die VIER in Richtung ihres Stresspunktes ZWEI treiben, sind Verlusterfahrungen oder ignoriert zu werden.

Die VIER versucht zwar, all ihre Strategien einzusetzen, um diesem Druck standzuhalten, gelingt dies jedoch nicht, fühlt sie sich immer trauriger und verlorener. Immer mehr entfremdet von der Realität, hat die VIER bald das Gefühl, gar nicht mehr zu wissen, wer sie eigentlich ist und wie sie fühlt. Sie zweifelt also zunehmend an sich selbst und daran, jemals so geliebt zu werden, wie sie ist.

Hier setzt die Bewegung zu ihrem Stresspunkt, der ZWEI, ein, denn die VIER braucht nun mehr denn je ein bestätigendes Gegenüber. Sie wird immer melancholischer und zerbrechlicher und sehnt sich nach jemandem, der sich intensiv um sie kümmert.

Die VIER hängt sich nun sehr an andere, meist ihren Partner, klammert stark und möchte sich unentbehrlich machen, um nicht verlassen zu werden. Ähnlich der ZWEI versucht sie nun, ein Identitätsgefühl durch die Liebe ihres Gegenübers zu erlangen. Um das zu erreichen, ist sie ihrem Gegenüber nun besonders gefällig und kann auch zu Manipulationsversuchen und Eifersucht neigen oder dazu, Abhängigkeiten schaffen zu wollen.

Ist ihr Gegenüber nicht bereit, der VIER das zu geben, was diese nun so dringend benötigt, impft die VIER ihm, ähnlich einer ungesunden ZWEI, Schuldgefühle ein. Die VIER kann nun deutlich übertrieben hilfsbereit und fürsorglich sein und wird immer abhängiger von der Zuwendung derer, bei denen sie sich anbiedert. Dies verstärkt die Schwierigkeiten, die die VIER mit verbindlichen Beziehungen ohnehin schon oft hat, nur noch mehr. Sie ist in dieser Phase zu einer gesunden, wechselseitigen Beziehung gar nicht mehr fähig, da sie außerstande ist, wirklich auf Menschen zuzugehen, und nur noch Mitleid und Unterstützung von ihrem Gegenüber bekommen möchte. Die VIER versucht in diesem Zustand, ihr Gegenüber zu zwingen, sich um sie zu kümmern, sie zu bemitleiden und zu versorgen. Zugleich aber beginnt die VIER an diesem Punkt, negative Gefühle zu dem Menschen zu entwickeln, von dem sie nun hauptsächlich abhängig ist, denn ihre Abhängigkeit zu ihm weist sie schließlich dauernd auf ihre eigenen Mängel hin. Dies schürt ihren Selbsthass, was ihre Beziehung natürlich erst recht zum Scheitern verurteilt.

Entwicklungsziel und Lebensaufgaben der VIER – Vom Neid zur emotionalen Ausgeglichenheit

Das Entwicklungsziel der VIER ist es zu erkennen, dass sie ganz ist, nichts an ihr kaputt oder unvollständig ist und dass sie mit allem verbunden ist und geliebt wird.

Eine VIER beginnt sich positiv zu entwickeln, wenn sie anfängt, die Realität zu akzeptieren und in der Gegenwart zufrieden zu sein, statt sehnsüchtig in die Vergangenheit zu blicken oder eine bessere Zukunft zu erhoffen, und wenn dunkle Gefühle weniger Anziehungskraft auf sie haben. Ein weiteres Zeichen für eine Positiventwicklung der VIER ist, wenn sie ihrer selbstbezogenen Nabelschau überdrüssig wird und ihre Selbstzweifel, ihren sehnsüchtigen Neid und die häufige Traurigkeit durch Freude am Leben und Ausgeglichenheit ersetzen möchte. Außerdem deutet es auf eine Entwicklung in Richtung Integration hin, wenn die VIER das kleine stille Glück des Lebens willkommen heißt und es zunehmend ihr Verlangen nach absoluter emotionaler Intensität abzulösen beginnt.

Eine Lebensaufgabe der VIER ist auch, ihre Energie von ihren Gemütszuständen weg und mehr auf ihre Aufgaben in der Welt zu lenken, sich also nicht mehr so sehr mit ihren Emotionen zu identifizieren. Die VIER entwickelt sich also positiv, wenn sie ihre Energie in sinnvolle Tätigkeiten investiert, sich in Selbstdisziplin übt und Beiträge für die Allgemeinheit leistet. Dadurch bemerkt sie mehr und mehr, dass mit ihr alles in Ordnung ist und sie gar nicht so defekt ist, wie sie dachte. Außerdem wird sie durch stärkere Teilnahme am Leben automatisch aus ihrer Selbstversunkenheit gerissen. Sie kann dann mit ihrem gegenwärtigen Leben kreativ umgehen und sieht sich selbst und andere realistisch. Sie kann befriedigende Beziehungen führen, da sie es nicht mehr nötig hat, jemanden zum Retter hochzustilisieren und sich an ihn zu klammern.

Eine VIER entwickelt sich positiv, wenn sie vom Neid zur **emotionalen Ausgeglichenheit** findet. Das bedeutet, dass sie ihre Sensibilität nicht mehr primär als Spiegel für sich selbst einsetzt, sondern damit ihre Beziehungen zu anderen Menschen bereichert, indem sie auf ihre Mitmenschen eingeht und sich wirklich für sie interessiert. Ausgeglichenheit bedeutet für die VIER auch, sich deutlich stärker an der Außenwelt statt fast nur an ihrer Innenwelt zu orientieren, und sie bedeutet, dass die VIER sich unabhängig von ihrer momentanen Befindlichkeit für Werte und Themen einsetzt.

Integration – Die VIER im gesunden Bereich

Eine gesunde VIER hat gelernt, sich selbst so anzunehmen, wie sie ist. Sie hat sich von ihren emotionalen Turbulenzen befreit und ist nun deutlich objektiver, praktischer, geerdeter, realistischer und dadurch viel besser in der Lage, mit der realen Welt umzugehen. Sie interessiert sich für Themen, die mit dem Gemeinwohl, der Umwelt oder Politik zu tun haben, jedenfalls aber mit etwas, das größer ist als sie selbst. Sie hat die Welt der Subjektivität gegen eine Welt der Objektivität eingetauscht und lebt nun gerne in der Realität statt in der Vergangenheit und in Zukunftsfantasien, wodurch ihr Leben bereichert und echter wird, was auch ihrer Kreativität zugutekommt. Die gesunde VIER hat sich selbst gefunden, indem sie Teil der Welt wurde, was genau das Gegenteil von dem ist, was sie in ihrem weniger gesunden, selbstversunkenen Zustand versucht hat. Ihre intensiven Gefühle helfen ihr also nun, sich mit der Welt zu verbinden, anstatt den Kontakt zu ihr zu verlieren. Sie hält sich nun nicht mehr für anders als alle anderen, sondern findet sich jetzt auch in anderen Menschen wieder.

Außerdem kann sie sich selbst nun deutlich objektiver betrachten. Sie hat gelernt, sich zu mögen, wie sie ist, und kann deshalb nun aus einer völlig neuen Fülle heraus schöpferisch tätig sein. Ihr wahres Selbst kam genau dann zum Vorschein, als sie darauf verzichten konnte, es formen zu wollen.

Gesunde VIERer sind kreativ, humorvoll, diszipliniert, praktisch und am Leben teilnehmend. Sie sehen sich als Teil eines großen Ganzen und wissen, dass jeder Mensch auf seine Art etwas Besonderes ist und wir einander doch ähnlich sind. Sie sind sensibel, intuitiv, emotional aufrichtig, haben Ideale und Prinzipien und sind sowohl mit ihrer Innen- als auch mit der Außenwelt verbunden. Außerdem sind sie in der Lage, all ihre Erfahrungen in etwas Wertvolles umzusetzen, und sehen eher das Positive als das Negative.

Gesunde VIERer haben wahre emotionale Tiefe und können gute Vorbilder dafür sein, wie man das Leben gefühlvoll, aber nicht von Gefühlen kontrolliert, mit emotionaler Intensität, dabei jedoch nicht selbstversunken, mit einer großen Tiefe, dabei jedoch nicht am Negativen haftend, sowie mit Kreativität, die durch Disziplin veredelt wird, meistert.

Die VIER im durchschnittlich gesunden Bereich

Wenn eine VIER sich vom gesunden in den durchschnittlichen Bereich bewegt, identifiziert sie sich zunehmend mit ihren Gefühlen. Da die Identität der VIER auf ihren Gefühlszuständen beruht, ihre Gefühle sich aber ständig ändern, ist das Identitätsgefühl der VIER, sobald sie sich aus dem gesunden Bereich wegbewegt, extrem schwankend. Um es zu stabilisieren, konzentriert sich die VIER auf die Gefühle, die sie für die authentischsten hält, und schwelgt dafür in der Vergangenheit, gibt sich melancholischen Stimmungen, Tagträumen oder allen möglichen Fantasien hin. Sie verlängert und verstärkt ihre Gefühle, gibt vermehrt ihren Launen nach und kultiviert zunehmend ihre Einzigartigkeit, statt sich selbst zu verwirklichen. Häufig zieht sie sich auch zurück, um mit ihren starken Emotionen alleine zu sein.

Durchschnittlich gesunde VIERer sind sehr empfindlich, fühlen sich anders und als Außenseiter, zweifeln oft an sich selbst und sind häufigen Stimmungsschwankungen unterworfen. Je mehr sie sich anders, gehemmt und defekt fühlen, umso mehr entfernen sie sich davon, ein Leben wie ihre Mitmenschen zu führen. Stattdessen versinken sie in unrealistischen Erwartungen und Träumen und werden eigenwillig und unproduktiv.

Desintegration – Die VIER im ungesunden Bereich

Wenn die VIER sich in den ungesunden Bereich bewegt, beginnt sie, ihre Gefühle zu dramatisieren, und macht Dinge aus Prinzip anders, um nur ja einzigartig zu sein. Sie ist zunehmend verärgert darüber, nicht jemand Besonderer zu sein, was sich in Auflehnung gegen Autoritäten und gegen die Realität an sich äußern kann.

Die VIER besteht dann eigenwillig auf Echtheit und wirkt in ihrem Bestreben, einzigartig zu sein, immer gekünstelter. Außerdem badet sie nun regelrecht in Melancholie und fürchtet zunehmend, dass sie durch die Anforderungen der Realität gezwungen sein wird, ihre Träume aufzugeben. Sie beneidet andere Menschen um deren beständiges Leben und ruhiges Glück, das ihr selbst verwehrt bleibt, und fürchtet, niemals einen Retter zu finden, der sie von ihrem Leid erlöst. Sie wird immer unfähiger zu arbeiten und ihren Verpflichtungen nachzukommen, empfindet alles als sinnlos und vergeblich und wird immer deprimierter, weil sie merkt, dass sie beginnt, ihr Leben zu vergeuden. Sie quält sich mit Selbstvorwürfen, morbiden Gedanken und Selbstverachtung.

Obwohl sie sich an vermeintliche Retter (meist ihren Partner) klammert und immer mehr tut, um sich unentbehrlich zu machen, erntet sie nicht den Erfolg, den sie so sehr erhofft, sondern zerstört im Gegenteil auch noch ihre Beziehungen, da sie in ihrem Zustand gar nicht mehr wirklich beziehungsfähig ist. Die desintegrierte VIER beginnt immer stärker, nicht nur sich selbst, sondern auch andere Menschen zu hassen, und zwar sowohl die, die sie nicht retten, als auch die, die all das haben, was die VIER selbst nie bekommen kann. Zusammenbrüche, Flucht in Süchte, Gewalt aus Leidenschaft oder Selbsttötung sind die schlimmstmöglichen Folgen der Desintegration der VIER.

3.5 Typ FÜNF - Der zurückgezogene Beobachter

3.5.1 Vorstellung von Typ FÜNF

Typische FÜNFer-Statements:

- Detailliert informiert zu sein, ist mir wichtig.
- Bevor ich eine Entscheidung treffe, denke ich den Sachverhalt gründlich durch.
- Meine Privatsphäre ist mir heilig.

- Ich bin ein guter, unauffälliger Beobachter.
- Bei gesellschaftlichen Anlässen möchte ich meist schnell wieder verschwinden.
- Ich bin schweigsamer als die meisten.
- Ich sortiere meine Gefühle gerne, wenn ich alleine bin.
- Ich denke oft intensiv über ungewöhnliche Themen nach.
- Ich mag gründliches und systematisches Vorgehen.
- Es ist mir wichtig, vernünftige Entscheidungen zu treffen.
- Ich beschäftige mich gerne so lange mit einem Thema, bis ich Experte darin bin.
- Mein Gehirn läuft ständig auf Hochtouren.
- Heftige Gefühle sind mir eher unangenehm.
- Laute, aufdringliche Menschen stressen mich.
- Ich gehe sorgsam mit meiner Zeit und Energie um.
- Manche Menschen halten mich für einen Exzentriker.
- Ich brauche Ruhe und viel Zeit alleine zum Nachdenken und um Probleme lösen zu können.
- Ich tausche mich gerne mit anderen Experten meiner Spezialgebiete aus.
- Ich habe ein ruhiges Auftreten.
- Langes Beisammensein mit anderen Menschen ermüdet mich.
- Meine Probleme behalte ich meist gerne für mich.
- Meine Gedanken äußere ich lieber als meine Gefühle.
- Etwas mehr sozialer Schliff würde mir nicht schaden.
- Anerkennung bekomme ich besonders gerne für mein Wissen.
- Ich mag es nicht, wenn andere Menschen zu viel Einfluss auf mein Leben nehmen möchten.
- Ich sorge für mich selbst und finde, andere sollten das ebenso halten.
- Meine zynischen Gedanken spreche ich selten aus.
- Beobachten ist mir lieber als teilnehmen.
- Materielles macht mich nicht glücklich.
- Großzügigkeit fällt mir oft schwer.
- Ich denke gerne alles alleine und nur für mich durch.
- Ich mag es, mehr zu wissen als andere.
- Mich auf einer Party locker zu unterhalten, ist eine Herausforderung für mich.
- Ideal fände ich, wenn ich dazugehören könnte, ohne meine Zurückhaltung aufzugeben.

- Ich entdecke gerne verborgene Strukturen hinter dem Offenkundigen.
- An Dingen, die ich eventuell einmal gebrauchen könnte, halte ich gerne fest.
- Wenn jemand wissen möchte, wie ich mich fühle, finde ich es schwer, Worte zu finden.
- Die Initiative überlasse ich lieber anderen.
- Ich wäre wohl ein ganz guter Eremit.
- Mit meiner Energie und meinem Geld gehe ich sehr sorgsam um.

Stärken: Gelehrsamkeit, Nachdenklichkeit, Bedachtsamkeit, Belesenheit, Zuverlässigkeit, in Krisenzeiten Ruhe bewahrend, respektvoll anderen gegenüber, Verschwiegenheit, Distanz, Objektivität, Unaufgeregtheit, gute Beobachtungsgabe, materielle Bescheidenheit, systematisches Denken, Fairness, Nüchternheit

Potenzielle Schwächen: Distanziertheit, Rückzug, Verkopftheit, (vermeintliche) Gefühlskälte, Ausdruckslosigkeit, Emotionslosigkeit, Zynismus, Exzentrizität, Weltfremdheit, Abgehobenheit

Ermunterung, die Typ FÜNF bräuchte: »Jeder Mensch, mich eingeschlossen, hat jederzeit Zugang zu der Energie- und Wissensmenge, die er benötigt.«

Stattdessen verinnerlichte Ansicht: »Die Welt verlangt mir zu viel ab und stellt zu geringe Ressourcen zur Verfügung.«

Reaktion darauf: Sich zurückziehen, um nicht überwältigt zu werden, Wissen anhäufen und zugleich Bedürfnisse drosseln

Grundbedürfnis, das die FÜNF damit erfüllen möchte: Die Umgebung zu verstehen, kompetent und fähig zu sein, in geschützter Beobachterposition bleiben, unabhängig sein, weise zu werden

Grundangst: bedroht oder überwältigt zu werden, nutzlos, hilflos, inkompetent zu sein, sich emotional zu öffnen, nicht genug zum Überleben zu haben, alles zu verlieren, sich den Anforderungen des realen Lebens stellen zu müssen

Der Grundleidenschaft (Geiz) entsprungene Wesenszüge: Zurückhaltung, Nicht-geben-Wollen, Abschottung, Gefühllosigkeit, Angst, vereinnahmt zu werden, Prokrastination, Beobachtung, kognitive Orientierung (»Lesen statt Leben«), Leeregefühl, Überempfindlichkeit, Minderwertigkeitsgefühl

Aufmerksamkeits- und Energiefluss: Die Aufmerksamkeit richtet sich auf Fakten, Intellektuelles und Analysen sowie auf die Vermeidung des Eindringens oder von Forderungen anderer. Die Energie fließt in unbeteiligtes

Beobachten, genaues Durchdringen von Sachverhalten, Rückzug, das Zurückhalten von Gefühlen und den Schutz der Privatsphäre.

Was die FÜNF vermeiden möchte: Unzulänglichkeit, Leere, starke Gefühle, zu fordernde oder eindringliche Menschen oder Erlebnisse, sich emotional zu öffnen, zu viel geben zu müssen

Was Stress verursacht: zu wenig Privatsphäre zu haben, immer über alles so viel lernen zu müssen, bevor man in Aktion tritt, Wünsche und Bedürfnisse zu haben, die einen abhängig machen, wenn Gefühlsreaktionen eingefordert werden

Verhalten unter Druck (Hauptabwehrmechanismus): **Isolation,** d. h. Typ FÜNF reduziert seine Gefühle auf ein nur noch geringes, nicht bedrohliches Ausmaß und konzentriert sich stattdessen auf seine Gedanken und die abstrakte Welt der Theorien und Ideen. Er spaltet also seine Gefühle von seinem Denken ab und nimmt ihnen dadurch ihre Macht. So kann er einen kühlen Kopf bewahren und sich ganz der sachlichen Analyse widmen. Sein **idealisiertes Selbstbild**, ein stabiler, ruhiger und wahrnehmungsfähiger Mensch zu sein, kann so aufrechterhalten werden.

3.5.2 Erweitertes Persönlichkeitsprofil - »Ich denke, also bin ich«

Verhalten als Kind

Für die FÜNF ist charakteristisch, dass sie sich bereits als Kind physisch und psychisch zurückzieht. Dafür kann es mehrere Ursachen geben. Zum einen ist die FÜNF einer der drei zurückgezogenen Typen des Enneagramms (die VIER und die NEUN sind die anderen beiden). FÜNFer sind meistens stark introvertiert und relativ schnell von der Welt überwältigt. Sie benötigen Zeit und Ruhe, um zu reflektieren.

Zum anderen haben viele FÜNFer Eltern bzw. meist ein Elternteil, die bzw. das sie als zu aufdringlich empfinden. Es kann sein, dass ihr Elternteil tatsächlich recht aufdringlich ist, stark in ihre Privatsphäre eindringt, sie keine Geheimnisse haben lässt oder vielleicht sogar psychisch zudringlich wird. Ihre Innenwelt wird dann der einzige Freiraum, den die kleinen FÜNFer sich noch bewahren können, und sie hüten ihn wie einen Schatz.

Es kann aber auch sein, dass die FÜNF deshalb eine zu starke Aufdringlichkeit empfunden hat, weil sie eben schon von ihrer gesamten Konstitution her ein sehr zurückgezogener Typ ist. Es ist daher auch möglich, dass die FÜNF eine Bezugsperson bereits als zudringlich wahrnimmt, die von einem anderen Kind noch nicht so empfunden werden würde. Manche FÜNFer berichten auch vom Gegenteil, nämlich dass sie sehr wenig Zärtlichkeit und Nähe erfahren haben. Auch das kann dazu führen, dass die FÜNF sich stark zurückzieht, denn sie hat dann nichts anderes gelernt und ihre eigene Fähigkeit, Gefühle auszudrücken, bleibt ebenfalls unterentwickelt.

In jedem Fall aber verbringt die FÜNF schon als Kind viel Zeit alleine. Sie macht dies als Schutz vor Überwältigung und weil sie ihren Wunsch nach Nestwärme unterdrückt, da er auf eine Weise, wie es für die FÜNF angenehm wäre, ohnehin nicht erfüllt wird.

FÜNFer-Kinder sind nachdenklich, sensibel, mitfühlend und verletzlich und haben das Gefühl, emotionaler und physischer Rückzug helfe ihnen bei der Bewältigung des Lebens. Sie sind ruhig und lesen lieber oder sitzen am Computer, als draußen mit Freunden zu spielen. Oft sind sie Gleichaltrigen intellektuell auch deutlich voraus und können mit ihren extravertierteren und weniger nachdenklichen Klassenkollegen nicht viel anfangen.

Der starke Rückzug der FÜNF ist zugleich der Grundstein für ihre Hauptleidenschaft, den Geiz. Die FÜNF geizt vor allem mit sich selbst und ihren Gefühlen, sie zieht sich dafür in ihren Intellekt zurück. Um auch sicher nicht von anderen abhängig zu werden, geht die FÜNF infolge auch mit verschiedenen Ressourcen sparsam um. Sie geizt also nicht nur mit ihrer Energie, ihrer Zeit und ihren Gefühlen, sondern richtet sich ihr gesamtes Leben und ihre Wohnsituation eher geizig-karg und somit gut überschaubar und alleine bewältigbar ein.

Emotionale Distanz

»Es ist nicht schwer, dem Ansturm des Lebens, aber schwer, seinem Rückzug zu widerstehen.« Karlheinz Deschner

Typ FÜNF lebt völlig in seinem Kopf. Er möchte die Geheimnisse des Lebens erforschen und so viele Themen wie nur möglich mit seinem Geist durchdringen. Gemeinsam mit der SECHS und der SIEBEN ist ihm das Grundgefühl der Angst, zu dem das unbewusste Vorhersehen (vermeintlich) gefährlicher Situationen gehört. Die Ängste der FÜNF sind großteils im zwischenmenschlichen Bereich angesiedelt. So fürchtet die FÜNF sich davor, von anderen Menschen zu sehr vereinnahmt, ja, regelrecht verschlungen zu werden. Sie möchte sich anderen nicht offenbaren müssen, möchte nicht ausgefragt werden und zu viel preisgeben müssen, schon gar nichts Privates oder etwas, das mit ihren Gefühlen zu tun hat, sie will nicht emotional vereinnahmt, fremdbestimmt oder manipuliert werden. Kurz: Sie möchte maximalen Freiraum und minimale Beeinflussung durch andere Menschen. Hinzu kommt, dass die FÜNF sich schnell überwältigt fühlt von zu vielen Eindrücken. Die meisten FÜNFer sind deutlich introvertiert, das Zusammensein mit anderen Menschen kostet sie also einiges an Energie und sie benötigen danach viel Zeit alleine, um wieder aufzutanken.

Die Isolierung der FÜNF bedeutet auch, dass sie ihre Gedanken von den sie begleitenden Gefühlen trennt. Das kann so weit gehen, dass die FÜNF oft keine Verbindung zwischen ihren Gedanken und Gefühlen mehr spürt (bzw. diese erst rückblickend wiederherstellen kann).

Aus diesem Grund zeigt die FÜNF auch in Situationen Zurückhaltung, wo die meisten anderen Menschen sich Kontakt wünschen. Sie macht diesbezüglich also genau das Gegenteil von Typ ZWEI: Während die ZWEI Situationen emotionalisiert, intellektualisiert die FÜNF Situationen.

Nachbereitung von Gefühlen

Viel Zeit benötigt die FÜNF auch zur Nachbereitung ihrer Gefühle, denn im Zusammensein mit anderen Menschen ist sie – um die Situation unter Kontrolle zu behalten – so sehr in ihrem Kopf, dass sie kaum wahrnimmt, was sie eigentlich fühlt. Ist sie dann alleine, kann sie dem Zusammensein »nachspüren« und es im Nachhinein gefühlsmäßig einordnen. So kann die FÜNF sich sogar oft mit Abwesenden verbundener fühlen als mit Anwesenden, denn die Gefühle der FÜNF hinken sozusagen ihren Gedanken hinterher, sie können sich erst im Nachhinein richtig entfalten. Die FÜNF wirkt daher auf andere oft viel gefühlsärmer, als sie eigentlich ist, denn von den warmen Gefühlen, die sie für ihre Freunde und Partner in deren Abwesenheit empfindet, kommt leider zumeist nur wenig bei ihnen an.

FÜNFer vermeiden häufig auch zu enge Freundschaften und Partnerschaften, da sie Angst haben, überfordert und überwältigt zu werden. Sie geizen also mit sich selbst und ihren Gefühlen und verschanzen sich hinter Objektivität. Objektivität hilft ihnen, Ruhe zu bewahren und ihre Emotionen zu kontrollieren. Dabei kann die FÜNF ein treuer Freund sein, wenn sie in der Freundschaft zurückhaltend bleiben darf, nicht initiativ werden muss, wenn es auch in Ordnung sein darf, sich immer wieder einmal längere Zeit nicht zu sehen, und wenn möglichst keine körperlichen Freundschaftsbezeugungen wie Wangenküsse oder Umarmungen erwartet werden. Die FÜNF ist ein guter und sehr aufmerksamer Zuhörer, möchte selbst aber ihr Innerstes nicht teilen. Wer das respektiert, dem kann die FÜNF ein Freund fürs Leben werden.

Wichtig ist der FÜNF auch, bei zukünftigen Ereignissen möglichst umfassend vorab informiert zu sein, damit sie bei potenziell unangenehmen Begegnungen vorgewarnt ist. Sie geht diese dann für sich alleine mit den dazugehörigen Gefühlen vorab durch und kann dadurch dann besser objektiv bleiben, wenn die Situation eintrifft. Hinterher kann sie in einer Nachschau wieder ihren Gefühlen dazu nachspüren, um ein vollständiges Bild der Situation zu erhalten.

Bedürfnisse Zurückschrauben, Sammeln und Segmentieren

Eine Lebensstrategie der FÜNF lautet, von niemandem viel zu verlangen und stets bescheiden zu sein, sodass hoffentlich auch von ihr niemand viel verlangt. Sie lässt sich deshalb auch nicht auf emotionale Verwicklungen und Bedürftigkeiten ein, denn diese würden ihre Unabhängigkeit gefährden. Etwas zu wollen, bedeutet schließlich, in eine Abhängigkeit vom Gegenüber zu geraten. Die FÜNF schränkt ihre Bedürfnisse deshalb lieber ein, da sie unbedingt autonom bleiben möchte.

Dabei beschränkt die FÜNF nicht nur ihre emotionalen Bedürfnisse, sie ist auch der am wenigsten materiell eingestellte Enneagrammtyp von allen, was so weit gehen kann, dass sie ihr Leben lang in einer kleinen Studentenwohnung nur mit dem notwendigsten Mobiliar wohnt und sehr einfache, billige Mahlzeiten zu sich nimmt.

Die Haltung, die die FÜNF dem Leben gegenüber einnimmt, ist das Gegenteil der Haltung der ACHT: Die ACHT sucht die pralle lustvolle Fülle des Lebens aktiv auf, während die FÜNF sie aktiv vermeidet.

Doch die FÜNF ist nicht nur sehr genügsam, sie knausert auch mit dem, was sie hat. Zwar geizt sie in erster Linie mit sich selbst, mit ihren Gefühlen, ihrer Energie und ihrer Zeit, sie tendiert aber auch dazu, ihren spärlichen Besitz zu horten, denn was sie hat, gibt ihr Sicherheit. Sie braucht von allem nur ganz wenig, teilt es sich gut ein und verschwendet niemals etwas. Sie bewahrt Dinge auf, die sie irgendwann einmal benötigen könnte, und ist stolz auf ihre Genügsamkeit. Dabei ist die FÜNF zwar bescheiden und braucht nicht viel, aber diese Bescheidenheit ist immer auch verbunden mit der Angst, das zu verlieren, was sie hat, und infolge von anderen abhängig zu werden. Deshalb hält sie eisern an ihrem Besitz fest.

Nicht wenige FÜNFer sammeln daher die kuriosesten Dinge, manche tendieren sogar zu Messieverhalten. Es gibt auch steinreiche FÜNFer, die sich dennoch selbst nichts gönnen. Das Gefühl, Dinge nicht zu benötigen, bedeutet für die FÜNF also vor allem ein Stück weit Unabhängigkeit und ist deshalb für sie befreiend.

Die FÜNF geizt auch mit sich selbst, indem sie denkt statt handelt. Sie kann kaum je genügend über irgendetwas informiert sein, es gibt immer noch weitere Informationen, die sie benötigt, noch weitere Details, die sie ergründen möchte, noch andere Bücher, die sie lesen möchte. Sie kann daher sehr kompetent sein und ein profundes Wissen anhäufen. Aus ihrem Unabhängigkeitsdenken heraus neigt sie allerdings dazu, ihre Ressourcen zu schonen, wozu neben ihren materiellen Ressourcen auch sie selbst zählt. Sie verschanzt sich daher oft lieber hinter Theorien und Analysen, statt in die Welt hinauszugehen und etwas von ihrem Wissen konkret umzusetzen.

Eine weitere typische Verhaltensweise der FÜNF ist das Segmentieren. Sie teilt ihr Leben in verschiedene Bereiche auf, die miteinander möglichst nicht in Berührung kommen sollen. So hat sie beispielsweise in unterschiedlichen Lebensbereichen verschiedene Freunde, die einander niemals kennenlernen und die übereinander auch von der FÜNF nichts erfahren. Die FÜNF kann auch zu bestimmten Zeiten oder an bestimmten Orten speziellen Interessen mit Leidenschaft nachgehen und wenn die Zeit dafür um ist oder der Ort gewechselt wird, ist es, als würde sie einen Schalter umlegen und sich vollkommen dem nächsten Thema widmen. So schafft es die FÜNF auch, Erinnerungen voneinander zu trennen, sodass das, was sie heute getan hat, das, was sie morgen tun wird, absolut nicht beeinflusst, sofern es zu zwei voneinander getrennten Segmenten ihres Lebens gehört. Einen kontinuierlichen, zusammenhängenden Gefühlszustand kennt die FÜNF also in aller Regel nicht.

Beziehungen der FÜNF

Liebesbeziehungen sind für die FÜNF häufig eine Herausforderung, denn sie ist der Typ, der am ehesten von allen ohne Partner lebt. Oft weiß die FÜNF nicht so recht, wie ein Partner in ihren Lebensstil passen sollte, und sie befürchtet, dass sie zu viele Kompromisse eingehen müsste und zu wenig Rückzug möglich wäre, wenn sie sich binden würde. Dabei kann die

FÜNF ein treuer, loyaler und krisenfester Partner sein, wenn sie sich einmal für jemanden entschieden hat.

Weitere Stärken der FÜNF in Liebesbeziehungen sind ihre Fähigkeit, in schwierigen und stark emotionalen Situationen einen klaren Kopf zu bewahren, sowie ihre Fairness und Objektivität, die die FÜNF zu einem guten unparteiischen Ratgeber machen. Außerdem ist die FÜNF sehr zuverlässig und feinfühlig.

Typische Probleme der FÜNF in Liebesbeziehungen sind, dass sie sich einerseits von allzu emotionalen Partnern überwältigt fühlen kann, Partner, die ihrerseits von der FÜNF emotionale Expressivität erwarten, werden andererseits von der FÜNF, die ihre Liebe eher in Taten und kleinen Aufmerksamkeiten ausdrückt, eventuell enttäuscht sein.

Die FÜNF möchte keinesfalls in emotionale Dramen hineingezogen werden. Das liegt nicht daran, dass sie nicht feinfühlig wäre – ganz im Gegenteil. Aber sie will sich nicht verantwortlich fühlen müssen für ein emotionales Aufgebrachtsein ihres Gegenübers und sie weiß auch nicht wirklich, wie sie darauf reagieren sollte. Die FÜNF möchte über das reden, was sie denkt, und nicht über das, was sie fühlt, und mit einem Gegenüber, das diesbezüglich ähnlich tickt, fühlt sie sich sicher. Sehr emotionale Partner haben daher neben der FÜNF oft das Gefühl, emotional zu verhungern und die FÜNF zudem nie wirklich kennenzulernen.

Für die FÜNF ist es auch oft eine besondere Herausforderung, mit dem Partner zusammenzuziehen. Sie ist sehr eigenständig und unabhängig und oft bevorzugt sie es, nicht zusammen zu leben oder überhaupt nur eine Wochenendbeziehung zu führen. Auch Fernbeziehungen sind für viele FÜNFer reizvoll. In jedem Fall aber braucht die FÜNF viel Zeit alleine und idealerweise einen eigenen Raum, in den sie sich zurückziehen kann, auch und vor allem dann, wenn sie mit dem Partner zusammenlebt. Ihre Zeit und Energie wird sie also immer nur beschränkt zur Verfügung stellen.

In **Berufsbeziehungen** fühlt die FÜNF sich leicht ausgelaugt, wenn sie zu viel Zeit mit persönlichen Interaktionen verbringen muss. Sie arbeitet gerne alleine mit möglichst wenig Vorgaben und Überwachung. Detailreiche Arbeiten (bevorzugt von recht analytischer und theoretischer Natur), die eine hohe Konzentrationsfähigkeit erfordern, sagen ihr zu, vom Bürotratsch hingehen hält sie sich gerne fern.

Da die FÜNF in Krisen ruhig bleibt, kann sie auch ein sehr guter Feuerwehrmann oder Arzt in der Notaufnahme sein. Besprechungen sind der

FÜNF generell unangenehm und ihre Privatsphäre schützt sie wie eine Löwin ihr Junges und wird daher kaum je Persönliches von sich preisgeben.

Die FÜNF ist ein freundlicher, zuverlässiger und sehr genauer Mitarbeiter. In Führungspositionen kann es vorkommen, dass sie sich vollkommen auf die Projekte fokussiert und zu wenig auf die Mitarbeiter eingeht.

3.5.3 Flügeltypen der FÜNF

FÜNF mit Flügel VIER

Viele Eigenschaften der VIER und der FÜNF verstärken einander. Beide sind zurückgezogene Typen, die dazu tendieren, ihre innere Welt vor der äußeren Welt zu schützen. Beide haben das Gefühl, erst dann vollständig zu leben, wenn sie etwas Essenzielles in sich selbst gefunden haben, und beide sind introvertierte Naturen.

Doch obwohl hier so viel Zurückgezogenes aufeinandertrifft, ist die FÜNF mit Flügel VIER kontaktfreudiger als die andere Flügelvariante, was daran liegt, dass ihr zwischenmenschliches Interesse aufgrund des Einflusses der emotionaleren VIER größer ist.

Diese Flügelvariante ist empathischer, humanitärer, sensibler und selbstversunkener als die FÜNF mit Flügel SECHS. Sie ist sehr unabhängig und oft exzentrisch und braucht viel Zeit alleine, um ihre Gefühle zu sortieren. Sie ist auch eher in der Lage, ihre Emotionen jenen gegenüber, die sie liebt, zu verbalisieren, und sie wirkt generell auch im Umgang mit anderen Menschen etwas weniger sachlich.

FÜNFer mit Flügel VIER sind kreativer und introspektiver als die andere Flügelvariante, sie haben eine rege Vorstellungskraft, denken abstrakt und sind oft kreative Einzelgänger. Eher musisch als analytisch veranlagt, können sie sich von der anderen Flügelvariante, die stärker dem Bild der klassischen FÜNF entspricht, ziemlich unterscheiden. Sie haben oft ungewöhnliche Interessen wie etwa Groteskes oder gar Verbotenes und haben häufig mit starken Gefühlen zu kämpfen, die sie teilweise befremden, ihnen aber auf jeden Fall zumindest häufig ungelegen kommen.

Diese Flügelvariante hat oft großes Potenzial, sowohl auf künstlerischem als auch auf intellektuellem Gebiet erfolgreich zu sein, denn sie vereint Intuition mit Intellekt, ästhetisches Gefühl mit wissenschaftlichem Talent und Sensibilität mit Scharfblick. Sie denkt synthetisch unter Einbezug ihrer

Vorstellungskraft und verfolgt häufig eine einzigartige persönliche Vision. Das macht FÜNFer mit VIERer-Flügel zu potenziellen Innovatoren auf vielen Gebieten und zu Liebhabern schöner Gedankenkonstrukte.

Die FÜNF mit Flügel VIER ist sehr unabhängig, arbeitet gerne alleine und wenn möglich gänzlich ohne Vorgaben von außen. Wenn sie nicht darauf achtet, tendiert sie dazu, ihre Talente mehr dafür einzusetzen, andere Menschen in einem gewissen Sicherheitsabstand zu halten, als sie tiefer zu verstehen. Sie kann launisch und überempfindlich gegenüber Kritik sein, was sie zu noch mehr Rückzug veranlasst. Sie muss darauf achten, sich nicht in inneren Landschaften zu verlieren und nicht zu einem unpraktischen Eremiten mit skurrilen Hobbys zu werden.

Im unreifen Zustand ziehen sich FÜNFer mit Flügel VIER oft völlig zurück und betrauern zugleich, dass sie das Gefühl haben, es müsse so sein. Ihre intellektuellen Konflikte behindern dann ihr Gefühlsleben und ihre Gefühle blockieren ihren Intellekt, sodass ihre beiden größten Talente gegeneinander ankämpfen, anstatt eine Symbiose einzugehen. Neurotisch und entfremdet leben sie dann ein minimalistisches Leben in Isolation.

FÜNF mit Flügel SECHS

Die FÜNF mit Flügel SECHS entspricht weit mehr dem typischen Bild einer FÜNF. Durch den Einfluss der SECHS ist diese Flügelvariante vorsichtiger, ängstlicher und skeptischer. Sie ist verkopfter und loyaler und hinterfragt mehr als die FÜNF mit Flügel VIER. Ihrer eigenen Angst ist sie sich deutlicher bewusst, weshalb sie auch ganz gerne Allianzen bildet. Ganz besonders schätzt sie Allianzen des gemeinsamen Wissens wie etwa Studienkreise oder Clubs, in denen über ein gemeinsames Spezialgebiet gefachsimpelt wird.

In Gesellschaft anderer fühlt sich diese Flügelvariante zwar nicht auf Anhieb wohl, sie taut aber auf, wenn sie ihre Gesprächspartner näher kennenlernt oder thematisch bei ihrem Fachgebiet bleiben kann. Sie hat eine besonders gute Beobachtungsgabe und kann Fakten zu einem Gesamtbild kombinieren. Sie ist sehr ausdauernd und diszipliniert und interessiert sich mehr für praktischere Themen als die andere Flügelvariante. Außerdem hat sie mehr Geschäftssinn. Wenn sie etwas interessiert, beschäftigt sie sich eingehend damit. Sie sucht sich gerne ein Nischenthema innerhalb eines größeren Themenkreises und erforscht dieses gründlichst.

Mit Gefühlsbekundungen gehen FÜNFer mit Flügel SECHS sehr sparsam um, sie sind aber freundliche, treue und loyale Weggefährten, wenn sie sich einmal für jemanden entschieden haben (was allerdings durchaus lange dauern kann und bei vielen Vertretern dieser Flügelvariante niemals vorkommen wird). Generell sind zwischenmenschliche Beziehungen oft kein Hauptteil ihres Lebens. Von ihren eigenen Gefühlen sind sie außerdem typischerweise ziemlich stark entfremdet.

Sie sind sehr intellektuell und analytisch veranlagt und wollen beobachten und verstehen, was in der Welt vor sich geht. Selbstbetrachtung ist hingegen weniger spannend für sie. Bei der Arbeit sind sie diszipliniert und genau. Oft sind sie intellektuell verspielt und humorvoll.

Im unreifen Zustand können FÜNFer mit Flügel SECHS sowohl von ihren eigenen emotionalen Bedürfnissen abgeschnitten als auch blind für die emotionalen Bedürfnisse ihrer Mitmenschen sein. Sie ziehen sich dann mehr und mehr in ihren Kopf zurück, ganz besonders wenn jemand zu viel von ihnen fordert, und bei Problemen in ihren Beziehungen tauchen sie überhaupt vollkommen ab und vergraben sich vollends in ihre Arbeit oder alle möglichen Projekte. Im schlimmsten Fall haben sie Angst vor jeder Art der Intimität, fühlen sich rasch bedrängt und isolieren sich infolge selbst vollkommen. Sie wittern dann sehr schnell Gefahr, werden kalt und skeptisch und vermeiden jede soziale Interaktion.

3.5.4 Instinktvarianten der FÜNF

Selbsterhaltende FÜNF

Die Instinktvarianten von Typ FÜNF unterscheiden sind generell nicht ganz so stark voneinander wie die Instinktvarianten der anderen Enneagrammtypen. Es gibt aber durchaus unterschiedliche Nuancierungen. So ist die selbsterhaltende FÜNF besonders stark zurückgezogen, ihr Zuhause ist ihre Festung, in der sie sich vor der Außenwelt verschanzt.

Dabei versucht sie, ihre Bedürfnisse bestmöglich einzuschränken und so einfach wie möglich zu leben, da ihr das ein Gefühl der Autonomie vermittelt. Sie kann also mit sehr wenigen materiellen Dingen auskommen und wohnt oft ziemlich karg. Aber auch das Gegenteil ist möglich, nämlich, dass sie aus Angst vor zukünftiger Knappheit Dinge hortet, was bis hin zu Messietendenzen gehen kann. Diese Neigung zum Horten von Dingen entspringt ihrem Geiz und ihrer extremen Sparsamkeit. (So gibt es selbsterhaltende FÜNFer, die beispielsweise alte Joghurtbecher horten, denn man könnte sie ja zur Not als Ersatz für zu Bruch gegangene Trinkgläser verwenden.)

Mit ihrer Energie und all ihren Ressourcen gehen selbsterhaltende FÜNFer sehr bedacht und sparsam um, um nur ja niemals Knappheit zu erleiden, dadurch auf andere angewiesen zu sein und somit ihre Autonomie zu verlieren. Sie möchten Erwartungen, Eindringen in ihre Privatsphäre, Fragen und Störungen aller Art entgehen.

Die selbsterhaltende FÜNF ist meist ein Einzelgänger, der zwar freundlich und umgänglich im Kontakt mit anderen ist, den das Zusammensein mit Menschen aber viel Energie kostet und emotional häufig überfordert. Sie hält sich ihre Mitmenschen immer eine Armlänge entfernt, geht nur selten engere Bindungen ein und überlegt sich sehr lange, wen sie näher an sich heranlässt und wen nicht. Gesellschaftliche Verpflichtungen belasten selbsterhaltende FÜNFer, sie sind ungern Erwartungen ausgesetzt, wobei gefühlsmäßige Erwartungen das Schlimmste für sie sind. Gefühlsäußerungen fallen ihnen generell ganz besonders schwer.

Der Rückzug an ihren sicheren Zufluchtsort, ihre Burg, ihr Zuhause, ist der Versuch der selbsterhaltenden FÜNF, ihre Angst zu reduzieren, denn ihre Sicherheit in Bezug auf ihre Selbsterhaltung ist in ständiger Gefahr. So lebt sie oft fast wie ein Eremit, häufig eigenbrötlerisch und weltfremd und sammelt neben allen möglichen Dingen – sehr gerne auch Bücher! – bevorzugt auch Ideen und Theorien. Von ihren Emotionen ist sie oft weitgehend getrennt, manchmal ist sie emotional gar nur noch kleinen Kindern oder Tieren zugänglich.

Ihr extremes Bedürfnis nach Sicherheit durch Rückzug und ihr permanent empfundenes Gefühl des drohenden Mangels führen dazu, dass sie sich innerlich oft klein, ohnmächtig, ausgeliefert, machtlos und zerbrechlich fühlt. Selbsterhaltende FÜNFer sind die introvertierteste Instinktvariante von allen (sämtliche anderen Typen mit eingeschlossen).

Von anderen werden sie als pragmatisch, emotional distanziert und isoliert wahrgenommen.

In ihrem ständigen Versuch, das Leben überschaubar und möglichst abgeschottet zu gestalten, können sie in unreifem Zustand zu mürrischen, exzentrischen und menschenfeindlichen Einsiedlern und im schlimmsten Fall sogar paranoid werden.

Sexuelle FÜNF

Bei der sexuellen Instinktvariante der FÜNF prallt das Bedürfnis nach Autonomie auf das Bedürfnis nach Intimität. Sie ist die emotionalste FÜNF, wenngleich es ihr von außen kaum anzumerken ist, denn nur wenige Menschen erhalten Einblick in das Innenleben der sexuellen FÜNF. Sie ist auf der Suche nach einem Menschen, mit dem sie ihre Geheimnisse teilen kann, sie wünscht sich also jemanden an ihrer Seite, dem sie sich ganz öffnen kann. Oft wirkt sie geheimnisvoll und undurchschaubar, als wäre sie ein Agent auf geheimer Mission.

Als FÜNF hat sie Angst vor Verletzung ihrer Autonomie, Forderungen und übergriffigem Verhalten, deshalb braucht sie einen Partner, dem sie vollkommen vertrauen kann, denn nur dann kann sie ihren Schutzpanzer ablegen, was aber zugleich das ist, was sie sich so sehr ersehnt. Der Rückzug in eine verlässliche, vertrauensvolle und sichere Atmosphäre ist es also, den sie sich wünscht, um sich sicher zu fühlen.

Die sexuelle FÜNF ist emotional offener und wirkt daher weniger abstrakt und abgehoben als die anderen Instinktvarianten. Sie ist ein besonders guter Beobachter, ist beim Aufbau neuer Beziehungen distanziert, was jedoch in völlige Offenheit übergeht, wenn sie ihrem Gegenüber vertraut. Auch wenn sie als FÜNF erst einmal gar nicht so wirkt, ist ihr Ziel, jemanden zu finden, mit dem sie emotional vollkommen verschmelzen kann, und in ihrem Inneren fühlt sie sich ähnlich romantisch und dramatisch wie eine VIER. Die sexuelle Instinktvariante ist daher auch die untypischste FÜNF. Auf andere Menschen wirkt sie schüchtern, nett, bescheiden, schnell verlegen, liebenswürdig, manchmal verschlossen und manchmal ungewöhnlich offen. Sie interessiert sich häufig für Kunst, Literatur, Philosophie und Psychologie und liebt anregende Gespräche. Geheimnisse zu teilen, ist für sie die ultimative Form der Intimität, weshalb es für sie auch ganz besonders unerträglich wäre, wenn ihr Partner etwas ausplaudern würde, was sie ihm anvertraut hat.

Die sexuelle FÜNF ist umgänglicher als die anderen beiden Instinktvarianten, zieht sich aber plötzlich zurück oder bricht Beziehungen unvermittelt ab, wenn sie das Gefühl hat, doch nicht den richtigen Beziehungsrahmen vorzufinden. Häufigere Wechsel von Zeiten intensiver Beziehungen und Zeiten totaler Einsamkeit sind daher möglich. Im unreifen Zustand kann sie in totaler Isolation landen und sich unglücklich nach intensivem Kontakt sehnen.

Soziale FÜNF

Die soziale Instinktvariante der FÜNF entspricht am deutlichsten dem Klischeebild eines Forschers, abgehobenen Wissenschaftlers oder verschrobenen Professors. Sie hat einen kaum stillbaren Hunger nach Informationen und Erkenntnis und möchte ihr Wissen in ihren Spezialgebieten stets vertiefen und vervollkommnen. Sie macht sich gerne unentbehrlich anhand ihrer Sachkenntnis und besetzt mit ihrem Wissen gerne Nischen. Sie ist die intellektuellste Instinktvariante der FÜNF und auffallend häufig im akademischen Bereich zu finden. Sie mag es, über ihre Spezialgebiete zu reden. Besonders in einem kleinen Kreis von Experten, die ihren Ausführungen folgen können, kann sie dann erstaunlich gesprächig werden. Ist sie jedoch zur Aufrechterhaltung eines Gespräches auf Small Talk angewiesen, kann sie schnell recht hilflos wirken.

Weltfremd und abgehoben verbleibt die soziale FÜNF daher häufig in der Rolle des Wissenschaftlers oder generell des analysierenden Theoretikers. Sie zieht sich also völlig in ihre geistige Welt zurück, um ihre Angst zu verringern, und bleibt dabei als Mensch für ihr Gegenüber oft relativ schwer greifbar.

Häufig ist die soziale FÜNF Professor oder Dozent mit ungewöhnlichem Spezialgebiet, der in Kennerkreisen große Anerkennung für seine Forschungen genießt. Zugleich dient ihr das als Schutzschild vor wahrer Intimität. Sie verschanzt sich also quasi hinter Fachwissen, das als Puffer zwischen ihr und anderen Menschen dient und das sie davor bewahrt, Persönlicheres preisgeben zu müssen.

Sie liebt den Austausch mit Gleichgesinnten, etwa in Studienkreisen, bei Fachtagungen oder in besonderen Clubs, denn dort kann sie in gehobener Fachsprache genau so kommunizieren, wie sie es liebt, und es sich für sie wie Zuhause anfühlt. Denn obwohl sie an und für sich freundlich und bescheiden ist, neigt die soziale FÜNF schon zuweilen zu einem gewissen Snobismus und zu intellektueller Arroganz. So liebt sie auch akademische Titel und Zeugnisse, die wissenschaftliche Anerkennung bedeuten.

Auf ihrer Suche nach interessanten Gesprächspartnern für von ihr bevorzugten Fachthemen ist die soziale FÜNF deutlich mehr den Menschen zugewandt als etwa die selbsterhaltende FÜNF. Sie ist auch die extravertierteste FÜNF (wenngleich sie natürlich dennoch meist zu den introvertierten Typen zählt). Sie arbeitet gerne autonom oder zwar in einem unternehmerischen oder universitären Gefüge eingebunden, aber mit sehr viel Freiraum, und sie möchte Anerkennung von Experten für ihre qualitativ hochwertigen Arbeitsleistungen.

Im unreifen Zustand können soziale FÜNFer mit anderen Menschen nur noch über ihre Fachthemen in Kontakt treten. Sie können dann auch zu sehr verschrobenen, elitären, seltsamen bis hin zu provokativen oder gar asozialen Ansichten neigen und damit ihre letzten Kommunikationspartner auch noch vergraulen.

3.5.5 Integration und Desintegration der FÜNF

- Unreif bzw. desintegriert ist Typ FÜNF: abgeschottet, geizig und nihilistisch
- Normal entwickelt ist Typ FÜNF: analytisch, distanziert und rational
- Reif bzw. integriert ist Typ FÜNF: weise, selbstgenügsam und handelnd (statt nur denkend)

Die FÜNF am Trostpunkt

»Wissen und nicht tun, ist wie nicht wissen.« Dalai Lama

Die FÜNF denkt viel, um nicht handeln zu müssen. Und wenn sie handeln sollte, denkt sie, sie wüsste noch nicht genug und müsste noch mehr Informationen einholen, um handeln zu können, sodass sie wieder denkt und nicht handelt. Wenn die FÜNF sich in Richtung ihres Trostpunktes ACHT bewegt, bringt sie jedoch die Kühnheit auf zu handeln, auch wenn sie davor sicher noch mehr Informationen hätte einholen können. Sie verlässt dann also das ihr vertraute Terrain des Denkens und Beobachtens und begibt sich mutig in den für sie riskanten Bereich des Aktivwerdens. Sie wagt es nun immer öfter, Herausforderungen selbstbewusst anzunehmen, und hat Vertrauen, dass alles gut funktionieren wird.

Der FÜNF, die zur ACHT geht, ist bewusst, dass sie durch Handeln Erfahrungen sammelt und dadurch mehr Erkenntnisse gewinnt, als sie in ihrem stillen Kämmerchen aus ihren Büchern je gewinnen könnte. Von der ACHT lernt die FÜNF, dass es nicht nötig ist, bereits die genaue Lösung oder das Ziel zu kennen, um aktiv zu werden, sondern dass die Lösung oft erst während des Handlungsprozesses immer deutlicher wird und Erkenntnisse, die beim Handeln nach und nach gewonnen werden, weit maßgeblicher zum Finden der Lösung beitragen als jede vorher noch so gut durchdachte

Theorie. Die FÜNF in ihrem Trostpunkt identifiziert sich daher auch zunehmend mit realen Projekten statt mit Theorie, wodurch sie mehr Sicherheit gewinnt. Auch zu ihren kraftvollen Emotionen hat die ACHT einen direkten Draht, was für die FÜNF ebenfalls etwas ist, von dem sie sich viel abschauen kann. Bewegt sich die FÜNF also in Richtung ACHT, gewinnt sie auch an Vitalität und Selbstbewusstsein und sie wird besser darin, Gefühle auch auszuleben.

Die FÜNF erkennt an ihrem Trostpunkt also, dass man auch dadurch, dass man immer mehr tut, mehr und mehr dazulernt, was sie erst recht anspornt, aktiv zu werden und sich zu behaupten. Außerdem spürt sie nun, wie befriedigend es ist, wenn die eigenen Überlegungen durch Handlungen bestätigt werden, wodurch sich ihre Angst, Kontakt mit der Realität aufzunehmen und sich aktiv auf die Welt einzulassen, deutlich verringert und sie nun nicht nur nimmt, sondern auch gerne etwas gibt und aktiv an der Welt teilnimmt, indem sie ihr Wissen und Können praktisch umsetzt.

Auch mit ihrem Körper, dessen Bedürfnissen und dessen Energie kommt die FÜNF an ihrem Trostpunkt mehr in Berührung. Als Außenstehender kann man nun regelrecht ihre körperliche Präsenz wahrnehmen, während sie zuvor eher wie ein Geist gewirkt hat. Sie bekommt nun mehr und mehr das Gefühl, stark, lebensfähig und komplett zu sein, und wird dadurch deutlich selbstsicherer. Eine FÜNF am Trostpunkt ACHT gewinnt auch an Spontanität und Direktheit.

Sie weiß nun, dass sie durch Interaktion mit der Welt deutlich mehr gewinnt als verliert.

Außerdem bekommt sie mehr Vertrauen in ihr Bauchgefühl, kann sich besser durchsetzen, sich direkter und freier ausdrücken, sich gut verteidigen und Grenzen setzen. Das prädestiniert sie für Führungsaufgaben.

Die FÜNF am Stresspunkt

Typ FÜNF versucht, sich durch intensives Denken für das Leben zu wappnen, denn eine Situation durchdacht zu haben, bedeutet für ihn Sicherheit. Sofort handeln zu müssen, fühlt sich für ihn an, als würde er seiner Freiheit beraubt werden. Da er ein extremes Streben nach Unabhängigkeit hat, schont er seine Ressourcen, denn diese gewähren ihm schließlich das Unabhängig-sein von anderen Menschen. Wenn er also Ressourcen teilen muss, möchte wenigstens er die Rahmenbedingungen dafür in der Hand haben. Ist das auch nicht möglich, bedeutet das für die FÜNF puren Stress.

Wenn die FÜNF nun solchen Stress verspürt, versucht sie, sich noch mehr zu isolieren und in ihre Gedankenwelt zurückzuziehen, um ihr Leben durch Denken wieder zu ordnen. Dabei verliert sie zunehmend den Kontakt zur Realität und wird immer mehr zum skurrilen Außenseiter, exzentrischen Denker oder Nerd.

Wenn dieser noch stärkere Rückzug der FÜNF auch nicht hilft, um effektiv mit den Anforderungen der Außenwelt klarzukommen, kippt die FÜNF in der Hoffnung auf Entlastung und Reduktion ihrer Angst in ihren Stresspunkt, Typ SIEBEN. In ihrer Not versucht sie dann, sozial gewinnend zu sein, indem sie sich freundlich und kontaktbereit zeigt.

Sie kann dann ungewöhnlich mitteilsam wirken, ist sich selbst aber bewusst, dass dieses Verhalten nur aufgesetzt ist. Wenn FÜNFer sich noch weiter in Richtung ihres Stresspunktes bewegen, legen sie enorm an Tempo zu, werden hyperaktiv, impulsiv und handeln sprunghaft und unberechenbar bis hysterisch wie eine ungesunde SIEBEN. Ihre Kopflastigkeit hat ihnen nicht geholfen, deshalb scheinen sie nun kopflos vorzugehen, vollkommen unkonzentriert und blindlings zu handeln und irrationale Entscheidungen zu treffen. Sie suchen nun verzweifelt Zerstreuung und Stimulation, stürzen sich in ziellosen Aktivismus und reden sich ein, mit ihnen wäre alles in Ordnung.

Das vergrößert ihre Schwierigkeiten jedoch nur, denn sie werden dadurch immer labiler und mitunter sogar rücksichtslos. Ihre eigenen Emotionen besser wahrzunehmen, schafft die FÜNF in ihrem Stresspunkt ebenfalls nicht, da sie den Kopfbereich nicht verlässt (ihr Stresspunkt, Typ SIEBEN, ist ebenso ein Kopftyp wie die FÜNF).

Da es ihrem Wesen nicht entspricht, angenehmen Nervenkitzel bei improvisiertem und unüberlegtem Verhalten zu empfinden, und auch sinnliche Genüsse, denen sie sich nun eventuell ebenfalls vermehrt hingibt, sie nicht befriedigen, da sie, anders als die SIEBEN, von ihrem Naturell her kein Genussmensch ist, wird sie immer frustrierter. Sie hat also Verrat an ihrer eigenen Stärke, der nüchternen Weisheit und dem tiefen Denken begangen.

Entwicklungsziel und Lebensaufgaben der FÜNF – Vom Geiz zur inneren Freiheit

Das Entwicklungsziel von Typ FÜNF ist es zu erkennen, dass genügend Mittel da sind, um damit das Leben problemlos zu meistern, dass also keine

Knappheit zu befürchten ist und dass eine aktive Teilnahme am Leben nicht zu viel Energie verschlingt.

Eine FÜNF beginnt sich positiv zu entwickeln, wenn es für sie immer interessanter wird zu handeln, statt nur zu denken und zu analysieren, und wenn ihr bewusst wird, dass sie nur so wirklich einen Platz in der Welt finden kann. Eine weitere Lebensaufgabe der FÜNF ist es zu erkennen, dass ihr vorbeugendes Horten von Dingen und Schonen ihrer Ressourcen nicht der richtige Weg zur Unabhängigkeit ist. Eine FÜNF entwickelt sich positiv, wenn sie erkennt, dass es sie nicht frei macht, sondern einschränkt, immer nur im Kopf zu leben, und sie daher beginnt, sich sowohl mit ihrem Körper als auch mit ihren Emotionen zu verbinden. Ein weiterer großer Entwicklungsschritt findet statt, wenn die FÜNF anfängt, sowohl intellektuelle als auch emotionale Freude zu empfinden, nachdem sie erfolgreiche Handlungen unternommen hat.

Wichtig für die FÜNF ist es, einen besseren Zugang zu ihrer Körperlichkeit zu bekommen, denn das hilft ihr dabei, präsenter im Leben zu stehen und auf ihre innere Führung zu vertrauen. Sie muss lernen, sich mehr mit Erlebnissen und Taten als dem Beobachten von Erlebnissen und Taten zu identifizieren, das Leben also deutlich mehr zu leben, als es zu ergründen, denn dann beginnt sie zu spüren, dass das Leben überhaupt nur durch Gelebtwerden ergründet werden kann.

Eine gereifte FÜNF hat zu einer **inneren Freiheit** gefunden. Für die FÜNF bedeutet das, dass sie sich nun auf andere Menschen einlassen kann, ohne befürchten zu müssen, dass diese sie zu sehr vereinnahmen. Sie geht unvoreingenommen auf Menschen zu und ist bereit, großzügiger mit ihren Ressourcen, ihrer Zeit und ihrer Zuwendung umzugehen, da sie weiß, dass sie das nicht ärmer machen, sondern im Gegenteil sogar bereichern wird. Außerdem empfindet sie ihre Emotionen spontaner und kann sich ihren Mitmenschen gegenüber auch emotional mehr öffnen und mitteilen.

Integration – Die FÜNF im gesunden Bereich

Eine gereifte, gesunde FÜNF ist in Kontakt mit sich selbst, der Welt und anderen Menschen.

Ihr wurde der Preis zu hoch, den sie für die selbstauferlegte Isolation zu zahlen hatte, und sie hat es geschafft, ihre Unsicherheiten nicht durch Denken, sondern durch aktives Tun zu überwinden. Gesunde FÜNFer sind geerdet, selbstbewusst und gefestigt und haben ein gutes Körperbewusstsein. Sie haben Führungsqualität, eine mit praktischem Denken kombinierte Weisheit, Courage und scheuen nicht davor zurück, Verantwortung zu tragen. Statt kraftlos und klein, fühlen sie sich nun kompetent, gewappnet für das Leben und auf eine ruhige Weise stark. Ihr Wissen stellen sie auch gerne anderen zur Verfügung und sie lieben es vor allem, es auch praktisch umsetzen zu können. Sie haben gelernt, nicht nur Vertrauen in sich selbst, sondern vor allem auch Vertrauen in die Welt und deren Ressourcen zu haben, und sie wissen, dass sie beherzt handeln können, auch wenn sie nicht alles wissen, was sie eventuell noch in Erfahrung bringen könnten, bevor sie handeln. Ihnen ist bewusst, dass sie umso mehr dazulernen, je mehr sie ihr Wissen praktisch umsetzen, und durch ihr praktisches Wirken in der Welt haben sie zu einem guten Selbstbewusstsein gefunden. Gesunde FÜNFer nehmen aktiv und kraftvoll am Leben teil und sie haben in verschiedensten Lebenssituationen erfahren, dass ihr Wissen gewürdigt wurde und sie auch dann bereits genug wussten, wenn sie gedacht hatten, sie hätten noch viel mehr zu lernen. Je mehr die FÜNF also in Kontakt mit der Welt aktiv handelt, umso mehr wird sie darin bestärkt, dass sie kompetent ist, wodurch sie es wiederum wagt, noch mehr und aktiver am Leben teilzunehmen und schließlich auch sich selbst und ihre Gefühle stärker einzubringen.

Gereifte FÜNFer sind wissbegierig, geistig rege, konzentrationsfähig, gründlich, innovativ, präzise, originell und ganzheitlich denkend. Sie sind häufig Experten oder Pioniere in bestimmten Gebieten, entdecken, erforschen und erfinden gerne und sind aufgeschlossene Visionäre. Sie haben sich eine kindliche Neugier bewahrt und können ihren Interessen mit ungewöhnlich starker Fokussierung und Geduld nachgehen. Sie berichten ihren Mitmenschen bereitwillig von ihren Erkenntnissen, geben gerne Anstoß zu einer tieferen Reflexion über die Welt, sind dabei aber nicht zu ernst und trocken, sondern kleiden ihre Worte gerne in Humor.

Sie sind der Welt zugewandt, neugierig, klug und stehen mitten in der Gesellschaft.

Gesunde FÜNFer haben Zugang zum Leben und können gute Vorbilder dafür sein, wie man das Leben selbstständig und doch nicht isoliert, wissbegierig und doch auch dem Praktischen zugewandt, geistig rege und doch auch tatkräftig und nicht nur verkopft sowie intellektuell schaffend und erforschend, die dabei gewonnenen Erkenntnisse aber auch mit anderen Menschen teilend meistert.

Die FÜNF im durchschnittlich gesunden Bereich

Wenn eine FÜNF sich vom gesunden in den durchschnittlichen Bereich bewegt, zieht sie sich zunehmend in die Welt ihrer Gedanken und Ideen zurück. Das geschieht immer dann, wenn die FÜNF sich von Situationen oder Menschen überwältigt fühlt. Sie entschwindet dann von ihren Sinnen und Gefühlen ganz in ihre geistige Welt in der Hoffnung, so wieder Sicherheit zu erlangen und die Lage wieder objektiver beurteilen zu können.

Durch diesen Rückzug aus der Unmittelbarkeit verliert die FÜNF aber die Erfahrung real gelebten Lebens.

Durchschnittlich gesunde FÜNFer haben das Gefühl, ihr Wissen würde nicht ausreichen, um damit einen Platz in der Welt einnehmen zu können. Sie häufen daher noch mehr Wissen an, spezialisieren sich und analysieren alles bis ins Detail. In ihrem Kopf fühlen sie sich sicher, mit vielen anderen Lebensbereichen können sie jedoch kaum etwas anfangen. Sie schotten sich daher immer stärker ab und verlieren sich in abstrakten Ideen, Spekulationen und komplizierten Theorien. Oft sehen sie dann den Wald vor lauter Bäumen nicht mehr, sie verlieren also den Gesamtzusammenhang vor lauter Kramerei in Details. Sie wirken immer weniger präsent, wie körperlose Geister, vertreten ihre Ideen vehement, da sie sich hinter ihnen zu verschanzen versuchen, und werden defensiv, reizbar, schroff und zynisch. Fakten legen sie nun gerne so aus, dass sie zu ihren Theorien passen, und wer ihre zunehmend abstrakten und oft bizarren Gedankengänge nicht versteht oder gutheißt, den halten sie für dumm und strafen ihn mit Verachtung.

Desintegration – Die FÜNF im ungesunden Bereich

Wenn die FÜNF sich in den ungesunden Bereich bewegt, zieht sie das Denken dem Handeln vor und beginnt, intellektuell arrogant zu wirken, indem sie sich anderen als wissend präsentiert und gerne langatmige Detailerklärungen abgibt. Sie vernachlässigt nach und nach Kontakte und reale Begegnungen mit Menschen, zieht sich immer mehr in ihren Privatbereich zurück und wird emotional unzugänglich. Ihr Fokus geht immer stärker nur noch nach innen in ihre eigene Welt der Gedanken und Theorien.

Sie bewertet Wissen zunehmend vollkommen über und geizt mit ihrer Zeit und ihren Ressourcen. Die FÜNF beschleicht zunehmend das Gefühl, keinen Platz in der Welt zu haben, doch statt hinauszugehen und sich aktiv einen Platz zu suchen, treibt sie dies nur noch mehr in den Rückzug. Sie bricht immer mehr Verbindungen ab und lebt bald eremitenähnlich, von Ängsten geplagt und furchtsam ihre Ressourcen hortend. Zur Sicherheit lässt sie bald nur noch ihre Grundbedürfnisse zu. In solchen Phasen kann die FÜNF beispielsweise tagelang nur von einem Laib Brot oder einem Sack Kartoffeln leben.

Desintegrierte FÜNFer sind exzentrische, labile Sonderlinge, die alle sozialen Bindungen von sich weisen und in ihrer eigenen Welt leben. Sich klein und hilflos fühlend, hängen sie seltsamen, verschrobenen Gedankengängen nach, verzetteln sich, versuchen vergeblich, sich irgendwie zu zerstreuen, sind argwöhnisch und jede Hilfe von sich weisend. Von ihren eigenen Ideen sind sie besessen, fürchten sie aber zugleich, da sie immer abstruser werden, was im schlimmsten Fall in Paranoia und schizophrenen Tendenzen enden kann.

3.6 Typ SECHS – Der loyale Skeptiker

3.6.1 Vorstellung von Typ SECHS

Typische SECHSer-Statements:

- Ich habe ein gespaltenes Verhältnis zu Autoritäten.
- Es ist mir wichtig, die Regeln zu kennen.
- Ich bin sehr loyal.
- Ich mag es, wenn Dinge vorhersehbar sind.
- Manipulationsabsichten erkenne ich sofort.
- Ich prüfe die Menschen, bevor ich ihnen traue.
- Ich weiß gerne, woran ich bei jemandem bin.
- Manchmal bekomme ich gewisse Horrorszenarien kaum noch aus dem Kopf.
- Ich halte es für klug, stets wachsam zu sein.
- Ich zweifle viel.
- Es fällt mir oft schwer, das Leben lockerer zu nehmen.
- Kritik fühlt sich für mich an wie ein Angriff auf meine Person.
- Ich kann ausdauernd und hart arbeiten.
- Ich tendiere zur Sabotage meines eigenen Erfolges.
- »Vorsicht« ist mein zweiter Vorname.
- Oft bin ich Neuem gegenüber erst einmal skeptisch.
- Ich überlege gründlich, bevor ich etwas in Angriff nehme.

- Ich habe einige wenige Idole, zu denen ich bewundernd aufschaue.
- Aus Furcht vor Konsequenzen vermeide ich Fehler so gut wie möglich.
- Ich frage meine Lieben gerne um ihre Meinung, wenn eine wichtige Entscheidung ansteht.
- Ich kann ganz schön zynisch sein.
- Ich habe einen scharfen Verstand.
- Schmeichelei macht mich misstrauisch.
- Ich bin von Natur aus wachsam.
- Ich bevorzuge gewohntes Terrain.
- In Krisen reagiere ich erstaunlich gefasst, danach breche ich aber zusammen.
- Man sagt, ich wäre ziemlich pessimistisch.
- Vertrauen muss langsam wachsen.
- Extreme beunruhigen mich oft.
- Ich hinterfrage meine Entscheidungen häufig.
- Ich habe ein großes Sicherheitsbedürfnis.
- Ich bin besonders verantwortungsbewusst.
- Es fällt mir schwer, Vorgesetzten zu widersprechen.
- Ich muss mir einer Sache sehr sicher sein, bevor ich sie in Angriff nehme.
- Ich habe ein gutes Gespür für Widersprüche.
- Ich suche nach geheimen Motiven anderer.
- Wenn jemand mit einem Regelverstoß durchkommt, macht mich das wütend.
- Ich habe ein sehr starkes Pflichtgefühl.
- Unter Druck werde ich hektisch.
- Es ist mir wichtig herauszufinden, wer bedrohlich für mich werden könnte.

Stärken: Zuverlässigkeit, Vertrauenswürdigkeit, Loyalität, Rücksichtnahme, Wärme, wacher Geist, Verantwortungsbewusstsein, Beschützerverhalten, Ausdauer, Umsicht, Aufmerksamkeit, gut im Erkennen von Unstimmigkeiten, Wachsamkeit, gut im Erkennen von Problemen, Einsatz für Freunde, Treue, Gespür für Hintergründiges und Wahrheit, Warmherzigkeit, Mitgefühl

Potenzielle Schwächen: Misstrauen, Funktionalisieren der Beziehungspartner zur Angstvermeidung, was aber irgendwann in einen Kampf um ihre Unabhängigkeit kippen kann, Launen, Unberechenbarkeit, Pessimismus, Wutausbrüche

Ermunterung, die Typ SECHS bräuchte: »Jeder Mensch, mich eingeschlossen, kann vertrauensvoll und zuversichtlich auf sich selbst und die gesamte Realität blicken.«

Stattdessen verinnerlichte Ansicht: »Die Welt ist gefährlich, man kann einander nicht vertrauen.«

Reaktion darauf: Ängstliche, sicherheitssuchende, infrage stellende Lebenseinstellung oder (kontraphobisches Verhalten) Autoritäten herausfordern, angreifen, bevor man selbst angegriffen wird, der Gefahr die Stirn bieten

Grundbedürfnis, das die SECHS damit erfüllen möchte: Sicherheit zu haben, unterstützt zu werden, loyale Führung zu finden

Grundangst: Ohne Unterstützung alleine klarkommen zu müssen, Angst vor Unsicherheit und davor, preisgegeben oder verlassen zu werden, das Leben alleine nicht bewältigen zu können, nicht vertrauen zu können, verraten zu werden, nicht geschützt zu werden

Der Grundleidenschaft (Zweifel) entsprungene Wesenszüge: Ambivalenz, ständige Alarmbereitschaft, Orientierung an (oder Rebellion gegen) Autoritäten, Orientierung an Idealen und an anderen Personen, Rigidität, anbiedernde Freundlichkeit oder (bei kontraphobischem Verhalten) Streit- und Kampfeslust, Unsicherheit, Zweifel, Selbst- und Fremdanklage

Aufmerksamkeits- und Energiefluss: Die Aufmerksamkeit richtet sich auf das, was schiefgehen oder gefährlich sein könnte, auf Schwierigkeiten, potenzielle Fallen und doppeldeutige Botschaften. Die Energie fließt daher in die Suche nach Fallstricken, den Zweifel, die Überprüfung, Analyse, um Gefahren besser einschätzen zu können, Ambivalenz gegenüber Autoritäten, dahin, Sicherheit zu erlangen oder (kontraphobisches Verhalten) Stärke zu zeigen sowie in Loyalität.

Was die SECHS vermeiden möchte: abweichendes Verhalten, Risiken einzugehen, etwas falsch zu machen, Gefahren nicht unter Kontrolle halten zu können, Gefahren zu unterliegen, im Zweifel und Grübeln gefangen zu sein, Verbündete durch Widerspruch vor den Kopf zu stoßen

Was Stress verursacht: zu starke Obrigkeitshörigkeit oder (kontraphobisches Verhalten) Rebellion gegen Autoritäten, der Spagat zwischen dem Versuch, das Vertrauen anderer nicht zu verlieren, während man selbst ihnen aber nicht traut, der Druck, den man sich selbst bei seinem Umgang mit Unsicherheit auferlegt

Verhalten unter Druck (Hauptabwehrmechanismus): **Projektion**, d. h. Typ SECHS sieht Wünsche, Gefühle, Motive oder andere Qualitäten, die er in sich selbst ablehnt, als zu einem anderen Menschen gehörig, d. h. er projiziert diese auf ihn.

So neigt die SECHS etwa dazu, Feindseligkeit, böse Motive und negative Gedanken bei sich selbst zu verleugnen und stattdessen bei anderen Menschen zu vermuten, selbst wenn dafür nicht wirklich viel spricht. Erklärungen für die eigene innere Unsicherheit werden so in der Außenwelt gefunden, anstelle eines Selbstvorwurfes kann ein anderer angeklagt werden und die SECHS sieht dadurch das eigene Gefühl, die Außenwelt als bedrohlich zu erleben, gerechtfertigt. Sie selbst wird so entlastet und das **idealisierte Selbstbild,** ein realistischer, vorsichtiger, verlässlicher Mensch zu sein, kann aufrechterhalten werden.

3.6.2 Erweitertes Persönlichkeitsprofil – »Vorsicht ist besser als Nachsicht«

Verhalten als Kind

Die SECHS kann als Kind kein Urvertrauen entwickeln. Die Grundängste der SECHS, nämlich alleine nicht zurechtzukommen und keine Unterstützung zu finden, sind generelle Ängste von Kindern, die ja von ihren Eltern noch völlig abhängig sind. Die SECHS kann diese Ängste jedoch nicht gut ablegen, denn auch ihre zunehmende Souveränität überzeugt sie niemals völlig. Ein Zweifel bleibt also.

SECHSer-Kinder haben manchmal unberechenbare, emotionsarme, aggressive oder gewalttätige Eltern. Sie wurden eventuell angeschrien oder geschlagen, ohne dass sie wussten, warum. Sie lernen also, dass das Leben unberechenbar ist und man immer auf der Hut sein muss.

Doch die Kindheit der SECHS muss nicht so dramatisch verlaufen. In einem von Natur aus ängstlichen und vorsichtigen Kind können auch unglückliche Einzelerlebnisse bewirken, dass das Grundvertrauen erschüttert wird. Dies kann beispielsweise geschehen, wenn die liebenden, beschützenden Eltern nur für wenige Minuten das Haus verlassen in der Annahme, ihr Kind schlafe tief und fest. Wacht das Kind jedoch genau dann auf und ruft nach der Mutter oder dem Vater und keiner ist da, kann dies durchaus ein solches Erlebnis sein, das das Grundvertrauen eines ohnehin schon furchtsamen Kindes beschädigt.

SECHSer können also sehr unterschiedliche Kindheitserlebnisse gehabt haben, gemein ist ihnen jedoch, dass sie daraus den Schluss gezogen haben, dass ihre Sicherheit nicht garantiert ist und es besser ist, nicht davon auszugehen, dass man vertrauen kann.

SECHSer-Kinder sind oft beliebt. Sie hören gut zu, sind folgsam und loyal zu ihren Freunden.

Sie arbeiten gut in Teams, sind verlässlich und haben keine Probleme mit Routine. Doch sie zweifeln häufig an sich selbst, haben wenig Vertrauen und suchen Rat und Ermunterung bei anderen.

Das SECHSer-Kind verfeinert verschiedene Strategien, um mit seinem Dilemma der Unsicherheit umzugehen: Es kann sich entweder einen Beschützer suchen oder lernen, Gefahr sehr früh zu wittern, um rechtzeitig in Deckung zu gehen (phobisches Verhalten) oder anzugreifen, bevor es selbst angegriffen wird (kontraphobisches Verhalten).

Das legt auch den Grundstein für die Hauptleidenschaft der SECHS, den Zweifel, da die SECHS immer anzweifelt, ob die Dinge so sind, wie sie sich darstellen, ob sie auch wirklich sicher ist oder ob sie tatsächlich vertrauen kann.

Phobisches und kontraphobisches Verhalten

Typ SECHS wird von Angst, Unsicherheit und Zweifeln bestimmt. Es gibt jedoch zwei typische Reaktionen auf Angst bei der SECHS. Diese beiden Reaktionen der SECHS sind dermaßen verschieden, dass es nicht einfach zu erkennen ist, dass beide demselben Enneagrammtyp entspringen.

Die stärker phobisch agierende SECHS wittert schnell Gefahr, ist äußerst wachsam, von Natur aus vorsichtig, misstrauisch, zögernd, zieht sich bei potenzieller Bedrohung zurück oder wird passiv, möchte Angriffe auf sich selbst unbedingt vermeiden und neigt eher zur Konformität. Sie nimmt ihre Angst tendenziell bewusster wahr, wobei es aber auch sein kann, dass sie sich selbst nicht als ängstlich, sondern lediglich als realistisch und aufmerksam bezeichnen würde. Sie ist sanftmütig, bescheiden, relativ pflegeleicht, oft charmant und neigt dazu, ihren Instinkten nicht zu trauen. Die phobisch agierende SECHS wird lockerer, freier und selbstständiger, wenn jemand sie an die Hand nimmt und ihr beiseitesteht.

Agiert die SECHS hingegen vermehrt kontraphobisch, sind ihr ihre Angst und ihre Unsicherheit im Allgemeinen nicht bewusst. Wenn sie Gefahr spürt, reagiert sie aktiv, indem sie nach außen geht und aggressiv gegen die Gefahr handelt. Es kann sogar sein, dass sie die Gefahr absichtlich provoziert. Kontraphobisch agierende SECHSer können sich von gefährlichen Situationen angezogen fühlen und riskante Sportarten ausüben, denn sie treten die Flucht nach vorne an, anstatt sich mit Ängsten zu quälen. Zu ihrer Furcht haben sie keinen Zugang. Wie bei der phobisch handelnden SECHS ist auch hier die Furcht der Haupthandlungsmotor, doch anders als sie überspielt die kontraphobisch handelnde SECHS ihre Furcht mit aufgesetzter Härte, mit Mut, Waghalsigkeit und Stärke. Die kontraphobisch agierende SECHS kann also erstaunlich hart und herausfordernd auftreten. Sie kann aufbrausend, laut oder sogar handgreiflich werden. Sie wird lockerer, wenn sie es schafft, ihre angstabwehrenden Aktivitäten auf ein gesundes Maß zurückzuschrauben.

Prinzipiell können alle SECHSer je nach Situation sowohl phobisches als auch kontraphobisches Verhalten zeigen, die selbsterhaltende SECHS ist aber mehrheitlich auf der phobischen Seite unterwegs, während die sexuelle Instinktvariante öfter kontraphobisch agiert (weshalb bei manchen Autoren die sexuelle SECHS auch als »kontraphobische SECHS« bezeichnet wird). Die soziale SECHS zeigt typischerweise einen Mix aus phobischen und kontraphobischen Verhaltensweisen mit etwas mehr Tendenz zu phobischem Verhalten.

Fehlendes Urvertrauen und Projektion

Grundlage beider Ausprägungen der SECHS ist eine ihrem fehlenden Urvertrauen entsprungene tief sitzende Angst vor dem Leben. Die SECHS zweifelt sowohl an der Vertrauenswürdigkeit der Welt als auch an ihren eigenen Instinkten. Aufgrund ihrer inneren Unsicherheit neigt die SECHS zu Projektionen. Das bedeutet, dass sie Gefühle, Wünsche oder Motive, die sie in sich selbst als konfliktbeladen erlebt, auf ihre Mitmenschen überträgt, also bei ihnen vermutet. Sie kann somit beispielsweise ihrem Partner vorwerfen, sie nicht mehr zu lieben, wenn in Wahrheit sie es ist, die ihn nicht mehr so liebt wie früher. Sie kann jemand anderen eines Fehlers beschuldigen, wenn sie selbst einen Fehler begangen hat, es sich aber nicht eingestehen möchte. Oder sie beharrt auf striktes Einhalten von Regeln, wenn ihre eigene innere Unsicherheit sie zu überschwemmen droht.

Die Zweifel der SECHS können so groß sein, dass sie ständig misstrauisch überall Gefahr wittert. Schafft sie es, ihre Zweifel und ihre Unsicherheit in den Griff zu bekommen, kann die SECHS vorausschauend und mutig sein sowie rechtzeitig Gefahren erkennen, dabei jedoch nicht panisch oder aggressiv überreagieren. Die SECHS hat viele wunderbare Eigenschaften wie etwa Loyalität, Teamfähigkeit, Treue, Humor, Zuverlässigkeit, Warmherzigkeit, Gefühlsstärke, Originalität, Traditionsbewusstsein und Familiensinn.

(Un-)Abhängigkeit, Autoritätsproblematik und Sicherheitsstreben

»Es gibt keine Sicherheit, nur verschiedene Grade der Unsicherheit.« Anton Pawlowitsch Tschechow

Um ihre Ängste in den Griff zu bekommen, suchen etliche SECHSer Unterstützung. Dabei möchten sie allerdings nicht von ihrem Gegenüber vereinnahmt werden. Es ist ein sehr schmaler Grat zwischen Abhängigkeit und Unabhängigkeit, auf dem sie sich optimal wohlfühlen. Unwohl fühlt sich die SECHS, wenn ihr Gegenüber sie mit Aufmerksamkeit überschüttet, unwohl fühlt sie sich aber auch, wenn sie zu wenig Aufmerksamkeit erhält. Die SECHS möchte also, dass jemand für sie da ist, der jedoch einen gewissen Abstand halten sollte.

Je unsicherer die SECHS wird, desto mehr ist sie auf andere Menschen angewiesen und desto größer ist die Gefahr, dass sie von anderen abhängig wird. Dieses Risiko ist ihr bewusst, weshalb sie sehr genau darauf achtet, dass ihr Gegenüber sie nicht zu sehr vereinnahmt.

Da die SECHS ihrer eigenen inneren Führung und ihrem Bauchgefühl nicht traut, sucht sie in mehrere Richtungen nach verlässlichen Leitlinien für ihr Leben. Ihre Suche kann sie zu Glaubenssystemen, philosophischen Konstrukten oder spirituellen Praktiken führen, eventuell lernt sie auch Autoritäten kennen, die sich als Leitfigur präsentieren.

Dabei steht die SECHS Autoritäten ambivalent gegenüber. In ihrer Angst, von Autoritäten übervorteilt zu werden, überschätzt sie deren Macht und Bedeutung gerne. Sie neigt dazu, sich einer Autorität entweder anzuschließen und sie als helfende Leitfigur anzunehmen, oder dazu, sie mit Argwohn zu betrachten und ständig nach deren Negativseiten Ausschau zu halten. Sie idealisiert Autoritäten also entweder als starken Beschützer (Lehrer, Guru, Meister, Anführer etc.) oder begehrt gegen sie auf. Sobald eine idealisierte Autorität irgendetwas macht oder sagt, was das Misstrauen der SECHS erweckt, wendet sich die SECHS von ihr ab und reagiert infolge sogar oft auffallend stark antiautoritär eingestellt.

Unreife SECHSer suchen also häufig Sicherheit im Außen. In anderen Menschen, Autoritäten, Hierarchien und geschlossenen Systemen. Der Weg aus der Verstrickung in ihr Muster führt die SECHS durch die Erkenntnis, dass wahres Sicherheitsgefühl nicht von außen kommen kann, sondern in ihrem eigenen Inneren reifen muss.

Die SECHS ist der Enneagrammtyp mit den meisten Gesichtern. Eine SECHS kann sich von einer anderen daher sehr stark unterscheiden. Die Bandbreite reicht hier von sich der Angst überhaupt nicht bewusstem, autonomem sowie unbewusst stark angstabwehrendem Verhalten bis hin zu deutlich ängstlichem, angstflüchtendem und eine beschützende Leitfigur suchendem Verhalten.

Beziehungen der SECHS

In **Liebesbeziehungen** ist Typ SECHS sehr beständig. Da sie sehr loyal und gewillt ist, auch Beziehungsprobleme zu bearbeiten und zu überwinden, hat die SECHS oft sehr dauerhafte Partnerschaften.

Zu Beginn einer Beziehung ist es für die SECHS ziemlich stressig, denn sie wünscht sich Sicherheit und Vertrauen. Vertrauen kann die SECHS aber erst, wenn sie ihr Gegenüber eingehend geprüft und beobachtet hat und einschätzen kann, wie es sich in bestimmten Situationen verhalten wird. Sicher fühlt sich die SECHS generell selten, aber zu Beginn einer Beziehung natürlich am allerwenigsten. Die Kennenlern- und erste Verliebtheitsphase, die für viele andere aufregend und spannend ist, ist für die SECHS daher oft eher ein notwendiges Übel und eine intensive Test- und Recherchezeit für später.

Die SECHS tendiert zu ängstlich-besorgten Gedanken, die sich in Beziehungen in Fragen wie »Was, wenn du mich eines Tages ganz plötzlich nicht mehr liebst?« oder »Du schaust so seltsam drein, bist du böse auf mich?« ausdrücken können. Der SECHS hilft es dann, wenn man ihr versichert, dass man ihr versprochen hat, immer für sie da zu sein, und dass man fest an diesem Versprechen hält. SECHSer werden immer wieder in allen möglichen Worst-Case-Szenarios gefangen sein. Am meisten brauchen sie dann einen Partner, der sie beruhigt, ihnen versichert, dass alles in Ordnung ist, und der ihnen verspricht, ihnen beizustehen, was immer auch die Zukunft bringen mag. Ihnen zu sagen, sie wären bloß unnötigerweise pessimistisch, hilft hingegen wenig. Die SECHS wird entgegnen, sie sei ein Realist und kein Pessimist, und wird sich unverstanden fühlen.

Für den Partner kann es relativ aufreibend sein, dass die SECHS sehr lange braucht, um Entscheidungen zu treffen. Für und Wider werden immer wieder gegeneinander abgewogen, ohne dass eine Seite deutlich mehr Gewicht zu haben scheint. Der Grund dafür ist, dass die SECHS nicht gelernt hat, ihrem Bauchgefühl zu trauen.

Manchmal projiziert die SECHS auch ihre eigenen Zweifel und negativen Gefühle auf den Partner und es kann auch sein, dass die SECHS verwirrend für ihren Partner ist, da sie auf der Suche nach der optimalen Distanz zwischen sich und dem Partner ist. Sie möchte dem Partner nahe genug sein, um sich nicht alleine zu fühlen, und ihm entfernt genug sein, um nicht zu stark vereinnahmt werden zu können. Das macht ihr Verhalten manchmal unberechenbar, da sie eben noch liebevoll und anschmiegsam sein, dann scheinbar grundlos auf Distanz gehen kann, um sich daraufhin wieder zu sorgen, dass sie sich zu weit entfernt hat.

Doch ist sich eine SECHS der Beständigkeit ihrer Beziehung einmal sicher, ist sie ein wundervoller Partner. Sie ist loyal, humorvoll, zuverlässig, aufmerksam, treu und bereit, mit dem Partner durch Dick und Dünn zu gehen.

In **Berufsbeziehungen** ist die SECHS vorsichtig. Sie äußert Zweifel und stellt viele Fragen, wenn bei einem beruflichen Projekt Unklarheiten bestehen. Sie ist gut darin, Schwachstellen zu entdecken und Projekte erst gründlich durchzudenken, bevor sie gestartet werden. In einem Team wird die SECHS kaum zu jenen Personen zählen, die Risiken eingehen möchten, sondern zu jenen, die für jede Eventualität gewappnet sein und nichts Unüberlegtes in Angriff nehmen wollen. Sie scheut nicht davor zurück, auch unangenehme Fragen zu stellen, und hat dadurch schon so manche Firma vor allzu riskanten Handlungen bewahrt. Da die SECHS sehr pflichtbewusst ist, muss sie darauf achten, sich nicht zu viele Projekte auf einmal aufzuhalsen.

3.6.3 Flügeltypen der SECHS

SECHS mit Flügel FÜNF

Da die Bewegung der SECHS in Richtung Zugehörigkeit zu anderen Menschen und die der FÜNF in Richtung Rückzug von anderen Menschen geht, vereint die SECHS mit Flügel FÜNF einen Gegensatz in sich. Beide suchen nach Sicherheit, aber die SECHS benötigt dafür Verbündete, während die FÜNF eher Sicherheit vor anderen Menschen bzw. deren Zudringlichkeiten sucht. So kann die SECHS mit Flügel FÜNF zwar einerseits ein Einzelkämpfer, dann aber doch wieder angezogen von Bündnissen mit anderen Menschen sein. Am meisten hingezogen fühlt sie sich zu Menschen mit gemeinsamen Werten.

Diese Flügelvariante ist ernsthaft, kontrolliert und hat hohe moralische Prinzipien. Da ihr gemocht zu werden weniger wichtig ist als der anderen Flügelvariante, setzt sie sich für ihre Ansichten zuweilen auch unverblümt ein. Sie zeichnet sich durch Organisationstalent, persönliches Engagement, Wissbegierde und eine gute Beobachtungsgabe aus und kann starke intellektuelle Tendenzen haben. SECHSer mit Flügel FÜNF sind häufig versierte Problemlöser, technische Experten oder gute Erzieher. Generell interessieren sie sich für Berufsfelder, wo sie mit großem Wissen glänzen können und die in ein Umfeld klarer Regeln und Parameter eingebettet sind wie Medizin, Juristik oder Ingenieurwesen. Oft setzen sie sich auch für Außenseiter und Benachteiligte ein.

Die SECHS mit Flügel FÜNF ist konzentrationsfähiger als die andere Flügelvariante, sie ist intensiver, unabhängiger, ernster, aber auch ängstlicher und unnahbarer als die SECHS mit Flügel SIEBEN. Ihre Privatsphäre ist ihr heilig und sie hat typischerweise viele Hobbys, die sie alleine ausüben kann. Sie benötigt generell mehr Zeit alleine, tendiert dann allerdings auch dazu, zu viel zu grübeln und zu überanalysieren, statt Dinge anzupacken. Sicherheit bezieht sie aus übergeordneten Systemen, bleibt dabei aber stets skeptisch. Freundschaften schließt sie langsamer, hat sie jedoch einmal ihre Vorsicht und ihr Misstrauen überwunden, ist sie ein sehr treuer und loyaler Freund.

Viele SECHSer mit Flügel FÜNF sind originelle Bücherwürmer, sehr nachdenklich und manchmal aus Vorsicht so diplomatisch, dass andere in ihren Aussagen ihre wahren Gedanken gar nicht mehr erkennen können. Sie sind auch tendenziell pessimistischer, konkurrierender mit potenziellen Rivalen, weltabgewandter und grüblerischer als die SECHS mit Flügel SIEBEN.

Je ängstlicher sie sind, umso mehr Bedrohungen fürchten sie in der Welt, bis sie im unreifen Zustand paranoid und panisch auf ihre Sicherheit bedacht sind, eventuell im Wechsel mit Wutausbrüchen und destruktivem Verhalten, vor allem bei der mehr kontraphobisch agierenden SECHS.

Diese Flügelvariante ist extravertierter als die SECHS mit Flügel FÜNF, sie ist lieber in Gesellschaft anderer Menschen, zieht sich weit weniger zurück, ist entspannter und legt den Fokus deutlich stärker auf das Sich-gut-gehen-Lassen. Sie steht unter dem Spannungsfeld zwischen dem Verantwortungsgefühl der SECHS und dem Freiheitsdrang der SIEBEN.

SECHSern mit Flügel SIEBEN ist es wichtiger, von anderen Menschen gemocht zu werden.

Sie sind enthusiastischer, lustiger, verspielter, materialistischer und eher bereit, kleinere Risiken einzugehen (zumindest, wenn sie einen Plan B haben). Meist haben sie viele verschiedene Interessen und Hobbys, sind freundlich und kontaktfreudig und nehmen sich dabei selbst nicht zu ernst. Beruflich verbinden sie gerne ihre Kontaktfreude mit Disziplin.

Man findet sie häufig im Marketing, der Werbung oder dem Management.

Mit ihren Ängsten geht die SECHS mit Flügel SIEBEN humorvoller und manchmal selbstironisch um. Ihr Witz und ihre Verspieltheit helfen ihr generell, die Schwierigkeiten des Lebens zu meistern. Sie ist loyal, neugierig, engagiert und kann sehr hart arbeiten, tendiert dabei aber manchmal dazu, Dinge aufzuschieben und aus Unsicherheit andere oft nach deren Meinung zu fragen, bevor sie ein Projekt wirklich durchzieht.

Mit Druck, Sorgen und Ängsten kann sie durch das Spannungsfeld zwischen SECHS und SIEBEN weniger gut umgehen als die andere Flügelvariante. Die SIEBEN möchte sich solche Gefühle einfach nur vom Leib halten, für die SECHS sind sie jedoch beinahe allgegenwärtig.

Der Fluchtversuch aus diesem Spannungsfeld bedeutet für die SECHS mit SIEBENer-Flügel oft eine Neigung zu impulsivem Verhalten, Reizbarkeit oder schlechter Laune. Fühlt sie sich bedroht oder in die Enge getrieben, versucht sie zu gefallen bzw. neigt bei mehr kontraphobischem Verhalten dazu, den (vermeintlichen) Aggressor zu beschuldigen.

Ihren Freunden und ihrer Familie gegenüber sind SECHSer mit Flügel SIEBEN sehr loyal, oft sind sie diejenigen, die andere Familienmitglieder bei allem beraten, was im weitesten Sinne zum Thema »Sicherheit« gehört (Geldanlage, Steuern, Versicherungen, Einbau von Alarmanlagen etc.)

Sie zeichnen sich durch Leichtigkeit und Lebensfreude aus, können aber auch beißend sarkastisch sein und ihre Abneigungen mit Nachdruck äußern. Sie können auffallend ängstlich-nervös sehr auf alles fokussiert sein, was schiefgehen könnte, wovon ihnen aufgrund der intuitiven Vorstellungskraft der SIEBEN sehr viel einfällt. Sie lenken sich dann mehr und mehr ab und versuchen, ihre Unruhe zu kompensieren, indem sie sich angenehmeren Themen zuwenden.

Noch unreifer haben sie Stimmungsschwankungen, sind kleinlich, unsicher, nervös, irritiert und sich rechtfertigend. Sie neigen dann in ihren manischen Versuchen, ihrer Angst zu entkommen, eventuell zu Überreaktionen und Substanzmissbrauch.

3.6.4 Instinktvarianten der SECHS

Selbsterhaltende SECHS

Die selbsterhaltende Instinktvariante ist sehr warmherzig, freundlich, wohlwollend und hilfsbereit. Außerdem ist sie recht unsicher, ängstlich und hilfsbedürftig. Ihre Ängste drehen sich vor allem um für ihr Überleben notwendige Dinge wie ihre Finanzen, ihren Beruf oder ihr Zuhause und sie befürchtet, nicht genug Sicherheit zu erhalten. Infolge versucht die selbsterhaltende SECHS Sicherheit zu erlangen, indem sie darauf achtet, dass alle Ressourcen gewährleistet sind, die sie benötigt, und es ist wichtig für sie, die praktischen Dinge wie etwa die Regelung der Finanzen selbst in der Hand zu haben oder deren bestmögliche Handhabung zumindest engmaschig kontrollieren zu können.

Sie regt sich über Kleinigkeiten auf und neigt dazu, schnell schwarz zu sehen. Die Welt ist für sie ein gefährlicher Ort, den man am besten mit wohlgesinnten Gefährten durchschreitet.

Deshalb knüpft sie Beziehungen und Vereinbarungen mit »Verbündeten«, um ihre existenzielle Angst zu mindern.

Selbsterhaltende SECHSer sind absolute Familienmenschen, die Familie ist für sie wie ein sicherer Hafen, ein Ort, der sie beschützt und wo Feinde keinen Zutritt haben. In Beziehungen ist ihnen vor allem Vertrauen wichtig, sie befürchten häufig, den Beziehungspartner zu enttäuschen und begeben sich leicht in eine Abhängigkeit von anderen.

Die selbsterhaltende SECHS ist verantwortungsbewusst, geistreich, witzig und loyal. Nach außen gibt sie sich oft auch dann noch heiter, wenn sie innerlich ängstlich oder von Schuldgefühlen geplagt ist.

Freundschaften schließt sie langsam, da sie erst sichergehen will, dass sich der andere als vertrauenswürdig und zuverlässig erweist. Es ist ihr aber auf jeden Fall wichtig, gemocht zu werden, da ihr das ein Gefühl von Sicherheit vermittelt.

Sogar wenn sie sich über jemanden ärgert, bleibt die selbsterhaltende SECHS noch freundlich, um keine Feindseligkeit vom Gegenüber zu provozieren. Sie mag es, wenn sie Freunden gegenüber ihre Loyalität unter Beweis stellen kann. Autoritäten gegenüber ist sie zwar sehr misstrauisch, tendiert aber eher zur Autoritätsgläubigkeit, und sie hat generell viele Ängste und Zweifel und zieht dann gerne Freunde zurate. Sie trifft sehr ungern Entscheidungen und wägt das Für und Wider ganz genau ab, um keinen Fehler zu machen.

Meist lebt sie deshalb auch recht bescheiden, denn sie möchte auch keine finanziellen Risiken eingehen, die etwa mit einer teureren Wohnung einhergehen würden.

In ihren eigenen vier Wänden fühlt die selbsterhaltende SECHS sich am sichersten, weshalb ihr ein emotional warmes Zuhause viel bedeutet. Entspannung außerhalb ihres eigenen Zuhauses kann sie kaum finden. Oft arbeitet sie auch sehr hart, um ihre Lebensangst zu bekämpfen, und sie ist introvertierter als die anderen beiden Instinktvarianten der SECHS.

Obwohl die selbsterhaltende SECHS in Ausnahmesituationen und wenn sie ihren ganzen Mut zusammennimmt kontraphobisch agieren und dann aktiv Widerstand leisten oder unfreundlich werden kann, ist sie generell die phobischste, d. h. die am ängstlichsten agierende Instinktvariante der SECHS.

Im unreiferen Zustand führt ihre starke selbsterhaltende Angst zu einer so großen Anpassung, dass sie dazu tendiert, zu lange in für sie ungesunden beruflichen oder privaten Situationen zu verharren.

Sexuelle SECHS

Die sexuelle SECHS ist die kontraphobischste Instinktvariante der SECHS, d. h. sie handelt so sehr gegen ihre Angst, dass sie anstatt ängstlich und passiv deutlich häufiger resolut, entschieden, beherzt oder sogar aggressiv auftritt und daher einen mutigen und angstfreien Eindruck hinterlässt. Dass hinter ihrem Verhalten Angst steckt, ist ihr sogar selbst oft nicht einmal bewusst.

Sie ist aktiv, tatkräftig, konkurrierend und arbeitet hart. Es ist ihr wichtig, stark und attraktiv zu sein, wobei der Fokus bei männlichen sexuellen SECHSern meist mehr auf der Stärke und jener der weiblichen mehr auf

Attraktivität und Schönheit liegt. Durch diese Stärke und/oder Schönheit möchte die sexuelle SECHS ihre im inneren verborgene Angst überwinden. Eine weitere Strategie ist der Aufbau intellektueller Stärke. Diese Strategien helfen beim Erlangen von Kontrolle über die Lebensumstände.

Sexuelle SECHSer suchen sich auch gerne Partner, die ebenfalls stark oder schön sind, und sie ergreifen auch überdurchschnittlich oft risikoreiche Berufe wie Feuerwehrmann, Dachdecker oder Polizist oder üben gefährliche Hobbys aus. Der Grund dafür ist, dass ihre innere, fast immer unbewusste Angst zum Bedürfnis nach Demonstration von Stärke (oder Schönheit) führt, weshalb sie sich auch generell niemandem unterwerfen und sehr dominant auftreten. Die kontraphobisch agierende sexuelle SECHS spaltet ihre Angst so perfekt aus dem Bewusstsein ab, dass sie sich letztlich sogar paradoxerweise von dem angezogen fühlt, was sie eigentlich fürchtet. Sie kann relativ leicht mit Typ ACHT verwechselt werden, hat aber nicht das innere Souveränitätsgefühl der ACHT, denn insgeheim ist ihr Selbstbewusstsein im Gegensatz zu dem der ACHT ständig bedroht und ihre Stärke nur Kompensation.

Die sexuelle SECHS neigt dazu, geliebte Menschen zu idealisieren und Fremden gegenüber sehr misstrauisch zu sein. Typisch für sie ist auch, dass sie sich gerade dann, wenn sie innerlich unsicher ist, besonders stark (oder schön) präsentiert.

Diese Instinktvariante kann arrogant wirken, aber auch verführerisch, sie kann generell sehr viele Facetten haben und ist oft nicht einfach zu erkennen. Sie kann euphorisch oder eitel sein, stark, aktiv, intellektuell, emotional intensiv, bissig, provokant und einschüchternd. Sie kann aber auch verführerisch und hilfsbedürftig sein. Beruflich ist die sexuelle SECHS am liebsten ihr eigener Chef.

Im unreifen Zustand ist sie extrem misstrauisch und eifersüchtig und muss ihre Stärke daher ständig in völlig übertriebener Weise demonstrieren, wobei sie impulsiv und (selbst-)zerstörerisch um sich schlagen kann.

Soziale SECHS

Die soziale Instinktvariante der SECHS zeigt sowohl phobisches als auch kontraphobisches Verhalten. Sie ist loyal, einsatzbereit, traditionsbewusst, effizient, hilfsbereit und idealistisch.

Soziale SECHSer sind gerne Teil eines großen Ganzen wie etwa einer Firma oder Organisation und sie setzen sich mit viel Elan dafür ein. Sie suchen von allen Instinktvarianten der SECHS am ehesten nach einer Ideologie oder Autorität als Orientierungshilfe.

Die soziale SECHS mag klare Vereinbarungen und tritt sehr korrekt auf. Ihre für die SECHS typische Angst in Verbindung mit ihrem vorherrschenden sozialen Instinkt bedeutet, dass sie sich verstärkt an Normen, Regeln und Gesetzen orientiert und sehr pflichtbewusst agiert.

Regeln und Vorschriften sind ihr einerseits wichtig, worin sie Typ EINS ähnelt. Für sie bedeuten Regeln Sicherheit und Orientierung. Andererseits testet oder bricht sie Regeln manchmal aber auch, meist gemeinsam mit einem Verbündeten. Ihr Verhältnis dazu ist also ambivalent, auf jeden Fall aber möchte sie die Regeln immer kennen, da ihr dies ein Gefühl von Sicherheit vermittelt.

Innerlich fühlt sich die soziale SECHS oft zerrissen. Dies macht sich auch bemerkbar, wenn ihr Personen in verantwortlichen Positionen sagen, was sie zu tun hat. Einerseits erleichtert es sie dann, nicht selbst entscheiden zu müssen, andererseits kann es sie aber auch verärgern.

Soziale SECHSer sind ihrer Familie, ihren Freunden oder ihrer Bezugsgruppe gegenüber sehr loyal und skeptisch gegenüber all jenen, die sich außerhalb dieses Bezugsrahmens befinden.

Sie suchen Sicherheit innerhalb eines sozialen Gefüges und vergewissern sich von Zeit zu Zeit, ob auch alle noch am selben Strang ziehen. Oft bringen sie Opfer für die Gemeinschaft, indem sie zum Beispiel freiwillige gemeinnützige Arbeit leisten, was sie häufig als ihre Bürgerpflicht betrachten. In verantwortlichen Positionen fühlen sie sich allerdings häufig unwohl, da sie nicht in die Lage kommen möchten, Entscheidungen treffen zu müssen, mit denen nicht alle einverstanden sind. Ihre Befürchtung ist, dann die Unterstützung und das Wohlwollen jener zu verlieren, die andere Entscheidungen befürwortet hätten. Auch vor einer größeren Anzahl von Menschen in Erscheinung zu treten, etwa als Sprecher einer Gruppe oder Repräsentant einer Firma, ist etwas, das sie gerne vermeiden, da sie keiner öffentlichen Kritik ausgesetzt sein möchten.

Die soziale SECHS bewegt sich also im Spannungsfeld zwischen Pflichterfüllung und Angst, weshalb ihr Klarheit und Präzision wichtig sind, um nicht desorientiert zu werden. Bei Furcht vor negativen Konsequenzen hält sie starr an Vorschriften fest. Ihren natürlichen Instinkten traut sie kaum, weshalb sie zuweilen relativ emotionslos wirken kann. Ihre eigenen Instinkte ersetzt sie durch eine Art Prüfungskommission in ihrem Kopf. Wenn sie etwa eine wichtige Entscheidung zu treffen hat, geht sie geistig die Ansichten vieler für sie relevanter Personen durch, um sicherzugehen, dass sie richtig entscheidet.

In weniger reifem Zustand können soziale SECHSer zu Mitläufern werden, die keine eigene Meinung abgeben, ohne zuvor die Meinung anderer gehört und sich daran angepasst zu haben.

Sie werden dann schnell zornig und neigen zu passiver Aggression.

3.6.5 Integration und Desintegration der SECHS

- Unreif bzw. desintegriert ist Typ SECHS: paranoid, reizbar und rigide
- Normal entwickelt ist Typ SECHS: pflichtbewusst, arbeitsam und vorsichtig
- Reif bzw. integriert ist Typ SECHS: verantwortungsbewusst, warmherzig und mutig

Die SECHS am Trostpunkt

»Sicherheit, die du suchst, ist in dir. Ein Wagnis ist immer dabei.«
Else Pannek

Die SECHS tendiert zu einer zweifelnden Einstellung und erhöhter Ängstlichkeit. Durch korrekte Pflichterfüllung erhofft sie sich kompensatorische Sicherheit. Um ihre ambivalente Haltung sich selbst, ihren Mitmenschen und dem Leben gegenüber wirklich ablegen zu können, benötigt die SECHS jedoch eine echte, aus ihrem Inneren kommende Sicherheit.

Das Dilemma der SECHS ist nämlich, dass sie in sich selbst keine Sicherheit und keinen Halt findet und diese Sicherheit daher von außen bekommen möchte, dabei aber der Außenwelt auch nicht so recht traut. So schwankt sie hin und her zwischen der Suche nach Sicherheit bei ihren Mitmenschen und dem vom Rückzug gefolgten Zweifel, ob diese vertrauenswürdig sind. Dauerhafte Sicherheit ist so natürlich nicht zu erlangen.

Wenn die SECHS sich nun aber in Richtung ihres Trostpunktes, der NEUN, bewegt, kann sie durch die gelassene Ruhe zu der so dringend benötigten Entspannung, inneren Sicherheit und emotionalen Stabilität finden, denn sie lernt dann, ihrem Bauchgefühl und ihrer inneren Führung zu trauen und nicht mehr ängstlich darüber nachzugrübeln, was andere Menschen von ihr halten und wie sie über sie urteilen. Das macht sie auch unabhängiger von der Meinung von Autoritätspersonen, Gruppen oder anderen Außenstehenden. Deshalb entkrampft sich an ihrem Trostpunkt auch ihre Beziehung zu Autoritäten und ihre ängstliche Besorgtheit weicht nach und nach einem gelassenen Selbstvertrauen und optimistisch-zuversichtlichem Denken mit geweiteter Perspektive. Sie schafft es also nun, das Leben generell etwas weniger ernst zu nehmen und darauf zu vertrauen, dass letztendlich alles gut ausgehen wird.

Die SECHS lernt vom Trostpunkt NEUN auch, dass nicht sofort Katastrophen eintreten müssen, wenn man nicht mehrfache Sicherheitsvorkehrungen trifft, und dass es sich weitaus entspannter leben lässt, wenn man ein wenig mehr Vertrauen und positives Denken aufbaut und nicht bei allem potenziell Beängstigenden überreagiert.

Von der gesunden NEUN kann die SECHS weiterhin lernen, dass man zuerst mit sich selbst in Frieden leben muss, um dann auch mit anderen in Frieden leben zu können. Bewegt sich die SECHS in Richtung ihres Trostpunktes, wird sie zudem generell aufgeschlossener, vertrauensvoller und empfänglicher gegenüber ihren Mitmenschen, Neuem und Unbekanntem, sie wird empathischer, flexibler und unbeschwerter und kann das Leben nun von verschiedenen Seiten betrachten. Oft ist die SECHS jetzt sogar anderen eine beruhigende, emotional stabile und menschlich reife Stütze. Die SECHS an ihrem Trostpunkt ist großteils angstfrei, gelöst, sicher, entspannt und friedvoll. Sie ist weitaus autonomer als zuvor und hat deutlich mehr Mut zum Handeln. Je unabhängiger die SECHS wird, desto besser kann sie andere Menschen vertraut an sich heranlassen und desto freier kann sich auch ihr verbindender Humor entfalten. Die SECHS am Trostpunkt NEUN kann sich anderen Menschen vertrauensvoll öffnen, weil sie sich selbst vertrauen kann.

Die SECHS am Stresspunkt

Die SECHS hat von allen Enneagrammtypen die kürzeste, direkteste und stärkste Verbindung zu ihren Ängsten, weshalb ihr ganzes Leben darauf ausgerichtet ist, Gefahren rechtzeitig wahrzunehmen und nach potenziellen Bedrohungen Ausschau zu halten. Zusätzlich malen SECHSer sich auch noch in ihrer Fantasie mögliche angsteinflößende Szenarien aus. Wirklich entspannt sind sie daher eher selten.

Kritisch wird es für die SECHS, wenn ihre Wachsamkeit einmal nicht ausreicht, sie mit plötzlichen Veränderungen klarkommen muss oder sie von Menschen, denen sie vertraut, zurückgewiesen oder enttäuscht wird. Das aktiviert ihre Abwehrmechanismen (Flucht oder Angriff) in der Hoffnung, so doch noch die innere Anspannung in den Griff zu bekommen.

Reicht das immer noch nicht zur Angstbeseitigung, geht die SECHS in ihren Stresspunkt, die DREI. Sie wird dann hektisch und getrieben, versucht ihre Angst durch Geschäftigkeit, Arbeitssucht und gespielte Entschlossenheit zu kompensieren und kann ziemlich forsch bis aggressiv auftreten. Sie kann nun auch versuchen, ihre Unsicherheit hinter Rollen oder Masken zu verstecken oder Dinge zu vertuschen, um sich sicherer zu fühlen, wobei sie von ihren wahren Gefühlen immer mehr abgeschnitten wird. Eventuell versucht die SECHS am Stresspunkt DREI auch verstärkt, materielle Sicherheit zu erlangen, wobei sie aber keinerlei Risiken eingeht und absolut nichts wagt, das schiefgehen könnte.

Die so dringend ersehnte Sicherheit bringt der SECHS dieses Verhalten jedoch auch nicht und da die SECHS nicht wie die DREI strukturiert ist, laugt es sie zudem noch aus. Sie schwankt ständig zwischen Aufgeben und Aufbäumen hin und her und wird bald krankhaft misstrauisch und zugleich autoritär und boshaft. Ihre Loyalität kann nun in Hass und Sadismus umschlagen und im schlimmsten Fall bedient die SECHS sich nun sogar der Lüge, der Untreue, des Betrugs oder Verrats wie eine ungesunde DREI. Sie versucht also, ihre Minderwertigkeitsgefühle durch einen Überwertigkeitskomplex zu kompensieren (was natürlich nicht gelingt).

Entwicklungsziel und Lebensaufgaben der SECHS - Vom Zweifel zu Mut und Vertrauen

Das Entwicklungsziel von Typ SECHS ist es zu erkennen, dass wir dem Leben ohne Zweifel und Misstrauen begegnen und Vertrauen in uns selbst und unsere Mitmenschen haben können.

Eine SECHS beginnt sich positiv zu entwickeln, wenn sie erkennt, dass in ihrem Inneren Angst und Zweifel Regie führen, dass diese Gefühle also mehr aus ihr selbst kommen, als durch Außenfaktoren gerechtfertigt sein müssen. Wenn sie dies realisiert, kann sie einen weiteren Entwicklungsschritt gehen, nämlich ihrer eigenen Intuition mehr zu vertrauen. Eine weitere Lebensaufgabe von Typ SECHS ist es, immer deutlicher zu erkennen, wann ihr Misstrauen ihren Mitmenschen gegenüber tatsächlich gerechtfertigt ist und wann es nur ihrer Angst entspringt. Ein Entwicklungsziel ist es auch zu lernen, dass die überwiegende Mehrzahl der von ihr befürchteten Katastrophen sich nur in ihrem Kopf abspielt und niemals Realität wird und so viel seelische Gelassenheit und vertrauensvollen Mut zu entwickeln, dass ihre Befürchtungen ihr nach und nach selbst überzogen vorkommen.

Eine gereifte SECHS hat **Mut und Vertrauen** gefunden. Das bedeutet, sie handelt nun beherzt und ohne zu zögern, statt sich in Vermutungen, Befürchtungen und Zweifel zu verwickeln. Sie ist nun selbstbewusst und vertraut ihrer inneren Stimme. Sie hat gelernt anzunehmen, dass man sich im Leben nicht gegen alle Eventualitäten wappnen kann, und hat eine gewisse Gelassenheit entwickelt, die sie in sich ruhen lässt. Außerdem hat sie viele ihrer Ängste hinter sich gelassen und lässt sich nicht mehr von Autoritäts- oder Imponiergehabe beeindrucken.

SECHSer entwickeln sich positiv, wenn sie lernen, auf ihre Instinkte und ihren Körper zu hören, wenn sie lernen, Menschen auch dann anzunehmen, wenn sie deren Ansichten (noch) nicht genau kennen, und wenn sie es schaffen, Herausforderungen oder Bedrohungen mit mehr Gleichmut zu begegnen.

Das Dilemma der SECHS ist, dass sie sich auf ihre Ängste und Zweifel verlässt und nach Führung und Unterstützung sucht, was jedoch ihre Unsicherheit nur verstärkt und ihr zudem die Kraft raubt, denn wahre Sicherheit kann nur aus ihrem Inneren kommen. Wenn es der SECHS gelingt, ihre Denkmuster zu durchschauen, entdeckt sie nach und nach ihre eigene innere Autorität, sodass ihr letztlich bewusst wird, dass die von ihr so sehr im Außen ersehnte Hilfe in ihrem eigenen Inneren vorhanden ist. Die größte Lebensaufgabe der SECHS ist es daher, sich ihrer Grundangst ganz alleine, ohne Hilfe und Führung von außen, zu stellen.

Denn dann erfährt sie, dass sie selbst fähig ist, sich Hilfe und Stütze zu sein, was ihr Selbstvertrauen immens stärkt und einen Positivkreislauf in Gang setzt.

Integration - Die SECHS im gesunden Bereich

Gesunde, integrierte SECHSer sind einnehmend, freundlich, humorvoll, liebenswert, pflichtbewusst und zuverlässig. Sie gehen unvoreingenommen auf ihre Mitmenschen zu, können vertrauen und sind äußerst loyal gegenüber all jenen, mit denen sie sich verbunden fühlen. Sie streben dauerhafte Freundschaften und Partnerschaften an und sind zu ihren Liebsten sehr herzlich. Stabilität in allen Lebensbereichen ist ihnen wichtig, weshalb sie hart daran arbeiten, um einen guten, möglichst langfristigen Job und ein schönes, idealerweise schuldenfreies Zuhause zu haben und sicher in der Gesellschaft eingebettet zu sein. Gesunde SECHSer arbeiten gut in Teams und schätzen gemeinsame Werte und Ziele. Sie setzen sich für Schwächere ein, denken demokratisch und sind oft eine Stütze der Gemeinschaft. Gesunde SECHSer sind selbstsicher und unabhängig und sie vertrauen ihrer inneren Führung. Sie haben eine positive Lebenseinstellung, sind mutig und führungsfähig. Sie fühlen sich sowohl mit sich selbst als auch mit ihren Mitmenschen positiv verbunden und haben somit ihre Ambivalenz sich selbst und anderen gegenüber abgelegt. Sie sind emotional stabil, verständnisvoll, engagiert, kooperativ, arbeitsam, hilfsbereit, vertrauenswürdig und mitfühlend. Ihre Tendenz zur Abhängigkeit von anderen haben sie hinter sich gelassen und sind nun unabhängige, autonome Personen, die an sich selbst glauben und auf die andere sich verlassen können. Nun sind sie diejenigen, die anderen Beistand leisten und Sicherheit geben.

Reife SECHSer erfahren, dass sie gerade durch ihre Unabhängigkeit ihren Mitmenschen nun viel näher sein können als zu Zeiten, wo sie noch unsicher und abhängiger waren. Meist haben gesunde SECHSer auch mehr Freunde, da sie nicht mehr reaktiv agieren und andere nicht mehr für ihre eigene Stabilität brauchen. Dadurch, dass sie anderen Menschen nun wohlgesonnen, mit Reife, Herzlichkeit, Selbstvertrauen, Humor und Leichtigkeit begegnen, sind diese nun noch lieber in Gesellschaft der SECHS. Die Beziehungen reifer SECHSer zu ihren Freunden und Partnern basieren also auf Gleichwertigkeit.

Gereifte SECHSer wissen, dass die nicht auf Hilfe von außen angewiesen sind, da sie ihre innere Führung gefunden und somit Stabilität von innen heraus erlangt haben.

Gereifte SECHSer haben (Selbst-)Vertrauen gewonnen und können gute Vorbilder dafür sein, wie man das Leben vertrauensvoll, aber nicht naiv, unabhängig und doch Gemeinschaft suchend, beziehungsfähig und dabei mit dem eigenen Inneren verbunden sowie mutig und doch nicht leichtsinnig meistert.

Die SECHS im durchschnittlich gesunden Bereich

Wenn eine SECHS sich vom gesunden in den durchschnittlichen Bereich bewegt, hat sie zunehmend Angst, Zweifel und Sorgen um die Zukunft. Sie hält daher verstärkt Ausschau nach etwas, das ihr Sicherheit verspricht, und sucht sich eine Person, Gruppe, ein Glaubenssystem, eine Partei oder eine Philosophie, der sie sich anschließen kann. So muss sie Entscheidungen nicht mehr selbst treffen und kann pflichtbewusst das tun, was entschieden wurde oder was die Philosophie, der sie sich verschrieben hat, besagt. Ein gutes Gefühl gibt ihr das aber nicht, denn die SECHS hat nicht nur das Empfinden, Hilfe zu benötigen, sondern auch Angst, ihre Unabhängigkeit zu verlieren. Durchschnittlich gesunde SECHSer gehen keine Risiken ein, verlassen sich auf Bewährtes, verstärken ihr soziales Sicherheitsnetz, engagieren sich sehr für alle Verpflichtungen, die sie eingegangen sind, und machen sich unentbehrlich - alles in der Hoffnung auf mehr Sicherheit.

Allmählich entwickelt sich dann eine ambivalente Haltung. Die SECHS ist sich nicht mehr sicher, ob ihr Engagement nur ausgenutzt wird, ob sie nur wegen ihres Einsatzes geduldet wird und ob sie etwa gar bald ihre Verbündeten verlieren wird. Das macht sie ängstlich, pessimistisch, misstrauisch, unentschlossen und zunehmend impulsiv. Sie schwankt nun zwischen Anpassung und Auflehnung gegen die Autorität, wird unberechenbar, wankelmütig und ausweichend. Zur Überwindung ihrer inneren Spannung und Kompensation ihrer Unsicherheit können SECHSer nun auch forsch, reaktionär, rebellisch, streitlustig und aggressiv auftreten. Sie ergreifen Partei für ihre eigenen Leute und verteidigen diese hart gegen Außenstehende, die sie gerne als Sündenbock oder Aggressoren abstempeln.

Desintegration - Die SECHS im ungesunden Bereich

Bewegt sich die SECHS vom durchschnittlichen in den ungesunden Bereich, wird sie immer pessimistischer und konzentriert sich zunehmend auf Probleme statt mögliche Lösungen. Das kann geschehen, wenn sie längere Zeit unter starkem Stress steht oder in Krisenzeiten nicht ausreichend unterstützt wird.

Sie wird dann immer unentschlossener und traut ihren eigenen Entscheidungen nicht mehr.

Kritisiert man sie jedoch für diese Unentschlossenheit, nimmt sie eine kämpferische Haltung ein. Sie kann auch den guten Willen hinter solcher Kritik nicht mehr erkennen und zweifelt immer mehr daran, dass ihre Mitmenschen es ehrlich mit ihr meinen. Generell kann sie nun häufig panisch (phobisches Verhalten) oder feindselig (kontraphobisches Verhalten) reagieren.

Für ihre eigene Position möchte sie unbedingt Zustimmung gewinnen, da sie sich dann sicherer fühlt, weshalb sie sie ausdauernd und durchaus penetrant zu Gehör bringen möchte.

Sie geht zunehmend auf Nummer sicher und wird immer vorsichtiger. Aus Angst, von einer Autoritätsfigur verurteilt zu werden, wird die SECHS nun abhängig bis aufdringlich, hat Minderwertigkeitsgefühle und ein schwaches Selbstbild und verachtet sich zunehmend selbst.

Schließlich beschleicht die SECHS das Gefühl, sie könnte durch ihr Verhalten selbst ihre Sicherheit torpediert haben. Von Ängsten gequält, all die ihr Wohlgesonnenen zu verlieren, neigt sie nun verstärkt zu Depressionen und reagiert zunehmend über, sodass ihr ihre irrationalen Handlungen letztlich genau das einbringen, was sie am meisten befürchtet hat: Überängstlich fühlt sie sich mittlerweile andauernd angegriffen oder verfolgt, ihre Paranoia vergrault mehr und mehr die ihr Wohlgesonnenen und kann die SECHS zu verschiedensten irrationalen Handlungen treiben. Letztendlich erkennt die SECHS, wie tief sie gesunken ist.

Nun erniedrigen oder bestrafen desintegrierte SECHSer sich selbst, um der befürchteten Bestrafung durch andere vorzugreifen (phobisches Verhalten) oder aber sie richten ihre Aggressionen nach außen und lassen in der verzweifelten Hoffnung, dies helfe gegen ihre Minderwertigkeitsgefühle, ihr Umfeld leiden (kontraphobisches Verhalten).

3.7 Typ SIEBEN – Der planende Enthusiast

3.7.1 Vorstellung von Typ SIEBEN

Typische SIEBENer-Statements:

- Ich schmiede gerne Pläne und habe daher meist einen vollen Terminkalender.
- Ich liebe die Abwechslung und erlebe gerne neue, spannende Dinge.
- Wenn mir etwas keine Freude mehr macht, höre ich auf, es zu tun.
- Ich kann viele verschiedene Dinge gut, wenngleich ich kein Experte bin.
- Ich habe viel Schwung und Energie.
- Ich umgebe mich gerne mit lebensfrohen Menschen.
- Ich bin gerne frei und unabhängig und Verpflichtungen gegenüber daher oft skeptisch.
- Ich mag Schlagfertigkeit.
- Wenn andere traurig sind, versuche ich sie aufzuheitern.

- Wenn mir das nicht gelingt, würde ich am liebsten gehen.
- Ich nehme meist kein Blatt vor den Mund.
- Ich beschäftige mich weitaus lieber mit der hellen als der dunklen Seite des Lebens.
- Das große Ganze interessiert mich, die Details überlasse ich gerne anderen.
- Ich sorge dafür, dass mir nicht langweilig wird.
- Was ich wirklich möchte, bekomme ich normalerweise auch.
- Ich bin reise- und abenteuerlustig.
- Ich schaue immer nach vorne und trauere Vergangenem nicht lange nach.
- Ich habe viel Energie und Fleiß.
- Ich erledige gerne mehrere Dinge gleichzeitig.
- Ich lasse mich leicht ablenken.
- Ich mag Beziehungen, die intensiv und aufregend, aber auch verlässlich sind.
- Ich gelte als anregender Gesprächspartner.
- Auf keinen Fall möchte ich in meiner Freiheit eingeschränkt werden.
- Ich habe überdurchschnittlich viele Bekannte.
- Ich erzähle gerne amüsante Geschichten und Witze.
- Ich bin für einen Last-Minute-Urlaub zu haben.
- Ich habe Angst, etwas zu versäumen.
- Vorfreude ist die schönste Freude.
- Ich wirke auf andere sehr selbstsicher, habe aber durchaus etliche Zweifel.
- Die meisten Menschen machen sich viel zu viele Sorgen.
- Das Leben sollte erfüllt von Vergnügen sein.
- Ich verzichte sehr ungern auf das, was mir Freude bereitet.
- Manchmal schmiede ich schon neue Pläne, wenn ich die alten noch gar nicht umgesetzt habe.
- Im Grunde bin ich ein Optimist.
- Ich verstehe es, mein Leben schön und angenehm zu gestalten.
- Wenn ich traurig bin, versuche ich so schnell wie möglich an etwas Erfreulicheres zu denken.
- Ich bin gedanklich eher bei zukünftigen Optionen als bei Vergangenem.
- Für gewöhnlich folge ich meiner Intuition und meinen Gefühlen.
- Ich werde gerne als fröhlicher Mensch wahrgenommen.
- Ich kombiniere gerne spielerisch verschiedene Ideen.

Stärken: Begeisterungsfähigkeit, Verspieltheit, Erfindergeist, Ideenreichtum, Optimismus, Lebensfreude, Vorstellungskraft, Enthusiasmus, Energie, visionärer Geist, Lockerheit, Kontaktfreude, Unterhaltsamkeit, Genussfreude, Kreativität, Motivationsgabe, positives Denken, guter Planer, Neugier, Schnelligkeit

Potenzielle Schwächen: Oberflächlichkeit, Unverbindlichkeit, Konfliktverdrängung, andere mit ihren Problemen nicht wahrnehmen, egoistische Wunscherfüllung, Überlegenheitsgefühle, Rückzug von zu wenig heiteren Beziehungspartnern

Ermunterung, die Typ SIEBEN bräuchte: »Die Welt ist für uns alle, mich eingeschlossen, voller Möglichkeiten, deren Entfaltung von sich aus den richtigen Weg nimmt.«

Stattdessen verinnerlichte Ansicht: »Das Leben setzt uns zu viele Limits, frustriert und verursacht schmerzliche Erfahrungen.«

Reaktion darauf: Sich von Limitierungen befreien, indem man so viel Angenehmes wie nur möglich plant und erlebt, Schmerzliches möglichst ausklammern

Grundbedürfnis, das die SIEBEN damit erfüllen möchte: Glücklich und zufrieden zu sein, Erfüllung und Befriedigung zu finden, viel Freude im Leben zu haben

Grundangst: Angst vor Entbehrungen, vor Gefangensein im Schmerz, davor Mangel zu erleiden, von der Fülle ausgeschlossen zu werden, vor Langeweile, Leid, Abhängigkeit von anderen und vor zu großer Anstrengung

Der Grundleidenschaft (Gier) entsprungene Wesenszüge: Disziplinlosigkeit, Lustbetontheit, rebellische Haltung, Überbetonung der Fantasie, Vergnügungssucht, verführerische Begierde, narzisstische Tendenzen, Schummelei, wortgewandtes Beeinflussen

Aufmerksamkeits- und Energiefluss: Die Aufmerksamkeit richtet sich auf Freude und Spaß versprechende Ideen, Pläne, Optionen und Projekte, auf Interessantes und Faszinierendes sowie auf die eigenen Bedürfnisse. Die Energie fließt in ein möglichst volles Auskosten des Lebens, darauf, sich stets Optionen offen zu halten und die positive Grundstimmung zu erhalten. Wichtig sind auch Fantasie, Charme und das Ruder nicht aus der Hand zu geben.

Was die SIEBEN vermeiden möchte: Schmerz, Frustration, Einschränkungen, Zwänge, Langeweile, zu großer Ernst sowie schmerzhafte Situationen und Gefühle

Was Stress verursacht: sich auf etwas festlegen, an das man sich dann gefesselt fühlt, die Konsequenzen der allzu zwanghaften Flucht vor der Schmerzvermeidung, die Überlastung, die entstehen kann, wenn man viel zu viel auf einmal wollte

Verhalten unter Druck (Hauptabwehrmechanismus): **Rationalisieren**, d. h. Typ SIEBEN verargumentiert Gefühle und Impulse, indem er alles, was schmerzlich oder negativ sein könnte, positiv umdeutet. So können etwa nach Ende einer Beziehung zur Linderung des Trennungsschmerzes die Trennungsgründe ganz rational gesehen und der Schluss gezogen werden, dass die neugewonnene Freiheit etwas »total Schönes« ist. Das Elend der Welt kann ertragen werden, indem man sich sagt, dass es die Hungernden auch nicht satter machen würde, wenn man selbst auf seinen Kuchen verzichtet, und der Tod eines geliebten Menschen kann als weitaus erträglicher empfunden werden, wenn man ihn als Erlösung sieht. All dies dient dazu, **das idealisierte Selbstbild**, ein glücklicher, optimistischer Mensch zu sein, aufrecht zu erhalten.

3.7.2 Erweitertes Persönlichkeitsprofil – »Wenn wenig gut ist, ist viel noch viel besser«

Verhalten als Kind

Typ SIEBEN beschreibt seine Kindheit oft in leuchtenden Farben. Angeltouren mit dem Vater, lustige Bastelnachmittage mit der Oma und lange Sommertage im Freien mit seinen Freunden, solche und ähnliche Erlebnisse sind es, die man von der SIEBEN typischerweise erzählt bekommt. Selbst wenn sie schlimme oder gar traumatische Erfahrungen machen musste, verdrängt sie es und redet sich ihr Leben selbst schön, frei nach dem Motto: »Natürlich gibt es überall einmal Probleme, aber man erlebt doch so viel mehr Schönes, und das ist es, was zählt.« Die SIEBEN strahlt Freude und Optimismus aus und das macht sie schon als Kind.

Bringt man eine SIEBEN doch einmal dazu, genauer nachzudenken, ob ihre Kindheit wirklich immer so schön war, kommen ihr typischerweise einige beängstigende Erlebnisse in den Sinn.

Sie berichtet dann von Situationen, in denen sie sich verlassen, hilflos oder überwältigt gefühlt hat.

Während das FÜNFer-Kind auf vergleichbare Situationen mit Minimierung seiner Bedürfnisse und Rückzug reagiert hat und die SECHS diesem

Dilemma begegnet, indem sie wachsam und vorsichtig ist, um Unheil jeder Art frühestmöglich zu erkennen, entwickelt die junge SIEBEN eine andere Strategie: Sie bildet im Laufe ihrer Kindheit eine Lebensphilosophie, die sich umschreiben lässt mit: »Ich muss selbst für die Erfüllung meiner Bedürfnisse sorgen und ich werde schauen, dass ich dabei nicht zu kurz komme und die schönen Seiten des Lebens voll auskoste.« Sie lernt also, Leid und Angst zu unterdrücken, indem sie sich mit angenehmen Dingen beschäftigt.

Manchmal gibt es in der Herkunftsfamilie des SIEBERer-Kindes auch recht begrenzte Sichtweisen und eine allgemeine Betrachtung des Lebens mit sehr vorsichtigen und verengten Perspektiven, was das SIEBENer-Kind als einengend und viel zu arm an Optionen empfindet, sodass es beschließt, selbst dem Leben mehr Möglichkeiten zu geben.

Generell gilt, je frustrierender, einengender oder entbehrungsreicher die SIEBEN ihre Kindheitserlebnisse empfunden hat, desto stärker wird ihr Leben bestimmt sein von kompensatorischen Ablenkungen aller Art. Dies legt zugleich den Grundstein für die Hauptleidenschaft der SIEBEN, die Gier.

So lebt die SIEBEN bereits als Kind stark in ihrem Kopf, plant schöne Erlebnisse und stellt sich vor, was sie alles machen und haben wird. Sie ist neugierig, erlebnisorientiert, intuitiv und fantasievoll und kann sich daher sehr gut alleine unterhalten, spielt aber auch gerne mit anderen Kindern. Die SIEBEN lernt bereits als Kind, sich negative Gefühle so fern wie möglich zu halten. Sie entschließt sich, glücklich zu sein und sich gut zu fühlen, und macht das deshalb auch. Traurigkeit anderer beunruhigt sie und löst Fluchtgedanken aus.

Stimulation, Erlebnishunger und Planen

»Ein Vergnügen erwarten, ist auch ein Vergnügen.« Gotthold Ephraim Lessing

Die SIEBEN betrachtet das Leben als Geschenk und kann mit ihrer oft kindlichen Freude und ihrem kindlichen Staunen auf abgeklärtere Zeitgenossen zuweilen wie Peter Pan wirken.

Obwohl die SIEBEN gemeinsam mit der FÜNF und der SECHS zu den Kopftypen gehört, die maßgeblich von Angst bestimmt werden, wirkt die SIEBEN erst einmal überhaupt nicht verkopft und schon gar nicht wie ein Angsttyp.

SIEBENer sind gesellige, gesprächige, gewinnende, verspielte, lustige und lebensbejahende Menschen mit viel Energie. Sie sind ideenreich, multitalentiert, stehen oft im Mittelpunkt und stecken andere mit ihrer Fröhlichkeit an. SIEBENer begeistern sich schnell für Neues, neigen zur Übertreibung und laufen immer auf Hochtouren, was für ihr Gegenüber auf Dauer durchaus ermüdend sein kann. Kann jemand mit ihrem rasanten Tempo nicht Schritt halten, sucht sich die SIEBEN aber ohnehin bald neue Gesellschaft.

SIEBENer sind schnell gelangweilt, wobei Langeweile bei ihnen in Wahrheit Angst bedeutet, die in ihnen aufsteigt, wenn sie sich nicht ständig von allem Negativen ablenken.

Um keinesfalls Langeweile aufkommen zu lassen, benötigt die SIEBEN ständig Nachschub an Neuem und Spannendem. Die SIEBEN ist sich dabei nicht bewusst, dass ihr Erlebnishunger in Wirklichkeit purer Eskapismus ist und sie weit weniger frei ist, als sie denkt, da sie in Wahrheit von Ängsten angetrieben wird.

Die SIEBEN hat so viel Elan, dass sie oft mehrere Berufe gleichzeitig ausübt und diese wenn möglich mit angenehmen Aktivitäten verbindet. Sie empfindet das Leben als grenzenlos, solange ihr nur genügend Optionen offenstehen. Es fällt ihr nicht schwer, gelegentlichen Verpflichtungen nachzugehen, dauerhafte Verpflichtungen bedeuten jedoch eine Einschränkung ihrer Freiheit und beunruhigen die SIEBEN daher ziemlich.

Die SIEBEN hat in ihrem Kopf eine Liste schöner Erlebnisse, die sie abarbeiten möchte, und fällt etwas davon ins Wasser, hat sie schon das nächste Erlebnis parat, das nachrücken kann.

Dieses Planen und Erwarten schöner Ereignisse ist für die SIEBEN ein Gutteil des Vergnügens daran, denn während sie schöne Erlebnisse macht, ist sie oft gar nicht in der Gegenwart, sondern gedanklich schon wieder mit den nächsten Plänen beschäftigt. Doch ihr Planen ist nicht immer eine Flucht. Die SIEBEN kann dank ihrer Vorstellungskraft, Aufmerksamkeit und Intuition auch oft ungewöhnliche und kreative Lösungen für Probleme finden.

Schmerzvermeidung

Was die SIEBEN unbedingt vermeiden möchte, ist Schmerz. Um das zu erreichen, übt sie sich in geradezu notorischem Optimismus. Schmerz lauert oft in der Tiefe, was ein wichtiger, wenn auch meist unbewusster Beweggrund für die SIEBEN ist, Tiefe zu vermeiden. Wenn sie sich nicht ganz auf etwas oder jemanden einlässt, wenn sie oberflächlich und unverbindlich bleibt und sich wie ein Schmetterling mal auf diese, mal auf jene Blüte setzt, aber nie solange bleibt, bis die Blüte welkt oder von Schädlingen angefressen wird, ist die Chance, nicht mit Schmerz in Berührung zu kommen, einfach größer.

Die SIEBEN befasst sich deshalb nur äußerst unwillig mit eigenen oder fremden emotionalen Problemen. Geht es einem ihrer Freunde schlecht, versucht sie also in erster Linie, ihn aufzuheitern, denn sie ist unglücklich, wenn andere unglücklich sind, und wer möchte das schon? Sie kann dabei ziemlich unbeholfen wirken und einen traurigen Freund mit flachen Sprüchen wie »Kopf hoch!« oder »Andere Mütter haben auch schöne Töchter!« abspeisen.

Die SIEBEN kann auch auf den ersten Blick so erscheinen, als scheue sie sich nicht vor den eigenen (und fremden) Tiefen. Denn nicht wenige SIEBENer sind begeistert von Workshops und Selbsterfahrungskursen. Sieht man aber genauer hin, wird man merken, dass die SIEBEN – es sei denn, sie ist sehr reif – auch hier an der Oberfläche bleibt und diese Dinge für sie ebenfalls lediglich aufregende Projekte bedeuten, die der Erlebnismaximierung dienen. Ihren Optimismus hat sie nämlich oft schon so verinnerlicht, dass sie gar nichts Dunkles und Trauriges in sich selbst entdecken kann.

Natürlich kennt aber auch die SIEBEN zuweilen negative Emotionen. Jedoch setzt sie alles daran, ihre leidvollen Erfahrungen positiv umzudeuten. So wird etwa das Ende einer Freundschaft als wiedererlangte Freiheit betrachtet, die unerwartete Kündigung als Eröffnung neuer Perspektiven gesehen und der Blechschaden als ideale Gelegenheit interpretiert, sich endlich ein neues Auto kaufen zu können.

Oft ist die Fröhlichkeit der SIEBEN nur aufgesetzt und manchmal wird der SIEBEN sehr wohl selbst bewusst, dass sich hinter ihrer optimistischen Fassade Traurigkeit verbirgt.

Sie sehnt sich dann danach, dass jemand ihr Schauspiel durchschaut und sie ernst nimmt. Da das Umfeld der SIEBEN aber oft gar nicht auf die Idee kommt, dass die SIEBEN in Wahrheit weniger fröhlich ist, als sie scheint, geschieht dies selten und die SIEBEN gibt weiter den unbeschwerten Entertainer.

Charakteristisch für Typ SIEBEN ist auch seine Gier, sein großes Bedürfnis, innere Leere zu füllen – sei es mit Erlebnissen, gutem Essen, mehr Projekten, Einkaufen, schönen Dingen oder tollen Reisen. Genuss und Anregung jeder Art sollen der SIEBEN die Angst verdrängen und die Leere füllen. Damit das dauerhaft funktioniert, benötigt die SIEBEN immer mehr von allem Anregenden. Dabei möchte sie ihren Impulsen zur Stimulanz und zum Planen schöner Ereignisse nachgehen, wann immer ihr danach ist, wodurch sie dazu neigt, sehr selbstbezogen zu sein.

Auf ihrer Jagd nach Anregung kann die SIEBEN auch ziemlich fordernd und ungeduldig auftreten. Sie kann intolerant und gereizt werden und auf ihre Mitmenschen sehr selbstbezogen wirken, da diese mehr und mehr das Gefühl bekommen, alles drehe sich nur um dauernden Nachschub für die Gier der SIEBEN. Dies fällt der SIEBEN selbst allerdings meist nicht auf. Sie bemerkt nicht, dass sie andere verletzt und ihnen Leid zufügt, wenn sie oft wie ein Bulldozer durch das Leben braust, ohne nach links und rechts zu schauen.

Die SIEBEN kann in solchen Phasen ihres Lebens auch sehr impulsiv sein, sie kann dann Menschen einfach fallen lassen, wenn sie ihrer Dauerunterhaltung nicht mehr dienlich sind, und nach dem Motto »nach mir die Sintflut« leben.

Je unreifer die SIEBEN ist, desto zügelloser und wahlloser wird sie und desto mehr ist sie darauf angewiesen, sich ständig abzulenken, zu unterhalten und Dinge (und oft auch Menschen) zu konsumieren. Reife SIEBENer hingegen erlangen mehr Nüchternheit und wissen, dass all dies ihnen keine Zufriedenheit bringt. Nüchternheit bedeutet für die SIEBEN, dass die Freude als Lebensthema zwar bleibt, diese aber nicht mehr auf Kosten der dunkleren Kapitel geht und dass die Realität nicht ständig aufgehübscht werden muss. Sie bedeutet, gedanklich und gefühlsmäßig in der Gegenwart zu bleiben und immer genau das wahrzunehmen, was im Hier und Jetzt stattfindet. Sie bedeutet auch, Schönem und weniger Angenehmem gleich viel Aufmerksamkeit zu widmen sowie nüchterner und asketischer zu werden und dadurch zu schätzen, was man hat, anstatt immer mehr, Größeres, Besseres und Aufregenderes zu wollen. Letztendlich bedeutet sie für die SIEBEN aber vor allem, mehr Tiefe und dadurch authentische Lebensfreude zu gewinnen.

Mit der SIEBEN wird es in **Liebesbeziehungen** nie langweilig. Sie ist sehr spontan, liebt es aber auch, schöne Erlebnisse zu planen, und es gibt immer irgendetwas, auf das sie sich freut.

Sie weiß es sehr zu schätzen, wenn auch ihr Partner spontanen Aktivitäten gegenüber aufgeschlossen ist, denn sie möchte in ihrem Elan nicht gebremst werden.

Die SIEBEN tendiert dazu, Verantwortung zu scheuen und bindet sich daher oft ungern (eine Ausnahme ist hier die selbsterhaltende SIEBEN). Wenn sie sich heute binden würde, könnte sie immerhin schon morgen einem noch idealeren Partner begegnen. Da ist es doch klüger, sich nicht festzulegen und stets offenzubleiben für noch Besseres, Schöneres und insgesamt Erfreulicheres.

Für stillere Typen ist die SIEBEN wie ein Wirbelwind, der sie erweckt und ihnen neue Perspektiven aufzeigt. Genau diese Energie kann aber auf Dauer auch erschöpfend sein, wenn der Partner ein ruhigeres Leben vorziehen oder mehr Auszeiten benötigen würde. Die SIEBEN wiederum frustriert das, was sie ungeduldig oder überkritisch werden lässt. Die SIEBEN hat generell eine niedrige Frustrationstoleranz und kann mürrisch reagieren, wenn ihr Partner nicht mit ihren spontanen Wünschen nach Unterhaltung, Ablenkung oder Unternehmungen mitzieht.

Ein weiteres Problem in Liebesbeziehungen kann sein, dass die SIEBEN dazu tendiert, zwar ihre eigenen Ideen und Gedanken zu äußern, dem Partner aber nicht genug Raum zur Verfügung stellt, um sich im selben Ausmaß mitzuteilen. In Krisenzeiten kann es sein, dass die Fluchttendenzen der SIEBEN überhandnehmen und sie sich nicht mit den Problemen in ihrer Partnerschaft auseinandersetzt, sondern sich stattdessen mit etwas Schönerem ablenken möchte.

Doch hat eine SIEBEN sich für einen Partner entschieden und ist dieser keine Spaßbremse (und er ist aller Wahrscheinlichkeit nach keine, wenn die SIEBEN sich für ihn entschieden hat), dann kann eine Partnerschaft mit ihr sehr bereichernd sein. Ihr ansteckender Optimismus, ihre Begeisterungsfähigkeit und ihre Freude am Leben können wesentlich dazu beitragen, ein gemeinsames Leben erlebnis- und genussreich zu gestalten. Reifere SIEBENer, die vor Schmerz nicht mehr davonlaufen, können mit ihrem positiven Denken und ihrem Glauben an das Gute ihrem Partner eine wertvolle Stütze im Durchstehen schwerer Zeiten sein.

In **Berufsbeziehungen** ist die SIEBEN an möglichst viel Freiheit und Unabhängigkeit interessiert. Sie befolgt nicht gerne strikte Anweisungen, arbeitet lieber am großen Ganzen als an Details und liebt facettenreiche Tätigkeiten. Führungsaufgaben liegen der SIEBEN ebenfalls, aber nur, wenn sie nicht mit allzu viel Verantwortung verbunden sind. Berufliche Entscheidungen zu treffen, kann für die SIEBEN schwierig sein, denn es bedeutet, Optionen definitiv auszuschließen, was nicht ihrer Natur entspricht.

Die SIEBEN mag ein lebhaftes, kreatives Arbeitsumfeld. Sie ist sehr gut darin, Projekte zu initiieren, Zusammenhänge zu erkennen und zukünftige Entwicklungen vorherzusehen. Sie hat ein sehr schnelles Arbeitstempo, ist ein guter Teamplayer und mit ihrer fröhlichen Spontanität am Arbeitsplatz meist sehr beliebt.

3.7.3 Flügeltypen der SIEBEN

SIEBEN mit Flügel SECHS

Typ SIEBEN mit Flügel SECHS ist verantwortungsbewusst, liebenswert, lustig, unterhaltsam und manchmal etwas überdreht. Während die SECHS sich mehr anderen Menschen zuwendet, zieht es die SIEBEN stärker zu Erlebnissen und interessanten Dingen. Dieser Flügeltyp tendiert daher in erster Linie dazu, sich selbst schöne Erlebnisse zu bescheren, während ihm das Beisammensein mit Menschen eine zusätzliche Quelle zur Freude bedeutet.

Diese Flügelvariante ist sehr kontaktfreudig und gesellig und verbindet die Suche nach Abenteuern mit dem Wunsch nach Sicherheit in menschlichen Beziehungen. Sie ist deutlich beziehungsorientierter und beständiger als die andere Flügelvariante, oft extrem produktiv und sehr lebensbejahend. Sie kann verspielt sein, albern, dabei aber sehr einnehmend, und schafft es, sich auch in höherem Alter noch eine gewisse Unschuld und den Glauben an das Gute auf der Welt zu erhalten.

Dank der Gewissenhaftigkeit der SECHS widmet die SIEBEN mit Flügel SECHS Menschen, Projekten und Erlebnissen mehr Zeit, bevor sie sich Neuem zuwendet. Sie ist also weniger flatterhaft als die andere Flügelvariante. Außerdem ist sie ängstlicher, feinfühliger und hat einen oft entwaffnenden Charme. Sie ist gewillt, sich auch Herausforderungen in ihren Beziehungen zu stellen, und ist treu, wenn sie sich einmal für jemanden entschieden hat.

Sie hat eine auffallend schnelle Auffassungsgabe, kann gut in Teams arbeiten, effizient organisieren und interessiert sich für alles Neue. Ihre Energie und ihr oft spontanes Lachen können andere Menschen mitreißen. Ärger auszudrücken, fällt ihr manchmal schwer, und sie stellt sich weniger nach außen dar als die SIEBEN mit Flügel ACHT.

Diese Flügelvariante ist sehr fleißig, wird bei Unsicherheit aber rasch nervös. Generell ist sie aber deutlich positiver gestimmt als die andere Flügelvariante, sie ist selbstbewusst und durchsetzungsfähig, achtet dabei aber stets darauf, die Gunst ihres Gegenübers nicht zu verlieren. Sie gibt gerne Geld für schöne Dinge und Erlebnisse aus und meist ist sie auch sehr reisefreudig.

Sie ist eine faszinierende Mischung aus kontrastierenden Eigenschaften wie Ängstlichkeit und Risikobereitschaft, Empfindsamkeit und Resilienz, Reife und kindlicher Unschuld. Aufpassen muss sie, dass sie sich nicht verzettelt und bei Projekten das Durchhaltevermögen verliert.

Auch kann sie defensiv sein und impulsiv auftreten, sehr hohe Erwartungen haben und bei deren Nichterfüllung schmollen und in pessimistischen Gedanken versinken.

Im unreifen Zustand kann sie unbeständig, unberechenbar und manisch sein und Menschen mehr und mehr nur noch als Ablenkung benutzen oder sich von ihnen die Lösung der eigenen Probleme erwarten. Im schlimmsten Fall sind SIEBENer mit Flügel SECHS dramatisch, hysterisch und hilflos, dabei aber aggressiv und sehr austeilend.

SIEBEN mit Flügel ACHT

Dieser Flügeltyp hat deutlich weniger, um nicht zu sagen gar nichts von der kindlichen Unschuld der anderen Flügelvariante. Er ist deutlich aggressiver, da sowohl die SIEBEN als auch die ACHT aggressive Typen sind. Wenn ihm etwas nicht passt, spricht er es auch an. Er ist sehr selbstbewusst, bestimmt und durchsetzungsfähig, zielorientiert, einsatzbereit und pragmatisch.

Er mag es, wenn immer etwas los ist, liebt stimulierende Erlebnisse und ist dabei um einiges weniger auf andere Menschen bezogen als die SIEBEN mit Flügel SECHS. Er kann sich gut auf Aufgaben konzentrieren und dabei überschwänglich-begeistert sein. Stets behält er den materiellen Erfolg im Auge, denn es ist ihm wichtig, genügend Geld zu haben, um sich all das leisten zu können, was das Leben für ihn schön und angenehm macht. Er kann zäh sein und viel Durchhaltevermögen zeigen, einen sehr wachen Geist, große Selbstsicherheit und gute Führungsqualitäten haben.

Er weiß, wie er sich das vom Leben holt, was er haben möchte, ist beharrlich, entschlossen, zielstrebig, nüchtern und geschäftsorientiert. Typischerweise sind SIEBENer mit Flügel ACHT auch sehr großherzige und hedonistisch veranlagte Menschen.

Jemanden, für den SIEBENer mit Flügel ACHT sich verantwortlich fühlen, können sie wenn nötig aggressiv und laut verteidigen. Sie lieben die schönen Seiten des Lebens wie gutes Essen, Feiern oder Ausflüge, haben das Talent, aus dem Nichts etwas zu erschaffen, und sind oft sehr gute Unternehmer. Nicht selten hat dieser Flügeltyp sogar mehrere erfolgreiche Karrieren gleichzeitig, in jedem Fall aber ist er ein begnadeter Multitasker.

Er hat außerdem eine gute Menschenkenntnis, ist sehr humorvoll mit Tendenz zu Scherzen, die zartere Gemüter durchaus manchmal leicht schockieren können, und neigt zu einem exzessiven Lebensstil.

Auf der Negativseite kann diese Flügelvariante deutlich fordernder sein als der andere Flügeltyp. Im unreifen Zustand erlebt man sie oft ungeduldig, abgestumpft, waghalsig, herzlos und egoistisch, sich selbst stets ins Recht setzend, auf Erfüllung ihrer Wünsche bestehend, bis hin zu narzisstisch. Sie kann dann rücksichtslos, schroff, skrupellos und gefühllos auftreten sowie rachsüchtig und untreu sein.

3.7.4 Instinktvarianten der SIEBEN

Selbsterhaltende SIEBEN

Vertreter der selbsterhaltenden Instinktvariante von Typ SIEBEN sind sinnesfreudige Genießer, die einen üppigen Lebensstil lieben. Sie sind praktische, deutlich materialistische Menschen, denen es vorrangig um die Sicherstellung ihrer Grundbedürfnisse geht.

Selbsterhaltende SIEBENer sind energisch und dynamisch, in ihrem Freundeskreis haben sie häufig die Rolle des Entertainers inne, der die Stimmung mit amüsanten Geschichten, lustigen Witzen und geistreichen Anekdoten aufhellt. Sie umgeben sich auch gerne selbst mit positiven Menschen. Außerdem sind sie die häuslichste Instinktvariante der SIEBEN. Sie wohnen gerne schön, verbringen bevorzugt viel Zeit in ihrem Zuhause, sind familiär und treu und scheuen Bindungen im Gegensatz zu den anderen beiden Instinktvarianten nicht. Sie besitzen auch gerne schöne Dinge oder Sachen, die der Unterhaltung dienen wie beispielsweise alle möglichen elektronischen Geräte, Spielkonsolen, Kameras oder auch Zubehör für diverse Hobbys.

Die selbsterhaltende SIEBEN beschäftigt sich bevorzugt mit Dingen, die zukünftige Erlebnisse versprechen. Sie liest mit Begeisterung Reiseberichte, Artikel über neue Restaurants oder informiert sich, ob spannende Filme ins Kino kommen oder welche neuen Computerspiele es am Markt gibt. Dabei geht es ihr aber nicht um Träumereien, sondern sie schmiedet konkrete Pläne, die sie auch in die Tat umsetzen möchte. Bei ihr dreht sich also alles darum, die Freuden, die das Leben bietet, auszukosten.

Viele selbsterhaltende SIEBENER lieben es daher auch, schöne Dinge einzukaufen, und sie sind häufig begnadete Schnäppchenjäger. In ihrem Bekanntenkreis sind meist sie es, die man fragt, welchen Computer man sich idealerweise kaufen sollte, welches Handy die tollsten Fotos macht, wo man die besten Last-Minute-Reisen buchen kann oder welche Hotels empfehlenswert sind. Gerne pflegen sie selbst auch Kontakte, die diesbezüglich ebenso auf dem Laufenden sind und mit denen sie daher solche Informationen austauschen können. Sie teilen ganz generell sehr gerne gute Ideen und Tipps, um das Leben schöner zu gestalten.

Selbsterhaltende SIEBENer lieben es, zusammen mit lieben Menschen gut zu essen, sie können Gourmets und auch Gourmands sein. Sie neigen generell zum Übermaß, sei es beim Essen, beim Einkaufen oder bei anderen Dingen, die ihnen Freude bereiten. Oft sprechen sie sogar auffallend viel. Sie sind Lebemenschen, wobei ihr Fokus mehr auf ein Eingebundensein in einen Familien- und Freundeskreis (Flügel SECHS) oder mehr auf einem stärker personenunabhängigen genussversprechenden Lebensstil (Flügel ACHT) liegt.

Selbsterhaltende SIEBENer haben typischerweise einen Kreis von Personen, mit denen sie sich bevorzugt umgeben, seien es Familienmitglieder oder Freunde. Dieser Personenkreis ist für sie wie ein Clan innerhalb dessen sich das Leben gemeinsam genießen lässt und innerhalb dessen man einander wohlwollend unterstützt. Menschen gegenüber, die nicht diesem Personenkreis angehören, kann die selbsterhaltende SIEBEN hingegen erstaunlich desinteressiert bis kalt sein. Der Clan ist für die SIEBEN also so etwas wie eine Abwehrgemeinschaft und dient der Absicherung der Selbsterhaltung.

»Eine Hand wäscht die andere« ist generell das Motto dieser Instinktvariante, sie ist gerne bereit zur gegenseitigen Unterstützung und hält sich

Leute warm, die ihr behilflich sein könnten auf Gebieten, in denen sie selbst wenig bewandert ist. Zum Ausgleich ist sie selbst diesen Menschen gegenüber ebenfalls sehr hilfsbereit.

Die selbsterhaltende SIEBEN wirkt auf andere meist warm, freundlich, fantasievoll, sozial, humorvoll und charmant. Sie hat einen hellwachen Geist, scannt die Umgebung ständig ab auf Gelegenheiten, die sie nicht verpassen darf, bildet Allianzen aus Eigeninteresse, kann sowohl gut spontan sein als auch vorausplanen und ist ausgesprochen geschäftstüchtig. Geht sie Risiken ein, sind diese wohlkalkuliert.

Im ungesunden Zustand täuschen Vertreter dieser Instinktvariante Freundlichkeit oft nur vor, um ihre materiellen Interessen durchsetzen zu können. Sie sind dann nur noch auf wirtschaftlichen Wohlstand fixiert und können schnell enttäuscht, berechnend, kalt, fordernd, rücksichtslos und egoistisch sein.

Sexuelle SIEBEN

Die sexuelle Instinktvariante der SIEBEN ist ständig auf der Suche nach Neuem und Außergewöhnlichem. Sie liebt Anregung und wenn »etwas los ist«. Intensives, Ungewöhnliches, Neues und ästhetisch Interessantes, faszinierende Menschen und potenzielle Abenteuer üben eine magische Anziehungskraft auf sie aus. Sie möchte dem Leben möglichst viel abgewinnen und neigt dazu, sowohl sich selbst als auch Beziehungen und das Leben an sich zu idealisieren und zu erhöhen, um nicht gelangweilt zu sein. Sie möchte, dass auch ihr Partner gewillt ist, mit ihr Schritt zu halten und mit ihr die Sonnenseiten des Lebens voll auszukosten. Ist er das nicht und schafft sie es nicht, ihn dennoch romantisch zu verklären, wird sie ihn ziemlich sicher früher oder später verlassen. Sie ist sehr beeinflussbar, hat fast grenzenlose Energie und erliegt schnell dem Reiz des Neuen, seien es neue Menschen, neue Erlebnisse, neue Produkte oder neue Ideen.

Der sexuelle SIEBENer ist ausgesprochen charmant und kann mit seinem Schwung und seiner Begeisterungsfähigkeit andere Menschen mitreißen und beeinflussen. Die Schwachstellen anderer weiß er zu seinem Vorteil zu nutzen. Er kann andere schnell für sich einnehmen und sehr überzeugend sein, was ihn auch zu einem sehr guten Verkäufer macht.

Sein Verstand ist daueraktiv und ständig mit neuen Dingen beschäftigt. Allzu lange hält er sich also nicht bei einem Thema auf, er kann sich auch nicht lange konzentrieren, was ihm eine gewisse Oberflächlichkeit verleiht. Solange man ihn nicht mit Negativem und Problemen quält, hat er relativ großes zwischenmenschliches Interesse. Er kann auch spirituell unterwegs sein, begibt sich dabei jedoch kaum in den eigenen Schmerz. Genussvoller Optimismus ist stattdessen sein Metier.

Die sexuelle SIEBEN ist sehr neugierig, sie lernt gerne neue Leute kennen und mag den intensiven Austausch. Sie ist sehr charismatisch, unverbindlich, sowohl anpassungsfähig als auch dominant, geistreich und enthusiastisch und kann recht ungeduldig sein. Ihre große Fantasie nutzt sie dafür, Luftschlösser zu bauen und die Realität bunt auszuschmücken. Sie kann eine geradezu manisch anmutende Begeisterungsfähigkeit an den Tag legen.

Im gesunden Zustand können sexuelle SIEBENer lethargischeren oder weniger fröhlichen Menschen einen ungeheuren Aufschwung verleihen, im ungesunden Zustand sind sie jedoch rastlos, sie treffen dann vorschnelle Entscheidungen, wechseln eventuell häufig den Partner oder werden leichtsinnig. Noch ungesünder stürzen sie sich unter Umständen in gefährliche unüberlegte Abenteuer, hetzen nur noch von Ablenkung zu Ablenkung, brennen dabei völlig aus oder stumpfen total ab.

Soziale SIEBEN

Die soziale Instinktvariante der SIEBEN ist sehr menschenbezogen und von großem Idealismus geprägt. Sie schränkt ihren Hang zum Genuss zugunsten der Familie oder Bezugsgruppe ein, das bedeutet, dass sie beispielsweise ihre Faszination für neue Ideen und ihre Lust, ständig Neues auszuprobieren, opfert, um ein beständiger Pfeiler der Familie oder des Freundeskreises zu sein. Sie negiert also ihre eher egoistische und genusssüchtige Seite, um gut und verantwortungsbewusst zu leben. Meist hat sie auch einen großen Bekanntenkreis, den sie gerne unterhält, und interessiert sich für gesellschaftlich Neues. Aufgrund ihres ausgeprägten Idealismus setzt sie sich häufig für soziale Gleichheit ein.

Die soziale SIEBEN fühlt sich also ihren Mitmenschen gegenüber verantwortlich, zugleich aber empfindet sie dieses Verantwortungsgefühl als belastend, denn eigentlich möchte sie wie die anderen Instinktvarianten der SIEBEN auch Veränderung, neue Erlebnisse, Abwechslung und die Erfüllung ihrer eigenen Bedürfnisse. Wenn sie ihre Verantwortung als belastend erlebt, bereitet ihr dies wiederum Schuldgefühle.

Die soziale Instinktvariante der SIEBEN ist stabil, großzügig, engagiert, freundlich, hilfsbereit, sozial eingestellt, stark und idealistisch. Ihren Hang zur Völlerei opfert sie ihrem Idealismus und möchte dafür beachtet und sozial anerkannt werden. Sie schätzt Kameradschaft und Brüderlichkeit, ist pragmatisch und initiativ, kann aber auch recht ungeduldig sein, denn sie möchte Dinge lieber sofort anpacken als lange herumzudiskutieren, wie etwas getan werden sollte.

Sie liebt gute Gespräche, tüftelt gerne gemeinsam mit anderen an neuen Projekten und mag es, spannende Ideen auszuarbeiten. Sie ist gerne involviert in Gruppenaktivitäten, fühlt sich aber dennoch schnell in Gruppen gefangen und verlässt diese dann wieder. Oft bürdet sie sich auch zu viele Projekte auf einmal auf. Ganz schlimm ist für die soziale SIEBEN, wenn jemand versucht, sie zu kontrollieren oder zu etwas zu nötigen. Da sie sich ohnehin ständig selbst vieler Freiheiten beraubt, erträgt sie diese Art der Freiheitsberaubung nicht auch noch zusätzlich.

In unreifem Zustand verzetteln soziale SIEBERer sich, werden unzuverlässig oder planen andauernd, ohne davon etwas umzusetzen. Noch unreifer tendieren sie dazu, vor ihrer großen Verantwortung zu flüchten und zunehmend verantwortungsloser zu handeln.

3.7.5 Integration und Desintegration der SIEBEN

- Unreif bzw. desintegriert ist Typ SIEBEN: exzessiv, manisch, egoistisch
- Normal entwickelt ist Typ SIEBEN: impulsiv, aktiv, fröhlich
- Reif bzw. integriert ist Typ SIEBEN: produktiv, vielseitig, optimistisch

Die SIEBEN am Trostpunkt

Typ SIEBEN neigt zu übermäßiger Selbststimulation. Er ist schnell von etwas angetan und rasch begeistert, aber dabei auch oberflächlich und flatterhaft. Wenn die SIEBEN, oft um die Lebensmitte herum, die vielen aufregenden Optionen, die sich bieten, reduziert oder das Leben sie automatisch zu reduzieren beginnt, bricht für die SIEBEN oft eine weniger hektische Zeit an, in der sie in Richtung ihres Trostpunktes, der FÜNF, wandert und dort lernt, innezuhalten und sich ausführlicher mit etwas zu beschäftigen. Sie wird dadurch beschaulicher, verinnerlichter, ernster, objektiver, zieht sich öfter zurück und geht dann in sich, wobei sie nach und nach erkennt, dass sich hinter ihrer hektischen Glückssuche und ihrem Daueroptimismus noch etwas anderes verbirgt, nämlich eine Flucht vor Tiefe und dem in ihr eventuell lauernden Schmerz.

Dadurch, dass die SIEBEN nun fähig ist, nach Vorbild der FÜNF einen Schritt zurückzutreten und sich mit mehr Ruhe selbst aus einer gewissen Distanz zu ergründen und über den Sinn unseres Daseins nachzudenken, verändert sich allmählich ihr Blick auf das Leben. Sie erkennt nun dessen Komplexität an und wird sich bewusst, dass dieser Komplexität oft nicht mit Spontanlösungen zu begegnen ist, sondern dass es häufig tieferer Reflexionen bedarf, um angemessen reagieren zu können.

Typ SIEBEN erkennt an ihrem Trostpunkt FÜNF, dass die Welt nicht dazu da ist, um sie bestmöglich zu unterhalten und zu trösten, und sie lernt, dunkle Gefühle nicht länger zu leugnen und den verdrängten Schmerz zuzulassen. Ihre Neigung zu Dauerunterhaltung, manischer Zerstreuung, Realitätsflucht und Ablenkung durch Konsum kommt der SIEBEN nun zunehmend selbst untauglich vor, um zu innerem Gleichgewicht zu gelangen. Stattdessen akzeptiert sie nun Leid, Trauer und Mühen, konsumiert die Welt nicht mehr, lernt Verantwortung zu tragen, wird geduldiger und bricht Projekte und Beziehungen nicht mehr ab, sobald ihre Begeisterung dafür nachlässt. Dies ermöglicht es ihr, tief greifendere Erfahrungen zu machen, zum Kern der Dinge vorzustoßen und eine komplexere Weltsicht zu entwickeln. Infolge treten der SIEBEN ihre Mitmenschen aufgrund ihrer neugewonnenen Komplexität mit mehr Respekt und Achtung gegenüber und sehen in ihr nun einen tiefgründigen Menschen und keinen Dauerspaßmacher mit wenig Tiefgang.

Der Optimismus der SIEBEN ist nun ein authentischer Optimismus geworden und kein krampfhafter Kompensationsversuch mehr und die SIEBEN hat nun auch keine Angst mehr, ihres Glückes beraubt zu werden, wenn sie nicht dauernd gierig danach greift. Sie erfährt nun, wie viel befriedigender auf Dauer eine größere Erfahrungstiefe ist. Sie ist jetzt nüchterner und gesammelter so wie die FÜNF, fühlt sich selbst nun vollständiger, erlebt dadurch nachhaltigere Befriedigung und kann vertrauensvoll darauf bauen, dass ihre optimistische Weltsicht und ihre Fröhlichkeit sie dazu befähigen, sich der Realität in ihrer komplexen Gesamtheit, mit all ihren Licht- und Schattenseiten, zu stellen.

Die SIEBEN benutzt ihren Intellekt, um schöne Pläne zu schmieden, und gerät in Stress, wenn ihre Pläne und die Wirklichkeit zunehmend auseinanderklaffen und irgendwann einmal der Punkt erreicht ist, an dem sie sich die entstandene Kluft beim besten Willen nicht mehr schönreden kann. Die nun aufkommende Angst treibt die SIEBEN noch stärker in eine manische Suche nach Zerstreuung und Vergnügen. Funktioniert das allerdings nicht mehr, um die negativen Gefühle zu verdrängen, wandert die SIEBEN in der Hoffnung, so die Kontrolle über die eigene Gefühlswelt wiederzuerlangen, in ihren Stresspunkt, Typ EINS. Ihre optimistisch-freundliche Grundeinstellung weicht dann einer aggressiven, grollenden Haltung und sie verdammt alles, was ihrem Bedürfnis nach einer positiven Weltsicht entgegensteht.

Die SIEBEN hadert dann damit, dass ausgerechnet sie vom Schicksal bestraft wird. Sie wird rigide und verbohrt und vertritt ihren Standpunkt auf egoistische Weise. Eventuell konzentriert die SIEBEN sich dann auch wie besessen auf eine Sache in der Hoffnung, dadurch die Kontrolle über ihre Gefühlswelt wiederzuerlangen, und kritisiert alle, die sich ihr in den Weg stellen. Außerdem kann die SIEBEN, die zur EINS geht, versuchen, eine künstliche Ordnung aufzubauen, indem sie Halt in ideologischen Systemen sucht, die ihre »positive« Weltsicht zu rechtfertigen scheinen. Diese Systeme werden dann ebenfalls hart, aggressiv, rechthaberisch, strafend, rachsüchtig und anmaßend verteidigt. Außerdem ist die SIEBEN am Stresspunkt überkritisch, zynisch, gereizt, streitlustig und verurteilend und glaubt, die Wahrheit für sich gepachtet zu haben.

Die SIEBEN am Stresspunkt ist voller Selbstmitleid, denkt in Schwarz-Weiß-Kategorien, nichts kann mehr ihren Erwartungen gerecht werden und sie gibt gerne anderen die Schuld an ihrem Elend und dafür, dass ihre Wünsche sich nicht erfüllen. Sie kann sich auch übermäßig auf jemanden fixieren, von dem sie sich verzweifelt doch noch die so sehr ersehnte Wunscherfüllung erhofft, um ihn zum Ziel ihres Hasses zu machen, wenn ihre Hoffnungen unerfüllt bleiben. Im schlimmsten Fall kann sie mit einer beängstigenden Mischung aus Fröhlichkeit und manischer Intoleranz anderen und auch sich selbst nachhaltig schaden.

Entwicklungsziel und Lebensaufgaben der SIEBEN - Von der Gier zur Nüchternheit

Das Entwicklungsziel von Typ SIEBEN ist es zu erkennen, dass wir, um das Leben wirklich mit Präsenz zu erfahren, gedanklich und gefühlsmäßig weitgehend im Hier und Jetzt bleiben müssen und dass es sowohl für unsere Beziehungen zu unseren Mitmenschen als auch für uns selbst wichtig ist, nicht ständig geistig bei Zukunftsoptionen zu verweilen.

Eine SIEBEN beginnt sich positiv zu entwickeln, wenn sie freiwillige Verpflichtungen eingeht und vor Verbindlichkeiten nicht mehr flüchtet, da sie dadurch zunehmend das Leben in seiner ganzen Komplexität bejaht und das Hässliche und Schmerzhafte genauso annimmt wie das Schöne und Angenehme. Sie entwickelt sich positiv, wenn sie konstruktives Feedback anzunehmen lernt und ihm nicht mehr mit Charme und Taktik geschickt ausweicht, um sich nicht damit auseinandersetzen zu müssen. Eine weitere Lebensaufgabe der SIEBEN ist es, sich zunehmend für etwas Bestimmtes zu entscheiden, wohlwissend, dass dies die Optionenvielfalt beendet. Außerdem kann sie, wenn sie nicht dauernd etwas Neuem nachjagt, ständig weitere Facetten in dem, was schon da ist, entdecken und gelangt dadurch zu mehr Tiefe. Positiv für die SIEBEN ist außerdem, wenn sie auf die Bedürfnisse ihrer Mitmenschen mehr Rücksicht nimmt und nicht aus Gier nach eigener Bedürfnisbefriedigung blindlings drauflos stürmt und wenn sie generell erkennt, dass sie nicht unbedingt alles und dies auch noch möglichst sofort haben muss, sondern dass oft sogar weniger mehr sein kann.

Wichtig für die SIEBEN ist auch, dass sie lernt, ihren ruhelosen Verstand zu bremsen, sodass sie in der Gegenwart sein kann und gedanklich nicht ständig abschweift.

Eine entwickelte SIEBEN hat zu einer gewissen **Nüchternheit** und zur Mäßigung gefunden.

Sie hat keine Angst mehr, ständig etwas zu verpassen, und weiß daher, was zu tun ist, anstatt immer nur manisch getrieben dem Glück nachzujagen. Dadurch lernt sie, jeden Moment mit Leben auszufüllen. Sie weiß also nun die Freuden des Lebens zu genießen, ohne es dabei zu übertreiben und ohne krampfhaft die Schattenseiten zu negieren. Ein Entwicklungsziel der SIEBEN ist es auch, Vergnügen wenn nötig problemlos aufzuschieben und aus ihren Plänen eine Auswahl zu treffen, sodass sie nicht mehr fast zwanghaft alles Schöne, das ihr in den Sinn kommt, erleben muss und den Augenblick ohne Hektik genießen kann.

Eine weitere Lebensaufgabe ist es zu lernen, sich ihren Mitmenschen ernsthaft zuzuwenden und sich auch für deren weniger erfreuliche Themen zu interessieren. Dann kann sie ihren Freunden auch wahre Hoffnung spenden, statt sie nur unbeholfen oberflächlich aufzumuntern.

Eine SIEBEN, die zur Nüchternheit gefunden hat, hat also gelernt, sich auf Wichtiges zu konzentrieren, Optionen zu verwerfen und die Schattenseiten des Lebens zu akzeptieren.

Integration – Die SIEBEN im gesunden Bereich

»Vergnügen ist ein billiger Ersatz für Glück.« Elizabeth Barrett-Browning
Eine gesunde, gereifte SIEBEN hat gelernt, ihren Geist zu entspannen, unangenehme Gefühle zu tolerieren und sich nicht mehr ständig selbst abzulenken. Sie ist fokussiert, ruhig, produktiv, von innen heraus zufrieden, begeisterungsfähig, aufgeschlossen, kann Prioritäten setzen und auch weniger erfreuliche Aufgaben konzentriert zu Ende bringen.

Gesunde SIEBENer erleben die Welt auf einer tiefen Ebene, haben Oberflächlichkeiten und Eskapismus hinter sich gelassen und sind fasziniert vom Leben in all seinen Facetten. Sie haben Stabilität und Sicherheit in sich selbst gefunden und keine Angst mehr, dass ihnen das Glück vorenthalten wird. Sie sind dankbar für das Leben und nicht mehr selbstkonzentriert, sondern legen den Fokus mehr auf ihr Umfeld. Gereifte SIEBENer haben gelernt, selbst auch aktiv der Welt etwas zu geben und etwas zur Gesellschaft beizutragen, anstatt immer nur zu nehmen.

Sie leben nun in einer Balance zwischen Stimulation im Außen und gesundem Rückzug und Gang nach innen und können ihre inneren Ressourcen selbst wieder füllen.

Eine reife SIEBEN hat zu einem gesunden Enthusiasmus und zu echter Präsenz gefunden. Sie weiß, dass man wahre Befriedigung nur dann erlangt, wenn man sich dem, was im Hier und Jetzt geschieht, öffnet. Sie hat ihre verzerrte Vorstellung von Glück hinter sich gelassen und ist sich bewusst, dass das wahre Glück unser Dasein an sich ist. Sie muss nicht mehr versuchen, den gesamten Reichtum des Lebens auszuschöpfen, da sie erkannt hat, dass dieser unerschöpflich ist. Das hilft ihr, sich mit weniger zufriedenzugeben und keine bestimmten Ansprüche an das Leben zu stellen.

Gereifte SIEBENer sind spontan, lebhaft, glücklich, anregend, lebensbejahend, vielseitig begabt und oft erfolgreich. Sie sind praktisch veranlagt, geistreich, intuitiv, produktiv, dankbar und voller Achtung für das Leben.

Gesunde SIEBENer haben zu echtem Tiefgang und innerer Zufriedenheit gefunden und können gute Vorbilder dafür sein, wie man das Leben mit viel Esprit und dennoch nicht manisch überdreht, optimistisch und dennoch nicht die dunklen Seiten ausblendend, spontan und dennoch nicht unstet sowie Neuem gegenüber aufgeschlossen und dennoch treu und verantwortungsbewusst das Hier und Jetzt schätzend meistert.

Die SIEBEN im durchschnittlich gesunden Bereich

Wenn eine SIEBEN sich vom gesunden in den durchschnittlich gesunden Bereich bewegt, erlangt sie Zufriedenheit nicht mehr durch Produktivität und im Hier und Jetzt, sondern benötigt dafür bereits Unterhaltung, Konsum und Ablenkung von ihrer Angst.

Durchschnittliche SIEBENer werden geistig ruhelos und flatterhaft und fürchten, etwas zu versäumen. Das deutlichste Anzeichen dafür, dass eine SIEBEN sich nicht im gesunden, sondern im durchschnittlichen Bereich befindet, ist, dass sie das Bedürfnis hat, der Gegenwart zu entfliehen und kaum noch im Moment bleiben kann, da sie geistig immer bereits einen oder mehrere Schritte voraus ist. Sie wird immer gieriger, hat stets mehrere Eisen im Feuer und wird aus dem einen Vergnügen nichts, gibt es ein anderes, das sie erleben kann. Sie hat Angst vor Langeweile und schmerzlichen Gefühlen und lenkt sich daher ab, wird dabei aber zunehmend wahllos, sprunghaft, hyperaktiv, oberflächlich, materiell eingestellt, unkonzentriert und unruhig. Sie tut zu viel des Guten und wird immer oberflächlicher und getriebener. Es kann sein, dass sie ununterbrochen redet, herumalbert und eine Show abzieht, um die Stimmung hochzuhalten. Schließlich wird sie ausschweifend und zügellos, kann egoistisch auf Erfüllung ihrer Wünsche beharren, wird unzufrieden, fordernd, ungeniert, laut, extravagant, ungeduldig, anmaßend, eigennützig, impulsiv und nörglerisch und beschuldigt ohne jedes Feingefühl ihre Mitmenschen, wenn etwas nicht so läuft, wie sie das gerne hätte.

Sie ist bei Weitem nicht so frei und spontan, wie sie glaubt, sondern ausgelaugt und doch stets unbefriedigt, rüde und zu Suchtverhalten neigend.

Desintegration – Die SIEBEN im ungesunden Bereich

Wenn sich die SIEBEN in Richtung des ungesunden Bereichs bewegt, wird sie hyperaktiv und nervös, handelt unüberlegt und hält sich alles Unangenehme und potenziell Belastende vom Hals. Sie ist nie zufrieden mit dem, was sie hat, will immer noch mehr Vergnügen, noch mehr Erlebnisse, noch mehr Konsum und noch mehr Ablenkung. Sie sucht also unersättlich nach Zerstreuungen. Ihr Durchhaltevermögen wird immer geringer, da sie bereits mit neuen Projekten beginnt, wenn die alten noch nicht abgeschlossen sind oder langweilig werden.

Außerdem neigt die SIEBEN, die sich in den ungesunden Bereich begibt, dazu, Gespräche zu dominieren, ihrem Gegenüber kaum noch zuzuhören und jede Gesprächspause sofort mit neuen Gedanken und Ideen zu füllen.

Sie wird schließlich immer schneller frustriert, einerseits infantil flüchtend, andererseits ausfallend ihre Wünsche einfordernd. Ungesunde SIEBENer sind impulsiv, verletzend, unbeherrscht, zügellos und haben Stimmungsschwankungen. Auf der Flucht vor sich selbst geben sie sich immer ausschweifenderen Vergnügungen hin, statt sich mit ihrer Angst auseinanderzusetzen. Ihr eigenes Verhalten, das ihnen eigentlich Freude einbringen sollte, ist immer mehr Grund für ihr Unglück. Im verzweifelten Versuch, der Angst zu entkommen, und in dem Wissen, dass ihr Leben immer mehr außer Kontrolle gerät, können sie zwischen hysterischer Aktivität und tiefer Depression oder Panikattacken schwanken. Wenn jemand ihren Vergnügungen scheinbar im Weg steht oder sie gar auf ihr verantwortungsloses Handeln hinweist, schlagen sie wild um sich. Sie werden generell immer menschenfeindlicher und tolerieren keinerlei Schwächen mehr bei anderen. Sie können sich auf Ideen oder Personen versteifen, von denen sie sich Rettung erwarten, was aber natürlich zum Scheitern verurteilt ist. Frustriert und hasserfüllt, extrem impulsiv und zu Gewalt neigend können sie nun sowohl sich selbst als auch andere verletzen.

3.8 Typ ACHT – Der dominante Herausforderer

3.8.1 Vorstellung von Typ ACHT

Typische ACHTer-Statements:

- ❖ Ich kann bestimmt und aggressiv auftreten, wenn es notwendig ist.
- ❖ Ich bin ein sehr unabhängiger Mensch.

- Für schwache und unentschlossene Menschen fehlt mir oft die Geduld.
- Ich liebe es, Dinge zu schaffen, die andere für nicht zu bewältigend halten.
- Mein Humor kann manchmal ziemlich derb sein.
- Selbstsicherheit ist mir wichtig.
- Für mich gilt: harte Schale, weicher Kern.
- Diplomatie gehört nicht zu meinen großen Stärken.
- Ein gewisses Maß an Spannung finde ich anregend.
- Ich kann gut Entscheidungen treffen.
- Meine Liebsten beschütze ich wie eine Löwin ihre Jungen.
- Ich kann ziemlich unnachgiebig sein, da ich einen sehr starken Willen habe.
- Ich weiß, wo ich den Hebel ansetzen muss, damit andere Menschen Ergebnisse bringen.
- Genauso rasch, wie ich wütend werden kann, verzieht sich meine Wut auch wieder.
- Ich neige zu Exzessen (z. B. essen, feiern ...).
- Ich nehme meine Lieben gerne unter meine Fittiche und zeige ihnen, wo 's langgeht.
- Angeberei kann ich nicht leiden.
- Übermäßig freundliche oder schmeichelnde Menschen finde ich nervtötend.
- Meine zarte, weiche Seite zu zeigen, fällt mir meist nicht leicht.
- Ein ehrlicher Streit ist oft wie ein reinigendes Gewitter.
- Intensität und Aufregung ziehen mich an.
- Ich gelte als mutig.
- Fairness und Gerechtigkeit sind mir außerordentlich wichtig.
- Respektiert zu werden, ist mir wichtiger, als gemocht zu werden.
- Ich vertrete meinen Standpunkt sehr deutlich.
- Ein guter Angriff ist besser als eine gute Verteidigung.
- Ich sorge dafür, dass ich respektiert werde.
- Ich habe keine Probleme damit, Nein zu sagen.
- Die Schwächen anderer Menschen erkenne ich sofort.
- Ich entscheide schnell und aus dem Bauch heraus.
- Ich bin ein Kämpfer für Gerechtigkeit.
- Schwachpunkte meiner Mitmenschen entdecke ich schnell.
- Angeber hole ich gerne auf den Boden der Tatsachen zurück.
- Ich übernehme häufig die Führung.

- ❖ Konfrontation liefert mir Energie.
- ❖ Wenn mir etwas nicht passt, dann sage ich das auch.
- ❖ Ich lasse mir nicht gerne sagen, dass ich mich anpassen soll.
- ❖ Zur Not setze ich meinen Willen mit Gebrauch meiner Ellenbogen durch.
- ❖ Ich zeige mich nur sehr selten verletzlich.
- ❖ Sinnlose Regeln kann man ruhig brechen.

Stärken: Mut, Fairness, Ausdauer, Beharrlichkeit, Entschiedenheit, Beschützerinstinkt, Intensität, Großherzigkeit, Selbstbehauptung, Selbstbewusstsein, Freundlichkeit, Gerechtigkeitssinn, Konfrontationsfähigkeit, Fairness, Beherztheit, Krisenfestigkeit, stabilisierend in Partnerschaften, Verlässlichkeit, Konfliktbereitschaft, Direktheit, Unabhängigkeit, Führungsstärke

Potenzielle Schwächen: Mangelndes Einfühlungsvermögen, emotionale Unzugänglichkeit, ständiges Dagegenhalten, zu große Kampfeslust, übersteigertes Selbstbewusstsein, Rechthaberei, Arroganz, Auslösen von Unterlegenheitsgefühlen

Ermunterung, die Typ ACHT bräuchte: »Jeder von uns ist prinzipiell erst einmal unschuldig und ohne Argwohn.«

Stattdessen verinnerlichte Ansicht: »Die Welt ist hart und ungerecht, Schwache werden von den Starken untergebuttert.«

Reaktion darauf: Alles dafür tun, stets zu den Starken zu gehören, Schwächen zwecks Selbstschutz verbergen, sich Respekt verschaffen und auf sich selbst vertrauen

Grundbedürfnis, das die ACHT damit erfüllen möchte: Selbstständig zu sein, sich zu schützen, Herr über das eigene Leben zu sein, Stärke und Macht zu haben

Grundangst: Sich anderen unterordnen oder unterwerfen zu müssen, von anderen verletzt oder beherrscht zu werden, jemandem zu unterliegen, abhängig zu sein, die Macht zu verlieren, Ohnmacht oder Schwäche zu zeigen, sich ganz hinzugeben, kontrolliert zu werden

Der Grundleidenschaft (Lust) entsprungene Wesenszüge: Dominanz, offene, bestrafende Wut, Selbstabhärtung, Aufsässigkeit, Gefühllosigkeit, Einschüchterung, Exhibitionismus, Lustbetontheit, Zynismus, Unabhängigkeit

Aufmerksamkeits- und Energiefluss: Die Aufmerksamkeit richtet sich auf Macht und Kontrolle, Gerechtigkeit und Ungerechtigkeit, Manipulationen sowie auf Situationen, die beherztes Handeln verlangen. Die Energie fließt in die Dominanz und Kontrolle des Territoriums, auf das Ausfechten von Konflikten, die Verteidigung Schwacher und Unschuldiger sowie darauf, Respekt zu erlangen.

Was die ACHT vermeiden möchte: Schwäche zu zeigen, nachzugeben, verwundbar zu sein, abhängig zu sein, unsicher zu sein, den Respekt anderer Leute zu verlieren

Was Stress verursacht: die Unfähigkeit, etwas gegen Ungerechtigkeit tun zu können, nicht in Konfrontation gehen zu können, kontrolliert zu werden, einengende Grenzen, ungerechte Regeln

Verhalten unter Druck (Hauptabwehrmechanismus): **Verleugnung**, d. h. Typ ACHT wischt beiseite, was nicht in sein eigenes Verständnis von Wahrheit und Gerechtigkeit passt. Sowohl die Verletzlichkeit, Angst und weiteren Gefühle anderer Personen, als auch eigene Emotionen und Impulse werden, wenn sie stören, einfach ignoriert, eigene Schwächen und Grenzen werden verleugnet. Das **idealisierte Selbstbild**, ein gerechter, starker, selbstbewusster und aufrichtiger Mensch zu sein, kann so aufrechterhalten werden.

3.8.2 Erweitertes Persönlichkeitsprofil – »Wer ist hier der Boss?«

Verhalten als Kind

Die junge ACHT gewinnt schon früh den Eindruck, dass »nur die Harten in den Garten kommen«. Die Welt, so erleben sie es schon als Kind, bestraft Schwächlinge und weiche Tendenzen. Sie selbst setzt deshalb bereits in jungen Jahren auf Härte, um nicht untergebuttert zu werden.

Viele ACHTer wuchsen in instabilen Verhältnissen auf. Sie wurden als Kinder unterdrückt, verspottet, wenn sie weinten, oder herumgestoßen. Sie lernten früh, niemandem zu vertrauen außer sich selbst und sich einen harten Schutzpanzer gegen die raue Welt zuzulegen.

Manche ACHTer wurden in ihrer Herkunftsfamilie auch für Stärke belohnt und bekamen die Botschaften mit auf den Weg, dass man sich nichts gefallen lassen dürfe, dass man zeigen solle, wer der Stärkere ist oder dass man zurückschlagen solle, wenn man angegriffen wird.

Auf jeden Fall aber ist für die ACHT schon in Kindesalter klar, dass die Welt von den Starken beherrscht wird und die Schwachen immer zurückstecken müssen. Sie beschließt daher, nicht ruhig, anpassungsfähig und brav zu sein, sondern lieber auszuteilen als einzustecken, den Ton anzugeben, statt untergeben zu sein, und die Regeln eher zu brechen, als sie immer nur unterwürfig zu befolgen.

In manchen Fällen entwickeln ACHTer-Kinder diese Haltung auch als Reaktion auf extrem sanfte und nachgiebige Eltern – entweder um zu testen, wie weit sie gehen können, bis sie endlich einmal auf Gegenwehr stoßen, oder aber, um selbst einmal nicht so ausgenutzt und unterdrückt zu werden, wie sie es bei ihren Eltern beobachten.

Einige ACHTer müssen auch schon in sehr jungen Jahren die Härte des Lebens erfahren, indem sie früh erwachsen werden müssen, etwa weil ein Elternteil stirbt oder sie aufgrund von Armut bereits in ihrer Jugend hart arbeiten und Geld verdienen müssen. Sie lernen dann schon früh, dass das Leben ein Kampf ist, in dem sie sich durchzusetzen haben.

Manche ACHTer werden bereits im Kindesalter in die Rolle des schwarzen Schafs gedrängt.

Infolge werden sie zu Einzelgängern, die sich von niemandem etwas sagen lassen. In jedem Fall aber wird die junge ACHT immer in irgendeiner Weise um ihre Unschuld betrogen, woraufhin sie sich verschließt und abhärtet. Dies ist auch der Grundstein für die Hauptleidenschaft der ACHT, die Lust, also das Bedürfnis nach Macht, Selbstbehauptung und Intensität.

Wut, Macht und Kontrolle

Die ACHT ist ein wütender Typ, der sich für gesellschaftliche Normen nicht übermäßig interessiert. Ihre Wut entspringt dem Wunsch, stark zu sein und aufzutreten. Die ACHT empfindet ein Gefühl der Macht, sie hat Führungsstärke, ist direkt, energisch, unabhängig und tonangebend. Die ACHT hat gelernt, dass man hart sein muss, um anerkannt zu werden.

Wut ist für die ACHT ein ganz natürliches Gefühl, eine genussvolle Energie, eine Lebendigkeit, die ihr beim Aufbau von Beziehungen hilft. So fühlt sich etwa auch ein wütender Streit für die ACHT energiegeladen und positiv an und es ist oft eine schockierende Erkenntnis für die ACHT, wenn sie lernt, dass dies viele Menschen ganz anders empfinden.

Die ACHT würde es bevorzugen, wenn auch andere Menschen ihre Wut (und andere oft versteckte Gefühle) offen zeigen, denn sie ist für schonungslose Ehrlichkeit und empfindet es als sehr unangenehm, wenn ihr Gegenüber aggressive Gefühle nicht zeigen möchte. Sie weiß dann nicht, woran sie ist, was für die ACHT besonders schlimm ist, da sie die Kontrolle behalten möchte. Sie kann die Kontrolle über eine Situation aber nur dann behalten, wenn sie die ehrlichen Fakten kennt. Daher drängt sie ihr Gegenüber, Stellung zu beziehen.

Kontrolle über ihre Umwelt (d. h. über andere Menschen sowie ihren Besitz) zu haben, ist für die ACHT deshalb so wichtig, weil es für sie Sicherheit bedeutet. Kontrolle bedeutet für die ACHT, das Sagen zu haben, und den Einfluss, den andere auf sie haben, zu begrenzen.

Den Respekt einer ACHT verdient man sich durch Offenheit und dadurch, sich ihr nicht zu unterwerfen, sondern ihr auch Kontra zu geben, nichts zu vertuschen und ihr auch unangenehme Wahrheiten ins Gesicht zu sagen. Einige andere Enneagrammtypen fühlen sich wiederum von der harten Unverfrorenheit der ACHT vor den Kopf gestoßen und von ihrer direkten, selbstbewussten Art eingeschüchtert. Doch die ACHT ist sich des Ausmaßes ihrer Kraft und ihrer wütenden Energie nicht bewusst, denn sie will niemanden verschrecken, sondern ist sehr menschenbezogen und hilfsbereit und möchte gerne in gutem Kontakt mit ihren Mitmenschen stehen. Wenn sie allerdings meint, nur ihren Standpunkt erklärt zu haben, kann ihr Gegenüber dies häufig bereits als deutlich wütende Verärgerung verstehen.

Auf keinen Fall möchte die ACHT, dass andere Menschen sie übervorteilen oder Kontrolle und Macht über sie haben. Das kann so weit gehen, dass die ACHT selbst gutgemeinte Ratschläge unwirsch ablehnt. Je dysfunktionaler die Kindheit der ACHT war, umso mehr Macht benötigt sie, um sich sicher zu fühlen. Eine ungesunde ACHT kann daher für andere sehr einschüchternd, besitzergreifend, herrisch und aggressiv sein.

Der ACHT bedeuten Vertrauenswürdigkeit und Zuverlässigkeit von Freunden, Partnern und Mitarbeitern sehr viel, denn für sie ist die Welt ein feindlicher Ort, an dem viele versuchen, einen zu unterdrücken oder über den Tisch zu ziehen. Wird eine ACHT tatsächlich einmal von einem ihrer Verbündeten hintergangen oder übervorteilt, tritt sie nach außen noch forscher und härter auf und es besteht die Gefahr, dass sie sich selbst ins soziale Abseits katapultiert, da sie mit ihren Aggressionen vermehrt andere Menschen vertreibt.

Intensität, Lust und Exzesse

Die Ungehemmtheit und wollüstige Intensität und Impulsivität der ACHT sorgen dafür, dass die ACHT jeden Moment zu einem intensiven Erlebnis macht. ACHTer wollen dem Leben alles abgewinnen, lieben Adrenalinschübe, sind sehr im Außen und daher wenig mit ihrem eigenen Innenleben beschäftigt. Dadurch kann es schlimmstenfalls passieren, dass ihre Gefühle mehr und mehr absterben und die dauernde Intensität somit letztlich zu einer Abstumpfung führt.

ACHTer tendieren dazu, ihrer Lust zu folgen, und haben dabei eine niedrige Frustrationstoleranz. Sich zurückzuhalten, fällt ihnen generell schwer, sei es beim Essen, sei es bei einer hitzigen Diskussion oder bei der Befriedigung eines Wunsches. Die Exzesse der ACHT ersetzen das Bedürfnis nach echten emotionalen Zielen. Dabei kann die ACHT in Wahrheit von ihren eigenen Wünschen weit entfernt sein (und ähnelt darin, auch wenn man das zuerst nicht vermuten würde, der NEUN), denn die Lustbefriedigung der ACHT entspringt mehr einer generellen Lust auf Intensität oder Konflikt als Möglichkeit des In-Fahrt-Kommens und Sich-lebendig-Fühlens als einem wirklich tiefen konkreten Bedürfnis.

Stimulation vertreibt die Langeweile der ACHT und übertönt ihre innere Verletzlichkeit. Die ACHT hält Schmerz aus ihrem Bewusstsein fern und desensibilisiert sich, d. h. sie macht sich körperlich und seelisch unempfindlich. Infolge ignoriert sie häufig eigene Krankheitssymptome und hat außerdem kaum Scham- und Schuldgefühle.

Das Exzessiveder ACHT ist also im Grunde eine durchgängige Kontrahaltung, eine Abwehr der Abhängigkeit, Machtlosigkeit, Schwäche und Passivität.

Harte Schale, weicher Kern

Die ACHT zeigt also der Welt meist ihre harte Schale. Sie ist dominant, gibt sich überlegen, vertritt unbeugsam ihre Meinung und tut ihre Wahrheit sehr offensiv kund. Für manch Außenstehenden ist es daher kaum zu glauben, dass sich unter der gezeigten Härte der ACHT ein weicher, sogar durchaus sentimentaler Kern verbirgt. Wer das Vertrauen der ACHT gewinnt und ihr Herz berührt, der hat Chancen, dass die ACHT ihm Einblicke in ihr sanftes Inneres gewährt. In solchen Situationen schwindet die aggressive Eindringlichkeit der ACHT zugunsten eines sensiblen Eingehens auf die Wünsche ihres Gegenübers und ihr Eigennutz weicht einem gemeinschaftlicheren Gefühl. Die ACHT kann im reiferen Zustand zum starken, aber nicht mehr aggressiven Beschützer werden, der aufmerksam ist, Schwächeren hilft und seine Freunde unterstützt. Das funktioniert deshalb, weil sie nun in Resonanz mit dem Zustand des Hilfesuchenden, Schwächeren oder Bedürftigen gehen kann, da sie gewillt ist, diese Seite selbst in sich anzuerkennen, wodurch ihre Beschützerinstinkte geweckt werden.

Sie achtet dann auf die Gefühle ihres Gegenübers, hat mehr Milde und Mitgefühl, ist großzügig und verzeihend statt gnadenlos. Sie kann die Intensität und Qualität ihrer Energie viel besser drosseln und gezielter einsetzen, wodurch sie eine machtvolle, in sich ruhende, manchmal sogar sanftmütige Stärke ausstrahlt.

Beziehungen der ACHT

In **Liebesbeziehungen** bietet die ACHT Schutz und Stabilität. Ihre Intensität, Selbstsicherheit und Stärke haben auf viele potenzielle Beziehungspartner eine starke Anziehungskraft, wobei die männliche ACHT aufgrund der trotz allem immer noch vorhandenen Geschlechterklischees hierbei deutlich im Vorteil ist. Dabei ist die ACHT in vielerlei Hinsicht eigentlich eher ein Einzelgänger. Oft nähert sie sich einer Partnerschaft schrittweise und unter Vorbehalt. So hat sie beispielsweise erst einmal nur Sex mit einem potenziellen Partner, trifft sich aber nicht oft mit ihm. Vertieft sich eine Beziehung, kommt die ACHT in die für sie ungewohnte Lage, mit jemandem kooperieren zu müssen. Die Art von »Abhängigkeit« vom Partner, die so entsteht, passt eigentlich nicht so recht zur ACHT. Die ACHT reagiert auf dieses ungewohnte Gefühl, indem sie als mächtiger Beschützer und Verbündeter auftritt und die Führung in der Beziehung übernimmt. Dadurch fühlt sie sich weniger verletzlich. Es besteht dadurch allerdings auch die Gefahr, dass die ACHT zu dominierend und kontrollierend wird, dass sie genau wissen möchte, was der Partner tut, wenn er nicht mit der ACHT zusammen ist, und dass sie kundtut, was ihr alles an den Gewohnheiten ihres Partners nicht passt. Fügt sich der Partner und gibt klein bei, ist er für die ACHT allerdings auf Dauer kein würdiger und zu respektierender Gegner. Ein Partner, der sich unterwirft, macht eine ACHT also nicht dauerhaft glücklich, da sie ihn nicht als gleichrangig empfindet. Setzt sich der Partner zur Wehr, folgt zwar eine Zeit der Machtkämpfe, sind diese jedoch ausgefochten, hat die ACHT Respekt vor dem Partner, da er sich als ebenbürtiger Gegner erwiesen hat.

Mögliche Komplikationen in Beziehungen ergeben sich durch die Tendenz der ACHT, sich bei emotionaler Aufgewühltheit zurückzuziehen, durch Eifersucht und Besitzansprüche, durch das Bedürfnis der ACHT, den Partner nach ihrem Willen formen zu wollen, und durch wütende Überreaktionen.

Der ACHT ist Ehrlichkeit in einer Beziehung unglaublich wichtig. Lügt man die ACHT an, hat man keine Chance bei ihr. Die ACHT hat das starke Bedürfnis, immer die Wahrheit zu erfahren, auch bei unangenehmen Themen. Denn die Wahrheit zu kennen, bedeutet zu wissen, was wirklich los ist, und man kann nur die Kontrolle behalten, wenn man alle Fakten auf dem Tisch hat.

Doch die ACHT hat auch eine zartere Seite. Unter der ganzen Intensität und Wut ist ein weicher, zärtlicher Kern. Eine ACHT, die weiß, dass diese weiche Seite eine Stärke und keine Schwäche ist, und die es schafft, das Bedürfnis nach totaler Kontrolle in einer Liebesbeziehung aufzugeben, kann ein wunderbarer Partner sein. Sie ist dann krisensicher, stabilisierend, eine Stütze für ihren Partner, verlässlich, großzügig, direkt und ohne Hintergedanken.

In **Berufsbeziehungen** braucht die ACHT Klarheit. Sie muss wissen, wer die Macht hat, und wenn ihr Chef integer ist und weiß, wo es langgeht, hat die ACHT kein Problem, ihm zu folgen. Die ACHT hat allerdings auch kein Problem damit, einem Vorgesetzten, der ihr nicht als respektable Autorität, sondern als leerer Phrasendrescher erscheint, Paroli zu bieten. Sie hat aber natürlich auch sehr gerne selbst die Führungsposition und somit die Macht inne.

Diplomatie sollte bei der Stelle, die sie innehat, jedoch nicht gefragt sein.

Wichtig für die ACHT ist auf jeden Fall, immer etwas zu tun zu haben. Ein Job mit viel ungenutzter Zeit wird sie frustrieren und aggressiv machen. Als Angestellter braucht die ACHT klare Kommunikation, zuverlässige Informationen und keine unvorhergesehenen Änderungen von bereits beschlossenen Plänen.

ACHTer sind sehr effektive Troubleshooter, denn sie sind clever, kreativ und angstfrei.

Außerdem können sie gute Teamleiter und Vorgesetzte sein, wenn sie es schaffen, ihre Energie auch auf andere zu übertragen und ihnen somit Selbstsicherheit zu geben.

3.8.3 Flügeltypen der ACHT

ACHT mit Flügel SIEBEN

Wenn Typ ACHT mit Flügel SIEBEN einen Raum betritt, bleibt er normalerweise nicht lange unbemerkt. Er nimmt viel Raum ein, hat oft eine laute Stimme, ist gesellig, fröhlich, locker und humorvoll. Diese Flügelvariante ist meist sehr charismatisch und legt den Fokus auf die praktischen Angelegenheiten des Lebens. Da sowohl die SIEBEN als auch die ACHT aggressive Typen sind, ist die ACHT mit Flügel SIEBEN der Flügeltyp mit der meisten Durchsetzungskraft von allen. Ihre Art ist direkt und unverblümt, versteckte Motive gibt es bei ihr keine. Verschiedenen Rollenerwartungen gerecht zu werden, ist ebenfalls nicht ihr Ding, weshalb sie in der Arbeit nicht anders ist als im Privatleben.

ACHTer mit Flügel SIEBEN sind Menschen der Tat, die Einfluss nehmen möchten und eine schnelle Auffassungsgabe sowie wenig Geduld für umständliche Theorien haben.

Typischerweise sind sie sehr extravertiert, energetisch, robust und handlungsorientiert. Sie ergreifen gerne die Initiative und nehmen die Dinge bevorzugt selbst in die Hand, sowohl bei beruflichen Angelegenheiten als auch im Privatleben. Sie haben große Zuversicht darin, erfolgreich zu sein, haben einen unternehmerischen Geist und machen sich beruflich gerne selbstständig, weil sie möglichst niemanden über sich haben möchten, der ihnen Anweisungen gibt.

ACHTER mit Flügel SIEBEN können auch andere Menschen gut motivieren und sie ermutigen, Leistungen zu erbringen, die sie sich ohne Zuspruch nicht zugetraut hätten, denn sie strahlen Enthusiasmus aus und können das Gefühl vermitteln, dass man alles schaffen kann, wenn man es nur möchte und alles daransetzt.

Sie sind risikofreudig, initiieren gerne Projekte und sind so sehr von ihrem Erfolg überzeugt, dass sie öfter übertreiben, wenn sie ihre Erfolgsaussichten prognostizieren. Sie sind gerne unter Menschen, allerdings nicht ohne eine gewisse Ellenbogenmentalität. Für in ihren Augen schwache, wenig effiziente Mitmenschen werden sie kaum viel Geduld aufbringen. ACHTer mit Flügel SIEBEN kosten das Leben voll aus, waghalsig, unbekümmert und zuweilen rücksichtslos. Sie sind aber auch geselliger als die andere Flügelvariante.

Sie geben bereitwillig Geld aus und lassen es sich gerne gutgehen. Um die Reaktionen anderer Menschen sorgen sie sich generell wenig und in unreifem Zustand werden sie ungeduldiger, impulsiver, dominanter und lassen sich von ihren Leidenschaften bestimmen.

Schuldgefühle kennen sie dann kaum noch, sie manipulieren andere zu ihren Zwecken, explodieren schnell, sind egozentrisch und gewaltbereit, haben kein Mitgefühl und holen zum Rundumschlag gegen jeden aus, der sie frustriert oder sich ihrem Willen nicht beugt.

ACHT mit Flügel NEUN

Diese Flügelvariante der ACHT ist ruhiger als die ACHT mit Flügel SIEBEN, denn da die ACHT zwar ein aggressiver Typ, die NEUN jedoch ein konfliktvermeidender Typ ist, vermischen sich diese Eigenschaften hier zu einem häuslicheren, stärker komfortbedachten, etwas weniger explosiven Charakter. Da der Haupttyp die ACHT ist, ist es dieser Flügelvariante natürlich trotzdem ein Anliegen klarzumachen, dass sie die Kontrolle hat.

Dennoch hat sie eine etwas weichere, entgegenkommendere Ausstrahlung und einen stärkeren Bezug zu anderen Menschen mit deutlich geringerem konfrontierenden Beigeschmack.

Natürlich möchte auch die ACHT mit Flügel NEUN durchsetzen, dass die Dinge so gemacht werden, wie sie das möchte, sie erreicht das aber eher mit deutlichen, ruhigen Worten und einer zwangloseren Haltung. Wenn nötig kann freilich auch diese Instinktvariante aggressiv auftreten, es erscheint ihr allerdings seltener notwendig. Sie hat dann sehr lange ein Pokerface und explodiert erst relativ spät.

ACHTer mit NEUNer-Flügel haben also eine vergleichsweise stille Kraft, sind strategische Planer, stark, selbstbewusst und entschlossen, dabei aber relativ gelassen und zurückhaltend.

Da sie sich weniger leicht aus der Ruhe bringen lassen, können sie ihre Ziele konsequenter im Auge behalten als die andere Flügelvariante. Kooperation ist ihnen oft sogar lieber als offener Wettkampf, sie sind beschwichtigend, oft sogar versöhnlich, und können recht gute Berater sein.

Wie die andere Flügelvariante möchten auch sie unabhängig sein und eine Vormachtstellung innehaben, jedoch ohne sich Feinde zu machen und ohne dies auf Kosten Untergebener zu erreichen. Im Gegensatz zur anderen Flügelvariante verhalten sich ACHTer mit Flügel NEUN oft weniger stürmisch und insgesamt deutlich umgänglicher. Sie sprechen oft bedächtiger und wenn sie einmal die Beherrschung verlieren, werden sie meist früher wieder ruhig.

Generell strahlen sie Souveränität und Überlegenheit aus, haben einen ausgeprägten Beschützerinstinkt, sind introvertierter als die andere Flügelvariante und ihre oft verdeckt schwelende Wut hinterlässt eher den Eindruck eines schlafenden Vulkans.

Manchmal hat die ACHT mit Flügel NEUN zwei Seelen in einer Brust: eine aggressive Seite, die sie in der Öffentlichkeit und in Wettbewerbssituationen zeigt, und eine anpassungsfähigere private Seite. Generell zieht es diese Flügelvariante weniger hinaus in den Trubel, sie lebt lieber ein ruhigeres, zurückgezogeneres Leben und hält die Fäden mehr im Hintergrund in der Hand. Sie kann zuweilen eigensinnig sein, nach außen ruhig und freundlich wirken, aber genau beobachten und abwägen, wen sie leiden kann und wen nicht.

Im unreifen Zustand können ACHTer mit Flügel NEUN unvorhersehbar bedrohlich werden, wie ein Krokodil, das leise auf der Lauer liegt und jeden Moment zuschnappen könnte. Sie sind dann zurückgezogen, gefühlskalt, emotional abgestumpft und dabei stets potenziell explosiv, rachsüchtig oder destruktiv. Oft merken sie in diesem Zustand erst, was sie angerichtet haben, nachdem sie jemanden verletzt haben.

3.8.4 Instinktvarianten der ACHT

Selbsterhaltende ACHT

Die selbsterhaltende Instinktvariante der ACHT möchte ihre Unabhängigkeit bewahren, indem sie ihre materielle Existenz und ihr physisches Überleben sichert. Es ist ihr wichtig, Macht, Einfluss und Wohlstand zu erlangen, um in einer ihrer Ansicht nach feindlichen Welt nicht untergebuttert zu werden. Sie ist die materialistischste Instinktvariante der ACHT und hat eine niedrige Frustrationstoleranz, wenn sie ihre materielle Existenzsicherung bedroht sieht.

Die selbsterhaltende ACHT ist sehr häuslich, wobei ihr wichtig ist, auch Zuhause das Sagen und die Kontrolle über die Ressourcen zu haben. Oft hat sie mehrere Jobs oder macht extrem viele Überstunden, um ihre Existenz bestmöglich zu sichern. Sie weiß, wie sie das bekommt, was sie möchte, und macht wenig Worte darum. Sie ist generell die wortkargste

Instinktvariante der ACHT und kann in ihrem enormen Drang nach sofortiger Bedürfnisbefriedigung sehr egoistisch und dominant auftreten.

Selbsterhaltende ACHTer sind Meister darin, selbst unter widrigsten Umständen ihr Überleben zu sichern, und sie stehen immer wieder auf, wenn sie am Boden sind. Sie sind auch beinharte Geschäftsleute, die bei Verhandlungen jedes Gegenüber kleinkriegen. Da sie stark, direkt, machtvoll und produktiv sind, schaffen sie oft Abhängigkeiten bei anderen, die sich in ihre Obhut begeben. Sie strahlen die stille Stärke von Überlebenden aus, die ohne große Worte bei anderen ankommt.

In der Welt der Gefühle sind sie weniger zuhause. Das kann in ihren Beziehungen ziemlichen Schaden anrichten, was der selbsterhaltenden ACHT jedoch oft gar nicht bewusst ist. Sie kann sich meist wenig in die Bedürfnisse ihrer Mitmenschen einfühlen, besonders wenn sie diese als schwach und übersensibel empfindet. Um zu bekommen, was sie möchte, scheut diese Instinktvariante auch nicht davor zurück, Normen zu missachten und Regeln zu brechen.

Soziale Konventionen sind ihr meist nur im Weg, sie stellt lieber ihre eigenen Regeln auf.

Selbsterhaltende ACHTer befürchten ständig, dass ihnen das Erreichte wieder abhandenkommen könnte, weshalb sie sich idealerweise mehrfach absichern. Sie sind generell sehr beschützend, auch gegenüber ihren Liebsten. Von anderen abhängig zu werden, wäre für sie das Allerschlimmste, und es ist ihnen ein Anliegen, stets den Überblick zu bewahren, weshalb sie beispielsweise in einem Restaurant auf dem Platz sitzen möchten, wo sie möglichst das gesamte Geschehen im Blickfeld haben.

Selbsterhaltende ACHTer sind extrem praktische, direkte, realistische, autarke, mächtig wirkende und pragmatische Menschen. Sie können sehr strategisch und clever vorgehen. Im unreifen Zustand können sie gefühllos und tyrannisch sein und ihre Bedürfnisse ohne jede Rücksicht auf ihre Mitmenschen durchsetzen, egal wie sehr sie anderen dabei schaden.

Sexuelle ACHT

Die sexuelle Instinktvariante der ACHT ist leidenschaftlich, emotional intensiv, charismatisch, durchsetzungsstark, provokativ und energiegeladen. Sie ist die rebellischste und zugleich emotionalste Instinktvariante der ACHT. Außerdem ist sie abenteuerlustig, sucht das Risiko, Herausforderungen und Adrenalinschübe.

Die sexuelle ACHT kann sehr kontrollierend und besitzergreifend sein, provokant und sehr direkt auftreten. Gegen Regeln und Konventionen zu verstoßen, erfüllt sie richtiggehend mit Genugtuung. Es ist ihr ein Bedürfnis, ihr Umfeld zu dominieren und energetisch vollkommen in Beschlag zu nehmen, und sie ist ausgesprochen besitzergreifend. Wenn eine sexuelle ACHT einen Raum betritt, bleibt dies daher nicht lange unbemerkt. Ihr großes Dominanzbedürfnis bedeutet auch, dass sie auf andere Menschen Einfluss nehmen möchte und auf keinen Fall die Kontrolle verlieren will. Für sie ist alles, seien es Menschen oder Objekte, etwas, das sie besitzen möchte. Sie sucht also nicht in erster Linie materielle Sicherheit wie die selbsterhaltende ACHT, sondern Macht und Kontrolle über Menschen, Dinge und Situationen.

Die sexuelle ACHT betont gerne ihre große Vitalität oder Potenz in allen Lebensbereichen.

Sie kann faszinierend charismatisch sein und sie erlangt ihre Macht durch eine verführerische Intensität, die sie von den anderen beiden Instinktvarianten der ACHT unterscheidet. Sexuelle ACHTer wirken oft gefährlich und exzessiv und können mit ihrem Drang, Menschen besitzen zu wollen, zu Gewalt neigen und infolge zu Beziehungsstraftätern werden.

Im gesunden Zustand kann diese Instinktvariante auch zum »edlen Ritter« werden, zum Beschützer der Schwachen und Verteidiger all jener, die sich nicht selbst verteidigen können.

Die sexuelle ACHT kann ausgesprochen liebevoll sein und ist zu sehr tiefen Empfindungen fähig. Sie sehnt sich in ihrem Innersten auch selbst danach, mit einem vertrauten Menschen so intim sein zu können, dass sie auch einmal loslassen, empfindsam und schwach sein darf. Es besteht also neben dem starken Drang, den Partner besitzen zu wollen, auch das Potenzial zur Hingabe an den Partner, was der reifen sexuellen ACHT bei großem Vertrauen auch möglich ist.

Sexuelle ACHTer mögen Herausforderungen und stacheln auch gerne ihre Partner an, sie herauszufordern. Auch intensive Wortgefechte schätzen sie sehr, denn für sie sind diese eine Möglichkeit, sich ihrem Partner nahe zu fühlen. Dabei besteht allerdings die Gefahr, dass dies den spielerischen Bereich verlässt und zu einem Dominanzkampf ausartet.

Im unreifen Zustand wird die sexuelle ACHT extrem besitzergreifend, kontrollierend, wütend, dominant und unberechenbar impulsgesteuert.

Soziale ACHT

Die soziale Instinktvariante der ACHT lebt gerne auf großem Fuß. Freundschaft und Loyalität sind ihr extrem wichtig und für Menschen, an denen sie hängt, ist sie zu großen Opfern bereit. Im Gegenzug erwartet sie von ihren Freunden einen ebenso großen Einsatz und ein ebensolches Ausmaß an Loyalität. Wenn sich einmal eine Freundschaft vertieft hat und man einander vertraut und respektiert, ist die soziale ACHT ein guter und sehr couragierter Freund fürs Leben. Missbraucht einer ihrer Freunde ihr Vertrauen, wird sie ihn allerdings unter Umständen für immer aus ihrem Leben verbannen.

In ihrem Freundeskreis kann die soziale ACHT zur Ruhe kommen und sie liebt es, gemeinsam zu essen, zu diskutieren, sich zu entspannen und Schönes zu genießen. Auch hitzige Diskussionen über das Tagesgeschehen, Sportereignisse oder Politik gehören für sie dazu, denn die Energie, die sie empfindet, wenn es bei solchen Themen verschiedene Meinungen gibt, ist für sie belebend. Sie kann daher recht erstaunt ein, wenn sie erfährt, dass das nicht alle so sehen und es auch Menschen gibt, die sich schnell von der Härte, mit der die ACHT ihre Argumente vorbringt, überrollt fühlen und für die hitzige Streitgespräche daher eher Stress bedeuten. Die soziale ACHT versucht dann, einen Gang herunterzuschalten, was ihr aber nicht leichtfällt. Lieber ist ihr, wenn sie Freunde findet, die das so empfinden wie sie, damit sie ihre Energie nicht drosseln muss.

In Gruppen behält sie im Auge, wer ebenfalls in einer Machtposition ist, damit sie nicht in Gefahr gerät, ihre Autorität zu verlieren. Die soziale ACHT setzt sich für Schwächere ein und übernimmt häufig die Beschützerrolle, es ist ihr aber ein Anliegen, dass diese ebenfalls lernen, für sich selbst einzustehen.

Generell kann man sagen, dass die soziale ACHT ihre Wut und ihre Aggression kanalisiert, indem sie sich für die Befriedigung der Bedürfnisse ihrer Bezugsgruppe starkmacht. Sie setzt sich also für andere ein, weshalb man zunächst die für die ACHT typischen Machtansprüche bei ihr weniger deutlich wahrnimmt. Eindeutig werden diese dann, wenn man ihre Rolle als Gruppenanführer infrage stellt.

Soziale ACHTer bemühen sich sehr um Klarheit und diskutieren Dinge in Freundschaften aus, die nicht unmissverständlich ausgesprochen oder geregelt wurden. Wenn nötig verteidigen sie ihre Freunde wie eine Löwin ihre Jungen, Ungerechtigkeiten ertragen sie gar nicht und doch sind sie auch die Instinktvariante der ACHT, die am besten fähig ist, sich auch einmal zu entschuldigen, wenn das nötig ist.

Sie sind die intellektuellsten ACHTer und können gut mit Worten umgehen. Außerdem sind sie bereit, ihren Schutzpanzer abzulegen, wenn sie wissen, wo sie innerhalb einer Beziehung stehen. Probleme lösen sie gerne konstruktiv, rot sehen sie allerdings dann, wenn sie hintergangen werden oder wenn jemand die sozialen Regeln ihrer Bezugsgruppe verletzt.

Im ungesunden Zustand kann das Gefühl, betrogen oder abgelehnt zu werden, bei der sozialen ACHT zu unsozialem Einzelgängertum führen. Sie kann dann rücksichtsloses oder selbstzerstörerisches Verhalten an den Tag legen.

3.8.5 Integration und Desintegration der ACHT

- Unreif bzw. desintegriert ist Typ ACHT: herrisch, egozentrisch und machtbesessen
- Normal entwickelt ist Typ ACHT: energisch, unverblümt und rebellisch
- Reif bzw. integriert ist Typ ACHT: beschützend, aufrichtig und fürsorglich

Die ACHT am Trostpunkt

Typ ACHT zeigt der Welt normalerweise seine harte Schale. Es gehört zu seiner Überlebensstrategie, eine Haltung überlegter Distanziertheit einzunehmen, seine Standpunkte hart zu äußern, andere zu dominieren, seine eigene Unschuld zu beteuern und anderen unter dem Deckmantel des Die-Wahrheit-Sagens die Schuld zu geben und sie in die Defensive zu treiben.

Dennoch steckt hinter dieser harten Schale in Wahrheit ein weicher Kern, der dann zum Vorschein kommt, wenn die ACHT jemandem wirklich vertraut und ihr Herz berührt wird.

Wenn sie fühlt, dass sie um ihrer selbst willen und nicht wegen ihrer machtvollen Auftritte gemocht wird, dann ist die ACHT bereit, sich zu öffnen und ihre sanfte Seite zum Vorschein zu bringen. Das ist der Moment, wo die ACHT zu ihrem Trostpunkt, Typ ZWEI, geht und ihre Aggressivität einer Sensibilität weicht, die auf die Bedürfnisse ihres Gegenübers eingeht und die ACHT situationsgemäß handeln und ihre Energie gezielter einsetzen lässt. Eine ACHT im Trostpunkt ZWEI wird beschützend und helfend, sie stellt sich nicht mehr reflexartig gegen andere Menschen, sondern identifiziert sich mehr mit ihnen und hat Mitleid mit Schwächeren. Typ ACHT wird an seinem Trostpunkt also milder, sanfter und umgänglicher, d. h. er achtet mehr auf zwischenmenschliche Gefühle und Signale sowie auf die Emotionen seines Gegenübers.

Er beharrt nun auch nicht mehr darauf, dass seine Ansichten die einzig richtigen sind, sondern hört sich aufgeschlossen die Meinungen seiner Mitmenschen an. Sein gnadenloses Gerechtigkeitsdenken und sein Eigennutz weichen aufgrund seines wachsenden Mitgefühls einer verzeihenden, großherzigen, fürsorglichen, empathischen und liebenden Einstellung.

Dadurch hat die ACHT wiederum eine viel breitere Palette an Nuancen zur Verfügung, mittels derer sie in sozialen Situationen reagieren kann.

Sie hat nun zu einer gesunden Balance zwischen der Beachtung ihrer eigenen Bedürfnisse und den Bedürfnissen ihrer Mitmenschen gefunden und sie muss nun nicht mehr unbedingt überall mit voller Power reagieren, sondern kann ihre Intensität nun auch drosseln und der jeweiligen Situation anpassen. Außerdem ist sie nun bereit, auch sich selbst verwundbar zu zeigen. Die ACHT geht an ihrem Trostpunkt ZWEI also vom destruktiven zum konstruktiven Einsatz ihrer Stärke über, sie nutzt sie nun also lieber für als gegen andere. Diese Mäßigung wiederum bringt der ACHT nun echte Sympathie und Wertschätzung von ihren Mitmenschen ein.

Die ACHT am Stresspunkt

Typ ACHT möchte seine Umwelt unter Kontrolle bringen. Macht und Einfluss zu haben, bedeutet ihm mehr, als Zuwendung durch seine Mitmenschen zu erfahren. Ihm ist es wichtig, dass seine Verbündeten zuverlässig und jene, die von ihm abhängen, vertrauenswürdig sind.

Die Welt ist für die ACHT ein Minenfeld und wer immer sie zu übervorteilen versucht, bekommt es heimgezahlt. Eng wird es für die ACHT, wenn es mit ihrer Strategie einmal nicht möglich ist, die Hindernisse, die ihr im Weg stehen, zu überwinden. Noch schlimmer ist es, wenn Verbündete sie hintergehen und enttäuschen. Die ACHT tritt dann zunächst noch härter und forscher auf. Ihre gesteigerte Rigidität führt aber erst recht nicht dazu, dass sie ihr Ziel doch noch erreicht, im Gegenteil: Man zieht sich nun eher von ihr zurück, nimmt sich vor ihr in ACHT, möchte nichts mehr mit ihr zu tun haben, hat Angst vor ihr oder entwickelt Abneigung gegen sie.

An diesem Punkt wandert die ACHT in ihren Stresspunkt, Typ FÜNF. Sie fühlt sich ohnmächtig und tritt den Rückzug an, denn all ihr Preschen nach vorne war vergebens. Die ACHT zieht sich dann zurück wie ein verwundetes Tier, isoliert sich und beginnt zu grübeln und sich viele Gedanken darüber zu machen, mit welchen Strategien sie nun doch noch die Oberhand behalten könnte, wo sich doch offenbar alle von ihr abwenden und eventuell sogar gegen sie verbünden, die Welt also nun sogar noch feindlicher wird, als sie ohnehin schon war.

Zu ihren Gefühlen hat sie nun, ähnlich wie die FÜNF, einen noch schlechteren Zugang und sie wird ungewöhnlich ruhig und ähnlich verschlossen wie die FÜNF. Die ACHT hat Angst davor, ihre Macht zu verlieren, und davor, dass ihre Gegner ihre momentane Schwäche ausnutzen und sich für frühere Demütigungen rächen könnten. Auch Schuldgefühle können aufkommen, wenn ihr Gerechtigkeitssinn sie plötzlich das eigene Unrecht erkennen lässt. Infolge dieses Gedankenkarussells wird die ACHT immer deprimierter, redet aber mit keinem über ihr Empfinden, bis sie schließlich ihre Aggressionen irgendwann gegen sich selbst richtet oder aufgrund zunehmender paranoider Gedanken zerstörerisch oder gewalttätig gegen andere wird, da diese es ja ganz offenbar nicht anders gewollt haben.

Entwicklungsziel und Lebensaufgaben der ACHT – Von der Lust zur Unschuld

»Wer Schwäche zeigen kann, demonstriert seine Stärke.« Helga Schäferling

Das Entwicklungsziel von Typ ACHT ist es zu realisieren, dass wir alle von unserer Natur her unschuldig und fähig sind, Wahrheit zu erkennen, und dass man die Wahrheit nur dann sehen kann, wenn man jeder Situation vorurteilsfrei begegnet.

Eine ACHT beginnt sich positiv zu entwickeln, wenn sie Vertrauen in die Welt und ihre Mitmenschen gewinnt und zu verinnerlichen beginnt, dass die Welt nicht primär ein feindlicher Ort ist und ihre Mitmenschen nicht stets darauf aus sind, sie zu übervorteilen. Ein positiver Entwicklungsschritt für die ACHT ist auch, wenn sie lernt, ihre Energie zu drosseln und deren Einsatz je nach Situation abzustimmen. Oft lernt die ACHT dies durch ihre Liebe zu einem Kind.

Des Weiteren hilft es der ACHT zu lernen, dass sie nicht andauernd ihrem Umfeld zu sagen braucht, was »die Wahrheit« ist, und damit aufzuhören, anderen die Schuld zu geben und sich selbst als unschuldig darzustellen. Eine weitere Lebensaufgabe für Typ ACHT ist es, das Wagnis einzugehen, nicht immer alles im Griff zu haben und mehr auf die vielfältigen und auch zarteren Gefühle im mitmenschlichen Bereich zu achten.

Eine gereifte ACHT hat ihre **Unschuld** gefunden. Für die ACHT bedeutet das zu spüren, wann ihre Kraft ihr Gegenüber einschüchtert oder überrollt, und es bedeutet, generell die Befindlichkeit ihrer Mitmenschen besser wahrnehmen zu können und sich zurückzunehmen, wenn sie zu dominant auftritt. Außerdem heißt das für die ACHT, ihre Stärke angemessen einzusetzen und sich nicht ständig bedroht oder gar angegriffen zu fühlen. Vor allem aber bedeutet ihre Unschuld zu finden für die ACHT, dass sie auch ihre schwachen Seiten zulassen und Verständnis, Empathie und Liebe ausdrücken kann.

ACHTer, die sich ihre eigene Verwundbarkeit eingestehen, werden präsenter und beginnen, sich von ihrem Selbstbild zu lösen und ihre Grundangst, von anderen dominiert zu werden, zu erkennen. Je mehr sie diese Angst realisieren und ergründen können, umso mehr verschwindet ihr Bedürfnis, sich nach allen Seiten abzusichern und immer und überall die Oberhand behalten zu müssen.

Integration – Die ACHT im gesunden Bereich

Eine gesunde, integrierte ACHT hat gelernt, dass Schwäche zuzulassen die größte Stärke ist, die sie haben kann. Sie hat erkannt, wie sehr sie ihr harter Schutzpanzer von ihren Mitmenschen isoliert, und sie hat gelernt, ihre weiche Seite anzunehmen und zu zeigen. Sie kann nun ihr großes Herz offen zeigen, da sie nun nicht mehr fürchtet, dadurch verwundet zu werden. Gereifte ACHTer kümmern sich gerne um ihre Mitmenschen, sie fördern und unterstützen andere und greifen Schwächeren beherzt unter die Arme. Sie wollen Gutes tun, sind offenherzig, haben keine versteckten Absichten und lieben aufrichtig. Dadurch erleben sie nun ein Gefühl wahrer Stärke. Es ist die Macht der Liebe statt der Liebe zur Macht, durch die die ACHT nun ihre Tatkraft, ihren Einsatz und ihr kraftvolles Durchhaltevermögen erhält.

Im Namen der Liebe kann die ACHT nun wahrhaft Heldenhaftes vollbringen.

Gesunde ACHTer behandeln ihr Gegenüber stets gleichrangig, sie identifizieren sich mit ihren Mitmenschen, anstatt sich gegen sie zu stellen, sie haben Mitgefühl, geben anderen Schutz, fördern ihre Mitmenschen und sind an deren Wohlergehen sosehr interessiert wie an ihrem eigenen. Außerdem sind sie nun sogar dazu fähig, die Zügel so weit aus der Hand zu geben, dass sie es auch selbst ab und zu genießen, wenn auch sie ein wenig umsorgt werden.

Des Weiteren sind gesunde ACHTer gute Führungspersönlichkeiten, weil sie Entscheidungsstärke und die Fähigkeit zu führen mit Gefühl und Menschlichkeit verbinden.

Integrierte ACHTer haben erkannt, dass es ihr großes Talent ist, mit ihrer Stärke dem Gemeinwohl und dem Wohl ihrer Liebsten zu dienen, denn so können sie ihren Mut und ihre Kraft positiv einsetzen und ihre große Energie auf etwas Konstruktives lenken. Sie können Liebe geben und werden um ihrer Selbst willen geliebt und geschätzt. Außerdem haben sie dadurch erfahren, dass die Welt gar nicht so hart und feindlich gesinnt ist, wie sie immer dachten. Sie haben die Unschuld, die sie als Kind zu ihrem Schutz aufgegeben haben, wiedererlangt.

Gesunde ACHTer haben gelernt, ihre Kraft positiv einzusetzen, und können gute Vorbilder dafür sein, wie man das Leben mit viel Energie, damit aber achtsam umgehend, mit Mut und Tatkraft, damit aber niemanden überrollend, mit Durchsetzungsvermögen, aber dennoch empathisch auf seine Mitmenschen achtend, sowie mit wahrer Stärke, die sich bewusst ist, dass es manchmal besonders stark sein kann, sich schwach zu zeigen, meistert.

Die ACHT im durchschnittlich gesunden Bereich

Wenn die ACHT sich vom gesunden in den durchschnittlichen Bereich bewegt, spürt sie verstärkt ihre Angst vor jeder Art von Abhängigkeit. Sie möchte auf jeden Fall selbstständig bleiben und sich daher nicht mehr wirklich auf andere einlassen, da dies den Verlust ihrer Autonomie bedeuten könnte. Stattdessen versucht sie, sich nach allen Seiten abzusichern und von niemandem unterdrückt zu werden. Ihre Macht und Stärke benutzt die ACHT nun also hauptsächlich aus Eigeninteresse. Da sie auch finanziell unabhängig sein möchte, kann sie mehrere Projekte auf einmal verfolgen und neigt eventuell zu riskantem Geschäftsgebaren.

Auch ihre Umgebung möchte sie gerne mehr und mehr beherrschen, weshalb sie herrisch und aggressiv auftreten kann, anderen verstärkt ihren Willen und ihre Ansichten aufdrängt und ihre Mitmenschen herumkommandiert, die die ACHT zunehmend nicht mehr als ebenbürtig betrachtet.

Eine durchschnittlich gesunde ACHT betrachtet das Leben also als Kampf, in dem sie die Oberhand haben möchte. Sie geht daher immer öfter auf Konfrontationskurs, wodurch vermehrt familiäre Konflikte und Probleme mit Freunden entstehen können. Sie wird herausfordernd und streitlustig und macht aus allem eine Willensprobe, bei der sie – koste es, was es wolle – unbedingt gewinnen muss.

Durchschnittlich gesunde ACHTer sehen sich als Fels in der Brandung und haben damit zwar nicht unrecht, werden dabei aber immer härter und aggressiver. Sie können drohend, einschüchternd und unterdrückend auftreten und ihrem Gegenüber ein Gefühl der Ohnmacht einflößen, sodass sich immer mehr Menschen von ihr abwenden.

Desintegration - Die ACHT im ungesunden Bereich

Wenn die ACHT sich in Richtung Desintegration bewegt, wird ihr Bedürfnis, der Boss, der Mächtigste, der Anführer, also der, der prinzipiell das Sagen hat, zu sein, immer größer. Sie tendiert dann immer mehr dazu, ihre Mitmenschen einzuschüchtern, indem sie ihre Wut und Meinung äußert, wie auch immer es ihr beliebt. Sie traut niemandem mehr, hat Angst, hintergangen zu werden, und setzt sich zunehmend über gesellschaftliche Regeln hinweg.

ACHTer, die im Begriff sind, in den ungesunden Bereich abzudriften, werden grob und rücksichtslos und empfinden sogar Vergnügen dabei, wenn andere schockiert sind. Sie neigen zu verbalen Entgleisungen, teilweise unter dem Vorwand, helfen zu wollen, oder unter dem Deckmantel hart, aber herzlich zu sein, zum Teil aber auch einfach nur deshalb, weil sie Freude daran haben. Außerdem werden sie immer ungeduldiger und impulsiver und nötigen andere, sich ihrem Tempo anzupassen, wenn sie Schritt halten wollen. Sie achten generell kaum noch auf die Empfindungen ihrer Mitmenschen.

Wenn die ACHT sich in den ungesunden Bereich bewegt, beginnt sie, zunehmend Vergeltung zu üben und maßlos ihre Macht zu demonstrieren.

Sie geht beim geringsten Anlass zum Angriff über und kennt keine Grenzen mehr.

Schließlich wird sie in der Ansicht, sich durch ihr Verhalten mächtige Feinde geschaffen zu haben, vollkommen rücksichtslos, gewalttätig, hartherzig und tyrannisch, hält sich für unverwundbar und driftet zunehmend in Größenwahn ab. Sie überschätzt sich selbst und zerstört im schlimmsten Fall soziopathisch und brutal alles, was sich ihrem Willen nicht beugt. Eine andere Möglichkeit ist, dass die ACHT sich immer mehr isoliert, ihr Überleben immer weniger gesichert sieht und Bestrafung für all ihre Vergehen fürchtet. Sie kann dann den Kontakt zur Realität völlig verlieren und terrorisiert werden von ihren eigenen Ängsten und der Rache derer, die sie zuvor verletzt hat.

3.9 Typ NEUN – Der sanfte Friedliebende

3.9.1 Vorstellung von Typ NEUN

Typische NEUNer-Statements:

- ❖ Eine gemütliche und angenehme Atmosphäre ist mir wichtig.
- ❖ Ehe ich mich streite, lasse ich lieber meinem Gegenüber seine Meinung.
- ❖ Harmonie ist mir in meinen Beziehungen besonders wichtig.
- ❖ Wenn ich mit anderen zusammen bin, spüre ich deren Wünsche stärker als meine eigenen.
- ❖ Ich bin mit Kleinigkeiten zufrieden.
- ❖ Ich bin ausgeglichener als die meisten Menschen.
- ❖ Vieles ist es doch gar nicht wert, dass man sich darüber aufregt.
- ❖ Ich kann mich gut in die Standpunkte anderer versetzen.
- ❖ Oft erledige ich so viel Unwichtiges, dass ich das Wichtige völlig aus den Augen verliere.
- ❖ Unstimmigkeiten gehe ich gerne aus dem Weg.
- ❖ Es fällt mir oft sehr schwer, Entscheidungen zu treffen.
- ❖ Ich mag es gar nicht, wenn man mir sagt, was ich tun soll.
- ❖ Ich habe eine Lebensphilosophie, die mir zu mehr Ausgeglichenheit verhilft.
- ❖ Wenn zwei Menschen streiten, kann ich oft beide Parteien verstehen.
- ❖ Ich liebe es, mich eins mit der Natur zu fühlen.
- ❖ Ich erledige Dinge gerne ohne jeden Stress.

- ❖ Um effektiv zu sein, hilft es mir sehr, meinen Tag zu strukturieren.
- ❖ Andere sagen oft, dass ich eine ruhige Ausstrahlung habe.
- ❖ Auch wenn ich es innerlich ganz und gar nicht bin, wirke ich nach außen ruhig.
- ❖ Zeit zum Entspannen zu haben, ist mir sehr wichtig.
- ❖ Ich tendiere dazu, zu passiv zu sein.
- ❖ Oft kann ich mehr Elan für andere aufbringen als für mich selbst.
- ❖ Ich bin eher traurig als wütend.
- ❖ Ich bin schnell abgelenkt.
- ❖ Oft schließe ich mich einfach den Bedürfnissen, Wünschen und Vorhaben anderer an.
- ❖ Ich halte mich nicht für besonders wichtig.
- ❖ Manchmal drifte ich unbemerkt weg, wenn ich jemandem länger zuhöre.
- ❖ Ich bin lieber Zuhause als bei gesellschaftlichen Events.
- ❖ Änderungen meiner gewohnten Routine stressen mich.
- ❖ Ich wähle oft den Weg des geringsten Widerstands.
- ❖ Ich halte mich für ziemlich gutmütig.
- ❖ Die meisten Menschen regen sich über Dinge auf, über die ich bestenfalls schmunzle.
- ❖ Oft hat eine Seite genauso viel für sich wie die andere.
- ❖ Ich spiele Dinge eher herunter, um andere zu beruhigen.
- ❖ Man lebt viel ausgeglichener, wenn man sich auf das Schöne statt das Schlechte im Leben konzentriert.
- ❖ Wenn mich etwas ärgert oder kränkt, sage ich dennoch oft nichts, um die Stimmung nicht zu verderben.
- ❖ Ich tendiere dazu, kleinere Probleme erst zu größeren anwachsen zu lassen, bevor ich sie anpacke.
- ❖ Ich kann ziemlich antriebslos sein.
- ❖ Ich möchte mich nicht aus der Fassung bringen lassen.
- ❖ Ich komme oft nicht leicht in Schwung, wenn ich aber einmal in Schwung bin, dann richtig.

Stärken: Akzeptanz, Anpassungsfähigkeit, Aufmerksamkeit anderen gegenüber, Empathie, Empfänglichkeit, Friedfertigkeit, Bescheidenheit, Fürsorglichkeit, Mitgefühl, Verlässlichkeit, Gelassenheit, beruhigende Ausstrahlung, Deeskalationsfähigkeit, Geduld, den Partner unterstützend,

Identifikationsfähigkeit, guter Zuhörer, Verständnisfähigkeit, Uneigennützigkeit, Diplomatie, Ausgeglichenheit

Potenzielle Schwächen: fehlende Eigeninitiative, Unentschlossenheit, schlechte Abgrenzung, zu starke Konfliktvermeidung, Sich-selbst-Verlieren, Passivität, Sturheit, zu große Anpassung, Lethargie, passiv-aggressives Verhalten

Ermunterung, die Typ NEUN bräuchte: »Jeder von uns, ich eingeschlossen, sowie die gesamte Realität ist stets in einem Zustand der liebenden Einheit verbunden.«

Stattdessen verinnerlichte Ansicht: »Um in Ruhe und Frieden leben zu können, muss man sich anpassen und eigene Bedürfnisse unterdrücken.«

Reaktion darauf: wahre Bedürfnisse durch das ersetzen, was Komfort und Konfliktfreiheit verspricht, sich dabei selbst vergessen und in anderen aufgehen

Grundbedürfnis, das die NEUN damit erfüllen möchte: Seelenfrieden bewahren, sich mit anderen vereinen, Ganzheit erlangen, innere Stabilität erhalten, Ungestörtheit, in Ruhe gelassen werden

Grundangst: Angst vor Trennung, vor Verlust, unwichtig und bedeutungslos zu sein, Nein sagen zu müssen, Konflikte eingehen zu müssen, vor Absonderung, davor, vom Leben abgetrennt zu sein, Streit heraufzubeschwören

Der Grundleidenschaft (Trägheit) entsprungene Wesenszüge: Überangepasstheit, Bindung an Routinen, Ablenkbarkeit, Resignation und Erduldung (»sich tot stellen, um am Leben zu bleiben«), Selbstbetäubung, Mangel an innerem Feuer, Freundlichkeit, Anspruchslosigkeit, Leben durch andere

Aufmerksamkeits- und Energiefluss: Die Aufmerksamkeit richtet sich auf das, was andere wollen oder fordern sowie generell weg von sich selbst und hin auf die Umwelt. Die Energie fließt in die Anpassung an andere, darin einfühlsam zu sein, Ruhe und Frieden zu bewahren, das Leben komfortabel und vorhersehbar zu halten, Wut zu unterdrücken und unwichtigere, dafür aber wohlige, behagliche, tröstende Aktivitäten den wichtigen, aber weniger angenehmen Dingen vorzuziehen.

Was die NEUN vermeiden möchte: Konflikte oder Konfrontationen zu riskieren, Trennung, sich unkomfortabel fühlen, zu viel von allem, was Aufmerksamkeit und Energie fordert

Was Stress verursacht: Partei ergreifen zu müssen, jemand wütend zu machen, Prioritäten setzen zu müssen, Dinge tun zu müssen, die man nicht wirklich tun möchte

Verhalten unter Druck (Hauptabwehrmechanismus): **Selbstbetäubung**, d. h. Typ NEUN versetzt sich in einen Zustand »inneren Schlafes«, er stumpft den Kontakt zu seinem eigenen Inneren ab, um sich nicht wirklich einlassen zu müssen auf die überfordernde Welt. Die NEUN flüchtet also in alle möglichen Ersatzhandlungen, die von übermäßig geschäftigem Tun, ohne dabei etwas wirklich Bedeutungsvolles zu schaffen, bis hin zu passiveren Verhaltensweisen wie Dauerfernsehen oder stundenlangem Rätsellösen reichen können. Manche NEUNER wirken deshalb zuweilen geistesabwesend, antriebslos und auf Außenimpulse angewiesen. Dieses Sich-selbst-Vergessen durch Selbstbetäubung lässt das Leben scheinbar komfortabler, konfliktfreier und harmonischer erscheinen. Das **ideale Selbstbild**, ein harmonischer, friedlicher Mensch zu sein, kann so aufrechterhalten werden.

3.9.2 Erweitertes Persönlichkeitsprofil – »Hauptsache Frieden«

Verhalten als Kind

Die NEUN hat in ihrer Kindheit häufig das Gefühl, übersehen zu werden oder nicht besonders wichtig zu sein.

Das kann daher kommen, dass sie mehrere Geschwister hatte, die dominanter waren als die NEUN, sodass die kleine NEUN eher »mitgelaufen« ist, als jemals selbst zu bestimmen, wo es langgeht. Sie kam sich dann ziemlich ignoriert, unsichtbar und unbedeutend vor und ihre eigene Meinung und eigenen Bedürfnisse schienen nie von besonderer Wichtigkeit zu sein.

Viele NEUNer berichten aber auch, dass sie ganz einfach nicht im Zentrum des Interesses standen, weil sich die Hauptproblematik der Familie ganz woanders abspielte. Dieses Szenario kann viele verschiedene Gesichter haben. So kann es etwa sein, dass die Eltern sich trennten und die kleine NEUN zum Beobachter eines erbitterten Scheidungskrieges wurde, in dem ihr nichts übrig zu bleiben schien, als unbeteiligt zuzusehen und beiden Seiten gegenüber lieb zu sein. Die NEUN lernt dann schon früh, beide Seiten eines Konfliktes zu sehen, ausgleichend tätig zu sein, den Frieden wahren zu wollen, sich selbst als Person zurückzunehmen und anzuerkennen, dass sie selbst unwichtig ist angesichts der bedeutenden Ereignisse, denen sie nur als Randfigur beiwohnt.

Es kann auch sein, dass die junge NEUN merkt, dass sie eine tragische Familiensituation nicht ändern kann, und deshalb lernt abzuschalten und sich abzulenken und zu trösten (etwa mit einer kleinen Leckerei ab und zu). Manchmal haben junge NEUNer aber auch ganz einfach eine spannungslose Kindheit ohne große Herausforderungen erlebt und entwickeln sich zu unbekümmerten, bequemen Erwachsenen mit wenig Energie und dem Gefühl, dass nichts, sie selbst eingeschlossen, wirklich wichtig ist.

Auf jeden Fall aber hat die NEUN schon als Kind ein feines Gespür für die Gefühle und Bedürfnisse ihrer Mitmenschen und oft wächst sie in Verhältnissen auf, in denen es ihr äußerst wichtig erscheint, die Bedürfnisse ihrer Bezugspersonen besser wahrnehmen zu können als ihre eigenen, weshalb sie im Laufe ihrer Kindheit und Jugend diese Fähigkeit meist vervollkommnet. Das kann beispielsweise dann der Fall sein, wenn die junge NEUN zur emotionalen Stütze eines psychisch labilen Elternteils wird oder wenn ein Familienmitglied längere Zeit schwer krank ist und die NEUN ihr Bestes gibt, um ihm beizustehen.

All diese Kindheitsszenarien haben gemein, dass die NEUN selbst sehr pflegeleicht ist. Sie macht sich nicht selbst zum Mittelpunkt, weshalb sie auch sofort als gegeben annimmt, dass bei einer wie auch immer gearteten Problematik in der Familie diese das Hauptthema der Familie sein muss und die wirklich wichtigen Themen daher nicht bei ihr, sondern eben woanders liegen. Sie selbst kommt schon irgendwie durch und hat auch keine großen Bedürfnisse, sondern tröstet sich mit kleinen Dingen und bequemen Gewohnheiten.

Wenn nötig sieht sie mehrere Seiten von Konflikten, falls erforderlich kann sie sich auch unsichtbar machen.

Hierin liegt auch der Grundstein für die Hauptleidenschaft der NEUN, die Trägheit bzw. konkret die Ego-Trägheit, das Sich-selbst-Vergessen und Sich-selbst-zu-wenig-wichtig-Nehmen.

Abschließend ist zu den Kindheitsszenarien der Typen allgemein zu sagen, dass nicht bestimmte Kindheitserlebnisse alleine unseren Typ überhaupt erst kreieren, sondern dass wir bereits unserem Typ entsprechend auf unsere Kindheitsereignisse reagieren und auch unserem Typ entsprechend bestimmte Ereignisse als prägender empfinden als andere.

So gerät etwa, um beim Beispiel der NEUN zu bleiben, die NEUN als Kind auch deshalb häufig in Situationen, in denen sie sich unbedeutend und pflegeleicht gibt, weil sie von sich aus schon dazu tendiert, sich als unbedeutend und pflegeleicht zu verstehen. Ihr wird daher dieses Verhalten in verschiedensten Situationen eher angebracht erscheinen und sie wird sich dann auch eher so geben als ein anderer Enneagrammtyp (eine ACHT beispielsweise würde sich in derselben Situation sicher anders verhalten). Freilich sind diese Situationen dann aber auch prägend für die NEUN, sie verfestigen dann sozusagen ihren bereits als Anlage mitgebrachten Typ. Dasselbe gilt natürlich für alle Typen. Wir reagieren auf Situationen in unserer Kindheit also bereits mit für unseren Typ charakteristischem Verhalten und verfestigen dadurch unser eigenes bereits mitgebrachtes Charaktermuster.

Konfliktvermeidung, Selbstvergessenheit und Identitätslosigkeit

Typ NEUN strebt nach innerem und äußerem Frieden, doch um sich seinen Seelenfrieden zu bewahren, zahlt er einen hohen Preis: Er zahlt mit seiner Identität. Jeder andere Typ erschafft sich seine Identität und sein Selbstwertgefühl, indem er seiner Grundangst aktiv etwas entgegensetzt. Die NEUN hingegen bewahrt sich ihre Identität, indem sie sie verleugnet. Das Selbstwertgefühl der NEUN hängt also davon ab, wie sehr sie sich in Selbstvergessenheit und Identitätslosigkeit übt. Die NEUN steht nicht ohne Grund am höchsten Punkt des Enneagrammsymbols, denn sie vereint wichtige Aspekte aller anderen Enneagrammtypen in sich. NEUNer tun sich daher meist besonders schwer damit, ihren Typ zu finden, denn sie identifizieren sich schnell mit allen möglichen Eigenschaften.

Die NEUN möchte keine Konflikte riskieren und passt sich ihrem Gegenüber daher an. Sie denkt allerdings unbewusst, dass die Grundvoraussetzung für dieses Sich-Verbinden mit anderen ist, nicht mit sich selbst verbunden zu sein, denn nur so kommt es zu keinerlei Reibungspunkten und somit zu keinerlei Konflikt. Konflikt, so fürchtet die NEUN, würde die Verbundenheit zerreißen, und das kann sie nicht riskieren, denn ihre größte Angst ist die Angst vor Trennung.

Im Grunde weiß die NEUN also nicht, wer sie ist. Sie identifiziert sich mal mit Diesem, mal Jenem und kann so mit allem Möglichen verschmelzen. Die NEUN verschmilzt beispielsweise mit ihrem Partner, mit der Natur, mit ihrem Haustier oder mit spirituellen Leitfiguren.

Dieses (scheinbar) reibungslose Verbundensein (Sich-Identifizieren, Verschmelzen) mit anderen funktioniert deshalb so gut, weil die NEUN sich selbst vergisst. Das ist gemeint, wenn man von der Trägheit der NEUN spricht. Diese Trägheit bedeutet also eine Trägheit ihrem eigenen Selbst gegenüber, weshalb sie auch als Ego-Trägheit bezeichnet wird.

Ausprägungen der Ego-Trägheit

Mit der Trägheit der NEUN ist also nicht Faulheit gemeint, denn die NEUN kann durchaus sehr fleißig sein. Sie ist vielmehr eine innere Taubheit, ein Unwille, aus einem friedlich-einlullenden Dornröschenschlaf zu erwachen. Ein Mechanismus, der der Aufrechterhaltung der Ego-Trägheit dienlich ist, ist die (Selbst-)Betäubung oder Zerstreuung. Die NEUN zerstreut sich mit allem Möglichen, um sich nicht mit dem wirklich Wichtigen auseinandersetzen zu müssen oder weil ihr ihre wahren Prioritäten gar nicht bewusst sind. Die Palette reicht hier von Dauerfernsehen über Lesen, Stricken, im Internet surfen, Musik hören, Basteln, aber auch Arbeiten, viele Projekte auf einmal in Angriff Nehmen oder Verschönerungen in Haus und Garten. Es kann also sein, dass die NEUN sich mit etwas zerstreut, das sie faul sein lässt (Beispiel: Fernsehen), es muss aber nicht sein (Beispiel: Arbeiten). Die Ego-Trägheit der NEUN ist also nicht dasselbe wie Faulheit, sie kann zwar Faulheit zur Folge haben kann, dies ist aber keineswegs immer der Fall. Es gibt also auch NEUNer (und gar nicht einmal wenige!), die immer mit irgendetwas beschäftigt sind und dem Klischee des auf dem Sofa versumpfenden TV-Junkies absolut nicht entsprechen. Gemeinsam ist jedoch allen NEUNern, dass sie durch Selbstbetäubung bzw. Zerstreuung den Kontakt zu ihrem eigenen Inneren vermeiden und sich nicht einlassen auf die verschiedensten Ebenen ihres Lebendigseins.

Das bedeutet auch, dass die NEUN Energie zurückhält. Sie lässt sich nicht völlig auf das Leben ein, sie bezieht nicht klar Position, sie tendiert dazu, sich um des Friedens willen anderen anzuschließen, und sie behält ihre Meinung tendenziell für sich, wenn diese Konflikte verursachen könnte. Wenn die NEUN überschüssige Energie verspürt, wendet sie diese für Nebensächlichkeiten auf. So fällt es der NEUN generell oft schwer, Wesentliches von Unwesentlichem klar zu unterscheiden. Eine NEUN kann sich beispielsweise dafür entscheiden, den längst anstehenden Frühjahrsputz in Angriff zu nehmen, und dann bereits nach wenigen Minuten in einen Stapel alter Zeitschriften vertieft sein, den sie eigentlich gerade wegwerfen wollte.

Etwas, das der NEUN sehr wichtig ist, sind ihre Gewohnheiten, denn ihre Gewohnheiten können wesentlich zum Sich-selbst-Vergessen beitragen. Ein bestimmter Schlafrhythmus, alle möglichen Rituale oder ihre Lieblings-TV-Sendung, von der sie auf keinen Fall etwas verpassen möchte: All dies kann für eine NEUN sehr wichtig sein und häufig strukturiert sie ihren Tagesablauf rund um solche lieb gewonnenen Gewohnheiten. Dementsprechend wenig erfreut ist die NEUN auch, wenn sie gezwungen wird, von ihren Gewohnheiten und Routinen abzuweichen.

Ein weiteres Charakteristikum mancher NEUNer ist eine relativ ausgeprägte Sammelleidenschaft. Der NEUN fällt es schwer, Prioritäten zu setzen, weshalb es für sie auch oft schwierig ist, sich von Dingen zu trennen, ganz besonders von Dingen, die emotional besetzt sind wie etwa die erste Rose, die sie von einem ehemaligen Partner bekommen hat, alte Kinokarten oder ihre Lieblingskleidung, die ihr längst nicht mehr passt. Etwas loszulassen, fällt der NEUN generell sehr schwer, und Sammelleidenschaft ist eine mögliche Ausprägung dieser Eigenschaft. Doch auch Gedanken, Erinnerungen oder Gefühle für andere Menschen kann die NEUN kaum loslassen. Andere NEUNer sammeln wiederum Unmengen an Informationen zu Themen, die sie interessieren, da sie diese Themen von allen Seiten her beleuchten möchten.

Ein weiteres, häufig problematisches Thema für die NEUN ist das Treffen von Entscheidungen, da es ebenfalls mit der Schwierigkeit des Pioritätensetzens zusammenhängt.

Anpassung und passiv-aggressives Verhalten

»Wenn du dich selbst zum Esel machst, dann ist immer jemand bereit, auf dir herumzureiten.« Bruce Lee

Da die NEUN Konflikte vermeidet, ist sie meist sehr pflegeleicht. Sie passt sich an, äußert kaum eigene Wünsche und setzt sich selbst herab, damit andere sich neben ihr nicht unbehaglich fühlen. Sie stimmt den Wünschen des Gegenübers meist auch dann zu, wenn sie etwas anderes lieber gewollt hätte, ohne sich anzumerken zu lassen, dass die Wünsche ihres Gegenübers ihr nicht ebenso lieb sind wie ihm. Auf diese Weise scheint der NEUN maximaler Frieden möglich. Es gibt keine nervtötenden Diskussionen, kein unzufriedenes Gegenüber und keine verdorbene Stimmung. Auf Dauer ist so jedoch kein echter Seelenfrieden erreichbar, denn wenn sich dieses Verhalten einige Male wiederholt hat, beginnt die NEUN irgendwann zu denken, dass es nun doch auch einmal an der Zeit wäre, dass sie ebenso selbstverständlich gehört wird. Sie äußert ihre eigenen Wünsche aber oft nur versteckt oder so zaghaft, dass ihr Gegenüber sie gar nicht wahr- oder zumindest nicht wichtig genug nimmt. Das Ganze kann sich durchaus viele Male wiederholen, denn die Geduld der NEUN ist groß. Irgendwann einmal hat sich aber so viel Wut darüber angestaut, dass sie sich ständig anpassen »muss« und dauernd selbst übergangen wird, dass es aus der NEUN herausplatzt. Ihr Gegenüber kann dann sehr erstaunt sein, denn die NEUN war doch immer mit allem zufrieden, warum also plötzlich dieser Wutausbruch?

Neben diesen seltenen Wutausbrüchen hat die NEUN noch eine andere Möglichkeit, zumindest ein wenig Dampf abzulassen, nämlich passiv-aggressives Verhalten. Sie scheut dann zwar immer noch die direkte Konfrontation, wenn ihr etwas nicht behagt, aber sie tut ihren Unmut zumindest indirekt kund. Das passiv-aggressive Verhaltensrepertoire der NEUN ist breit gefächert und reicht von Sturheit über Starrsinn bis hin zu spitzen Bemerkungen, sarkastischen Kommentaren oder kleinen heimlichen Gemeinheiten. Außerdem kann es sein, dass sie etwas, das sie eigentlich gar nicht tun möchte, zwar zustimmt, es dann aber »vergisst« oder nur sehr verspätet, widerwillig oder extrem langsam macht.

Die NEUN möchte sich Verärgerung also möglichst nicht anmerken lassen und schluckt sie weitgehend hinunter (wenn auch ein paar kleine passiv-aggressive Aktionen als Druckausgleich zuweilen nötig sind), um nicht nur ihren Seelenfrieden, sondern auch die Verbundenheit mit ihrem Gegenüber nicht zu gefährden. In Wahrheit ist es aber genau umgekehrt: Wenn sie es schafft, sich ihrer Wut bewusst zu werden, kann sie sie in eine Energiequelle und Antriebsstärke verwandeln, die ihr nicht nur hilft, ihre Ego-Trägheit zu überwinden, sondern auch wirklich gleichberechtigte Beziehungen zu gestalten.

Beziehungen der NEUN

In **Liebesbeziehungen** ist Typ NEUN unterstützend, beruhigend, humorvoll, sinnlich, unkompliziert und bescheiden. Er scheint der ideale Partner zu sein und ist offenbar selbst fast vollkommen bedürfnislos. Hierin liegt aber auch schon eine Kernproblematik vieler Liebesbeziehungen mit einer NEUN: Die NEUN tendiert dazu, sich den Wünschen des Partners anzuschließen. Das kann mehrere Gründe haben: Zum einen spürt die NEUN die Bedürfnisse des Partners besonders stark, und das auch, wenn dieser sie nicht nachdrücklich äußert. Zum anderen nimmt sie sich selbst nicht so wichtig und schraubt ihre eigenen Bedürfnisse zugunsten des Partners zurück. Dies geschieht oft sogar unbewusst, vor allem in der Anfangszeit von Beziehungen, wenn die NEUN noch völlig mit dem Partner verschmilzt.

Der Partner denkt also, es herrsche unglaubliche Harmonie mit der NEUN, denn die NEUN möchte ja ganz offenbar selbst auch immer genau das, was er selbst will, denn wenn dem nicht so wäre, würde sie ja sicher irgendwann einmal etwas sagen. Die NEUN aber schließt sich zuerst dem Partner an, weil sie dessen Wünsche so stark wahrnimmt. Dann irgendwann einmal beginnt sie, ihre eigenen Wünsche wieder deutlicher zu spüren, und erhofft sich dann vom Partner zumindest hin und wieder eine ebensolche Berücksichtigung ihrer Wünsche, wie sie sie dem Partner bietet. Idealerweise sollte der Partner die Wünsche der NEUN von selbst erkennen oder zumindest beachten, ohne sich anmerken zu lassen, dass er selbst eigentlich lieber etwas anderes gewollt hätte. Denn nur dann kann die NEUN sich an der Erfüllung ihrer Wünsche überhaupt erfreuen. Es soll sich also für die NEUN genauso anfühlen, wie es sich für den Partner anfühlt, wenn sie seine Wünsche berücksichtigt, nämlich dass das Berücksichtigen ihrer Wünsche durch ihn auch für ihn angenehm ist, da er selbst ohnehin dasselbe gewollt hätte. Das alles soll möglichst selbstverständlich und natürlich ablaufen. Da dieses Idealbild, das die NEUN sich vorstellt, aber nicht äußert, selten erreicht wird, beginnt die NEUN irgendwann einmal heimlich zu grollen. Warum nur kann der Partner nicht genauso rücksichtsvoll sein wie sie selbst? Wieso soll immer nur sie sich zurücknehmen? Je nach Temperament (und Flügel) der NEUN beginnt nun eine Phase von passiv-aggressivem Verhalten gemischt mit gelegentlichen trotzigen Wutausbrüchen (eher bei Flügel ACHT) oder mit Rückzug und dem geistigen Führen einer heimlichen »Minusliste« für den Partner, auf der sich immer mehr Punkte ansammeln (eher bei Flügel EINS). Die NEUN muss also lernen, möglichst früh ihre eigenen Bedürfnisse von denen des Partners zu trennen und diese auch zu verbalisieren und nicht zu erwarten oder zu erhoffen, dass der Partner von selbst weiß, was die NEUN möchte. Und sie muss lernen, im Zuge dieses Prozesses ab und zu Konflikte zu riskieren, die jedoch viel kleiner sein werden als die Konflikte, vor denen sie irgendwann einmal steht, wenn sie immer nur still den Weg des scheinbar geringsten Widerstandes wählt.

Das ist der Grundkonflikt der NEUN in Beziehungen, der alles beinhaltet, was in abgewandelter Form immer wieder zum Konfliktpotenzial in Liebesbeziehungen der NEUN werden kann: das Nicht-Verbalisieren eigener Wünsche, das Sich-selbst-nicht-wichtig-genug-Nehmen und hinterher Schmollen und das Nicht-Riskieren von Konflikten.

Es gibt aber auch NEUNer, die den Bezug zu ihren eigenen inneren Tiefen so sehr verloren haben, dass sie die Bedürfnisse ihres Partners dauerhaft zu den eigenen machen und froh sind, wenn der Partner den Ton angibt, Leben in die Beziehung bringt und sie sich lebendig fühlen können, indem sie sich ihm einfach anschließen. Bei diesen NEUNern besteht die Gefahr für die Beziehung darin, dass sie entweder zur Co-Abhängigkeit tendieren können oder dem Partner irgendwann langweilig werden, weil sie für ihn als Individuum zu wenig greifbar sind.

Ein Glück für jede NEUN ist ein Partner, der sie um Rat fragt, ihre eigene Meinung herausfinden möchte und sich aktiv für ihre Wünsche interessiert.

Die NEUN ist in Beziehungen eine ruhige Stütze für ihren Partner, sie kann gut zuhören und sich in den Partner einfühlen, sie ist frei von Hintergedanken, wertschätzend und gibt dem Partner genügend Freiraum. Wenn sie lernt, sich selbst wichtig zu nehmen, Konflikte nicht zu leugnen und auch dann zu kommunizieren, wenn dies die Harmonie kurzfristig trüben könnte, ist sie ein wundervoller Partner.

In **Berufsbeziehungen** ist die NEUN freundlich, harmoniebedürftig, diplomatisch und zurückhaltend. Viele NEUNer sind sehr teamfähig, sofern die Arbeitsatmosphäre im Team eine angenehme, stress- und vor allem möglichst rivalitätsfreie ist. Eine große Anzahl NEUNer arbeitet aber auch gerne alleine und möglichst unbeeinflusst von Meinungen und Vorgaben durch andere. Die NEUN sollte generell darauf achten, sich nicht unter ihrem Wert zu verkaufen und sich nicht ausnutzen zu lassen, wozu sie in ihrer Gutmütigkeit und Bescheidenheit tendiert.

Da die NEUN verschiedene Perspektiven einnehmen kann, ist sie häufig ein talentierter Coach und Berater. Sie ist auch begabt darin zu vermitteln und Kompromisse zu finden, bei denen beide Seiten eines Konfliktes profitieren können. Sie kann ein guter Psychologe oder Therapeut sein, da sie sich stark in Menschen einfühlen kann. Auch in Führungspositionen kann die NEUN viele ihrer Talente nutzen, wichtig ist für sie hierbei allerdings, dass sie nicht ständig Entscheidungen treffen muss.

3.9.3 Flügeltypen der NEUN

NEUN mit Flügel ACHT

Typ NEUN mit Flügel ACHT vereint die Stärke und beharrliche Ausdauer der ACHT mit den harmonisierenden Fähigkeiten der NEUN, wodurch ein Typ entsteht, der gut zwischen Menschen vermitteln und zur Deeskalation von Konflikten beitragen kann. Diese Typkombination kann ein wandelnder Widerspruch sein, da die ACHT Wut belebend findet, während die NEUN Wut unbedingt vermeiden möchte.

So kommt es, dass die NEUN mit ACHTer-Flügel selbstsicherer, dynamischer, kontaktfreudiger, aber auch bockiger und eher äußerlich erkennbar verärgert ist als die andere Flügelvariante. Außerdem ist sie praktisch veranlagt, kümmert sich gut um ihre Bedürfnisse und Finanzen und ist gerne unter Menschen. Auch beruflich hat sie oft bevorzugt mit Menschen zu tun. Sie findet sich häufig in helfenden oder beratenden Berufen.

Diese Flügelvariante ist bestimmter und durchsetzungsfähiger als die NEUN mit Flügel EINS, sie ist kontaktfreudig, verbringt gerne Zeit mit Freunden und hat eine heitere Ausstrahlung.

Sie ist tendenziell genussfreudiger, lässiger und unbeschwerter und somit die »typischere« NEUN.

Die NEUN mit Flügel ACHT ist geerdet und trotz ihrer zuvorkommenden Art und ihrer Fähigkeit, sich – wenn nötig – unterzuordnen, kann sie sich auch behaupten und recht unabhängig und mutig auftreten, vor allem, wenn es um Fragen der Gerechtigkeit geht. Sie ist gelassen und dennoch temperamentvoll, innerlich stark, sinnesfreudig und voll sanfter Energie. Außerdem ist sie deutlich antiautoritärer eingestellt als die NEUN mit Flügel EINS.

Konfrontation zieht die NEUN mit Flügel ACHT eher in Betracht als die andere Flügelvariante, sie kann ihre Ziele mit starkem Willen verfolgen und dabei dennoch freundlich, bescheiden und sozial eingestellt bleiben. Sie ruht oft sehr in sich selbst, hat einen wunderbar trockenen Humor und oft viele verborgene Fähigkeiten, mit denen sie nicht hausieren geht. Sie interagiert deutlich mehr mit ihrer Umwelt und ihren Mitmenschen als die zurückgezogenere NEUN mit EINSer-Flügel und nimmt die Menschen, wie sie sind.

Im weniger reifen Zustand kann diese Flügelvariante sich zwar für einen sehr friedlichen Menschen halten, in Wahrheit jedoch nicht gerade wenig aggressiv sein. Sie kann in einer sinnesfreudigen Trägheit versumpfen, faul, selbstzufrieden und antriebslos werden und dabei dennoch in einzelnen Lebensbereichen zuweilen sehr konkurrierend auftreten. Materieller Komfort ist ihr dann sehr wichtig und sie ist im unreifen Zustand defensiver, dickköpfiger und eigensinniger als die NEUN mit Flügel EINS. Obwohl sie eigentlich ein gelassener Typ ist, sind dann auch Gereiztheit, Rechthaberei und Launenhaftigkeit nicht selten. Auch gelegentliche Zornesausbrüche kommen vor, wenngleich die wütende Stimmung schnell wieder verraucht. Greift jedoch jemand ihre Liebsten oder ihr Wertesystem an, schlägt sie zurück, bleibt allerdings auch dann bereit, das Kriegsbeil wieder zu begraben.

Noch unreifer werden NEUNer mit ACHTer-Flügel störrisch, weigern sich, auf andere zu hören oder ihren Frieden durch irgendjemanden stören zu lassen. Sie können emotional abgeflacht werden mit gelegentlichen deprimierten, aggressiven oder ängstlichen Gefühlsausbrüchen im Wechsel mit Phasen der Dissoziation.

NEUN mit Flügel EINS

Typ NEUN mit Flügel EINS ist introvertierter als die andere Flügelvariante. Da die NEUN Gefühle unterdrückt, um sich ihre innere Ruhe zu bewahren, und die EINS Gefühle unterdrückt, um die Selbstkontrolle bewahren zu können, spielt sich bei diesem Flügeltyp sehr viel unter der äußeren ruhigen Fassade ab.

Die NEUN mit EINSer-Flügel ist also emotional kontrollierter, sie hat zudem mehr Interesse an Symbolen, Ideen, Konzepten, Gedankengebäuden und Tagträumereien. Ärger wird bei ihr deutlich stärker unterdrückt und blitzt meist bestenfalls als kurze sarkastische Bemerkung oder als moralisch entrüsteter oder ironischer Kommentar auf. Vom Gegenüber wird dies oft nicht einmal als Verärgerung registriert.

Dieser Flügeltyp entspricht weniger der »typischen NEUN«. Er ist idealistischer und oft an spirituellen oder philosophischen Themen interessiert. Er ist prinzipientreu, integer und kann ziemlich weise sein. Fairness und Gerechtigkeit sind ihm große Anliegen und er ist oft gut darin, Synthesen zwischen vermeintlich unzusammenhängenden Themenbereichen zu erschaffen. Außerdem zeichnet er sich durch viel Fantasie und häufig große Kreativität aus und interessiert sich für Visionen einer idealen Welt. Wenn die Realität zu sehr mit seinem großen Idealismus kollidiert, kann dies zu enttäuschtem Rückzug und dem Versuch, Trost in den kleinen Freuden des Alltags zu finden, führen.

Die NEUN mit Flügel EINS ist kritischer und meist ordentlicher und nachgiebiger als die NEUN mit Flügel ACHT. Manchmal ordnet sie die äußere Welt und kann dabei perfektionistische Züge in einzelnen Bereichen an den Tag legen, denn dies gibt ihr (meist unbewusst) das Gefühl, auch ihre innere Welt besser zu strukturieren. Des Weiteren kontrolliert sie ihre Gefühle stärker, ist sanfter und schon als Kind bemüht, den Eltern so wenig Mühe und Sorgen wie nur möglich zu bereiten. Sie ist freundlich und herzlich, dabei aber deutlich zurückhaltender als die andere Flügelvariante und ihre Ideale betreffend ernsthaft. NEUNer mit EINSer-Flügel können gut zuhören, ohne zu urteilen, sie geben wohlüberlegte Ratschläge und sind daher oft geschätzte Freunde, Berater oder Therapeuten.

Oft möchten sie gerne die Welt verbessern und können eine ziemlich starre Haltung einnehmen bei Themen, die ihre moralischen Grundüberzeugungen betreffen. Nach außen kontrollierter und weniger heißblütig, tendiert diese Flügelvariante dazu, sich in unwichtigen Handlungen zu verlieren. Oft ist sie zwar sehr aktiv und geschäftig, erledigt dabei aber großteils Nebensächlichkeiten, anstatt das wirklich Dringende oder das, was sie persönlich weiterbringen würde, anzupacken.

Sie ist weniger abenteuerlustig, dafür aber reservierter und nachdenklicher als die NEUN mit Flügel ACHT, oft ist sie arglos und aufgrund ihres großen Idealismus´ manchmal sogar etwas naiv.

Im unreiferen Bereich können sich NEUNer mit Flügel EINS in einen selbstzufriedenen Zustand zurückziehen, in dem sie sich jeden Stress und potenziellen Konflikt fernhalten möchten. Sie können sich anderen gegenüber moralisch überlegen fühlen und empört und entrüstet sein über Einstellungen und Verhalten ihrer Mitmenschen. Sie können puritanisch moralisieren und ihre Ansichten mit hohen ethischen Ansprüchen untermauern.

Und es ist möglich, dass sie in einigen Lebensbereichen übermäßig perfektionistisch sind und andere sehr vernachlässigen. Noch unreifer können sie zuweilen unpersönlich und kaltschnäuzig wirken, da sie sich mehr und mehr von der realen Welt in ihre Idealvorstellungen zurückziehen. Ungerechtigkeiten tragen sie dann oft sehr lange nach. Aber auch steigende Unbewusstheit, die zur Vernachlässigung der eigenen wahren Bedürfnisse führt, und daraus resultierende einseitige Beziehungen, in denen sie sehr viel geben, aber kaum etwas zurückbekommen, sind möglich.

3.9.4 Instinktvarianten der NEUN

Selbsterhaltende NEUN

Die selbsterhaltende Instinktvariante verbringt von allen Instinktvarianten der NEUN am liebsten Zeit alleine. Dann kann sie sich ihren eigenen Bedürfnissen widmen, fernsehen, essen, lesen, alles in ihrem eigenen Rhythmus und ohne Rücksicht auf und Einflussnahme durch andere. Sie ist die bequemste der drei Instinktvarianten und unterdrückt Wut und Zorn mit Appetit auf alles Mögliche. Sie ist bestrebt, ihr Leben so komfortabel wie möglich einzurichten. Oft isst sie ganz besonders gerne, manchmal auch, um sich abzulenken, sich zu beruhigen oder zu belohnen, wobei sie meist relativ einfach zufriedenzustellen ist. Ihre Lieblingspizza ist ihr allemal lieber als ein 5-Gänge-Menü mit den ausgefallensten Speisen in einem Nobellokal.

Viele selbsterhaltende NEUNer können stundenlang lesen, Filme oder ihre Lieblingsserien in Dauerschleife schauen, idealerweise auf einer bequemen Couch mit Kuscheldecken und Polstern und ihren Lieblingsleckereien in Reichweite. Oft haben sie bestimmte Gemütlichkeitsroutinen, die zu ihrem Tagesablauf gehören und auf die sie sich immer wieder aufs Neue freuen. Sie lieben es stressfrei, unkompliziert und entspannend. Durchbricht etwas diesen angenehm vorhersehbaren Kreislauf, können sie ziemlich irritiert reagieren. Sie mögen es gar nicht, wenn ihr Tagesablauf komplett aus der Bahn gerät oder sie allzu aufwühlende Termine wahrnehmen müssen, denn so etwas stresst sie ziemlich und sie sind nicht besonders stressresistent.

Selbsterhaltende NEUNer erledigen alles gerne auf ihre Art, in ihrer Geschwindigkeit und dann, wann sie es möchten. Natürlich geht es auch anders und sie können sich bei Bedarf anpassen und machen das auch häufig, aber es hinterlässt meist eine unterschwellige Gereiztheit, und sie versuchen, so rasch wie möglich wieder zu ihrer stressreduzierten Tagesordnung überzugehen.

Ihren Zorn staut die selbsterhaltende NEUN oft an und die Gelegenheiten, wo er aus ihr herausbricht, sind so selten, dass man sie meist an einer Hand abzählen kann. Sie hat oft eine eigene Lebensphilosophie, die ihr über schlechte Zeiten hinweghilft, und einen oft selbstironischen Humor. Sie prahlt niemals mit ihren Stärken und geht mit ihren Talenten nicht hausieren, was dazu führt, dass sie häufig unterschätzt wird, obwohl sie intellektuell sehr begabt und vielseitig talentiert sein kann. Doch sie möchte, dass sich ihr Gegenüber mit ihr wohlfühlt, will keinen hohen Erwartungen genügen müssen und meidet zudem jede Art von Rampenlicht, weshalb sie sich immer wieder in eine Position begibt, in der sie sich selbst kleinmacht. Im Nachhinein macht es ihr dann allerdings oft sehr wohl etwas aus, dass sie wieder einmal unterschätzt und nicht wichtig genug genommen wurde.

Die selbsterhaltende Trägheit dieser Instinktvariante bedeutet auch, dass die NEUN sich mit angenehmen Dingen »betäubt«. Neben essen, fernsehen, lesen, Kreuzworträtsel lösen, Computerspiele spielen, im Internet surfen, gärtnern und vielem mehr sammelt sie auch oft mit Vorliebe alle möglichen Dinge an, die sie einmal gebrauchen könnte. All dies dient dem Zweck, ihr inneres energetisches Mangelgefühl zu überdecken und sich davon abzuhalten, das zu tun, was dringender getan werden sollte (wie etwa sich um ihr berufliches Vorankommen zu kümmern oder unangenehme Termine wahrzunehmen). So kann sie ein träger Stubenhocker sein, es ist aber auch möglich, dass sie zwar, oberflächlich betrachtet, relativ viel tut, dabei aber relativ wenig Dringendes erledigt.

Selbsterhaltende NEUNer sind sehr liebevolle Menschen, sie sind bescheiden, übermäßig gebunden an Irdisches, selbstverleugnend, erduldend, fröhlich, oft intellektuell, gütig und praktisch. Sie sind ruhig, werden aber schnell nervös und hassen Hektik. Außerdem können sie sehr talentiert sein, sind jedoch kaum je ehrgeizig.

Im unreifen Zustand ist jede Änderung ihrer Gewohnheiten eine extreme Herausforderung für sie. Sie lassen dann wichtige Dinge schleifen, kümmern sich nicht mehr um ihre wahren Bedürfnisse und neigen zunehmend zu Suchtverhalten. Noch unreifer werden sie störrisch und schließlich apathisch.

Sexuelle NEUN

Die sexuelle Instinktvariante der NEUN fühlt sich gerne eins mit einem geliebten Menschen, mit der Natur, einer bewunderten Person oder einem geliebten Tier. Sie wird durch das Glück ihres Gegenübers selbst beglückt und lebt oft geradezu durch einen anderen Menschen. Es ist ihr daher auch ganz besonders wichtig, ihren Partner glücklich zu machen. Sie kann sehr romantisch sein, tendiert aber auch besonders stark dazu, sich von ihrem Partner abhängig zu machen. Oft hinterlässt sie den Eindruck, als sei sie alleine gar keine eigenständige Person, denn sie verschmilzt so sehr mit ihrem Gegenüber, dass sie sogar dessen Hobbys und Interessen übernimmt. Ihr Partner wird also so sehr zu ihrem Lebensmittelpunkt, dass sie gar keine eigene Identität zu haben scheint und oft nicht mehr merkt, was ihre eigenen Themen und Prioritäten sind oder sein sollten.

Die sexuelle NEUN nimmt die Bedürfnisse ihres Gegenübers deutlich stärker wahr als ihre eigenen. Zwar ist dies eine generelle Eigenschaft der NEUN, bei der sexuellen NEUN ist sie aber mit Abstand am deutlichsten ausgeprägt, denn sie nimmt irgendwann ihre eigenen Bedürfnisse überhaupt nicht mehr wahr.

Häufig zieht es sie zu sehr aktiven, oft sogar dominanten Typen, da deren Energie sie aufweckt. Wenn sie ihre Beziehung in Gefahr sieht, kann sie auch selbst zornig werden. Sie idealisiert ihren Partner, kann aber auch, vor allem mit Flügel EINS, hohe Ansprüche an ihn stellen. Ihre eigenen Gefühle kann sie am ehesten wahrnehmen, wenn sie alleine ist und sich daher nicht auf ein Gegenüber einschwingt.

Sexuelle NEUNer sind sanft, zart, sensibel, empathisch, schüchtern, zurückhaltend, verträumt, nachgiebig und anpassungsfähig. Sie sind sehr sinnesfreudig und genießen schöne Eindrücke.

Außerdem sind sie deutlich weniger Ich-bewusst als die selbsterhaltende Instinktvariante der NEUN, haben eine ausgeprägte Vorstellungskraft und oft einen magisch-verklärten Blick auf die Welt. Sie können staunen wie kleine Kinder und die vielen kleinen Wunder des Alltags wahrnehmen.

Sie tendieren dazu, anderen die Schuld dafür zu geben, wenn etwas in ihrem Leben falsch läuft, und können immer wieder Phasen haben, in denen sie unabhängiger sein und ihre eigenen Prioritäten entdecken möchten.

Die sexuelle NEUN hat von allen Instinktvarianten der NEUN die am geringsten ausgeprägte nach außen gelebte, greifbare und abgegrenzte eigene Persönlichkeit. Da ihre eigenen persönlichen Grenzen so verschwommen sind, kann es sein, dass die sexuelle NEUN auch die persönlichen Grenzen anderer nicht gut erkennt. Zorn ist bei dieser Instinktvariante am stärksten unterdrückt, zeigt sie ihn doch einmal, dann in Form explosiver Ausraster, die man gerade bei ihr so gar nicht erwartet hätte.

Diese Instinktvariante ist die emotional weichste, sie wird oft übersehen oder nicht wirklich ernst genommen. Sie selbst fühlt sich ebenfalls klein und unbedeutend. Da ihr nicht die Abgrenzung, sondern die Vereinigung mit anderen am wichtigsten ist, was auch die Vereinigung mit der Natur,

Gott oder allgemein einem obersten Prinzip oder ähnlichem beinhalten kann, wird sie auch häufig als »Suchender« oder »Mystiker« bezeichnet. Die symbiotische Vereinigung mit jemand oder etwas anderem bewahrt die sexuelle NEUN davor, ihre eigene innere Leidenschaft zu finden und zu leben. Im unreifen Zustand kann dies zur Co-Abhängigkeit führen und dazu, dass sie überhaupt kein eigenes Ich mehr zu haben scheint. Sie endet dann oft entweder in total festgefahrenen Beziehungen oder kommt nicht über eine vergangene Beziehung weg und neigt zu Depressionen.

Soziale NEUN

Die soziale Instinktvariante der NEUN möchte Menschen an einen Tisch bringen und Frieden stiften. Sie zeichnet sich durch ihre Zugehörigkeit zu sozialen Gruppen aus und leistet gerne einen Beitrag zum Wohle der Gemeinschaft. Wie die selbsterhaltende NEUN sich in angenehmen Beschäftigungen und die sexuelle NEUN sich in anderen Menschen verliert, so verliert die soziale NEUN sich in wahllosen und ziellosen Aktivitäten. Sie ist offen für alle möglichen Gemeinschaften und Gruppen, schwankt aber ständig zwischen dem Wunsch, ihnen anzugehören und dem Wunsch, unbeteiligt zu sein. Sie ist energischer als die anderen beiden Instinktvarianten, arbeitet hart, setzt sich für andere ein und ist eher konventionell und konformistisch.

Die soziale NEUN ist oft schwer als NEUN zu erkennen, da sie kontaktfreudiger ist, von sich aus initiativ wird und mehr Wärme und Zuneigung ausstrahlt. Sie ist idealistisch, gesellig, fröhlich, anpassungsfähig, etwas zerstreut, intellektuell und engagiert sich oft in verschiedenen Organisationen oder Vereinen, denn sie arbeitet gerne an Projekten, an deren Sinnhaftigkeit sie glaubt. Nebenbei hilft ihr dieses Engagement, Struktur und Energie zu haben und ihren Platz in der Welt zu finden.

Oft ist sie diejenige, die bei Meinungsverschiedenheiten Gruppen zusammenhält und wieder auf einen gemeinsamen Kurs bringt, aber sie kann auch dazu tendieren, sich nur so weit auf eine Gruppe einzulassen, dass sie bei aufkommenden Streitigkeiten völlig formlos wieder gehen kann. Auch die Versorgerrolle übernimmt die soziale NEUN generell häufig.

Sie kann sehr fleißig sein, bei ihrem Handeln aber auch eine diffuse Wahl- und Ziellosigkeit an den Tag legen. Ihre Tendenz, mit Gruppen zu verschmelzen, bedeutet auch, dass sie sich darin selbst verliert und ihre eigene Persönlichkeitsentwicklung stagniert. Wird ihr Engagement nicht genug wahrgenommen, verärgert sie das und der unterdrückte Zorn der NEUN kommt als Reizbarkeit an die Oberfläche. Wird sie herumkommandiert oder unwirsch behandelt, fehlen ihr oft die Worte und sie zieht sich zurück oder schaltet auf stur.

Die soziale NEUN kann phasenweise der arbeitssüchtigste aller (!) Enneagrammtypen sein.

Sie ist sehr gut darin, die Bedürfnisse ihrer Mitmenschen zu erfüllen, ist bescheiden, aufopferungsbereit und uneigennützig. Wahrzunehmen und in Worte zu fassen, was sie selbst empfindet und möchte, fällt ihr hingegen schwer, denn oft vergisst sie sich selbst vollkommen und anstelle ihrer wahren Bedürfnisse zeigt sie eine extravertierte Fröhlichkeit und Geselligkeit.

Im unreifen Zustand verzettelt sie sich, um es allen recht zu machen, und hat keine eigenen Ziele mehr. Noch unreifer resigniert sie, erkennt ihre Bedürfnisse überhaupt nicht mehr, erstarrt emotional und fühlt sich zunehmend sozial isoliert.

3.9.5 Integration und Desintegration der NEUN

- Unreif bzw. desintegriert ist Typ NEUN: stur, passiv-aggressiv und apathisch
- Normal entwickelt ist Typ NEUN: angepasst, anspruchslos und unentschlossen
- Reif bzw. integriert ist Typ NEUN: selbstbestimmt, friedensstiftend und zielgerichtet

Die NEUN am Trostpunkt

Typ NEUN lässt sich zu stark von anderen Menschen seelisch-geistig fremdbestimmen. Für ihn ist es essenziell, autonomer zu handeln, wofür er sich aus seiner Ego-Trägheit befreien und seine eigenen Bedürfnisse wichtig und selbst in die Hand nehmen muss.

Wenn die NEUN sich in Richtung ihres Trostpunktes, Typ DREI, bewegt, lernt sie, ihr eigenes Leben selbstbestimmt und zielgerichtet zu gestalten. Sie lernt, dass man persönliche Zufriedenheit erlangt, wenn man initiativ wird und Situationen aktiv gestaltet und dass man dafür zudem Wertschätzung seiner Mitmenschen erfährt. Der NEUN wird an ihrem Trostpunkt bewusst, dass es niemandem dienlich ist, wenn sie sich ständig unter ihrem Wert verkauft und dass es maßgeblich zu einem guten Selbstwertgefühl beiträgt, wenn sie ihre eigenen Fähigkeiten nicht unterschätzt und sie stattdessen angemessen »anpreist«. Oft lernt sie auch, sich optisch noch mehr zu ihrem Vorteil zu präsentieren. Die zielgerichtete Aktivität der DREI ist also das perfekte Gegenmittel gegen die Neigung der NEUN, sich vom Leben zurückzuziehen.

In ihrem Trostpunkt lässt die NEUN ihr Leben immer weniger von den Erwartungen und Interessen anderer definieren und begründen und sie merkt, dass sie vollkommen sie selbst sein kann und dafür von ihren Mitmenschen wertgeschätzt wird.

Wenn die NEUN in ihren Trostpunkt geht, passt sie sich immer weniger an, um Stress zu vermeiden, denn sie erkennt, dass sie durch diese Anpassung weder ihre eigene Identität noch Selbstachtung findet. Stattdessen entwickelt sie nun nach und nach eigene Lebensentwürfe und beginnt, sie zu verwirklichen. Dadurch wächst ihre Selbstachtung, wodurch sie wiederum zu tieferen, ausgeglicheneren menschlichen Beziehungen fähig ist.

An ihrem Trostpunkt entdeckt die NEUN viele ihrer eigenen – vor allem beruflichen – Talente auch überhaupt erst, denn oft war die NEUN sosehr mit anderen Baustellen beschäftigt, dass sie kaum wahrgenommen hat, was sie selbst gut kann und was sie überhaupt von sich aus gerne tun möchte, da sie zu stark durch die Impulse anderer definiert wurde. Doch nun entwickelt die NEUN ein Gefühl für sich selbst und sie erhält für ihre zunehmende Initiative auch noch positive Rückmeldungen von ihren Mitmenschen, was sie noch mehr anspornt, ihre eigenen Interessen und Ziele auszubauen.

Seit ihrer Kindheit ist die NEUN gewohnt, zurückzustecken und die Bedürfnisse ihrer Mitmenschen wichtiger zu nehmen als ihre eigenen, je mehr sie nun aber in Richtung ihres Trostpunktes DREI geht, umso mehr nimmt sie sich selbst wichtig und umso weniger egoistisch fühlt sie sich dabei. Sie entdeckt ihren eigenen Wert und ihr wird bewusst, dass dieser nicht niedriger ist als der Wert ihrer Mitmenschen. Sie entwickelt nun also eine gesunde Balance zwischen der Beachtung ihrer eigenen Bedürfnisse und der ihrer Mitmenschen. Außerdem wird ihr bewusst, wie sehr sie »geschlafen« hat, denn sie fühlt nun im Gegensatz dazu deutlich, dass sie jetzt »aufgewacht« ist. Mehr und mehr ist die NEUN nun bereit, die Initiative zu ergreifen sowie selbstbestimmt und energisch aufzutreten, sie wird immer tüchtiger und produktiver und sie lernt, auch einmal im Zentrum der Aufmerksamkeit zu stehen und sich dabei nicht verkriechen zu wollen. Im besten Fall genießt sie es nun sogar, ab und zu der »Star« zu sein und zu glänzen. Sie weiß sich selbst wertzuschätzen, lernt, ihre Möglichkeiten auszuschöpfen, und kann ihre Interessen immer besser mit Nachdruck verfolgen. Sie behandelt sich selbst nicht mehr nachlässiger als ihre Mitmenschen, erkennt nun ihre Wünsche genauso problemlos wie die ihrer Liebsten und äußert sie nun auch, ohne sich dabei schlecht zu fühlen.

Die NEUN nimmt am Trostpunkt DREI also ihr Leben selbst in die Hand und wird dadurch immer selbstsicherer und unabhängiger. Sie nimmt aktiver an der wirklichen Welt teil, statt in Träumen und Idealvorstellungen zu versinken, und sie lernt, ganz sie selbst zu sein und ihr Leben nicht mehr durch andere Menschen zu begründen.

Die NEUN am Stresspunkt

NEUNer spüren die Wünsche und Bedürfnisse ihrer Mitmenschen deutlicher als ihre eigenen.

Da sie in Harmonie, Ruhe und stressfrei leben wollen, Diskussionen oder gar Streitigkeiten tunlichst aus dem Weg gehen möchten und alles daran setzen, eine friedliche Atmosphäre zu erhalten, passen sie sich ihrem Gegenüber an. Meist leben sie auf einem recht niedrigen Energieniveau und oft scheint es, als würden sie eher das Leben ihres Gegenübers mitleben oder ihren Weg deutlich mehr von äußeren Gegebenheiten bestimmen lassen, als wirklich autonom zu sein. Wichtige, eventuell aufwühlende Dinge schieben sie oft vor sich her und wollen sie ungern besprechen. Stattdessen lenken sie sich mit Unwichtigem und Beruhigendem ab.

Wann immer dieses Aufschieben sowie ihre Anpassungs- und Beschwichtigungsstrategien nicht den gewünschten Erfolg zeigen, wenn also eine unangenehme Situation keinen Handlungsaufschub duldet oder ein Konflikt unvermeidbar ist oder aber sie so vielen Erwartungen gleichzeitig nachkommen muss, dass sie völlig gestresst ist, wird es eng für die NEUN. Sie ist dann gezwungen, eine Grenze zu überschreiten, die sie keinesfalls überschreiten wollte. Zunächst fühlt die NEUN sich in solchen Situationen wie gelähmt, denn ihre Ablenkungsmanöver greifen beim besten Willen nun nicht länger und ihr einziger Verteidigungsmechanismus, der Rückzug, funktioniert auch nicht mehr.

Die NEUN hat nun Angst, handeln zu müssen, doch ein Nichthandeln würde nun erst recht alles noch schlimmer machen. Das ist der Punkt, an dem die NEUN in ihren Stresspunkt, Typ SECHS, geht. Für die NEUN bedeutet das, dass sie ihre sonst für sie so typische Stabilität verliert und sich stattdessen Schreckensszenarien ausmalt und von Ängsten überschwemmt wird, sich orientierungslos fühlt, keinerlei innere Ruhe mehr hat und nun eine hyperaktive, oft sogar panische Betriebsamkeit an den Tag legt.

Typ NEUN macht sich jetzt übertrieben viele Sorgen, wird immer unschlüssiger, zweifelnder und misstrauischer und erwartet das Eintreffen des Schlimmstmöglichen. Es ist, als würden nun all die negativen Gefühle, die er mit seinen Abwehrstrategien bisher immer verdrängen konnte, wie eine Sturzflut über ihn hereinbrechen. Außerdem wird er zunehmend starrer, funktionsunfähiger und hat ein immer schlechteres Selbstwertgefühl.

Die NEUN kann nun auf verschiedenste Weise überreagieren. Es kann sein, dass sie ihren Mitmenschen Vorwürfe macht und das Gefühl hat, die anderen seien schuld am Verlust ihres Seelenfriedens, um dann zu merken, dass sie überreagiert hat und sich deshalb selbst zu bestrafen. Meist benötigt die NEUN in ihrem Stresspunkt aber vor allem auffallend viel Rückversicherung von anderen Menschen. Sie fragt ihre Liebsten oft um deren Rat und Meinung und macht sich zunehmend von deren Ansichten abhängig in der Hoffnung, dass sie ihren verlorenen Seelenfrieden irgendwie wieder herstellen kann. Es kann auch sein, dass sie in masochistischer Abhängigkeit zu einem erhofften Retter verharrt (vom dem sie sich abwechselnd Hilfe erhofft und dominiert fühlt) oder aber dass ihr der Tod als endgültige Narkotisierung zunehmend attraktiv erscheint.

Entwicklungsziel und Lebensaufgaben der NEUN – Von der Trägheit zur Tat

Das Entwicklungsziel von Typ NEUN ist es zu erkennen, dass wir alle, er selbst inbegriffen, bedingungslos und gleichwertig geliebt und für unsere Individualität anerkannt werden und dass wir alle von Natur aus gleich wichtig und wertvoll sind.

Eine NEUN beginnt sich positiv zu entwickeln, wenn sie authentisch wird, weil ihr bewusst wird, dass sie, auch wenn sie ganz sie selbst ist und sich nicht immer nur anpasst, Wertschätzung von anderen erhält. Ein weiterer großer Entwicklungsschritt der NEUN ist getan, wenn sie ihren eigenen Wert erkennt und sich nicht mehr unter ihrem Wert verkauft, ihr Licht nicht mehr unter den Scheffel stellt, sondern ihre eigenen Fähigkeiten selbst realistisch einschätzt und sie deshalb nicht mehr verschleudert. Sehr wichtig für die NEUN ist auch, ihre Wünsche und Bedürfnisse besser zu spüren und ihnen mehr Bedeutung zu verleihen, da dies ihre Fähigkeit stärkt, sich dafür einzusetzen, und zwar selbst dann, wenn dies Spannungen und Konflikte mit ihrer Umwelt zur Folge haben könnte. Eine Lebensaufgabe für Typ NEUN ist des Weiteren, immer mehr auf ihre Selbstablenkungen zu verzichten und statt Passivität und Antriebslosigkeit vermehrt zu entschiedenem Handeln zu finden. Wenn sie dies noch zu kombinieren weiß mit einer stärkeren Selbstbestimmtheit, also einer Befreiung vom Fremdbestimmtwerden durch Wünsche, Bedürfnisse und (unausgesprochene) Erwartungshaltungen ihrer Mitmenschen, dann hat die NEUN ein großes Entwicklungsziel erreicht.

Eine reife NEUN hat zur **Tat** gefunden. Für die NEUN bedeutet das, dass sie gelernt hat, Prioritäten zu setzen und wichtige Angelegenheiten tatkräftig anzupacken. Die gesunde NEUN lässt sich nicht mehr beeinflussen oder lähmen von der Erwartung, Partei ergreifen zu müssen, sondern sie steht selbstsicher zu ihrer Meinung, aber auch zu ihrer Fähigkeit, unterschiedliche Meinungen integrieren zu können. Ein wichtiges Entwicklungsziel der NEUN ist erreicht, wenn sie sich selbst wichtig genug nimmt, um in ihre eigene Entwicklung Energie zu stecken. Denn dann gewinnt sie deutlich an Profil, Schwung, Energie und Charisma, fühlt sich nicht mehr unsichtbar und merkt, dass ihre Ansichten und ihre Beiträge wichtig sind. Infolge wirkt die NEUN auch auf andere anregend und enthält entsprechendes Feedback, was sie in ihrer neu gewonnenen Selbstsicherheit bestätigt. Ein weiteres Entwicklungsziel der NEUN ist zu lernen sich durchzusetzen und zu verinnerlichen, dass das nichts mit Aggressivität zu tun hat.

Integration – Die NEUN im gesunden Bereich

»Der beste Tag deines Lebens ist der, an dem du entscheidest, dass dein Leben dein eigenes ist.« Bob Moawad

Eine gesunde, gereifte NEUN hat ihren wahren Wert erkannt, zeigt sich und steht mitten im Leben. Sie erkennt, dass sie einen Beitrag leisten kann und dass ihre Teilnahme an der Welt genauso wichtig ist wie die von jedem anderen. Ihren Seelenfrieden findet sie nun darin, ihre Talente zu zeigen, ihre Intelligenz nicht zu verstecken und ihre Ansichten zu äußern. Sie widmet sich selbst Zeit und Energie und entwickelt ein gesundes

Selbstbewusstsein. Sie erkennt ihre wahren Bedürfnisse und kann nun sehen, wann ihre frühere Geschäftigkeit nur aus Ablenkungsmanövern bestanden hat.

Gesunde NEUNer sind selbstbestimmt und leben nicht mehr durch andere. Sie haben zu wahrer innerer Balance gefunden und können sich behaupten, ohne sich dabei schlecht zu fühlen oder Angst zu haben, Konflikte zu schüren. Sie sind fähig, sich Konfliktsituationen zu stellen, wenn dies nötig ist, und verschließen die Augen nicht vor Unangenehmem. Sie sind vital und müssen ihre Aggressionen nicht mehr unterdrücken, sondern können ihren Zorn integrieren, indem sie ihn positiv nutzen, um sich in der Welt zu behaupten, und ihn in Stärke und Stabilität kanalisieren. Gesunde NEUNer können selbstbewusst ihre Ansichten und Wünsche äußern, ohne dabei aggressiv zu werden und ohne, wie sie früher befürchteten, ihre Beziehungen damit zu gefährden. Im Gegenteil: Ihre Beziehungen werden dadurch erwachsener und ausgeglichener. Sie können so sein, wie sie sind, ohne sich dauernd zurückzunehmen, und haben gerade deshalb zu wahrem inneren Frieden gefunden. Reife NEUNer sind aufgeschlossen, emotional stabil, sanftmütig, freundlich, mitfühlend, unschuldig, optimistisch, beruhigend, vermittelnd, empfänglich, selbstlos, tröstend, dankbar, heiter, gelassen, zufrieden, aufgeweckt, lebhaft, eigenständig, selbstbeherrscht und mit sich selbst im Reinen.

Gesunde NEUNer haben wahre Präsenz gelernt und können gute Vorbilder dafür sein, wie man das Leben friedvoll und sanftmütig, aber dennoch fähig, sich zu behaupten, entspannt, aber dennoch tatkräftig, sich selbst nicht zu wichtig, aber dennoch wichtig genug nehmend sowie das Leben empfangend und nicht verschlafend meistert.

Die NEUN im durchschnittlich gesunden Bereich

Wenn die NEUN vom gesunden in den durchschnittlich gesunden Bereich wandert, beginnt sie sich nach anderen zu richten und zu sehr anzupassen. Sie ist zu nachgiebig, weil sie Konflikte befürchtet und nicht aufgewühlt werden möchte. Sie sagt dann eventuell Ja zu Dingen, die sie gar nicht wirklich tun möchte, um Streit zu vermeiden, und findet vieles auch nicht wichtig genug, um deshalb herumzudiskutieren, was aber auf Dauer bei der NEUN Verstimmtheit und unterschwellige Gereiztheit verursacht. Das wiederum führt zu passiv-aggressivem Verhalten, denn offene Wut zeigt sie so gut wie nie, sondern unterdrückt sie bestmöglich und zeigt sich stets versöhnlich, wodurch letztlich aber noch viel mehr Konflikte heraufbeschworen werden. Außerdem ist die NEUN durch ihr nachgiebiges Verhalten immer in Gefahr, von dominanteren und weniger empathischen Mitmenschen ausgenutzt zu werden.

Je mehr die NEUN sich anpasst und sich selbst zurücknimmt, umso mehr verschwimmt sie für andere als Person, bis sie schließlich fast unsichtbar zu werden scheint, um ihren Seelenfrieden zu bewahren und niemandem zur Last zu fallen. Allerdings verliert die NEUN sich dabei auch selbst. Das ist die Kernproblematik der durchschnittlich gesunden NEUN.

Nach und nach richtet sich die NEUN ihr Leben auch so ein, dass ihr Frieden möglichst umfänglich gewahrt bleibt, denn Veränderungen, Störungen oder Druck jeglicher Art rütteln an ihrem Seelenfrieden, wodurch sie Gefahr läuft, Problemen zu stark auszuweichen und sich zu sehr einzuigeln. Situationen, in denen etwas von ihr verlangt werden könnte, das sie aus der Ruhe bringt, versucht sie aus dem Weg zu gehen. Dadurch wird sie natürlich aber auch immer passiver und träger und kehrt zunehmend auch Probleme unter den Teppich. Die durchschnittlich gesunde NEUN vermeidet es total, im Mittelpunkt zu stehen, verschließt die Augen vor dem, was sie nicht sehen möchte, und wirkt immer teilnahmsloser und unkonzentrierter. Sie beschönigt Probleme, um andere und sich selbst zu beruhigen, hofft auf magische Lösungen, verliert sich in Idealvorstellungen und Wunschdenken und wird dabei zunehmend resigniert und entscheidungsschwach.

Desintegration – Die NEUN im ungesunden Bereich

Wenn die NEUN sich immer weiter in den ungesunden Bereich bewegt, vermeidet sie zunehmend jede Art von Konflikt. Sie hält sich zurück, gibt aus Bequemlichkeit nach und möchte nicht mehr mit Bestimmtheit Stellung beziehen. Egozentrisches oder gar selbstherrliches Auftreten möchte sie um jeden Preis vermeiden (obwohl sie dazu ohnehin nicht neigen würde). Um dennoch absolut sicherzugehen, dass sie keinesfalls arrogant erscheint, setzt sie sich oft selbst herab. Außerdem ist das Sich-selbst-Herabsetzen eine Strategie, die verhindern soll, dass man große Erwartungen in sie setzt, und die dem Gegenüber ein gutes Selbstgefühl vermitteln soll.

Eine NEUN, die in Richtung des ungesunden Bereichs wandert, wird außerdem sarkastischer und deutlicher passiv-aggressiv, lässt ihren Ärger also indirekt heraus, schaltet auf stur oder stellt sich einfach »tot«. Ganz selten staut sich dadurch so viel nicht direkt geäußerte Verärgerung an, dass die NEUN explodiert. Ein weiteres Anzeichen für die Bewegung in den ungesunden Bereich ist, wenn die NEUN Negatives oder Schmerzhaftes immer mehr zu ignorieren versucht. Anderen Personen negative Botschaften zu vermitteln, fällt ihr ebenfalls zunehmend schwerer, weshalb sie das elegant umschifft, indem sie einfach keine bestätigenden Kommentare von sich gibt.

Am Beginn des ungesunden Zustands realisiert die NEUN, dass ihre Probleme nicht von alleine verschwinden, sondern sich aufgrund ihrer Untätigkeit sogar noch zu verschlimmern drohen. Sie versucht dennoch alles, um sich ihren inneren Frieden zu bewahren, ist wie betäubt, wird immer weniger ansprechbar und zieht sich vollkommen zurück. Aber nichts davon hilft.

Sie wird also nun gezwungen, sich mit ihren Problemen auseinanderzusetzen. An diesem Punkt wird die NEUN zuerst starrsinnig oder teilnahmslos, schließlich deprimiert, konfus oder orientierungslos und verfällt letztlich in verzweifelte Panik. Eventuell klammern NEUNer sich nun an andere in der Hoffnung, dass diese ihnen helfen können. Sie werden pessimistisch, unsicher, hilflos und panisch und sind unfähig, ihre Probleme zu bearbeiten, was natürlich nur zu deren Verschlimmerung führt. Sie können sich nun beim besten Willen nicht mehr selbst beruhigen und ihre Aggressionen auch nicht mehr unterdrücken, was sich in gelegentlichen hysterischen Ausbrüchen oder in Selbstbestrafung äußern kann. Im schlimmsten Fall endet die NEUN als von Angst zerfressenes, desorientiertes Wrack.

4 Hochsensibilität im Enneagramm

4.1 Korrelation von Hochsensibilität und bestimmten Enneagrammtypen

Horney'sche Gruppen

Die Enneagrammtypen können nicht nur in Vertreter der Bauch-, Herz- und Kopfzentren unterteilt werden, sondern es gibt auch noch andere Gliederungen. Für den Zusammenhang zwischen Enneagramm und Hochsensibilität ist eine davon besonders hervorzuheben: Die Gliederung in die Horney'schen Gruppen.

Die Psychoanalytikerin und Vertreterin der Neopsychoanalyse Karen Horney (1885-1952) war Mitbegründerin des Berliner Psychoanalytischen Institutes und hatte einen großen Einfluss auf die Entstehung der Humanistischen und Transpersonalen Psychologie. Ohne sie würde die gesamte Enneagramm-Arbeit in ihrer heutigen Form nicht existieren, die auf ihren Schüler Claudio Naranjo zurückgeht.

Nach Karen Horney gibt es drei Möglichkeiten, wie der Mensch spontan auf Situationen reagieren kann. Dieses Prinzip wurde von Claudio Naranjo und nach ihm von weiteren Enneagrammexperten auf das Enneagramm übertragen. Naranjo schuf damit eine Synthese vom alten Enneagrammwissen und Horneys Analyse und Therapie der neurotischen Struktur.

Diese drei Möglichkeiten, wie wir spontan auf Situationen reagieren können, sind:

1. mit aggressivem, tätigem Selbstbewusstsein (bei Horney ein Sich-gegen-andere-Bewegen)
2. mit gefügigem, zugewandtem Entgegenkommen (bei Horney ein Sich-auf-andere-Zubewegen) oder
3. mit entziehendem, abgewandtem Zurückziehen (bei Horney ein Sich-von-anderen-Wegbewegen).

Die neun Enneagrammtypen werden davon ausgehend folgendermaßen in drei »Horney'sche Gruppen« eingeteilt:

1. Die selbstbewussten Typen: Typ DREI, Typ SIEBEN und Typ ACHT

2. Die entgegenkommenden Typen: Typ EINS, Typ ZWEI und Typ SECHS
3. Die zurückgezogenen Typen: Typ VIER, Typ FÜNF und Typ NEUN.

Die **selbstbewussten Typen** sind unabhängig, meist extravertiert, egoorientiert und energiegeladen. Sie übernehmen gerne die Führung, packen an und wollen, dass Dinge in die Tat umgesetzt werden. Sie gehen aktiv nach vorne, ziehen sich nicht zurück und holen sich, was sie möchten. Sie fühlen sich wichtig, verstärken ihren Selbstwert sogar noch unter Stress und gehen aktiv gegen Hindernisse an.

Die selbstbewussten Typen greifen nach den Möglichkeiten, die das Leben ihnen bietet. Sie achten darauf, selbst im Vorteil zu sein, und bestehen auf Erfüllung ihrer Bedürfnisse. Sie können gut Projekte starten, haben großen Antrieb und viel Tatkraft.

Zu ihren wahren Emotionen finden die selbstbewussten Typen nur schwer Zugang, genauso wie zu den Emotionen ihrer Mitmenschen. Um das zu kompensieren, suchen sie Intensität, Abenteuer oder Risiken.

Jede der Horney'schen Gruppen kennzeichnet ein bestimmtes Selbstgefühl in Bezug auf ihre Mitmenschen. Die selbstbewussten Typen haben das Gefühl, im Mittelpunkt zu stehen.

Dieses Gefühl entsteht bei der SIEBEN (fühlt sich als Mittelpunkt des Trubels) und der ACHT (fühlt sich als Machtzentrum) von alleine, während es die DREI erlangt, indem sie die Aufmerksamkeit auf sich zieht.

Die **entgegenkommenden Typen** kommen ihrem eigenen Gewissen entgegen, indem sie verantwortungsbewusst und engagiert sind, Erwartungen erfüllen und ihren Mitmenschen zu Diensten sein möchten. Sie tun das, was sie meinen, tun zu müssen, auch wenn sie dafür ihre eigenen Bedürfnisse hinten anstellen. Sie sind sehr pflichtbewusst und zuverlässig, halten ihr Wort und brechen Projekte, bei denen sie ihre Teilnahme zugesagt haben, niemals ab.

Zu entspannen und abzuschalten, fällt den entgegenkommenden Typen oft schwer, da es immer irgendetwas gibt, das sie noch tun könnten, und sie sich schuldig fühlen würden, wenn sie das dann nicht täten. Wenn sie gestresst sind, fragen sie ihr Gewissen, was sie zu tun haben. Sie arbeiten gut und unermüdlich mit anderen zusammen, wenn die Richtlinien des Zusammenarbeitens geklärt sind und eine gewisse Struktur gegeben ist.

Zu ihrer inneren Führung haben sie wenig Verbindung, das bedeutet, sie wissen nicht aus dem Bauch heraus, was sie glauben und machen sollen.

Um das zu kompensieren, halten sie sich an Glaubenssysteme, Leitsätze oder Regeln, um mit Unklarheiten und Unsicherheit fertig zu werden und ihre Position zu finden. Sie orientieren sich daher an internalisierte Prinzipien und Richtlinien.

Das Selbstgefühl in Bezug auf ihre Mitmenschen sieht bei den entgegenkommenden Typen so aus, dass sie sich subtil besser fühlen als diese. Dieses Gefühl entsteht bei der EINS (fühlt sich korrekter und kompetenter) und der ZWEI (fühlt sich überlegen, weil sie anderen etwas zu geben hat) von alleine, während die SECHS ein Überlegenheitsgefühl erlangt, indem sie sich einer Bezugsgruppe zugehörig fühlt.

Die **zurückgezogenen Typen** sind ruhig, meist introvertiert und nach innen gewandt. Sie sind gerne alleine und fühlen sich in größeren Gruppen selten wohl. Sie ziehen die Aufmerksamkeit selten auf sich und verschaffen sich kaum je Geltung. Sich behaupten und durchsetzen zu müssen, liegt ihnen gar nicht und in Wettbewerbssituationen oder wenn große Verantwortung auf ihnen lastet, fühlen sie sich sehr unwohl.

Ganz zuhause sind sie hingegen in ihrer eigenen Fantasie. Oft empfinden sich die zurückgezogenen Typen als irgendwie anders, als Außenseiter, Aliens oder Unverstandene.

Wenn sie gestresst sind, ziehen sie sich noch mehr von der Außenwelt in ihren inneren Raum, ihre eigene Welt und ihre Fantasie zurück. Generell fällt es allen drei zurückgezogenen Typen schwer, weg von ihren Vorstellungen und hin zum aktiven Handeln zu kommen.

Sie arbeiten meist am liebsten alleine, weil sie so die meiste (auch innere) Ruhe haben und ihre Ideen am besten ausfeilen können. An die Öffentlichkeit gehen sie mit ihren Ideen erst, wenn sie ihrer sehr sicher sind. Um ihre Bedürfnisse ideal erfüllen zu können, bewegen sich die zurückgezogenen Typen weg von ihren Mitmenschen.

Zurückgezogene Typen haben wenig Verbindung zu ihrer Vitalität und ihrem Körper. Um das zu kompensieren, identifizieren sie sich mehr mit ihren Gedanken, Fantasien, Ideen und Träumen als mit ihrer physischen Präsenz.

Das Selbstgefühl in Bezug auf ihre Mitmenschen sieht bei den zurückgezogenen Typen so aus, dass sie sich als nicht zugehörig, anders oder irgendwie fehl am Platz empfinden. Dieses Gefühl entsteht bei der VIER (empfindet sich als deutlich anders als die anderen) und FÜNF (beobachtet unbeteiligt vom Rand aus) von alleine, während die NEUN es weniger zeigt, da sie oberflächlich beteiligt erscheint, jedoch innerlich nicht am Geschehen teilnimmt.

Die Horney'schen Gruppen zeigen auf, mit welchen Strategien die einzelnen Typen für die Befriedigung ihrer Bedürfnisse sorgen:

- Die selbstbewussten Typen steuern ihr Ziel direkt an und fordern Bedürfnisbefriedigung ein.
- Die entgegenkommenden Typen verdienen sich Bedürfnisbefriedigung, indem sie ihrem Gewissen folgen und sich anstrengen.
- Die zurückgezogenen Typen ziehen sich zurück, um ihre Bedürfnisse zu befriedigen.

Wenn man dieses Schema nun mit den zentralen Bedürfnissen der Vertreter der Herz-, Kopf und Bauchzentren vergleicht, ergibt sich folgende Aufschlüsselung:

- Im Herzzentrum (ZWEI, DREI und VIER) wird das zentrale Bedürfnis nach Beachtung bei der ZWEI verdient (Dienst am anderen), bei der DREI eingefordert (Beachtung aufgrund ihres Images) und bei der VIER durch Rückzug (in der Hoffnung, dadurch Aufmerksamkeit zu erregen) befriedigt.
- Im Kopfzentrum (FÜNF, SECHS, SIEBEN) wird das zentrale Bedürfnis nach Sicherheit bei der FÜNF durch Rückzug (ins Denken, Autonomie und Minimalismus) befriedigt, bei der SECHS verdient (tut, was verlangt wird, damit ihr niemand etwas anhaben kann) und bei der SIEBEN eingefordert (Gier nach Neuem, Schönem, Unterhaltsamem).
- Im Bauchzentrum (ACHT, NEUN, EINS) wird das zentrale Bedürfnis nach Autonomie bei der ACHT eingefordert (sich niemandem unterwerfen), bei der NEUN durch Rückzug befriedigt (Autonomie gewinnen, indem keiner mehr da ist, dem man es recht machen »muss«) und bei der EINS verdient (Perfekt-Sein).

Vergleicht man nun die drei Horney'schen Gruppen mit den typischen Charakteristika von Hochsensiblen, ergeben sich folgende Korrelationen:

Die **selbstbewussten Typen** sind meist extravertiert, Hochsensible sind mehrheitlich introvertiert. Hochsensible neigen aufgrund ihrer erhöhten Neigung zu Überstimulation und Stress dazu, sich mehrheitlich öfter zurückziehen, wozu die selbstbewussten Typen weniger tendieren. Die selbstbewussten Typen treten sehr selbstsicher auf und übernehmen oft gerne die Führung, etwas, das Hochsensiblen aufgrund ihrer tendenziellen Introversion, ihren hohen Ansprüchen an sich selbst, ihrer häufigen

Schüchternheit und aufgrund dessen, dass sie sich meist eher ungern selbst zum Mittelpunkt des Interesses machen, meist schwerfällt.

Selbstbewusste Typen tendieren dazu, sich vom Leben zu nehmen, was sie möchten, ihre Bedürfnisse zu befriedigen und darauf zu achten, dass sie im Vorteil sind. Hochsensiblen stehen diesbezüglich eher ihr Gerechtigkeitsdenken, ihre Empathie, die meist eher zurückhaltende Natur, aber auch ihr des Öfteren nicht allzu gut ausgeprägtes Selbstwertgefühl im Wege. Der Zugang zu ihren wahren, vor allem auch den zarteren Emotionen fällt selbstbewussten Typen oft schwer, weshalb sie eher Abenteuer, Risiko und intensive Erlebnisse suchen. Auch dies ist bei Hochsensiblen tendenziell anders. Sie neigen zu starker Selbstreflexion und dem Ergründen ihrer Gefühle, einem intensiven Innenleben und der Wertschätzung kleiner Dinge. Das in Kombination mit ihrer oft hohen Schreckhaftigkeit und der generellen Neigung zur Überreizung lässt sie riskante Erlebnisse und Abenteuer tendenziell eher meiden. Die typischen Attribute der selbstbewussten Typen des Enneagramms und die typischen Attribute Hochsensibler überlappen einander also auf den ersten Blick nicht. Die selbstbewussten Typen sind daher keine typischen Hochsensiblen. Das bedeutet aber keinesfalls, dass nicht dennoch Vertreter aller drei selbstbewussten Typen hochsensibel sein können. Es gibt extravertierte Hochsensible und es gibt Hochsensible, die trotz ihrer Neigung zur Überstimulation Erlebnisse suchen, die rasch überstimulierend sein können, es gibt selbstverständlich selbstbewusste und selbstsichere Hochsensible und auch jene, die keine Probleme damit haben, eine Befriedigung ihrer Bedürfnisse einzufordern. Sie sind jedoch deutlich seltener. Wenn jedoch Vertreter der selbstbewussten Enneagrammtypen hochsensibel sind, ergibt das oft hochkomplexe Charaktere. Manchmal empfinden sie sich selbst als ein Bündel an Widersprüchen oder verstehen sich selbst nicht wirklich, etwa wenn sie sich freiwillig und nur zum Spaß in Situationen begeben, die sie überstimulieren, um danach lange Erholungsphasen zu benötigen und sich selbst zu fragen, warum sie eigentlich so handeln.

Die **entgegenkommenden Typen** sind verantwortungsbewusst, engagiert und tun das, was sie meinen, tun zu müssen. Sie möchten die Erwartungen ihrer Mitmenschen erfüllen und stellen dafür notfalls ihre eigenen Bedürfnisse zurück. Hochsensible sind ebenfalls häufig pflichtbewusst, gewissenhaft und zuverlässig. Ihre Bedürfnisse zurückzustecken, um die Erwartungen anderer zu erfüllen, ist etwas, das einige Hochsensible sehr gut von sich kennen, auf andere trifft es weniger zu. Die entgegenkommenden Typen halten ihr Wort, etwas, das ebenfalls auf Hochsensible zwar nicht zwingend, aber doch häufig zutrifft.

Die entgegenkommenden Typen können sich nur schwer entspannen, weil ihnen ihr Gewissen im Weg steht, das ihnen immer suggeriert, was noch alles zu tun wäre. Diese Eigenschaft ist weder typisch noch untypisch für Hochsensible. Sofern die Rahmenbedingungen geklärt sind, arbeiten die entgegenkommenden Typen ganz gerne im Team. Geklärte Rahmenbedingungen wären diesbezüglich für Hochsensible auch oft von Vorteil und es gibt natürlich auch HSP, die gute Teamworker sind, auffallend viele Hochsensible arbeiten aber eher lieber alleine.

Die entgegenkommenden Typen des Enneagramms haben keinen guten Kontakt zu ihrer inneren Führung, weshalb sie sich an äußeren Richtlinien oder Prinzipien orientieren. Das ist auch etwas, das keine direkte – weder positive noch negative – Verbindung zur Hochsensibilität hat.

Die typischen Attribute der entgegenkommenden Enneagrammtypen und die typischen Attribute Hochsensibler überlappen einander also auf den ersten Blick teilweise. Die entgegenkommenden Typen sind daher weder auffallend häufig noch besonders selten hochsensibel. Sie liegen also diesbezüglich im Mittelfeld.

Die **zurückgezogenen Typen** schließlich sind großteils introvertiert, nach innen gewandt, gerne alleine und eher ungern in größeren Gruppen. Dasselbe trifft auf die Mehrheit der Hochsensiblen zu. Die zurückgezogenen Typen können in Wettbewerbssituationen oder unter Beobachtung kaum ihr Bestes geben, da es sie zu sehr stresst, wenn eine wertende Aufmerksamkeit auf sie gerichtet ist. Dasselbe ist typisch für Hochsensible. Auch das Unwohlsein, wenn allzu große Verantwortung auf einem lastet, ist den zurückgezogenen Enneagrammtypen und den meisten HSP gemeinsam.

Die zurückgezogenen Typen fühlen sich oft unverstanden, außenstehend, als Aliens oder Außenseiter, die sich in ihrer Fantasie wohlfühlen und den Rückzug in ihre eigene Welt schätzen. Auch das gilt für Hochsensible typischerweise genauso. Beide, die zurückgezogenen Enneagrammtypen und Hochsensible, arbeiten meist am liebsten alleine und beide ziehen sich bei Stress und um ihre Bedürfnisse ideal erfüllen zu können, tendenziell zurück.

An die Öffentlichkeit treten die zurückgezogenen Typen mit ihren Ideen erst, wenn sie sie wirklich gut durchdacht haben und keine Unsicherheiten mehr bestehen. Bei den meisten Hochsensiblen, vor allem wenn sie introvertiert sind, ist das ebenfalls so.

Zurückgezogene Typen kompensieren ihre geringe Verbindung zu ihrem Körper durch verstärkte Identifikation mit Seelisch-Geistigem wie etwa ihren Ideen oder Gedanken, Fantasien oder Träumen. Eine geringe Verbindung zur eigenen physischen Präsenz zu haben, ist bei Hochsensiblen zwar nicht selten, aber auch nicht unbedingt typisch, eine starke Identifikation mit Seelisch-Geistigem ist aufgrund der tiefen Reflexion und dem intensiven Innenleben Hochsensibler bei ihnen aber typischerweise gegeben.

Die typischen Attribute der zurückgezogenen Typen des Enneagramms und die typischen Attribute Hochsensibler überlappen einander also auf den ersten Blick deutlich.

Zurückgezogene Enneagrammtypen sind daher von den drei Horney'schen Gruppen diejenigen, die am stärksten zur Hochsensibilität neigen. Auch hier gilt aber natürlich wieder, dass dies zwar eine eindeutige Tendenz darstellt, aber keineswegs bedeutet, dass alle zurückgezogenen Typen hochsensibel sind. Es gibt also durchaus auch zurückgezogene Typen, die introvertiert und in sich gekehrt sind und sehr in ihrer eigenen Gedankenwelt leben, die jedoch das zentrale Merkmal Hochsensibler, die verstärkte Neigung zu Überstimulation und dadurch zu Stress, nicht aufweisen. Generell sind aber unter den zurückgezogenen Enneagrammtypen auffallend viele Hochsensible zu finden.

Sieht man sich die Strategien an, mittels derer die Vertreter der Horney'schen Gruppen ihre Bedürfnisse befriedigen, und vergleicht man dies mit den Charakteristika von Hochsensibilität, ergibt sich, dass Hochsensible aufgrund ihrer vermehrten Tendenz zur Introversion, ihrem generellen Bedürfnis nach Rückzug und ihrer meist ausführlichen Beschäftigung mit ihrem Innenleben, der Ergründung ihrer Gefühle, ihrer Neigung zum Grübeln und der allgemein tiefen Reflexion am ehesten dazu neigen, sich zurückzuziehen, um ihre Bedürfnisse zu befriedigen, was wieder den zurückgezogenen Typen des Enneagramms entspricht. Das Hauptcharakteristikum der zurückgezogenen Enneagrammtypen, der Rückzug, deckt sich also mit dem Hauptcharakteristikum Hochsensibler schlechthin, dem durch häufigere Überstimulation und erhöhte Stressneigung ausgelösten Bedürfnis nach Rückzug.

Sich Bedürfnisbefriedigung zu verdienen, wie es die entgegenkommenden Enneagrammtypen tun, ist die zweitwahrscheinlichste Strategie Hochsensibler, denn hier gibt es Überlappungen mit ihrem meist stark ausgeprägten Idealismus und Gerechtigkeitsdenken, ihrem Perfektionismus, der Gewissenhaftigkeit, den hohen Ansprüchen an sich selbst sowie teilweise mit ihrer des Öfteren anzutreffenden Selbstwertproblematik. Dies sind häufige Charakteristika Hochsensibler, wenngleich sie auch nicht die Hauptcharakteristika sind.

Bedürfnisbefriedigung einzufordern, wie es die selbstbewussten Enneagrammtypen tun, ist die Strategie, die bei Hochsensiblen am unwahrscheinlichsten ist. Es gibt hier nämlich relativ wenige Überlappungen mit typischen Eigenschaften Hochsensibler, für die es nicht typisch ist, Beachtung ihres Images einzufordern (Typ DREI), da sie meist eher ungern im Mittelpunkt stehen. Ebensowenig gieren sie ständig nach neuen Erlebnissen (Typ SIEBEN), da dies noch häufigere Überreizung bedeuten würde, und sie haben auch kaum Lust an Macht und Dominanz (Typ ACHT), da das dem Wesen Hochsensibler generell eher widerspricht. Dennoch soll auch das nicht bedeuten, dass Typ DREI, SIEBEN und ACHT prinzipiell nicht hochsensibel sein können, es ist jedoch deutlich unwahrscheinlicher.

Ein Vergleich der typischen Attribute Hochsensibler mit jenen der drei Horney'schen Gruppen des Enneagramms ergibt also die stärksten Korrelationen mit den zurückgezogenen Typen, gefolgt von den entgegenkommenden Typen und die wenigsten Korrelationen mit den selbstbewussten Typen. Die Wahrscheinlichkeit, dass Typ VIER, FÜNF und NEUN hochsensibel sind, ist also am höchsten, gefolgt von Typ EINS, ZWEI und SECHS, während sie bei Typ DREI, SIEBEN und ACHT am geringsten ist. Dies ist eine Tendenz, sie besagt aber keineswegs, dass es Enneagrammtypen gibt, die generell nicht hochsensibel sein können, genauso wenig wie sie besagt, dass andere Enneagrammtypen zwingend HSP sind.

4.2 Ausprägung der Hochsensibilität bei den einzelnen Enneagrammtypen

Auch wenn die Wahrscheinlichkeiten dafür unterschiedlich gewichtet sind, kann prinzipiell jeder Enneagrammtyp hochsensibel sein. Keine Hochsensibilität gleicht der anderen völlig, so wie kein Vertreter eines Enneagrammtyps einem anderen Vertreter desselben Typs vollkommen gleicht.

Welchem Enneagrammtyp man entspricht, findet man heraus, wenn man die eigene Grundleidenschaft, das Grundbedürfnis und die Grundangst identifizieren kann, und nicht durch ausschließliches Festhalten an reinen Charakterbeschreibungen. Zwar ergeben sich die Charakterbeschreibungen aus Grundleidenschaft, -bedürfnis und -angst, sie alleine können aber täuschen, weil sie bei einem Typ, der nicht dem eigenen entspricht, teilweise sehr ähnlich klingen können. (So kann es z. B. passieren, dass jemand sich als Typ VIER sieht, weil er künstlerisch veranlagt, sensibel und melancholisch ist.) So kommt es auch, dass wir viele, jedoch kaum jemals alle typischen Charaktereigenschaften unseres Enneagrammtyps aufweisen; was aber zwingend vorhanden sein muss, um einem bestimmten Typ zu entsprechen, sind dessen Grundleidenschaft, Grundbedürfnis und Grundangst.

Ähnlich verhält es sich mit der Hochsensibilität. Hier ist die allen Hochsensiblen gemeinsame Grundcharakteristik die im Vergleich zu Nicht-Hochsensiblen deutlich stärkere Neigung zur Überstimulation. Diese kann aber unterschiedlich gewichtet sein, sodass etwa ein HSP besonders geräusch- und geruchsempfindlich ist, während bei einem anderen der Schwerpunkt mehr auf Berührungs-, Geschmacks- und optisch-ästhetischer Sensibilität liegen mag. Das erklärt, warum zwar alle in Kapitel 1 beschriebenen Eigenschaften typisch für Hochsensible sind, aber nicht jeder Hochsensible *all* diese Eigenschaften aufweisen muss. So lässt sich auch verstehen, warum es beispielsweise auch extravertierte, nicht schüchterne und kaum schreckhafte HSP gibt, die auch nicht übermäßig zuverlässig und gewissenhaft sind.

Hochsensible weisen also viele, jedoch kaum jemals alle HSP-typischen Charaktereigenschaften auf, was aber bei allen HSP zwingend vorhanden sein muss, ist die deutliche Neigung zur Überstimulation.

Hinzu kommt, dass HSP je nach Charakter, sonstigen Veranlagungen, Erziehung und Lebensumständen sehr unterschiedlich mit ihrer Hochsensibilität umgehen. Während also viele Hochsensible sich mehr zurückziehen, gibt es auch welche, die sich absichtlich in stark stimulierende Situationen begeben. Manche Hochsensible achten sehr auf sich und ihre Neigung zur Überreizung, während andere keinesfalls verweichlicht wirken wollen oder versuchen sich abzuhärten und deshalb absichtlich stark überreizende Situationen aufsuchen.

Hochsensibilität kann daher auch oftmals wie ein Verstärker für den Enneagrammtyp wirken, und zwar insofern, als die zurückgezogenen Typen (VIER, FÜNF und NEUN), wenn sie hochsensibel sind, dazu tendieren können, sich noch mehr von der Umwelt abzuschotten, während etwa die selbstbewussten Typen (DREI, SIEBEN und ACHT) eventuell besonders stark gegen ihre Hochsensibilität ankämpfen und ihre Komfortzone auffallend oft überschreiten, wodurch sie noch offensiver wirken können. Für viele Hochsensible kann es eine große Erleichterung sein, von ihrer Hochsensibilität zu erfahren, da sie dann endlich einen Namen und eine Erklärung für ihr »So Sein« haben. Das Wissen um ihre Hochsensibilität kann manche Enneagrammtypen auch in ihrem verzerrten Selbstbild bestärken, wie etwa die VIER, die es als Bestätigung ihres Andersseins und ihrer Besonderheit interpretieren kann.

Andere Enneagrammtypen wollen ihre Hochsensibilität oft nicht wahrhaben, weil sie ihrem Selbstbild häufig zuwiderläuft, wie etwa die ACHT, die sie eventuell als Schwäche interpretiert. Vor allem für jene Enneagrammtypen, die sich über Stärke definieren, ist es daher besonders wichtig, ihre Hochsensibilität vor sich selbst zugeben und akzeptieren zu lernen, um nicht in ein Burn-out oder andere Erschöpfungszustände zu geraten.

Generell sieht der Umgang mit Überstimulation also bei allen hochsensiblen Enneagrammtypen unterschiedlich aus. Manche flüchten in Konflikte, andere ziehen sich in ihr Innenleben zurück, während wieder andere trotz Überreizung dazu neigen, überstimulierende Situationen auszukosten. Manche hochsensiblen Enneagrammtypen versuchen generell gegen ihre Hochsensibilität anzukämpfen, manche akzeptieren sie, begrüßen sie und lernen ihre Positivseiten zu schätzen. Generell ist es aber allen Enneagrammtypen möglich, ihre Hochsensibilität anzunehmen, zu lernen, wie sie mit Überstimulation umgehen können, und die positiven Aspekte ihrer Hochsensibilität zu begrüßen, auch wenn einigen dies naturgemäß meist schwerer fällt als anderen.

4.2.1 Der hochsensible Typ EINS

Typ EINS gehört zur entgegenkommenden Horney'schen Gruppe und liegt daher bei der Wahrscheinlichkeit, hochsensibel zu sein, gemessen an den anderen Enneagrammtypen im Mittelfeld. Es gibt also einige typische Eigenschaften Hochsensibler, die sich mit den typischen Eigenschaften der EINS überschneiden. Das Hauptcharakteristikum Hochsensibler, die rasche Überreizung, ist für die EINS weder auffallend typisch noch untypisch. Hochsensible EINSer sind außerordentlich gewissenhaft und zuverlässig, da diese Eigenschaften sowohl für die EINS als auch für HSP typisch sind. HSP-EINSer plagen sich daher oft ganz besonders damit herum, alles mit hundertprozentiger Zuverlässigkeit zu erledigen, koste es, was es wolle, sodass bei ihnen immer die Gefahr besteht, sich für ihre extreme Gewissenhaftigkeit und ihr hohes Verantwortungsgefühl zu sehr zu verausgaben.

Hinzu kommen die hohen Ansprüche, die sowohl die EINS als auch viele Hochsensible an sich selbst stellen, sodass auch diese Eigenschaft bei HSP-EINSern typischerweise verstärkt ist. Dasselbe gilt für ihren Perfektionismus.

Die EINS tendiert dazu, auch an ihre Mitmenschen sehr hohe Ansprüche zu stellen, sodass unreife HSP-EINSer oft sehr kritisch sowohl mit sich selbst als auch anderen gegenüber sind.

Zum Glück legt sich der Kritizismus anderen gegenüber meist mit steigender Lebenserfahrung und Reife und auch zu sich selbst lernt die HSP-EINS normalerweise im Laufe ihres Lebens milder zu sein.

Da die EINS alles im Griff haben und perfekt managen möchte, kann es für hochsensible EINSer ganz besonders Stress verursachend sein, wenn etwas Unvorhergesehenes dazwischenkommt oder ungeahnte Komplikationen einen reibungslosen Ablauf ihrer Arbeit behindern.

Unter Stress versucht die EINS, alles zu perfektionieren, was ihr in die Finger kommt. Dies gibt ihr ein Gefühl der Sicherheit und Stressreduktion, indem es ihr vermittelt, dass sie die Kontrolle über die Situation behält. Ist eine HSP-EINS beispielsweise Gast auf einer Party, wo sie kaum jemanden kennt und die vielen unbekannten Gesichter, der Geräuschpegel und andere Faktoren sie stressen und überstimulieren, so wird sie sich etwas suchen, das sie perfektionieren kann, um sich innerlich zu beruhigen. Sie könnte dann zum Beispiel das halb leer gegessene Buffet umgestalten, sodass es optisch wieder etwas hermacht, sie könnte herumstehendes schmutziges Geschirr wegräumen oder die verrutschten Sofakissen geraderücken.

Weitere Eigenschaften der EINS, die ebenfalls typisch für HSP und bei hochsensiblen EINSern daher besonders ausgeprägt sind, sind Idealismus und die selbstauferlegte Verpflichtung gegenüber ihren Werten, Idealen und hohen ethischen und moralischen Grundsätzen. Hochsensible EINSer sehen die Welt, so wie sie sein könnte, und sie engagieren sich dafür, sie ein Stück mehr in Richtung ihres Ideals zu bringen. Aus diesem Grund sind HSP-EINSer auffallend häufig Vegetarier, Veganer oder generell im Tier- und Umweltschutz tätig. Auch der Schutz von Menschenrechten und Minderheiten ist ihnen oft ein Anliegen.

Dazu bewegt sie auch ihr starkes Gerechtigkeitsdenken, das ebenfalls sowohl für die EINS als auch für viele Hochsensible charakteristisch ist.

EINSer sind schon als Kind auffallend brav, folgsam und immer bemüht, alles möglichst gut zu machen und sich so zu verhalten, dass sie ihren Eltern keinen Anlass zur Kritik oder gar Verurteilung bieten. Nichthochsensible EINSer erfüllen vor allem ausgesprochene Erwartungen perfekt. Hochsensible EINSer aber sind aufgrund ihrer Intuition, Sensibilität und Empathie prädestiniert dafür, auch unausgesprochene Erwartungen zu erspüren und zu erfüllen. Dadurch sind sie besonders anfällig dafür, den Zugang zu ihrem eigenen Inneren zu verlieren, denn: HSP-EINSer sind die typischen »begabten Kinder« nach Alice Miller (siehe A. Miller: »Das Drama des begabten Kindes und die Suche nach dem wahren Selbst«). Als »begabte Kinder« bezeichnet Miller jene Kinder, die die unausgesprochenen Bedürfnisse ihrer Bezugspersonen besonders gut intuitiv erspüren können und die daher früh lernen, die Bedürfnisse und Erwartungen ihrer Bezugspersonen möglichst perfekt zu erfüllen, um deren Liebe nicht zu verlieren. Dabei konzentrieren sich »begabte« EINSer-Kinder vor allem darauf, was zu tun ist, um keinen Fehler zu machen, sich immer gut zu benehmen, um sämtliche Erwartungen zu füllen, die die Bezugspersonen haben könnten, und um herauszufinden, was gut und was böse ist, sodass sie sich stets für das Gute entscheiden können, kurz: wie sie zu perfekten Musterkindern werden können. Doch der Preis, den sie dafür zahlen, ist hoch, denn sie verlieren den Zugang zu ihren wahren Gefühlen und Bedürfnissen, sodass sie letztendlich mit dem Verlust ihres wahren Selbst zahlen.

Während die EINS also generell bereits als Kind brav, folgsam, tadellos, genau, zuverlässig und bestrebt ist, alles richtig zu machen, und allgemein dazu tendiert, deshalb ihre eigenen Bedürfnisse hintanzustellen und schlimmstenfalls ganz zu vergessen, trifft dies auf hochsensible EINSer typischerweise sogar verstärkt zu, da sie aufgrund ihrer meist großen Empathie selbst auf niemals verbalisierte Erwartungen ihrer Bezugspersonen besonders stark »anspringen«. (Einer ähnlichen Problematik werden wir noch bei einigen weiteren hochsensiblen Enneagrammtypen begegnen.)

Die ständige innere Spannung, unter der die EINS steht, kann bei hochsensiblen EINSern den inneren Druck so erhöhen, dass eine beinahe dauerhafte Überreizung eintritt. Dazu tragen der oft fast schon zwanghafte Perfektionismus sowie die Grundangst der EINS, unvollkommen, schlecht und fehlerhaft zu sein, verurteilt und nicht anerkannt zu werden, genauso bei wie ihre Neigung zu Schuldgefühlen. Außerdem unterdrückt die EINS ihre Grundleidenschaft, den Zorn, ständig, was die innere Anspannung natürlich ebenfalls erhöht. Ihr großes Verantwortungs- und Pflichtgefühl kann besonders bei hochsensiblen EINSern ebenfalls zu einem fast permanenten inneren Überlastungsgefühl führen.

Auch dass die EINS sich ständig zensiert und sich selbst vieles, erst recht Vergnügen oder die von HSP so dringend benötigte Entspannung, nur sehr selten erlaubt, trägt natürlich zur Dauerüberreizung bei. Außerdem ist die EINS, sofern sie sich im durchschnittlich gesunden bis ungesunden Bereich befindet, beinahe fortwährend frustriert, da fast nie irgendetwas perfekt ist. Und als wäre das noch nicht genug, kommt auch noch die rigide Selbstkontrolle durch den inneren Kritiker, den es stets zufriedenzustellen gilt, zu den Faktoren hinzu, die bei der EINS, bei der hochsensiblen EINS jedoch noch wie unter einem Brennglas verstärkt, zu einem Gefühl der inneren Dauerüberreizung beitragen. Häufig äußert sich das bei der EINS auch körperlich, beispielsweise in starken Verspannungen im Nacken- und Schulterbereich oder in nächtlichem Zähneknirschen.

4.2.2 Der hochsensible Typ ZWEI

Typ ZWEI gehört ebenfalls zu der entgegenkommenden Horney'schen Gruppe und liegt daher bei der Wahrscheinlichkeit, hochsensibel zu sein, gemessen an den anderen Enneagrammtypen genau wie die EINS im Mittelfeld. Einige typische Eigenschaften Hochsensibler überlappen sich also mit den typischen Charakteristika der ZWEI. Die rasche Überreizung, Hauptmerkmal der Hochsensiblen, ist für die ZWEI weder auffallend typisch noch untypisch.

Ein typisches Merkmal von Typ ZWEI und zugleich eine Eigenschaft vieler Hochsensibler ist große Empathie. Die ZWEI ist sehr emotional, wobei in ihrem Fokus in erster Linie die Emotionen anderer Menschen und Beziehungen generell liegen. Sie ist im Allgemeinen gefühlsmäßig mehr bei ihrem Gegenüber als bei sich selbst und wendet viel Energie auf, um die (emotionalen) Bedürfnisse ihrer Mitmenschen zu erkennen und zu erfüllen. Die häufig stark ausgeprägte Empathie Hochsensibler spielt der hochsensiblen ZWEI bei ihrem Wunsch, die Bedürfnisse ihrer Mitmenschen zu befriedigen, sozusagen in die Hände. HSP-ZWEIer können also besonders gut darin sein zu erkennen, was andere für deren Wohlbefinden benötigen.

Auch eine kindliche Freude können sowohl ZWEIer als auch Hochsensible sich häufig bis ins hohe Erwachsenenalter bewahren.

ZWEIer sind meist schon in jungen Jahren kontaktfreudig und gesellig und mehrheitlich sind sie extravertiert. Es gibt zwar durchaus auch introvertierte ZWEIer, diese sind jedoch in der Minderzahl. Bei den Hochsensiblen verhält es sich andersherum, sie sind also mehrheitlich introvertiert. Die selteneren extravertierten Hochsensiblen gehören aber relativ häufig Typ ZWEI an.

Die ZWEI hat verinnerlicht, dass man geben muss, um etwas zurückzubekommen, und in erster Linie, um Liebe zu erhalten. Sie selbst vermeidet Bedürftigkeit, da sie befürchtet, sonst abgelehnt zu werden. Schon als Kind ist sie daher recht früh unabhängig, gefällig, gebend, selbstlos, auffallend bedürfnislos und muss wenig umsorgt werden. Besonders für die hochsensible ZWEI kann das eine bereits sehr früh einsetzende Überforderung und häufige Überstimulation bedeuten, denn sie achtet kaum auf sich selbst, reißt sich eisern zusammen, um für andere da sein zu können, und sieht sich selbst und ihren Körper als etwas an, das zu funktionieren hat, und nicht als etwas, das es auch zu pflegen und zu umsorgen gilt.

Die ZWEI tendiert in diesem Zusammenhang zu einer ähnlichen Problematik wie die EINS, denn auch sie erfüllt schon früh die (potenziellen) Erwartungen anderer. Bei der ZWEI ist der Fokus allerdings anders gelagert, denn sie versucht nicht wie die EINS tadellos und perfekt zu sein, um nicht kritisiert und bestraft zu werden, sondern sie versucht Liebe zu bekommen, indem sie anderen gefällig und selbst bedürfnislos ist.

Besonders hochsensible ZWEIer sind zudem aufgrund ihrer Empathie und ihres Mitgefühls prädestiniert zur Parentisierung, also dazu, als Kind die Rolle mit einem Elternteil zu tauschen und zu einer emotionalen Stütze zu werden, die einem bedürftigen Elternteil hilft, und selbst dafür zurückzustecken. Schon als Kind ist es der ZWEI wichtiger, andere zu erfreuen, als sich selbst zu erfreuen. Nach und nach verdrängt die ZWEI ihre eigenen Wünsche immer mehr und projiziert sie auch häufig auf andere, sodass sie ihren Freunden genau dann am meisten gibt, wenn sie selbst am meisten benötigen würde. Doch das Geben hinterlässt ein gutes Gefühl bei ihr und wandelt nach und nach ihre eigene Bedürftigkeit in ein Zufriedenheitsgefühl um, das immer dann entsteht, wenn sie Bedürfnisse anderer erkennen und erfüllen kann.

Für die hochsensible ZWEI bedeutet diese Verschiebung des Fokus´, dass sie dazu tendiert, wenig Rücksicht auf sich selbst zu nehmen und auch nicht mehr gut wahrnehmen zu können, was sie tatsächlich benötigen würde, damit es ihr gutgeht. Das Mitgefühl, das sie für andere in hohem Maße aufbringt, fehlt ihr für sich selbst also weitgehend. Der übergroße Einsatz für andere und die Nichtbeachtung der eigenen Bedürfnisse kann bei der ZWEI generell, bei der hochsensiblen ZWEI jedoch noch verstärkt zu Erschöpfungszuständen führen.

Doch die ZWEI kann diesbezüglich kaum aus ihrer Haut, denn sie fürchtet, nicht um ihrer selbst willen geliebt zu werden, sondern nur eine Chance auf Liebe zu erhalten, wenn sie viel gibt. Sie bezieht ihre Daseinsberechtigung aus anderen Menschen, aus ihrer Hilfsbereitschaft, ihrem Einfühlungsvermögen, ihrer Empathie und ihrem Einsatz für andere und daraus, dafür Liebe, Dankbarkeit und Wertschätzung zu erhalten. Sie kann sich nicht einfach selbst ihrer Liebesquelle berauben, denn als Herztyp ist es für die ZWEI essenziell, Zuneigung und ein Gemochtwerden zu spüren.

So befindet sich die hochsensible ZWEI im Grunde in einem Teufelskreis der Selbstüberforderung und Unterdrückung dessen, was sie selbst und ihr Körper benötigen würden.

Einige Hochsensible haben mit einem nicht besonders gut ausgeprägten Selbstwertgefühl zu kämpfen und auch die ZWEI kann ihren Wert nicht in sich selbst finden. Für HSP-ZWEIer ist diese Thematik daher häufig besonders brisant. Sie tendieren verstärkt zur Co-Abhängigkeit und müssen besonders darauf achten, sich nicht ausnutzen zu lassen. Es ist für sie besonders wichtig, sich selbst anzunehmen und mit sich selbst sorgsam umgehen zu lernen. Sie müssen erkennen, dass das, was sie geben, nämlich Zuneigung, Wertschätzung, Aufmerksamkeit und Liebe, genau das ist, was sie selbst am dringendsten benötigen. Doch hochsensible ZWEIer müssen nicht nur lernen, sich ihre eigene Bedürftigkeit einzugestehen, sondern sie müssen oft überhaupt erst ein Gefühl für sich selbst und dafür, was sie wann benötigen, entwickeln. Denn nur, wenn sie für sich selbst gut sorgen, sich selbst mögen und sich nicht über ihre Belastbarkeitsgrenzen hinaus um andere kümmern, und nur dann, wenn sie es nicht mehr brauchen, gebraucht zu werden, können sie sich selbst die Wertschätzung entgegenbringen, die sie sich von ihrem Umfeld holen wollten. Die dann erlangte Unabhängigkeit vom Wohlwollen anderer nimmt ihnen enorm viel inneren Druck.

4.2.3 Der hochsensible Typ DREI

Typ DREI gehört zur selbstbewussten Horney'schen Gruppe und liegt daher bei der Wahrscheinlichkeit, hochsensibel zu sein, im Vergleich zu den Typen der anderen beiden Horney'schen Gruppen gemeinsam mit der SIEBEN und ACHT im unteren Bereich. Es gibt kaum typische Eigenschaften Hochsensibler, die sich mit den typischen Eigenschaften der DREI decken. Auch das Hauptcharakteristikum Hochsensibler, die rasche Überreizung, ist für die DREI nicht typisch. Es kann aber dennoch, wenn auch seltener, auf die DREI genauso zutreffen wie weitere Eigenschaften Hochsensibler.

Auf den ersten Blick ist Typ DREI mit Hochsensibilität kaum in Einklang zu bringen. Die DREI ist stark außenorientiert, aktiv, oft extravertiert, tritt selbstbewusst auf und ist generell ein Mensch der Tat. Sie wirkt kaum so, als wäre sie schnell überreizt oder überfordert. Gerade bei der DREI kann dies jedoch auch gewaltig täuschen. Die DREI möchte eine bestimmte Außenwirkung, sie will einem Image gerecht werden, das ihr für ihren jeweiligen Gesprächspartner und das Umfeld, in dem sie sich gerade bewegt, ideal erscheint. Sie möchte glänzen und das, wenn möglich, immer und überall. Wir sehen von der DREI also meist ihre auf Hochglanz polierte Hülle. Wie es darunter aussieht, zeigt sie jedoch selten. Oft ist sie nämlich bei Weitem nicht so selbstbewusst, wie sie nach außen wirkt.

Ist eine DREI hochsensibel, so ist die Wahrscheinlichkeit groß, dass dies zu ihrer Idealvorstellung, die sie von sich hat, nicht wirklich passt. Sie kann von sich selbst genervt sein, wenn sie das Gefühl hat, nicht all das leisten zu können, wozu sie sich antreibt, wenn sie spürt, dass sie mehr Pausen bräuchte, sich diese aber nicht gönnen möchte, und wenn sie merkt, wie sehr sie sich dafür verausgaben muss, stets einem bestimmten Bild zu entsprechen.

Der Druck, den die DREI sich ständig macht, um ihren eigenen hohen Erfolgsansprüchen zu genügen, kann besonders für hochsensible DREIer zu einer ständigen selbst herbeigeführten Überstimulierung führen.

Die HSP-DREI kann daher ihre Hochsensibilität als Hindernis auf dem Weg zum Erfolg betrachten. Doch die DREI möchte Liebe und Anerkennung erhalten, sie möchte akzeptiert und bestätigt werden und sie denkt, dass dies nur über ihre Erfolge und generell über das, was sie tut und darstellt, möglich ist. Es bleibt ihr also nichts anderes übrig, als ständig vollen Einsatz zu bringen und sich so zu präsentieren, dass die Wahrscheinlichkeit für Wertschätzung möglichst hoch ist. Denn das ist ihr Grundbedürfnis und jeder Typ strebt danach, sein Grundbedürfnis zu erfüllen. Ihre Hochsensibilität kann die DREI davon natürlich nicht abhalten, so lästig sie ihr manchmal auch erscheinen mag.

Dabei kann die ständige Ausrichtung auf eine möglichst positive Außenwirkung sowie auf Ziele, Effizienz, Übertrumpfen der Konkurrenz, Selbstvermarktung und Anpassung für hochsensible DREIer naturgemäß ganz besonders auslaugend und überreizend sein.

Zum Glück gibt es aber jenseits des HSP-Hauptcharakteristikums, der für die DREI besonders lästigen Neigung zur Überstimulation, auch einige typische Eigenschaften Hochsensibler, die der DREI durchaus willkommen sein können. Dazu zählen Intuition, Perfektionismus, Fantasie, Kreativität und Zuverlässigkeit.

Während der DREI ihre Hochsensibiliät also oft eher im Weg steht, schaffen es aber auch einige HSP-DREIer, ihre Hochsensibilität in ihrem beruflichen Umfeld mit dem Image, das sie verkörpern wollen, in Einklang zu bringen. So kann etwa eine DREI, die im Gesundheitsbereich tätig ist, ihre Empathie und ihre Feinfühligkeit nicht nur effektiv nutzen, sondern auch zu ihrem Vorteil präsentieren. Es gibt also auch HSP-DREIer, die ihre Hochsensibilität – oder zumindest die Anteile davon, die ihnen als präsentationswürdig erscheinen – durchaus in das, was sie verkörpern möchten, integrieren können. Für die HSPDREI ist das ein guter Weg, sich nicht gar so zerrissen zu fühlen, sie muss dabei nur aufpassen, ihre Hochsensibilität nicht zu instrumentalisieren.

Die DREI hat verinnerlicht, dass sie Wertschätzung für das erhält, was sie tut, und nicht dafür, wie sie als Mensch ist. Sie fürchtet also, jenseits ihrer Leistung keinen Wert zu haben. Schon als Kind registriert sie, dass sie für gute Erfolge und herausragende Leistungen belohnt wird, und besonders bei der hochsensiblen DREI ist es gar nicht nötig, dass sie links liegengelassen, bestraft oder enttäuscht angesehen wurde, wenn ihre Leistungen weniger gut waren.

Aufgrund ihrer Intuition, Empathie und ihrer Fähigkeit, bereits kleine Nuancen zu erspüren, reicht es bei hochsensiblen DREIer-Kindern häufig schon aus, wenn ihre Bezugspersonen sie besonders für gute Leistungen loben, um ihr Typmuster zu verfestigen. Die junge DREI möchte also ihre Bezugspersonen stolz machen und richtet sich deshalb beispielsweise bei ihrer Ausbildung oder Berufswahl (meist unbewusst) danach, was diese am meisten gutheißen. Auch hier findet man also wieder eine Abwandlung des Themas rund um den Verlust des wahren Selbst. Die EINS verliert den Bezug zu ihrem eigenen Inneren, weil sie perfekt sein möchte, um keinen Anlass für Kritik zu bieten, die ZWEI, weil sie sich völlig auf die Bedürfnisse ihres Gegenübers fokussiert, um von ihm als Antwort auf ihre Bemühungen Liebe zu erhalten, und die DREI, weil sie glaubt, nur für ihre Leistung wirklich wertgeschätzt zu werden, jenseits ihrer Leistung nichts wert zu sein und in den Augen anderer schlecht dazustehen, wenn sie versagt und erfolglos ist.

Die so entstehende innere Leere ist etwas, das der DREI oft lange selbst nicht wirklich bewusst ist. Hochsensible DREIer ahnen allerdings tendenziell früher, dass hinter ihrem Image und dem äußeren Erfolg eine innere Leere ist, denn sie haben aufgrund ihrer allgemeinen Fähigkeit zu tiefer Reflexion meist trotz allem einen noch etwas besseren Kontakt zu sich selbst als nicht hochsensible DREIer. HSP-DREIer haben also bessere Chancen, zu ihrem wahren Wesen zu finden, und haben öfter Momente, in denen ihnen bewusst wird, wie sehr sie von sich selbst entfremdet sind. Sie sind eher bereit, ihre wahren Gefühle zu entdecken, was die Wahrscheinlichkeit, sich von der Abhängigkeit vom Lob und der Wertschätzung ihrer Mitmenschen zu befreien, erhöht.

Wenn ihnen dieser Schritt gelingt, sind hochsensible DREIer häufig idealistische Vorbilder, die ihr Potenzial voll ausschöpfen und dabei authentisch bleiben und die auch ihre Mitmenschen dazu inspirieren können, ihre wahren Interessen und Talente zu erkennen und umzusetzen.

4.2.4 Der hochsensible Typ VIER

Typ VIER gehört zur zurückgezogenen Horney'schen Gruppe, womit er gemeinsam mit der FÜNF und NEUN zu den Enneagrammtypen zählt, die mit der größten Wahrscheinlichkeit hochsensibel sind. Etliche typische Eigenschaften der HSP decken sich mit typischen Eigenschaften der VIER. Auch häufige Überreizung, das Hauptcharakteristikum Hochsensibler, ist für die VIER oft charakteristisch. Es gibt dennoch VIERer, die nicht hochsensibel sind, diese sind jedoch in der Minderzahl.

Zwischen den Stärken der VIER und den typischen Stärken vieler Hochsensibler gibt es viele Parallelen. So sind beide typischerweise empfindsam, authentisch, intuitiv, empathisch, fantasievoll und kreativ. Außerdem haben beide häufig eine gute Selbstbeobachtungsgabe, große emotionale

Tiefe, sind oft idealistisch und können anderen Menschen in emotionalen Krisen beistehen.

Auch eine optisch-ästhetische Sensibilität ist sowohl für Hochsensible als auch für Typ VIER charakteristisch. Ebenso verhält es sich mit Melancholie, Selbstwertproblematiken, einem intensiven Innenleben und tiefer Reflexion.

Auf den ersten Blick könnte man fast meinen, Typ VIER und Hochsensibilität gehörten untrennbar zueinander, oder auch, dass Hochsensible fast automatisch den Enneagramm-VIERern zugehören müssten. Ganz so einfach ist es jedoch nicht. Die vielen Eigenschaften, die der VIER und HSP gemeinsam sind, sind zwar für die VIER allesamt charakteristisch, sie alleine machen die VIER im Kern jedoch nicht aus.

Eine VIER ist deshalb eine VIER, weil sie sich als anders und irgendwie defekt empfindet, daraus ein Gefühl des Besondersseins kreiert, aus diesem besonderen Anderssein und aus ihren ständig wechselnden Gefühlen ihre Identität konstruiert und mit heimlichem Neid auf all jene blickt, die ein erfülltes Leben zu haben scheinen, etwas, zu dem sie keinen Zugang zu haben scheint. All dies kann auf Hochsensible zutreffen, muss aber nicht. Somit ist bei all den vielen gemeinsamen Eigenschaften bei Hochsensiblen nicht automatisch die Grundlage, auf der Typ VIER beruht, gegeben.

Und selbst die gemeinsamen Eigenschaften der VIER und Hochsensibler können täuschen, denn selbst diese Eigenschaften können bei anderen Enneagrammtypen ebenfalls vorkommen.

So ist es zwar für eine VIER besonders typisch, z. B. melancholisch, empfindsam, kreativ und empathisch zu sein, das bedeutet aber noch lange nicht, dass nicht auch andere Enneagrammtypen diese Charakteristika aufweisen.

So gilt für die VIER in Bezug auf ihre Wahrscheinlichkeit, hochsensibel zu sein, im Grunde das Gegenteil wie für die DREI: Die typischen Eigenschaften der DREI haben auf den ersten Blick wenig mit den typischen Charakteristika Hochsensibler gemein, sie kann aber trotzdem hochsensibel sein, wenn die Kerneigenschaft Hochsensibler, die stärkere Neigung zu Überstimulation, gegeben ist. Im Umkehrschluss können Hochsensible trotz auf den ersten Blick kaum wahrnehmbarer gemeinsamer paralleler Wesenszüge DREIer sein, wenn sie die generelle Grundproblematik der DREI als ihre Grundproblematik erkennen.

Bei der VIER verhält es sich genau andersherum, nämlich dass ihre typischen Eigenschaften auf den ersten Blick sehr große Parallelen zu den typischen HSP-Eigenschaften aufweisen, sie aber trotz allem auch nicht hochsensibel sein kann, sofern die Kerneigenschaft Hochsensibler, die stärkere Neigung zu Überstimulation, nicht gegeben ist, während Hochsensible trotz der vielen auf den ersten Blick erkennbar gleichen Wesenszüge dennoch auch keine VIERer sein können, nämlich dann, wenn die Grundproblematik der VIER nicht ihrer eigenen Grundproblematik entspricht.

Aufgrund der starken Parallelen zwischen den augenscheinlichen Eigenschaften ordnen sich viele Hochsensible zunächst fälschlicherweise der VIER zu und entdecken erst nach ausführlicher Beschäftigung mit dem, was die Enneagrammtypen wirklich in ihrer Tiefe ausmacht, dass sie keine VIERer sind.

Nichtsdestotrotz sind aber natürlich auffallend viele VIERer hochsensibel, was nicht verwundert, gibt es doch bereits in der Kindheit Parallelen zu dem, was viele Hochsensible über diese Zeit berichten: VIERer haben bereits als Kind das Gefühl, anders als ihre Eltern zu sein, es fühlt sich für sie an, als passten sie irgendwie nicht in ihre Herkunftsfamilie.

Dasselbe berichten zahlreiche Hochsensible, in deren Herkunftsfamilie es keine hochsensible Bezugsperson gegeben hat. Genau wie die VIER fühlen sich diese HSP oft schon als Kind irgendwie fehl am Platz und unverstanden. Beide, die VIER und HSP-Kinder ohne HSP-Bezugspersonen, fühlen sich nicht ausreichend gespiegelt und haben daher Schwierigkeiten mit der Ausbildung ihrer eigenen Identität, da ihnen positive Rollenvorbilder und Anhaltspunkte für ihre Identitätsfindung fehlen, weshalb sie sich auf der Suche nach ihrer Identität ihrer Innenwelt zuwenden. Von dem Verlorenheitsgefühl, das ihr Sich-anders-und-unverstanden-Fühlen begleitet, berichten sowohl VIERer als auch HSP ohne hochsensible Bezugsperson.

Die VIER gewinnt aus dem Gefühl des Andersseins ihre Identität. Sie empfindet sich als etwas Besonderes, weil sie sich ja ganz offenbar von anderen irgendwie abhebt, und kultiviert dieses Gefühl. Vor allem für hochsensible VIERer ist es oft eine jahrzehntelange Aufgabe, sich einen Platz oder eine Nische zu erkämpfen, in der sie weitgehend authentisch bleiben und dennoch so weit in der Gesellschaft funktionieren können, dass sie sich ein – vor allem finanzielles – Überleben zu sichern imstande sind.

Wenn eine VIER von ihrer Hochsensibilität erfährt, ist das für sie meist erleichternd und bestätigend. Anders als etwa die Typen der selbstbewussten Horney'schen Gruppe (DREI, SIEBEN und ACHT) wird die VIER ihre Hochsensibilität kaum ablehnen, sondern eher erfreut in ihr Selbstbild integrieren.

Je unreifer die VIER ist, umso stärker ist auch ihr Bedürfnis, etwas Besonderes und Einzigartiges zu sein. Das Schlimmste wäre für sie dann Gewöhnlichkeit oder ein »Durchschnittsmensch wie alle anderen« zu sein, begründet sie ihre Identität doch darauf, anders als ihre Mitmenschen zu sein. Je desintegrierter die VIER, umso selbstversunkener und permanent sich selbst ergründend ist sie, und die Hochsensibilität kommt ihr dann als greifbare Identitätsgrundlage nur recht.

Das kann so weit gehen, dass sie ihre Hochsensibilität zu sehr kultiviert oder als Schutzschild gegen die »harte, böse Welt« instrumentalisiert. Wenn sie dazu tendiert, muss sie aufpassen, dass sie nicht beginnt, sich aufgrund ihrer durch ihre Hochsensibilität abermals bestätigte »Andersartigkeit« und »Besonderheit« eine Sonderbehandlung angedeihen zu lassen, die sie mehr und mehr ins Abseits drängt. (»Jemand wie ich braucht keinem normalen Job nachzugehen.«, »Ich bin zu sensibel für diese Welt.« ...)

Die Scham der VIER, die vor allem bei der sozialen Instinktvariante auch für das Umfeld erkennbar ist, ist ähnlich der Scham, die so mancher Hochsensible entwickelt, der kein unterstützendes Umfeld hatte und dem in seiner Kindheit gesagt wurde: »Stell dich nicht so an!«, »Sei kein Weichei!« und »Du musst dich abhärten!« Beide, die VIER und der Hochsensible, der ohne unterstützendes Umfeld aufgewachsen ist, haben häufig mit Problemen rund um ihren Selbstwert zu kämpfen, sie können sich beide als defekt und makelhaft empfinden.

Und so kann vor allem für jene VIERer, die besonders mit einem Gefühl der Scham zu kämpfen haben, die Erkenntnis über die eigene Hochsensibilität auch hilfreich sein, über ihr Gefühl, defekt oder mit einem Makel behaftet zu sein, hinwegzukommen. Gerade für jene HSP-VIERer, die in ihrer Kindheit keine Unterstützung in ihrem »So Sein« und womöglich gar keine anderen hochsensiblen Bezugspersonen hatten, kann das Wissen um ihre Hochsensibilität eine sehr große Befreiung bedeuten. Zu wissen, dass es einen Namen dafür gibt und dass es sich nicht um einen Makel handelt, kann der VIER viel von ihrer Scham nehmen.

Wenn die VIER ihr Wissen um ihre Hochsensibilität als stabilisierende Erkenntnis über sich selbst zu integrieren weiß und lernt, ihre besonderen Gaben zu schätzen und in die Welt zu bringen und die Hochsensibilität nicht als Grund einsetzt, sich noch mehr von anderen abzusondern, dann ist sie auf einem guten Weg.

Hochsensible VIERer sind auffallend oft im künstlerischen oder therapeutischen Bereich tätig und je mehr sie sich in Richtung Integration bewegen, umso besser können sie in diesen Berufsfeldern ihre Talente aktiv handelnd und mit Selbstdisziplin einbringen. Sie sind dann fähig, die Schönheit des Augenblicks zu erkennen, statt darauf ausgerichtet zu sein, was in der Gegenwart fehlt. Als Künstler können sie allgemeingültige Wahrheiten häufig mittels Symbolen und Metaphern und doch auch auf eine sehr persönliche, jedoch nicht mehr in sich selbst gefangene Art und Weise zum Ausdruck bringen. In der Arbeit mit anderen Menschen sind sie zu großer Empathie fähig sowie dazu, aus ihrem eigenen inneren Reichtum zu schöpfen und ihrem Gegenüber davon etwas abzugeben.

4.2.5 Der hochsensible Typ FÜNF

Typ FÜNF gehört zur zurückgezogenen Horney'schen Gruppe, womit er gemeinsam mit der VIER und NEUN zu den mit der größten Wahrscheinlichkeit hochsensiblen Enneagrammtypen zählt. Zahlreiche typische Eigenschaften Hochsensibler decken sich mit typischen Eigenschaften der FÜNF. Das Hauptcharakteristikum Hochsensibler, die rasche Überreizung, ist für die FÜNF besonders charakteristisch. Dennoch gibt es FÜNFer, die nicht hochsensibel sind, diese sind jedoch in der Minderzahl.

Typische Eigenschaften der FÜNF, die zugleich charakteristisch für viele Hochsensible sind, sind Introversion, Nachdenklichkeit, gute Beobachtungsgabe und Zuverlässigkeit. Außerdem sind beide, Typ FÜNF und HSP, häufig intuitiv veranlagt, eher schüchtern und gewissenhaft.

Vor allem aber hat eine der Haupteigenschaften von Typ FÜNF, das Bedürfnis nach Rückzug, um nicht überwältigt zu werden, eine deutliche Überlappung mit dem Hauptcharakteristikum Hochsensibler, dem aus häufigerer Überstimulation und daraus entstehendem Stress entstehenden Wunsch nach Rückzug. Es gibt hier also eine deutliche Parallele zwischen etwas, das für die FÜNF wesentlich ist, und etwas für die Definition von Hochsensibilität Essenziellem. Die Wahrscheinlichkeit, dass eine FÜNF hochsensibel ist, ist also sehr hoch.

Eine hochsensible FÜNF gehört zu jenen HSP, die auf ihr Umfeld zunächst meist nicht übermäßig emotional oder mitfühlend wirken, denn die FÜNF ist fast immer deutlich introvertiert (sehr seltene Ausnahmen bestätigen die Regel) und meist eher rational veranlagt.

Sie kann sogar beinahe ausdruckslos und gefühlskalt wirken, dies ist jedoch großteils ein Schutzschild nach außen, denn in ihrem Inneren kann die FÜNF recht weich sein und in Resonanz mit anderen gehen, sie zeigt dies jedoch weniger stark nach außen. Außerdem trennt sie ihre Gedanken und Gefühle, um nicht überwältigt zu werden, und spürt ihre Gefühle zudem nicht sofort.

Hochsensible FÜNFer sind sehr nachdenklich und grübeln viel. Sie wollen alles in seiner Tiefe ergründen und sich nicht nur oberflächlich mit Themen beschäftigen. Sie haben einige wertvolle Eigenschaften, die anderen Hochsensiblen oft eher fehlen, wie beispielsweise eine deutliche Nüchternheit und Objektivität und die Fähigkeit, in Krisenzeiten einen kühlen Kopf zu bewahren.

Für HSP-FÜNFer ist es fast immer ideal, wenn sie alleine, ohne Druck und mit möglichst geringen Vorgaben arbeiten können und erst mit der fertiggestellten Arbeit an die Öffentlichkeit treten müssen.

HSP-FÜNFer haben besonders deutlich das Gefühl, die Welt verlange ihnen zu viel ab und sie müssten sich zurückziehen, um ihre begrenzten Energieressourcen zu schonen und nicht vereinnahmt und überwältigt zu werden. Sie tendieren daher dazu, sich sehr stark von der Welt abzukapseln, noch mehr als es die FÜNF ohnehin schon tut, sie zögern und beobachten noch mehr, halten sich noch stärker zurück und sind tendenziell noch empfindlicher.

Man könnte die HSP-FÜNF also als verstärkte Version der FÜNF bezeichnen. Aufgrund ihrer starken Introversion und schnellen Überstimulation hat sie sich schon als Kind besonders stark zurückgezogen und viel Zeit alleine verbracht.

Die hochsensible FÜNF hat kaum je das Problem, sich freiwillig zu starker Überstimulation auszusetzen (wie etwa die DREI), bei ihr ist eher das Gegenteil der Fall, nämlich dass sie sich aus Angst vor Überreizung zu wenig zutraut und zumutet und Herausforderungen, denen sie gewachsen wäre, gar nicht erst zu versuchen wagt.

Oft haben hochsensible FÜNFer auch besonders mit Schüchternheit und Problemen mit ihrem Selbstwert zu kämpfen. Sie glauben, nicht genug zu wissen und sich noch mehr informieren und noch deutlich sattelfester werden zu müssen, um es wagen zu können, mit ihrem Wissen ihr Schneckenhaus verlassen zu können und an die Öffentlichkeit zu treten. Dabei ist die HSP-FÜNF häufig besonders intellektuell und weiß weit mehr als viele andere, die aber statt ihr die Lorbeeren einheimsen. Das Gefühl der Unzulänglichkeit überwinden zu lernen, ist daher eine der wichtigen Aufgaben für die meisten Hochsensiblen von Typ FÜNF.

Die FÜNF empfindet ihre Emotionen oft zeitverzögert, sie hinken also dem zugehörigen Ereignis hinterher, denn die FÜNF benötigt erst einmal Rückzug und Zeit für sich, um ihren Gefühlen nachzuspüren, und dann erst kann sie nach und nach empfinden und ihre Empfindungen zuordnen. Dadurch wird sie oft als weniger empfindsam wahrgenommen, als sie eigentlich ist. Doch die FÜNF agiert nicht so, weil sie weniger Emotionen hat, sondern weil sie so schnell überwältigt ist. Der Schutzmechanismus des Rückzuges und des nachträglichen Sortierens ihrer Gefühle ist für sie notwendig, um erst einmal aus der Überreizung herauszugehen, um wieder klar im Kopf zu werden. Hochsensible FÜNFer ziehen sich zwar besonders schnell zurück, sind aber dennoch andererseits im Vorteil, da bei ihnen die Emotionen meist näher an der Oberfläche liegen, sie also einen besseren Zugang zu ihnen haben als Nicht-Hochsensible des Typs FÜNF. Sie bedienen sich also zwar des gleichen Rückzugsmechanismus', um ihre Emotionen nachträglich zu spüren, dies gelingt ihnen dann allerdings besonders rasch und tiefgründig. Fordert ihr Gegenüber jedoch spontane Gefühlsreaktionen von ihr ein, so geht es der hochsensiblen FÜNF wieder genauso wie ihren nicht hochsensiblen Typkollegen, beide reagieren dann also mit einer gewissen Hilflosigkeit und würden sich am liebsten unsichtbar machen können.

Die Befürchtung, von anderen Menschen emotional zu sehr vereinnahmt zu werden, kann bei der hochsensiblen FÜNF besonders groß sein. Partnerschaften einzugehen, ist für sie oft eine immense Herausforderung, und nicht selten zieht sie ein Leben alleine vor, weil sie das Risiko, emotional zu sehr vereinnahmt zu werden und sich nicht ausreichend zurückziehen zu können, nicht eingehen möchte. Das ist sehr schade, denn gerade hochsensible FÜNFer hätten in Partnerschaften sehr viel zu geben: Sie sind sanft, rücksichtsvoll, nicht fordernd, sehr aufmerksam, respektvoll, interessiert, höflich, sensibel, geistreich und haben oft einen herrlich trockenen Humor.

Für Hochsensible von Typ FÜNF ist es eine besondere Herausforderung, eine Balance zwischen Rückzug und Regeneration und Kontakt zu ihrer Umwelt zu finden, denn einerseits überfordern sie ihr hochsensibles Nervensystem kaum je freiwillig, was ein Vorteil sein kann, andererseits tendieren sie dazu, ins andere Extrem zu kippen und sich gar nichts mehr zuzumuten, was wiederum von Nachteil ist.

Hochsensible FÜNFer sind außerordentlich präzise Beobachter, die in ihrem Umfeld subtile Änderungen oder Unstimmigkeiten registrieren, die die meisten anderen vermutlich übersehen. Oft haben sie sehr fein ausgeprägte Sinne und reagieren sehr empfindlich auf bestimmte Geräusche oder Lautstärke generell, auf Gerüche oder Berührungen. Auch Menschen mit absolutem Gehör sind häufig HSP des Enneagramm-Typs FÜNF.

4.2.6 Der hochsensible Typ SECHS

Typ SECHS gehört wie die EINS und ZWEI zu der entgegenkommenden Horney'schen Gruppe und liegt daher bei der Wahrscheinlichkeit, hochsensibel zu sein, im Vergleich zu den anderen Enneagrammtypen im Mittelfeld. Einige typische HSP-Eigenschaften überlappen sich also mit den typischen Eigenschaften der SECHS, während die rasche Überstimulation, das Hauptcharakteristikum Hochsensibler, für die SECHS weder auffallend typisch noch untypisch ist.

Einige der typischen Stärken von Typ SECHS sind auch häufige Stärken Hochsensibler. Dazu zählen Zuverlässigkeit, Vertrauenswürdigkeit, Rücksichtnahme, ein wacher Geist, Verantwortungsbewusstsein, Umsicht, Aufmerksamkeit, ein Gespür für Hintergründiges und Wahrheit, Mitgefühl sowie die Fähigkeit, Probleme rasch zu erkennen.

Häufige Eigenschaften Hochsensibler, die auch oft auf die SECHS zutreffen, sind Gewissenhaftigkeit, Schüchternheit und Probleme mit dem Selbstwert, tiefe Reflexion, Schreckhaftigkeit, Grübelei und Kreativität. Unsichere Hochsensible haben mit der SECHS oft das Misstrauen in die Welt und andere Menschen, Ängstlichkeit, Pessimismus und eine generell sicherheitssuchende Lebenseinstellung gemein. Weniger in sich gekehrte Hochsensible können eventuell auch zu kontraphobischem Verhalten tendieren und angreifen, bevor sie selbst angegriffen werden.

Die SECHS kann in ihrer Kindheit kein Urvertrauen entwickeln und die Angst, alleine nicht zurechtzukommen, nicht ablegen. Es bleiben immer Zweifel in ihr, ob sie es ohne Unterstützung schaffen kann und ob man ihr wohlgesonnen ist, auch dann noch, wenn sie längst erwachsen ist. Die Gründe dafür sind vielfältig, wobei für die hochsensible SECHS besonders gilt, dass bei ihr nicht nur eine dramatische Kindheit mit unberechenbaren und aggressiven Eltern, sondern auch eine ganz normale Kindheit ihr

SECHSer-Muster verfestigen kann. Aufgrund ihrer größeren Sensibilität und ihrer Fähigkeit, bereits feinere Nuancen zu registrieren, erspürt das HSP-SECHSer-Kind natürlich auch eher, wenn eine Situation verunsichernd ist. So reichen hier deutlich kleinere Vorfälle oder versehentliches Fehlverhalten der Eltern, um das Grundvertrauen des HSP-SECHSer-Kindes nachhaltig zu erschüttern. Beispielsweise kann es sein, dass die Mutter einmal zu spät kommt, um ihr Kind vom Kindergarten abzuholen. Selbst wenn es nur wenige Minuten sind und dem Kind versichert wird, dass die Mama bald da sein wird, kann das hochsensible SECHSer-Kind bereits befürchten, die Mutter käme gar nicht mehr und ließe es für immer im Stich, und es kann bereits daraus den Schluss ziehen, dass seine Sicherheit offenbar generell nicht garantiert ist.

Die Grundangst der SECHS, ohne Unterstützung zu sein und sich ganz alleine durchs Leben schlagen zu müssen, kann sich bei hochsensiblen SECHSern verstärken, wenn sie keine hochsensiblen Rollenvorbilder haben und in ihnen zunehmend das Gefühl aufkommt, sie wären im Vergleich zu ihren nicht-hochsensiblen Freunden und Schulkollegen zarter, verletzbarer und schneller überfordert. Es ist daher für die HSP-SECHS ganz besonders wichtig, dass man sie in ihrem »So Sein« unterstützt, sie in ihren positiven HSP-Eigenschaften bestärkt, ihr Mut zuspricht und ihr das Gefühl gibt, dass ihre Hochsensibilität nicht nur ein Hemmschuh, sondern vor allem auch eine Begabung und Stärke sein kann.

Da die Aufmerksamkeit der SECHS sich auf alles richtet, was schiefgehen, riskant oder gefährlich sein könnte, und ihre Energie daher zu einem Gutteil in die Gefahrenanalyse und Suche nach Sicherheit fließt, können hochsensible SECHSer durch diese ständige Überaufmerksamkeit überstimuliert und gestresst sein. Denn da HSP ja bereits schwächere Reize wahrnehmen und deshalb mit einer größeren Menge an Reizen operieren (müssen), hat ihr Nervensystem die Reizmenge, die noch gut erträglich ist, bereits zu einem früheren Zeitpunkt registriert. Hinzu kommt, dass die Reize von Hochsensiblen auch noch tiefer verarbeitet werden, sodass die HSP-SECHS wirklich alle Hände voll zu tun hat mit dem Erkennen und Analysieren von potenziell Bedrohlichem. Es verwundert daher nicht, dass hochsensible SECHSer häufigeren Rückzug benötigen, um ihr Nervensystem wieder zu beruhigen.

Doch auch innere Reize können bei der HSP-SECHS oft stark angstbesetzt sein. So neigt sie etwa dazu, viel zu grübeln und sich gedanklich ausführlich mit ihren Unsicherheiten und Ängsten zu beschäftigen. Sie kann sich in ängstliche Gedanken hineinsteigern und beispielsweise zur Hypochondrie neigen. Auch soziale Ängste, spezifische Phobien, Zwangsstörungen oder Panikattacken sind bei der SECHS generell relativ häufig, bei der hochsensiblen SECHS jedoch leider sogar noch etwas häufiger zu beobachten.

Auf der Positivseite sind hochsensible SECHSer oft ganz besonders einfühlsam. Wenn sie Vertrauen zu ihrem Gegenüber gefasst haben, sind sie sehr gute Zuhörer, die sich in die Probleme und Ängste ihrer Mitmenschen einfühlen können. Sie sind loyal und empathisch, verstehen andere mit ihren problematischen Seiten, wertschätzen ehrliche Zuneigung und gehen mit ihren Freunden durch Dick und Dünn. Sie können gut Gefühle ergründen, sowohl ihre eigenen als auch die ihres Gegenübers, sind aufmerksame Zuhörer, verlässlich und treu.

Sie engagieren sich für ihre Freundschaften, halten ihr Wort, können gut im Team arbeiten, sofern ihr Arbeitsumfeld nicht zu hektisch und reizintensiv ist, und generell gut mit anderen Menschen kooperieren, sofern sie ihnen vertrauen.

Hochsensiblen SECHSern fällt es oft sehr schwer, sich zu entspannen, weil sie dafür entweder zu ängstlich-nervös sind oder ihnen ihr Gewissen im Weg steht, das ihnen einflüstert, was sie noch alles tun sollten.

Bei den Strategien, die die SECHS anwendet, um mit ihrer Unsicherheit umzugehen, ist bei hochsensiblen SECHSern phobisches Verhalten etwas häufiger als kontraphobisches Verhalten. Die HSP-SECHS tendiert also mehr dazu, vor Gefahr in Deckung zu gehen und passiv zu bleiben, als aktiv auf die Gefahr zuzugehen und zum Angriff überzugehen, bevor sie selbst zum Opfer wird. Es gibt aber durchaus auch des Öfteren kontraphobisch agierende hochsensible SECHSer, diese sind in der Mehrzahl männlich.

Hochsensible SECHSer müssen besonders darauf achten, sich aufgrund ihrer Unsicherheit nicht von anderen abhängig zu machen. Für die hochsensible SECHS ist es daher wichtig, ihrem eigenen Gefühl trauen zu lernen, die Positivseiten ihrer Hochsensibilität schätzen und selbstsicher einsetzen zu lernen, zu üben, ab und zu kleinere kalkulierbare Risiken einzugehen, und Entspannungstechniken sowohl für ihren Körper als auch ihren ruhelosen Geist zu praktizieren, um die innere Unruhe unter Kontrolle zu bekommen.

Ihre Zweifel und Unsicherheiten in Schach zu halten, ist für die hochsensible SECHS die größte Herausforderung. Gelingt ihr das, kann sie ihr Einfühlungsvermögen, ihre Fähigkeit, für andere da zu sein, ihren Idealismus, ihr Gerechtigkeitsdenken, ihr Mitgefühl, ihre Loyalität und ihre Kreativität ideal nutzen.

4.2.7 Der hochsensible Typ SIEBEN

Typ SIEBEN gehört zur selbstbewussten Horney'schen Gruppe und liegt daher bei der Wahrscheinlichkeit, hochsensibel zu sein, gemessen an den Typen der anderen beiden Horney'schen Gruppen gemeinsam mit der DREI und ACHT im unteren Bereich. Es gibt nur wenige typische Charakteristika Hochsensibler, die zugleich den typischen Eigenschaften der SIEBEN entsprechen. Vor allem aber ist das Hauptmerkmal Hochsensibler, die rasche Überreizung, für die SIEBEN nicht typisch. Es kann aber dennoch, wenn auch seltener, auf die SIEBEN genauso zutreffen wie weitere Charakteristika Hochsensibler.

Ist eine SIEBEN hochsensibel, so ist sie ein Mensch, der faszinierende Widersprüche in sich vereint, denn das starke Bedürfnis der SIEBEN nach Erlebnissen, Unterhaltung, Genuss und Stimulation ist mit dem Bedürfnis Hochsensibler, sich aufgrund der deutlichen Neigung zur Überstimulation aus stark stimulierenden Situationen hinauszubegeben und Stress zu reduzieren, nicht einfach ein Einklang zu bringen.

Eigenschaften, die Typ SIEBEN und Hochsensible häufig gemein haben, sind Begeisterungsfähigkeit, Verspieltheit, Ideenreichtum, Vorstellungskraft, Kreativität und Neugier. Typische Eigenschaften Hochsensibler, die auch auf Typ SIEBEN häufig zutreffen, sind zudem Idealismus, Fantasie und die Fähigkeit zu kindlicher Freude.

Potenziell problematische Eigenschaften der SIEBEN, die für Hochsensible relativ untypisch sind, sind Oberflächlichkeit, Überlegenheitsgefühle, die Neigung, ihr Gegenüber mit seinen Problemen nicht wahrzunehmen und das egoistische Pochen auf Erfüllung eigener Wünsche.

Außerdem ist die SIEBEN meist extravertiert, Hochsensible mehrheitlich introvertiert. Doch auch hier gilt, dass die SIEBEN dennoch HSP sein kann und Hochsensible dennoch Typ SIEBEN, wenn die SIEBEN auch zu den bei HSP selteneren Enneagrammtypen zählt.

Hochsensible SIEBENer sind im Vergleich zu Nicht-Hochsensiblen des Typs SIEBEN meist introvertierter, etwas ruhiger, nachdenklicher, weniger gesellig, intuitiver, empathischer und haben ein intensiveres Innenleben. Die Vergnügungen und Unterhaltungen, die sie suchen, sind oft weniger actiongeladen und beschaulicher. Meist haben sie viele verschiedene Hobbys und Interessen, dabei gehen sie bei ihren Vorlieben eher in die Breite als in die Tiefe, interessieren sich also eher für viele Dinge etwas oberflächlicher als für wenige Dinge ganz detailreich. Sie schnuppern gerne in verschiedene Themen hinein, sind sehr aufgeschlossen und möchten vieles kennenlernen, verlieren aber auch schnell das Interesse, wenn ein Thema sie nicht wirklich fesselt. Sie können spontan von etwas vollkommen begeistert sein, um es zwei Tage später links liegenzulassen, und nicht selten sind sie von ihrer eigenen Intensität ausgelaugt und benötigen dann immer wieder Zeiten des Rückzugs, in denen sie zwar bereits neue Ideen und Pläne schmieden, es aber ruhiger angehen lassen und beispielsweise lesen, Musik hören oder spazieren gehen, um wieder Kraft zu tanken für aktivere Lebensphasen, in denen sie sich wieder mehr mit Menschen treffen, Aufregenderes, aber auch Anstrengenderes erleben. Diese Rückzugsphasen sind für hochsensible SIEBENer besonders wichtig und es ist sehr hilfreich für sie, wenn sie diesen Teil von sich, der sich auch einmal zurückziehen und die inneren Ressourcen wieder füllen möchte, pflegen und ausbauen. Sie können lernen, ihre Aufmerksamkeit bewusst von außen nach innen zu lenken und in Ruhe zu wählen, worauf sie ihre Energie richten wollen. Das hilft ihnen, ihre hektische Betriebsamkeit in den Griff zu bekommen.

Die SIEBEN reagiert als Kind auf beängstigende und überwältigende Situationen genau gegenteilig wie die FÜNF: Die FÜNF reduziert ihr Bedürfnisse und zieht sich zurück, die SIEBEN beschließt unbewusst, sich nicht beängstigen und überwältigen zu lassen, sondern aktiv nach vorne zu gehen und sich zu holen, was das Leben alles an Schönem zu bieten hat.

Das erklärt auch, warum relativ wenige Hochsensible Typ SIEBEN sind, denn SIEBENer reagieren instinktiv mehrheitlich nicht mit Rückzugstendenzen, um sich vor Überstimulation zu schützen, sondern mit aktivem Nach-vorne-Gehen, was nur bei einer Minderheit der HSP der Fall ist.

Dennoch gibt es auch jene HSP, die offensiver sind (oft auch, weil ihnen die gegenteilige Strategie in ihrer Kindheit keinen Erfolg gebracht hat), und auch jene, die sich trotz häufiger Überstimulation gerne in stark stimulierende Situationen begeben. Es ist auch möglich, dass Hochsensible von Typ SIEBEN mit einer »Jetzt erst recht«-Haltung auf ihre Neigung zur Überreizung reagieren, so als wollten sie sich selbst beweisen, dass es auch für sie keine Limits gibt und sie sich keinesfalls um aufregende Erlebnisse bringen werden, auch dann nicht, wenn sie überreizt sind. Sie tendieren dann dazu, die Warnsignale ihres Körpers zu ignorieren, und zahlen dafür mit häufigen Kopfschmerzen oder totaler Erschöpfung, bis ihr Körper sie zur Mäßigung zwingt. Für hochsensible SIEBENer ist es daher besonders wichtig, sich genügend Auszeiten zu gönnen und sich tiefer auf Beschäftigungen einzulassen, die ihnen helfen können, Überstimulation abzubauen wie etwa Malen, Singen, Yoga, Meditation oder Gartenarbeit.

Der typische Mechanismus der SIEBEN, Leid und Angst zu unterdrücken, indem sie sich mit den angenehmen Seiten des Lebens beschäftigt, kann bei der hochsensiblen SIEBEN auch ein Versuch sein, mit Überstimulation fertig zu werden. Beängstigende, negative und traurige Situationen wühlen natürlich besonders auf und sind für Nicht-Hochsensible schon häufig überreizend, dementsprechend stark überstimulierend wirken solche Situationen auf viele Hochsensible. Der Wunsch, dem allen irgendwie zu entkommen und nur noch Angenehmes und Schönes an sich herankommen zu lassen, kann daher durchaus eine Flucht vor dieser Art der Überreizung sein, nur dass die SIEBEN sie durch andere, wenn auch angenehmere Überreizungen überdeckt, was bestenfalls als Notlösung geeignet ist, aber keine Dauerlösung sein kann. Außerdem treibt ihre hohe Durchlässigkeit für Reize und Eindrücke die hochsensible SIEBEN in eine fast schon manische Hyperaktivität.

So bleibt auch der hochsensiblen SIEBEN letztendlich nichts anderes übrig, als sich den Negativseiten des Lebens zu stellen, wenn sie nicht ständig auf der Flucht vor ihnen sein möchte, denn die Konsequenzen der allzu zwanghaften Flucht vor der Schmerzvermeidung und die Überlastung, die entsteht, wenn jede Freude vorrangig den Zweck hat, potenziellen Schmerz zu übertönen, machen auf Dauer unfrei und innerlich nicht glücklich. Immer auf Hochtouren zu laufen, laugt vor allem HSP-SIEBENer zudem ziemlich aus.

Wenn die SIEBEN lernt, das Leben in seiner Gesamtheit zu bejahen und auch den Schattenseiten Raum zu geben, sich mit Problemen zu beschäftigen, Trauriges zu betrauern und Negatives zu bearbeiten, wird ihre zuvor häufig nur aufgesetzte, oft hektisch-übertriebene Fröhlichkeit einer ehrlichen, aus der Tiefe kommenden Fröhlichkeit und Lebensbejahung weichen. Sie erlangt dann viel mehr innere Ruhe, was vor allem für die hochsensible SIEBEN eine Wohltat ist, und all ihre Positivseiten können sich deutlich besser entfalten. Dadurch dass sie weniger getrieben ist, kann die SIEBEN ihre empathische Seite weit besser leben, sie wird idealistischer, deutlich weniger impulsiv und selbstbezogen, zeigt mehr echtes Interesse an allen Facetten ihrer Mitmenschen, kann problemloser Verpflichtungen eingehen, wird zuverlässiger und gewissenhafter und kann andere mit ihrem ehrlichen Optimismus anstecken. Ihre größere Nüchternheit bringt ihr authentische Lebensfreude und eine innere Fülle, die sie nun auch mit anderen Menschen teilen kann.

4.2.8 Der hochsensible Typ ACHT

Typ ACHT gehört (gemeinsam mit Typ DREI und SIEBEN) zur selbstbewussten Horney'schen Gruppe und liegt daher bei der Wahrscheinlichkeit, hochsensibel zu sein, im Vergleich zu den Typen der anderen beiden Horney'schen Gruppen im unteren Bereich. Es gibt kaum typische Merkmale Hochsensibler, die den typischen Eigenschaften der ACHT entsprechen. Auch das Hauptcharakteristikum Hochsensibler, die rasche Überreizung, ist für die ACHT nicht typisch. Es kann aber dennoch, wenn auch seltener, auf die ACHT genauso zutreffen.

Die ACHT ist von allen Enneagrammtypen derjenige, der auf den ersten Blick am allerwenigsten mit Hochsensibilität in Einklang zu bringen ist. Viele typische Eigenschaften der ACHT wie etwa Dominanz, Durchsetzungsvermögen, Konfrontationsfähigkeit und Konfliktbereitschaft sind bei Hochsensiblen nur selten zu finden. Charakteristika der HSP, die ACHTer mit größerer Wahrscheinlichkeit auch haben, sind Gerechtigkeitssinn, Verlässlichkeit und Fairness. Einige typische Schwächen der ACHT wie mangelndes Einfühlungsvermögen, zu große Kampfeslust und das Auslösen von Unterlegenheitsgefühlen, sind bei Hochsensiblen sehr selten.

Von den typischen Eigenschaften Hochsensibler überlappen sich nur Gerechtigkeitsdenken und Zuverlässigkeit mit den Charakteristika der ACHT. Nichtsdestotrotz kann auch die ACHT hochsensibel sein, wenn auch vergleichsweise selten, denn das Persönlichkeitsmuster der ACHT kann eine Möglichkeit sein, auf die eigene Hochsensibilität und die dadurch umso deutlicher gespürte Härte der Welt zu reagieren.

Hochsensible ACHTer haben schon als Kinder festgestellt, dass sie hart und stark auftreten müssen, um nicht ständig die Unterlegenen zu sein. Es kann sein, dass sie die einzigen Hochsensiblen in einer Herkunftsfamilie waren, in der alles Sanfte und Weiche als schwach galt, und sie daher früh von den Eltern dazu angehalten wurden, sich zusammenzureißen, abzuhärten und nicht schwach zu erscheinen. Es ist möglich, dass sie in einem rauen Umfeld großwurden, das ihnen klar gemacht hat, dass sie untergehen werden, wenn sie nicht selbst die Zügel in die Hand nehmen und nicht selbstsicher, dominant und zuweilen aggressiv auftreten. Eventuell sind sie auch in instabilen Familienverhältnissen aufgewachsen, mussten früh erwachsen werden und übermäßig viel Verantwortung tragen, etwa wenn sie nach dem Tod eines Elternteils versuchten, dieses bestmöglich zu ersetzen. Es ist aber auch möglich, dass die HSP-ACHT in relativ unauffälligen familiären Verhältnissen großwurde, jedoch für starkes, tapferes und selbstsicheres Verhalten belohnt wurde oder zumindest aufgrund ihrer Wahrnehmung feinerer Nuancen spüren konnte, dass solches Verhalten von den Bezugspersonen besonders geschätzt und anerkannt wurde.

Eine weitere Möglichkeit, das ACHTer-Persönlichkeitsmuster in einem Hochsensiblen zu verfestigen, ist, ihn als Kind schon in die Rolle des schwarzen Schafs zu drängen. Nimmt ihr Umfeld die ACHT aufgrund ihrer Hochsensibilität schon früh als irgendwie anders wahr und gibt ihr deshalb zu verstehen, dass sie so, wie sie ist, nicht richtig ist, kann dies bei selbstbewussteren, extravertierteren Hochsensiblen zu einer Abwehrreaktion führen, die zur Folge hat, dass die junge ACHT zu einem kämpferischen, verhärteten Einzelgänger wird und sich von niemandem mehr sagen lässt, wie sie zu sein oder nicht zu sein habe.

In diesem Fall reagiert die ACHT genau umgekehrt auf ein vergleichbares Szenario wie die VIER: Während die VIER erkennt, anders zu sein, und sich deshalb schützend nach innen kehrt, wendet sich die ACHT als Reaktion auf ihr Anderssein abwehrend nach außen.

Ein wieder anderes Kindheitsszenario, das auf die hochsensible ACHT ebenfalls zutreffen kann, ist, dass sie in einem Umfeld mit mehreren anderen Hochsensiblen aufwächst und erkennt, dass deren Hochsensibilität sie im Zweifel zu Unterlegenen, Übervorteilten und Besiegten macht. Als Reaktion darauf beschließt sie, dass es ihr selbst nicht so ergehen soll und sie nicht verwundbar sein möchte, und legt sich daher den Schutzpanzer der ACHT zu.

Folge all dieser möglichen Kindheitsszenarien ist eine frühe Erkenntnis der hochsensiblen ACHTer, dass sie einen harten Schutzpanzer brauchen, um in der rauen Welt bestehen zu können. Es kann also sein, dass die ACHT mit ihrem Persönlichkeitsmuster einen hochsensiblen Kern schützen möchte. Solche hochsensiblen ACHTer sind schwer als HSP zu erkennen, tun sie doch alles, um abgehärtet, schmerzlos und dominant aufzutreten, sich Respekt zu verschaffen, den Ton anzugeben, zu zeigen, wer der Stärkere ist, auszuteilen statt einzustecken und keinesfalls brav und anpassungsfähig zu sein.

ACHTer übertönen also ihre innere Verletzlichkeit, sie setzen alles daran, sich zu desensibilisieren, wodurch vor allem die hochsensible ACHT in einer ständigen Kontrahaltung zu ihrem zartbesaiteten Kern lebt. Sie muss besonders viel Abhärtungsarbeit leisten, um ihre Verletzlichkeit, ihre Grenzen und zarten Gefühle zu leugnen und das idealisierte Selbstbild der ACHT, ein starker, selbstbewusster Mensch zu sein, aufrecht zu erhalten.

»Kontrolle durch Stärke« lautet ihr Motto und Hochsensibilität setzt sie mit Schwäche gleich.

Wenn die ACHT um ihre Hochsensibilität weiß, wird sie diese kaum je anderen gegenüber thematisieren, und wenn doch, dann nur gegenüber Personen, bei denen sie vollkommen sicher sein kann, dafür nicht als schwach angesehen zu werden.

Für hochsensible ACHTer ist es daher besonders wichtig, ihre Hochsensibilität annehmen zu lernen und nicht mehr dagegen anzukämpfen. Denn sie wenden eine ungeheure Energie dafür auf, nicht hochsensibel zu wirken, dabei könnten sie die viele Kraft, die sie für ihre Abwehr verbrauchen, anders weit konstruktiver nutzen. Hochsensible ACHTer müssen lernen, sich zu zentrieren und ihre besonders starke »Dagegen«-Haltung abzulegen. Sie müssen also im Grunde ihre eigene Hochsensibilität aushalten lernen und nicht sofort abwehrend darauf reagieren, sondern verinnerlichen, dass Hochsensibilität nicht bedeutet, ein schwaches Opfer abzulehnender Eigenschaften zu sein.

Hochsensible ACHTer können zuweilen sogar ganz besonders hart nach außen, aber auch hart gegenüber sich selbst sein, denn ihre Hochsensibilität erscheint ihnen wie eine ständige Bedrohung, über die man nur mit noch größerer Kontrolle und Dominanz siegen kann. Es kann sein, dass sich HSP-ACHTer daher auch noch weniger ihrem Innenleben zuwenden, als es die ACHT ohnehin schon tut, denn das, was sie dort zu finden glauben, lehnen sie schließlich mit Vehemenz ab. Die unglaubliche Selbstabhärtung und Ablehnung alles Zarten und Weichen in sich führt die HSP-ACHT nicht selten irgendwann in einen Zustand völligen Ausgebranntseins. Der darauf folgende Rückzug ist für hochsensible ACHTer auch eine Chance, in besseren Kontakt mit sich selbst zu kommen. Wenn die ACHT dann noch einen Menschen um sich hat, dem sie vertraut und dem gegenüber sie ihren harten Schutzpanzer ablegen kann, steigt die Wahrscheinlichkeit, dass sie es schafft, ihren starken Abwehrmodus zu durchbrechen und ihren weichen Kern und mit ihm alle abgelehnten Eigenschaften und ihre Hochsensibilität im Ganzen nach und nach anzunehmen und immer mehr die starken Seiten des eigenen Zarten zu erkennen.

Gelingt ihr dies, gelangt die hochsensible ACHT zu einer sanften, beschützenden, aufmerksamen und selbstlosen Stärke, sie kann dann zum Fürsprecher all jener werden, die es selbst nicht wagen, für sich zu sprechen. Sie versteht dann vielleicht sogar besser als jeder andere, wie kostbar viele typische Eigenschaften Hochsensibler sein können, denn sie hat bewusst erlebt, wie es ist, deren Wert langsam kennen und schätzen zu lernen.

4.2.9 Der hochsensible Typ NEUN

Typ NEUN gehört zur zurückgezogenen Horney'schen Gruppe, womit er gemeinsam mit der VIER und FÜNF zu den Enneagrammtypen zählt, die mit der größten Wahrscheinlichkeit hochsensibel sind. Zahlreiche typische Eigenschaften Hochsensibler decken sich mit typischen Eigenschaften der NEUN. Auch das Hauptcharakteristikum Hochsensibler, die rasche Überreizung, ist für die NEUN oft typisch. Dennoch gibt es auch NEUNer, die nicht hochsensibel sind, diese sind jedoch in der Minderzahl.

Typische positive Eigenschaften der NEUN, die zugleich häufig bei Hochsensiblen zu finden sind, sind Empathie, Mitgefühl, Empfänglichkeit, Verständnisfähigkeit, Friedfertigkeit und Verlässlichkeit. Von den typischen Schwächen der NEUN sind ebenfalls einige recht häufig bei Hochsensiblen zu finden, nämlich die relativ schlechte Abgrenzung anderen gegenüber, die Tendenz zur Konfliktvermeidung und die häufig zu große Anpassung an ihre Mitmenschen. Typische Merkmale Hochsensibler, die auf die NEUN ebenfalls oft zutreffen, sind Idealismus, Gerechtigkeitsdenken, Introversion, Intuition, Empathie, Schüchternheit und Selbstwertproblematiken, Zuverlässigkeit, Melancholie, Fantasie, Kreativität und die Wertschätzung kleiner Dinge. Häufige Merkmale Hochsensibler, die für die NEUN auffallend untypisch sind, gibt es keine.

NEUNer, und hochsensible NEUNer im Besonderen, achten hypersensibel darauf, wie sie auf andere einwirken. Das bedeutet, sie zensieren sich selbst, wenn ihre Worte ihr Gegenüber traurig machen könnten, sie sagen nichts, wenn ihre Worte bei ihrem Gegenüber Unbehagen oder Enttäuschung auslösen könnten, und sie achten auf kleinste Details, die ihnen sagen, wie das maximale Wohlbefinden ihres Gegenübers, das zugleich ihr

Wohlbefinden bestimmt, erreicht werden kann. Sie stecken zurück, wenn sie ihren Willen nur auf Kosten ihres Gegenübers durchsetzen könnten, außerdem würden sie sich unter diesen Umständen ohnehin an der Durchsetzung ihres Willens nicht mehr erfreuen können.

Hochsensible NEUNer tendieren außerdem dazu, die Gefühle ihres Gegenübers zu absorbieren und überschwemmt zu werden von Emotionen und Energien, die eigentlich gar nicht ihre eigenen sind.

Schon als kleines Kind ist die NEUN sehr empathisch und stark auf die Bedürfnisse ihrer Mitmenschen ausgerichtet. Bei der hochsensiblen NEUN kann sich dies sogar noch verstärken. Ihr erscheinen sehr schnell die Wünsche und Bedürfnisse anderer wichtiger als ihre eigenen und aufgrund ihrer Feinfühligkeit muss ihr Gegenüber seine Wünsche meist gar nicht direkt äußern, die HSP-NEUN erspürt sie anhand kleinster Indizien. So empfindet die hochsensible NEUN sich besonders schnell als vergleichsweise unwichtig und ihre eigenen Bedürfnisse als zu vernachlässigen. Ob nun die Hauptfamilienproblematik sich woanders ereignet oder nicht, die junge HSP-NEUN wird auf jeden Fall besonders rasch das *Gefühl* haben, sie selbst sei jedenfalls bestenfalls eine Randfigur des Geschehens. So bringt sie andere noch mehr dazu, sie zu übersehen und nicht wichtig zu nehmen, denn sie nimmt sich ja selbst nicht wichtig. Sie lernt, sich aus allem herauszuhalten, alle Positionen zu verstehen, ihre eigene Meinung tendenziell für sich zu behalten oder erst gar nicht darüber nachzudenken, was ihre eigene Meinung eigentlich wäre. Sie kann ausgleichen, neutral zwischen den Fronten stehen, unbeteiligt wirken und allen gegenüber lieb und freundlich sein. Und während all dem schläft sie innerlich immer mehr ein, nimmt sich selbst immer weniger wichtig, beachtet die eigenen Wünsche kaum noch und möchte schließlich nur noch ihren Frieden, in Ruhe gelassen werden und sich mit den kleinen Freuden des Lebens von all dem ablenken, was sie vergessen, verdrängt, nicht wichtig genug genommen oder gar nie wirklich ausgebildet hat.

So gelangen hochsensible NEUNer an den Punkt, an dem sie nicht wissen, welche Ausbildung sie machen sollen, welchen Beruf sie ergreifen möchten, wie sie leben wollen und wie sie sich ihr eigenes Leben überhaupt generell vorstellen und aktiv gestalten möchten. Sie lassen zu, dass nicht sie ihr Leben leben, sondern dass ihr Leben sie lebt. Sie schließen sich anderen an, gehen den Weg des geringsten Widerstandes, tun, was ihre Eltern oder Freunde gut finden und unterstützen ihre Partner in deren Belangen anstatt ihre eigenen Belange zu verfolgen.

Die NEUN entwickelt also auch eine eigene Variante des Verlusts des wahren Selbst, denn auch sie verliert den Kontakt zu ihren eigenen Bedürfnissen. Bei der NEUN verhält es sich auf den ersten Blick ähnlich wie bei der ZWEI, denn beide verlieren den Kontakt zu sich, weil sie zu sehr auf die Bedürfnisse ihres Gegenübers ausgerichtet sind. Der Unterschied ist aber die dahinterliegende Motivation. Während die ZWEI Liebe, Wertschätzung und Zuneigung vom Gegenüber erhalten möchte, indem sie sich ihm gefällig zeigt, nimmt die NEUN sich selbst nicht wichtig genug, weshalb ihr die Bedürfnisse ihres Gegenübers (die die HSP-NEUN aufgrund ihrer starken Empathie zudem besonders früh und deutlich wahrnimmt) als dringender erscheinen als ihre eigenen. Außerdem möchte die NEUN ihren Seelenfrieden wahren, und sich anderen anzupassen erscheint ihr als die dafür geeignetste Methode.

Besonders hochsensible NEUNer werden aufgrund ihrer großen Empathie und der bei ihnen ausgesprochen gut entwickelten Fähigkeit, sich in andere hineinzuversetzen, häufig zur emotionalen Stütze eines labilen Elternteils, übernehmen die Elternrolle für ihre Geschwister, lassen sich widerspruchslos zum Vermittler zwischen den zerstrittenen Eltern instrumentalisieren oder sind anspruchslos und pflegeleicht, weil sie ihre Bezugspersonen entlasten wollen.

Auch die Eltern der NEUN sprechen typischerweise auf die Tiefen der NEUN, also auf das, was sie wirklich ausmacht, nicht an. Das kann daran liegen, dass die NEUN sich so stark im Hintergrund hält, dass man gar nicht auf die Idee kommt, dass es wichtig sein könnte, sich mit ihrem wahren Wesen zu beschäftigen. Es kann daran liegen, dass die NEUN das, was sie wirklich ausmacht, selbst mehr und mehr vergisst und deshalb ihr wichtige Themen gar nicht selbst zur Sprache bringen könnte (selbst wenn sie es wollte). Und es kann daran liegen, dass die NEUN früh spürt, dass die Eltern keinen Zugang zu dem haben, was sie wirklich interessiert, sodass die NEUN mehr und mehr das Gefühl bekommt, das, was ihr wichtig erschien, wäre dann vermutlich doch nicht so bedeutend. In jedem Fall aber nimmt die NEUN sich selbst nicht wichtig und sie wird auch von anderen meist nicht wichtig genug genommen, wobei beides einander beeinflusst und dazu führt, dass die NEUN sich (und ihre Interessen) im Grunde als bedeutungslos empfindet. All dies trifft auf die hochsensible NEUN aufgrund ihrer typischerweise noch stärker ausgeprägten Fähigkeit, sich in ihr Gegenüber einzufühlen, verstärkt zu.

So wird die hochsensible NEUN zu einem Erwachsenen, der zuverlässig und gewissenhaft seinen Mitmenschen gegenüber ist, da er potenzielle Enttäuschungen seines Gegenübers bereits im Vorfeld erspürt und vermeiden möchte. Sie wird zu einem Erwachsenen, der weiß, was seinen Mitmenschen guttut, ohne dass diese es aussprechen müssen, und der spürt, wie er sich verhalten muss, damit sein Gegenüber zufrieden ist und es zu keinen Diskussionen oder gar Streitereien kommt, die seinen Seelenfrieden erschüttern würden. Die HSP-NEUN wird zum Wunscherfüller für andere, vergisst sich darüber hinaus selbst und kann sich lange Zeit nicht bewusst sein, dass es nicht ihre Wünsche und Träume sind, die sie zu erfüllen hilft. Sie selbst hat in Wahrheit längst einen inneren Winterschlaf angetreten, ist überangepasst und anspruchslos und lässt sich nicht wirklich ein auf die überfordernde, überstimulierende Welt.

Sie flüchtet sich in Ersatzhandlungen, ist angewiesen auf Impulse von außen, um in die Gänge zu kommen, und erhält ihr Selbstbild, ein friedlicher, ausgeglichener Mensch zu sein, aufrecht, ohne sich bewusst zu sein, dass dies nur mittels Betäubung ihres wahren Selbst möglich ist.

Besonders die hochsensible NEUN muss darauf achten, dass sie nicht an jemanden gerät, der ihre Anpassungsfähigkeit, Gutmütigkeit, Selbstvergessenheit und Konfliktvermeidung ausnutzt.

Der wichtigste Entwicklungsschritt für eine NEUN ist, sich aus ihrer Ego-Trägheit zu befreien, zu erkennen, wer sie ist und was sie möchte, und dies auch umzusetzen, selbst wenn sie dabei manchmal Konflikte riskiert. Hochsensiblen NEUNern erschwert dies oft auch ihre Schüchternheit. Außerdem ist es schwierig für sie, aus dem Kreislauf der Selbstverleugnung auszubrechen, da es für ihr Wohlbefinden essenziell ist, dass es auch ihren Liebsten gutgeht, und das wiederum denken sie oft nur dann erreichen zu können, wenn sie sich deren Wünschen anschließen.

Für sie ist es daher besonders wichtig zu erkennen, dass wahre Verbundenheit nur dann entstehen kann, wenn zwei für sich alleine vollständige Individuen sich verbinden, von denen keines das andere für eine Illusion seiner eigenen Ganzheit benötigt, und dass eine Beziehung nur dann gleichberechtigt ist, wenn jeder sich gleichermaßen einbringt und beide Seiten hin und wieder Kompromisse schließen.

Natürlich trägt auch die allgemeine Tendenz zu rascherer Überstimulierung durch innere wie äußere Reize bei der hochsensiblen NEUN dazu bei, sich zurückzunehmen, anzupassen, Energie zurückzuhalten und sich mit beruhigenden Gewohnheiten und Routinen zu beschäftigen, denn die durch Unfrieden und Streit entstehende innere Aufruhr gehört für sie nun einmal zu den schlimmsten Überstimulierungen. Sie muss jedoch lernen, dass ihre Strategien, sich ihren inneren Frieden zu bewahren, nur Notlösungsstrategien sind, die keinen dauerhaften inneren Frieden und somit auch keine dauerhafte Reduktion unerwünschter Reize garantieren. Sie muss daher einen Weg finden, die Verbindung zu sich selbst wieder herzustellen und sich einzulassen auf die verschiedensten Ebenen des Lebendigseins. Anders wird sie keinen dauerhaft wahren Seelenfrieden finden können.

5 Persönliches Wachstum

Wie wir gesehen haben, gibt es innerhalb jedes Enneagrammtyps eine enorme Bandbreite an Entwicklungsstufen, die von ganz gesund und integriert über durchschnittlich gesund bis hin zu ungesund oder gar völlig desintegriert reichen. Wir sind daher zwar unser Leben lang ein und derselbe Enneagrammtyp, haben aber das Potenzial, uns innerhalb unseres Enneagrammmusters extrem stark zu entwickeln.

Je mehr wir es schaffen, in den gesunden, integrierten Bereich unseres Typs zu gelangen, umso weniger starr sind wir an unsere typischen Abwehrmechanismen und Notlösungsstrategien zur krampfhaften Erfüllung unseres Grundbedürfnisses und Abwehr unserer Grundangst gebunden.

Die folgenden Anregungen zum persönlichen Wachstum sind natürlich nicht als vollkommen allgemeingültig zu sehen, sondern als Vorschläge, die jeder auf seine eigenen speziellen Problematiken hin anpassen kann, um so sein persönliches Wachstum anzukurbeln.

Als erster Schritt ist es dafür notwendig, negative Denk- und Verhaltensmuster als solche überhaupt erst zu erkennen, denn oft sind sie so sehr eine zweite Haut für uns geworden, dass wir sie kaum noch bewusst wahrnehmen. Aus diesem Grund beginnen die Tipps und Übungen dieses Kapitels immer damit, erst einmal innezuhalten, wann immer uns das Gefühl beschleicht, dass wir etwas denken oder tun, das irgendwie ungut bzw. »ungesund« sein könnte. So machen wir uns nach und nach unsere Denkmuster bewusst.

Wir klammern uns an alte Gewohnheiten und vertraute Handlungsmuster, denn Veränderungen rufen Verunsicherung hervor, und wir haben unsere Denk- und Handlungsmuster schließlich auch nicht grundlos so ausgebildet, wie sie nun sind, sondern sie erschienen uns als die besten Lösungen. Um etwas ändern zu wollen, müssen wir erkennen, dass sie eben nicht unbedingt die besten Lösungen, sondern eher Notlösungen sind. Sie sind Krücken, die uns zwar helfen zu gehen, doch wäre es nicht ein viel befreienderes Gefühl, wenn wir lernen könnten, ohne diese Krücken zu gehen? Um motiviert zu werden, alte Denk- und Handlungsmuster aufzubrechen, müssen wir uns also bewusst werden, dass sie uns zwar einen gewissen Halt geben, uns aber auch ziemlich einengen. Als nächsten Schritt realisieren wir demnach, was unsere Denkmuster mit uns machen, wie stark sie uns eigentlich gefangen halten und welche negativen Auswirkungen sie haben.

Dafür ist es hilfreich, sich die Negativentwicklung, die Desintegration unseres Typs anzusehen, denn das führt uns vor Augen, wohin unsere Muster uns schlimmstenfalls führen, und lässt uns erkennen, welche Konsequenzen unser Handeln haben kann, wenn wir uns unablässig weiter auf unsere alten Muster stützen.

Auf der anderen Seite können wir aber auch sehen, welche Fähigkeiten in uns stecken, wenn wir die Positiventwicklung, die Integration unseres Typs betrachten. Wir erkennen dann, welches Potenzial in uns schlummert, wenn wir unser starres Denk- und Handlungsmuster aufbrechen und nach und nach ohne unsere Krücken zu gehen bereit sind.

Das Enneagramm kann uns also helfen, unsere Stärken und Schwächen herauszufinden. Es kann uns aufzeigen, in welche Richtung wir uns nicht bewegen sollten und in welche Richtung sich zu entwickeln erstrebenwert ist. Wenn wir uns in Richtung größeren Wachstums bewegen wollen, müssen wir unseren eingefahrenen Denk- und Handlungsmustern die Stirn bieten. Dafür ist es notwendig, diese zuerst zu erkennen, dann zu erforschen und zuletzt nach und nach aufzubrechen. Die folgenden Tipps und Übungen sollen dafür Anregung bieten. Gut ist es auch, sich dazu Notizen zu machen und diese immer wieder zu ergänzen und zu revidieren.

Der erste Schritt ist innezuhalten, sobald man sich dabei ertappt, wie man in negative Denk- oder Verhaltensmuster verfällt. Dann ist es hilfreich, in einen inneren Abstand zu den eigenen Handlungs-, Denk- und Gefühlsmustern zu gehen und ihnen, ohne sie zu beurteilen, möglichst neutral nachzuspüren. Zu Anfang stehen deshalb für jeden Typ Selbstbeobachtungsfragen, die dabei behilflich sein können. Im Anschluss an diese Fragen ist es für jeden Typ sinnvoll, sich zu überlegen,
wie und warum sich seine typischen Handlungsmuster entwickelt haben,

- in welchen Situationen er sich besonders häufig dieser Handlungsmuster bedient,
- inwiefern sie ihm behilflich sein und vor welchen schmerzvollen Gefühlen sie ihn bewahren sollen sowie
- welche Konsequenzen der Einsatz dieser Handlungsmuster für ihn und seine Umwelt hat.

Darauf folgen Fragen, die helfen sollen, eine Veränderung gedanklich einzuleiten. Zum Schluss gib es viele konkrete Übungen für jeden Enneagrammtyp sowie spezielle Tipps für die hochsensiblen Vertreter jedes Typs.

5.1 Typ EINS

Die zentrale Lebensaufgabe von Typ EINS ist zu akzeptieren, dass es nicht nur richtig und falsch, sondern dass es verschiedene »richtige« Wege gibt.

5.1.1 Selbstbeobachtung

Die folgenden Fragen können dabei hilfreich sein:

- Inwiefern messe ich alles an einem Idealmaß?
- Was bedeutet Perfektion für mich?
- Wie nehme ich meinen inneren Kritiker wahr?
- Was bedeuten mir Regeln und Struktur?
- Welche Gefühle und Bedürfnisse unterdrücke ich wann und warum?
- Wie wichtig ist es mir, Fehler zu korrigieren?

5.1.2 Imaginieren von Veränderungen

Versuche, Antworten auf diese Fragen zu finden:

- Welche Konsequenzen befürchte ich, wenn ich einen Fehler mache?
- Ist meine Art, die Dinge zu erledigen, wirklich die einzig richtige?
- Bin ich dafür verantwortlich, die Welt perfekter zu machen?
- Was würde geschehen, wenn ich etwas mehr locker ließe?

5.1.3 Übungen

Die folgenden Übungen können der EINS helfen, ihre verzerrten Denk- und Handlungsmuster aufzubrechen und eine Positiventwicklung in Richtung Integration in Gang zu setzen:

Grundübung: Beobachte bewusst deinen inneren Kritiker. Wie urteilt er über dich und andere? Welches Gefühl gibt er dir? Wann ist er besonders streng? Wie beeinflusst er dein Verhalten?

Den inneren Kritiker bändigen

Dazu gehört:

- ❖ einen spielerischen Umgang mit dem inneren Kritiker zu üben,
- ❖ versuchen, gedanklich einen Schritt zurückzutreten und die Strenge, die man sich selbst angedeihen lässt, mit mehr Abstand zu betrachten,
- ❖ den inneren Kritiker mehr und mehr von einem Feldwebel zu einem Ermutiger umfunktionieren.

Übung: Notiere eine Woche lang in einem Tagebuch, was dein innerer Kritiker dir einflüstert, und lies dir deine Eintragungen am Ende der Woche durch.

Übung: Gehe eine neue Art der Beziehung mit deinem inneren Kritiker ein, indem du ihm Macht nimmst. Ab jetzt ist er nicht mehr als ein strenger Vorschlaggeber, der aber noch lange nicht recht haben muss und dem du durchaus öfter widersprechen darfst und sollst.

Strenge drosseln

Dazu gehört:

- ❖ Unzulänglichkeiten akzeptieren zu lernen,
- ❖ Ansprüche auch einmal herunterzuschrauben,
- ❖ zu lernen, keinen Groll zu hegen,
- ❖ den selbstgerechten Zorn im Zaum zu halten,
- ❖ Fehler als normale Geschehnisse des Lebens betrachten zu lernen,
- ❖ sich darin zu üben, Dinge anzunehmen, wie sie sind.

Übung: Versuche, nicht mehr zu streng mit dir selbst und anderen zu sein, indem du akzeptierst, dass »gut« gut genug ist und nicht alles perfekt sein muss. Lerne, Fehler als natürlichen Teil des Lebens zu sehen.

Übung: Übe dich darin, dein Streben nach Perfektion zu drosseln. Wenn du dich über Unzulänglichkeiten ärgerst oder darüber, dass Dinge nicht perfekt erledigt wurden, versuche gedanklich einen Schritt zurückzutreten und mache dir bewusst, dass Moralpredigten selten angebracht sind und noch seltener eine positive Wirkung erzielen.

Perspektive erweitern

Dazu gehört:

- ❖ zu lernen, die Dinge in Relation zu setzen,
- ❖ sich immer wieder vor Augen zu führen, dass wir alle gleich wertvoll sind,
- ❖ anzunehmen, dass mehrere Wege zum Ziel führen,
- ❖ zu lernen, mit Kritik durch andere umzugehen und sie anzunehmen, ohne in die Defensive zu gehen.

Übung: Übe dich darin anzunehmen, dass es nicht nur eine einzige richtige Vorgehensweise gibt, dass also andere Menschen viele Dinge anders erledigen als du. Halte dich zurück, wann immer du anderen hinterherarbeiten möchtest, wenn etwa der Geschirrspüler »nicht perfekt« eingeräumt oder der Rasen »nicht korrekt« gemäht ist. Lasse anderen ihre Vorgehensweise auch dann, wenn du meinst, deine wäre besser.

Übung: Ersetze deine negative Sichtweise (Was ist noch nicht perfekt, was kann noch verbessert werden ...?) bewusst durch eine positive (Wo ist bereits alles gut genug, was ist schon zufriedenstellend erledigt ...?), wann immer du dich dabei ertappst, nach Mängeln und Fehlern zu suchen.

Absichtlich nicht perfekt sein

Dazu gehört:

- ❖ zu lernen, der eigenen Zwanghaftigkeit nicht zu sehr nachzugeben,
- ❖ sich absichtlich kleine Unzulänglichkeiten zu gestatten,
- ❖ einem Hobby nachzugehen, das Spaß macht, in dem man aber nicht besonders gut ist.

Übung: Finde kleine liebenswerte »Schwächen« an dir selbst und an anderen und lerne, sie als begrüßenswerte Charaktereigenschaften anzusehen. Gestatte dir ab und zu ein paar »Unperfektheiten« wie ein ungemachtes Bett, am Wochenende länger zu schlafen als geplant oder spätabends noch Schokolade zu essen.

Übung: Nimm all deine Gefühle an, auch jene, die dir falsch, verwerflich oder nicht perfekt erscheinen. Akzeptiere, dass die Gesamtheit unserer Empfindungen uns menschlich macht, und übe dich darin, ganz Mensch statt unmenschlich perfekt zu sein.

Nachsicht mit sich und anderen

Dazu gehört:

- ❖ unrealistische Erwartungen an sich selbst und andere zurückzuschrauben,
- ❖ sich selbst und anderen für Fehler zu vergeben und sich in Geduld und Nachsicht zu üben,
- ❖ sich nicht länger mit anderen zu vergleichen, um zu sehen, wer besser oder perfekter ist,
- ❖ auf andere zu hören, denn auch sie haben oft recht.

Übung: Überlege dir, warum du so ein großes Verlangen danach hast, deine Umgebung unter Kontrolle zu bringen. Stelle dir die Frage, ob du in anderen Bereichen fürchtest, die Kontrolle zu verlieren, und versuchst, sie ersatzweise, etwa durch extreme Ordnungssucht, zu erlangen.

Versuche herauszufinden, welche Bereiche es sind, in denen du Angst vor Kontrollverlust hast, und frage dich, ob diese Angst gerechtfertigt ist. Lasse deinen Hang zur Zwanghaftigkeit nicht die Übermacht gewinnen, sondern arbeite aktiv dagegen an, indem du immer wieder unwichtige Aufgaben absichtlich nur einigermaßen und nicht vollkommen zufriedenstellend erledigst und dich darin übst, das dabei entstehende Gefühl auszuhalten. Wenn du merkst, es aushalten zu können, nicht alles unter Kontrolle zu haben, wird sich dieses Gefühl nach und nach auf andere Lebensbereiche ausweiten, was dir viel inneren Druck nehmen wird.

Übung: Nimm die Menschen, die du magst, mit all ihren Eigenarten an, wie sie sind.

Akzeptiere andere Ansichten, andere Handlungsweisen und andere Werte. Sei geduldig mit deinen Mitmenschen und lerne hinzunehmen, dass nicht jeder so viel Selbstdisziplin hat wie du. Gestehe deinen Mitmenschen deren Entscheidungsfreiheit zu und überlege dir gut, wann es wirklich angebracht ist, anderen zu sagen, was sie deiner Meinung nach tun sollten. Wenn dein Gegenüber nicht aufnahmebereit ist für gutgemeinte Ratschläge, dann verkneife sie dir.

Der Freude Raum geben

Dazu gehört:

- ❖ zu versuchen, das Leben lockerer zu nehmen,
- ❖ zu lernen, sich selbst auch einmal etwas Gutes zu tun,

- bewusst Spaß und Leichtigkeit als Ausgleich zu suchen, auch wenn der innere Kritiker es verbieten möchte,
- mehr »ich möchte« und weniger »ich soll«,
- nach den positiven Aspekten zu suchen, statt den Fokus auf Fehlerhaftes zu lenken,
- dem Humor mehr Platz im Leben einzuräumen und nicht alles bitterernst zu nehmen.

Übung: Nimm dir Zeit nur für dich selbst und mache dir bewusst, dass du nicht für alles verantwortlich bist und die Welt nicht im Chaos versinkt, wenn du dich nicht um alles kümmerst. Mache jeden Tag etwas, das nur der Entspannung oder dem Vergnügen dient, beispielsweise etwas Kreatives ohne Regeln und Vorschriften, und übe dich darin, es ohne schlechtes Gewissen zu genießen.

Selbstliebe

Dazu gehört:

- den inneren Druck von sich zu nehmen, indem man sich bewusst macht, wie hart man zu sich ist,
- Mitgefühl mit sich selbst zu entwickeln und zu verinnerlichen, dass man genauso wertvoll ist, wenn man nicht nach absoluter Perfektion strebt,
- einen generell liebevolleren Umgang mit sich selbst zu üben,
- Entspannungsübungen und Gelassenheitsübungen zu praktizieren,
- zu lernen, sich nicht ständig selbst zu überfordern,
- sich selbst vergeben zu lernen,
- kleine Schritte wertschätzen zu lernen,
- sich bewusst Erholung und Auszeiten zu gönnen.

Übung: Versuche, dir gegenüber milder zu sein und dir bewusst zu machen, dass du dich genug anstrengst. Schätze dich selbst dafür, wie sehr du dich einsetzt, gönne dir bewusst Pausen von der Perfektion, begegne dir liebevoll, verwöhne dich regelmäßig mit Dingen, die du magst, und behandle dich selbst mit Mitgefühl und Menschlichkeit.

Reflexion: Nimm dir jeden Abend etwas Zeit, Revue passieren zu lassen, welche Veränderungen du an dir bereits wahrnimmst, seit du diese Übungen machst. Sage dir jeden Abend, dass du vollkommen in Ordnung bist, wenn du Fehler machst, außerdem, dass das Leben gut ist, so wie es ist, dass es keine strenge Einteilung in Richtig und Falsch gibt und alles in seiner Unperfektheit perfekt ist.

5.1.4 Für die hochsensible EINS

Für die hochsensiblen Vertreter sämtlicher Enneagrammtypen gelten natürlich in erster Linie dieselben Anregungen zum persönlichen Wachstum wie für die nicht-hochsensiblen Vertreter aller Enneagrammtypen. Es gibt jedoch bestimmte Bereiche, auf die HSP besonders achten sollten, es gibt Thematiken, bei denen sie aufgrund ihrer HSP-typischen Eigenheiten im Vorteil sind und andere, wo ihre hochsensiblen Eigenschaften besondere Beachtung finden sollten, um nicht zum Hemmschuh zu werden.

So ist es etwa für die hochsensible EINS von besonderer Wichtigkeit, zuerst einmal ihre Hochsensibilität anzunehmen, ohne darüber zu urteilen. Die EINS neigt dazu, rasche Werturteile zu fällen, und wenn ihr ihre Hochsensibilität ungelegen erscheint, wird ihr Urteil darüber vernichtend ausfallen. Die Wahrscheinlichkeit, dass die HSP-EINS ihre Hochsensibilität als hinderlich und als etwas, das ihr auf ihrem Weg zur Perfektion lästig ist, sieht, ist groß.

Die EINS geht ohnehin schon sehr hart mit sich ins Gericht, sie gönnt sich kaum Entspannung und Erholung und behandelt sich selbst wenig fürsorglich. Bei der HSP-EINS ist dies ein besonderes Problem, denn sie muss dringend lernen, sich zu entspannen, was wegen ihres stets wachsamen inneren Kritikers für die EINS generell sehr schwer, für die HSP-EINS jedoch essenziell ist, um permanenter Überstimulation entgegenzuwirken.

Bei der hochsensiblen EINS kommen zu den äußeren Faktoren, die bei Hochsensiblen zu einer rascheren Überreizung führen, noch besonders viele innere Faktoren hinzu, die ihren Stresspegel immens erhöhen. Wichtige Stressoren sind hier die ständige innere Spannung, der starke Perfektionismus und das häufige Sich-schuldig-Fühlen der EINS, außerdem ihr ausgeprägtes Verantwortungs- und Pflichtgefühl, ihre starke innere Zensur, die große Selbstkontrolle, das häufige Unterdrücken von Wut und dass sie ständig ihren inneren Kritiker zufriedenstellen muss, der sich allerdings kaum jemals wirklich zufriedenstellen lässt.

Die HSP-EINS ist daher besonders häufig seelisch und auch körperlich angespannt und sie versagt sich selbst vieles, darunter leider auch oft die so dringend benötigten Auszeiten sowie entlastende Vergnügungen aller Art, was entscheidend zur Dauerüberreizung beiträgt.

Für die HSP-EINS gilt daher ganz besonders:

- Sage dir immer wieder, dass es nicht maßlos, verantwortungslos oder egoistisch ist, wenn du dir selbst Gutes tust, sondern dass es zu deiner Verantwortung dir selbst gegenüber gehört, dich und deinen Körper gut zu behandeln. Mache dir bewusst, dass du es dir schuldig bist, dir Auszeiten zu gönnen, ohne dabei ein schlechtes Gewissen zu haben, zu entspannen und dir zu erlauben, glücklich zu sein. Sage dir immer wieder, dass du dich nicht ständig schuldig fühlen, nicht perfekt sein und dich nicht so stark unter Kontrolle haben musst.
- Hochsensiblen EINSern fällt es oft gar nicht so leicht, ihren Zorn zu erkennen, denn sie verstecken ihn ganz besonders gut, oft sogar vor sich selbst. Versuche deshalb, auf deinen Körper zu achten, beobachte, wenn er ganz starr, steif und verspannt wird, achte darauf zu spüren, wann deine Höflichkeit dich anzustrengen beginnt, weil sich unterschwellig Wut zusammenbraut. Lerne, den inneren Druck zu erkennen, der durch angestauten Zorn in dir entsteht. Bedenke als nächsten Schritt, dass du nicht weniger liebenswert bist, wenn du deinen Ärger zeigst. Versuche daher, ihn nicht mehr so sehr hinunterzuschlucken. Wenn du ihn nicht aufstaust, bis er irgendwann unkontrolliert aus dir herausplatzt, bist du außerdem weit eher in der Lage, ihn angemessen und mit Begründung zu äußern. Vertraue darauf, dass dein Gegenüber deine Authentizität zu schätzen weiß.
- Mache dir bewusst, dass nicht alles von dir abhängt. Lasse dir unter die Arme greifen, wenn du zu viel zu tun hast. Lass deine Mitmenschen ihren Teil beitragen, auch dann, wenn sie eine andere Herangehensweise als du haben mögen. Bemühe dich, ihnen ihre Art, die Dinge zu erledigen, zu lassen und konzentriere dich auf deinen Teil und darauf, dich nicht zu übernehmen und dir angemessene Auszeiten zu gönnen.
- Lasse deine Selbstverbesserung ruhen und lerne, dich anzunehmen, wie du bist. Die wenigsten Menschen gehen mit sich so hart ins Gericht, wie du es tust, und dennoch steht die Welt noch. Es hilft niemandem, wenn du so streng zu dir bist, und es laugt dich zudem völlig aus. Bedenke, dass dein hochsensibler Körper umsichtig behandelt werden möchte und zur Ruhe und Entspannung finden muss. Yoga, Entspannungstechniken oder freies Tanzen können dir dabei sehr helfen. Du brauchst dir keine Sorgen machen, dass du dich zu sehr verwöhnen und verweichlichen

wirst, wenn du mehr auf dich schaust, denn das liegt ohnehin nicht in deiner Natur. Sei milder zu dir selbst, denn du hast es verdient, und dein Körper wird es dir danken.

- Wenn du Anflüge von zwanghaftem Handeln an dir bemerkst, versuche sofort gegenzusteuern, bevor du in ein noch zwanghafteres Fahrwasser gerätst. Das ist ein Bereich, in dem du ausnahmenweise einmal streng mit dir sein darfst. Wenn du dich dabei ertappst, wie du das ohnehin schon saubere Geschirr noch weiter polierst oder die vor zwei Wochen erst gewaschenen Vorhänge zur Sicherheit schon wieder waschen möchtest, verbiete es dir.

- Übe dich darin, mehr *mit* statt *zu* anderen Menschen zu sprechen. Versuche dich emotional zu öffnen und achte darauf, was du benötigst, damit es dir gutgeht.

- Schließe Frieden mit dir selbst. Du bist in Ordnung, so wie du bist, du bist in Ordnung, wenn du Fehler machst, du bist in Ordnung, wenn du nicht perfekt bist, und du bist in Ordnung, wenn du nicht alles schaffst, was du dir vorgenommen hast. Nimm dich selbst so an, wie du bist, nimm andere so an, wie sie sind, und versuche, die Welt in ihrer Unperfektheit zu lieben.

5.2 Typ ZWEI

Die zentrale Lebensaufgabe der ZWEI ist es, sich in ihrem Selbstwertgefühl von der Resonanz anderer freizumachen, sich selbst anzunehmen und zu lieben.

5.2.1 Selbstbeobachtung

Die folgenden Fragen können dabei eine Hilfe sein:

- ❖ Inwieweit unterdrücke ich meine Gefühle, um mich besser mit anderen verbinden zu können?
- ❖ Inwiefern bin ich anderen Menschen gefällig?
- ❖ Inwiefern glaube ich, anderen helfen zu müssen, um geliebt zu werden?
- ❖ Was mache ich, um die Wahrscheinlichkeit von Zurückweisung und Ablehnung zu verringern?
- ❖ Wie nehme ich mich selbst wahr, wenn ich anderen helfe?

- Wie möchte ich von anderen Menschen wahrgenommen werden?
- Wie handhabe ich meine eigenen Bedürfnisse?

5.2.2 Imaginieren von Veränderungen

Versuche Antworten auf diese Fragen zu finden:

- Ist es richtig, dass ich, um geliebt zu werden, die Bedürfnisse anderer erfüllen muss?
- Ist es wahr, dass ich abgewiesen werde, wenn ich mich mehr um mich selbst kümmere?
- Wie würde mein Leben sich ändern, wenn ich mich nicht mehr vorrangig um andere kümmern würde?
- Könnte ich mich um mich selbst genauso gut kümmern wie um meine Mitmenschen?
- Wie würde es sich anfühlen, wenn ich einmal um Hilfe bitten würde?
- Was würde geschehen, wenn ich mir von anderen helfen lassen würde?

5.2.3 Übungen

Die folgenden Übungen können der ZWEI helfen, ihre verzerrten Denk- und Handlungsmuster aufzubrechen und eine Positiventwicklung in Richtung Integration in Gang zu setzen:

Grundübung: Achte bewusst darauf, wie stark deine Aufmerksamkeit auf andere Menschen ausgerichtet ist, wie viel Zeit du dafür aufwendest, für andere da zu sein, wie sehr du dich anpasst, um gemocht zu werden, und wie du reagierst, wenn du denkst, dass du jemandem helfen könntest.

Selbstliebe

Dazu gehört:

- die eigenen Bedürfnisse wahrzunehmen,
- zu lernen, sich selbst zu lieben, unabhängig von der Liebe anderer,
- schöne Momente nur für sich selbst zu erschaffen,
- sich auf sich selbst zu besinnen und zu lernen, auch für sich und nicht immer nur für andere da zu sein,
- sich zu fragen, was man wirklich empfindet, die eigene Gefühle als wichtig zu erkennen,

- sich selbst realistisch wahrzunehmen und annehmen zu lernen,
- man selbst zu sein und nicht jemand, von dem man hofft, dass andere ihn lieben.

Übung: Frage dich jeden Tag mehrmals, was du gerade wirklich fühlst und brauchst, besonders dann, wenn du merkst, dass du wieder einmal sehr stark bei deinem Gegenüber bist. Lerne, dich »zu dir selbst zurückzuholen« und deine eigenen Gefühle zu erkennen, die hinter deinem Bedürfnis, für andere da zu sein, liegen.

Übung: Umsorge dich selbst so wohlwollend wie du andere umsorgst, und schenke dir so viel Aufmerksamkeit, wie du normalerweise anderen schenkst. (Mache es auch dann, wenn es sich seltsam anfühlt.)

Anerkennung der eigenen Bedürftigkeit

Dazu gehört:

- zu lernen, auch einmal zu nehmen, statt zu geben,
- zu erkennen, dass auch man selbst manchmal bedürftig ist und nicht nur die anderen,
- statt einer stolzen eine demütige Einstellung zu üben,
- zu lernen, Dinge und Hilfe von anderen anzunehmen, zu lernen, um Hilfe zu bitten.

Übung: Lege eine Liste an mit Dingen, für die du die Hilfe anderer brauchen könntest und versuche, zumindest bei einigen dieser Dinge auch tatsächlich um Hilfe zu bitten.

Übung: Frage dich jeden Tag bewusst, was du von anderen und was du für dich selbst oder von dir selbst benötigst. Mache dir bewusst, dass es nicht selbstsüchtig, sondern ein Akt der Selbstliebe ist, sich solche Fragen zu stellen.

Manipulation erkennen

Dazu gehört:

- zu erkennen, wenn man anderen schmeichelt und sich so präsentiert, dass man gemocht wird,
- zu lernen, sich einzugestehen, wann man andere emotional manipuliert,

- zu erkennen, dass andere sich von einem zu sehr vereinnahmt und kontrolliert fühlen können,
- sich zu überlegen, ob Handeln immer dann angebracht ist, wenn man handeln möchte, oder ob man damit manchmal auch andere bevormundet,
- zu erkennen, dass weniger manchmal mehr ist, und anderen Unabhängigkeit zu gewähren,
- sich weder als bedürfnisloser Märtyrer hochzustilisieren, noch als jemand kleinzureden, den man nur liebhaben kann, wenn er ständig für andere da ist,
- der Versuchung zu widerstehen, auf die eigenen Wohltaten hinzuweisen.

Übung: Immer, wenn du merkst, dass du wieder dazu tendierst, jemandem zu schmeicheln und dich für dessen Bedürfniserfüllungen zuständig zu fühlen, kann es helfen, einen Schritt zurückzutreten und dich zu fragen, ob du wirklich zuständig bist oder ob du ganz automatisiert so handeln möchtest und ob du dir davon versprichst, dass es dir selbst ein gutes Gefühl gibt.

Übung: Widerstehe der Versuchung, andere durch Lob und Gefälligkeiten dazu zu bringen, dich zu lieben. Leiste uneigennützige Hilfe und übe dich darin, nur noch dann zu geben, wenn du wirklich geben möchtest, und nicht, wenn du eine bestimmte Reaktion erhoffst. Versuche außerdem, immer öfter nur dann zu helfen, wenn du darum gebeten wirst.

Alleinsein und Selbstbezug üben

Dazu gehört:

- zu lernen, auch alleine und ohne Bezug zu anderen Menschen erfüllt sein zu können,
- zu lernen, im Alleinsein die eigenen Bedürfnisse besser zu erkennen,
- gesunden Egoismus zu üben,
- sich darin zu üben, auch alleine etwas zu unternehmen, das Freude macht,
- zu lernen, sich nicht für andere zu verausgaben und zu überfordern,
- die eigenen Belastbarkeitsgrenzen zu erkennen und nicht zu überschreiten,

- das eigene Selbstwertgefühl nicht von anderen Personen abhängig zu machen,
- zu lernen, Geschenke anzunehmen, ohne sofort etwas zurückschenken zu müssen,
- sich nach Ende einer Beziehung nicht sofort in die nächste zu stürzen.

Übung: Mache jeden Tag etwas nur für dich selbst, das dir Freude bereitet, dir guttut oder dich entspannt, ohne dass dies irgendeinen positiven Einfluss auf jemand anderen hat. Widme dir dafür täglich Zeit nur für dich alleine. Bedenke, dass man sein Gegenüber umso besser lieben kann, je mehr man auch sich selbst wirklich liebt.

Grenzsetzung üben

Dazu gehört:

- Anfragen auch einmal abzulehnen,
- sich durch gesunde Grenzen selbst zu schützen,
- nicht mehr automatisch alle erspürten Wünsche anderer zu erfüllen,
- nicht sofort zu allen Anfragen Ja zu sagen, sondern erst einmal darüber nachzudenken,
- sich nicht einspannen und ausnutzen zu lassen,
- Wut zuzulassen und Verärgerung auszudrücken.

Übung: Übe dich darin, Nein zu sagen, wenn du um etwas gebeten wirst, das du nicht machen möchtest, für das du eigentlich keine Zeit hast oder das dich unter Druck setzen würde.

Übung: Gib Aufgaben an andere ab, wenn du zu viel zu tun hast und jemand da ist, der dir etwas abnehmen könnte.

Wahre Verbundenheit erkennen

Dazu gehört:

- zu realisieren, dass wahre Verbundenheit entsteht, indem man sich zeigt, wie man ist, d. h. mit eigenen Wünschen und auch negativen Gefühlen,
- sich nur noch dann fröhlich zu zeigen, wenn man auch wirklich fröhlich ist,

- zu lernen, dass man nicht von allen gemocht werden muss, um wertvoll zu sein,
- loslassen zu lernen, Menschen nicht in Beschlag zu nehmen.

Übung: Übe dich darin, deine Beziehungen immer mehr als wechselseitiges Geben und Nehmen zu sehen. Gib, ohne etwas dafür zu erwarten. Lerne, Hilfe anzunehmen. Zeige all deine Gefühle, auch deine Traurigkeit oder Bedürftigkeit. Mache dir bewusst, dass du in deiner Gesamtheit wertvoll bist, also ganz so, wie du bist, und nicht nur dann, wenn du dich helfend, fröhlich oder selbstlos zeigst.

Reflexion: Nimm dir jeden Abend etwas Zeit, darüber nachzudenken, ob du heute auch dir und nicht nur anderen Gutes getan hast und ob du deine eigenen Bedürfnisse wahrgenommen und beachtet hast. Sage dir jeden Abend, dass du um deiner selbst willen und nicht deshalb geliebt wirst, weil du gibst und gebraucht wirst, und dass deine eigenen Bedürfnisse genauso wichtig sind wie die Bedürfnisse anderer.

5.2.4 Für die hochsensible ZWEI

Für die hochsensible ZWEI ist es ein besonders großes Thema, dass sie schon sehr früh weit mehr auf andere Menschen als auf sich selbst achtet. Sie tendiert daher dazu, Überforderung und Überstimulation zu übergehen und sich deutlich über ihre Grenzen hinaus zu verausgaben. Ähnlich wie die EINS liebt sich auch die ZWEI im Grunde nicht wirklich selbst.

Die EINS quält sich der Perfektion wegen und die ZWEI missachtet sich, ihre Überforderung und ihre wahren Bedürfnisse, weil sie erst lernen muss, sich selbst zu lieben und um sich gut zu fühlen, nicht auf die Bestätigung durch andere angewiesen zu sein.

Das Wichtigste für die HSP-ZWEI ist daher zu erkennen, wie sehr sie sich auch dann noch zusammennimmt, um für andere da sein zu können, wenn sie eigentlich Ruhe benötigen würde. Sie muss erkennen, dass sie ihren Körper sträflich vernachlässigt, wenn sie ihn als etwas ansieht, das zu funktionieren hat, und nicht als etwas, das auch geliebt, gepflegt und umsorgt werden möchte.

Die hochsensible ZWEI muss also das Ausmaß der Verdrängung ihrer eigenen Bedürfnisse erkennen und sich selbst lieben und pfleglich behandeln lernen. Dadurch ist sie automatisch nicht mehr darauf angewiesen, die Bedürfnisse anderer zu befriedigen, und wird infolge innerlich freier in ihrer Entscheidung, wann sie helfen möchte, sowie darin zu erkennen, wann es sie überfordert oder sie sich nicht zuständig fühlt bzw. nicht zuständig sein sollte.

Wenn die ZWEI lernt, mehr auf sich selbst zu achten, auf ihren Körper und seine Bedürfnisse sowie auf ihre emotionalen Bedürfnisse. Wenn sie sich selbst gegenüber sensibler und emotional authentischer wird, erkennt sie nach und nach auch die Notwendigkeit, wann sie aktiv etwas gegen Überstimulation tun sollte, und ist viel besser fähig, das auch zu machen.

Die HSP-ZWEI muss also in besonderem Maße erst herausfinden, wer sie eigentlich ist, und sich selbst annehmen lernen, um sich so pfleglich zu behandeln, wie sie es verdient und benötigt. Außerdem ist es für sie besonders wichtig, Grenzen setzen zu lernen, damit sie kein leichtes Opfer für all jene wird, die ihre Hilfsbereitschaft ausnutzen möchten.

Der hochsensiblen ZWEI ist es häufig ein großes Anliegen, fröhlich und optimistisch zu wirken und anderen nur ihre angenehmen Gefühle zu zeigen in der Hoffnung, ihrem Gegenüber dann positive Gefühle zu bereiten und größere Zuneigung entgegengebracht zu bekommen, als wenn sie sich niedergeschlagen, wütend oder selbstbezogen zeigt. Sie fürchtet, nicht gemocht zu werden, wenn sie andere mit negativen Emotionen belastet, und bleibt mit diesen Gefühlen daher oft alleine. Um wirklich gleichwertige, ganzheitlichere und authentische Beziehungen führen zu können, ist es jedoch unerlässlich, sich mit allen Facetten zu zeigen.

Für die HSP-ZWEI gilt daher ganz besonders:

- Auch wenn es dir schwerfällt und du befürchtest, dann weniger gemocht zu werden, versuche, deine Freunde auch wissen zu lassen, wenn du traurig, erschöpft oder wütend bist, und dich nicht immer, egal wie es in dir aussieht, als fröhlicher Sonnenschein zu zeigen. Es kostet dich zuweilen einiges an Energie, nur deine heitere Seite zu zeigen, wenn es in dir anders aussieht, während deine Freunde dir Energie geben können, indem sie für dich da sein dürfen, wenn es dir einmal nicht so gutgeht. Lass es zu, dass nicht immer nur du es bist, der für andere da ist, auch wenn dir diese ungewohnte Rolle anfangs sicher sehr schwerfällt.

Doch du wirst erleben, dass davon beide Seiten nur profitieren werden, da es zu einem authentischeren Miteinander führt und eure Beziehung so von einer oberflächlicheren auf eine tiefere Ebene gelangt. Außerdem wirst du dadurch erkennen, dass du geliebt wirst dafür, wer du bist, und nicht dafür, was du für andere tust.

- Übe dich darin, mehr auf dich selbst zu hören. Als HSP-ZWEI bist du aufgrund deiner Empathie so sehr bei deinem Gegenüber, dass es dir besonders schwerfällt, dich auf dich selbst zu konzentrieren. Versuche trotzdem darauf zu achten, wann du Auszeiten brauchst, lerne, dir selbst Gutes zu tun und auf die Signale deines Körpers zu achten, die dir sagen, wann du Ruhe benötigst.

- Achte beim Geben ganz genau darauf, ob es sich richtig anfühlt oder ob du dich für andere verausgabst, um Liebe zu erhalten. Übe dich darin zu erkennen, wann sich die Aufmerksamkeit von deinen eigenen Gefühlen zu einer Willfährigkeit gegenüber den Gefühlen anderer Personen verlagert.

- Achte darauf, kein Menschenretter zu sein. Lass dich nicht missbrauchen als emotionale Stütze für negative Menschen, die dir viel Energie rauben, indem sie dich immer wieder mit denselben Problemen volljammern, und zwar nicht, weil sie etwas ändern wollen, sondern weil sie in dir einen willigen Zuhörer gefunden haben. Lerne zu erkennen, wann das Maß voll ist und du dich abgrenzen und nicht in die Probleme anderer ziehen lassen solltest. Sehr hilfreich kann es auch sein, wenn du lernst, dich energetisch abzugrenzen.

- Übe dich generell darin, Grenzen zu setzen. Das ist etwas, das vielen Hochsensiblen schwerfällt, da es eine gewisse Durchsetzungsstärke benötigt, die HSP häufig zu »hart« und »brutal« erscheint, da sie sehr mit dem Gegenüber mitfühlen und es daher nicht vor den Kopf stoßen möchten. Doch so schwer es auch fällt, es ist von Zeit zu Zeit nötig, Stopp zu sagen, damit man nicht ausgenutzt wird, einem beispielsweise bei der Arbeit nicht ungebührend viele Aufgaben übertragen werden oder von Familienmitgliedern erwartet wird, dass man sich über die eigenen Kräfte hinausgehend kümmert und verausgabt. Es ist letztlich niemandem geholfen, wenn du so sehr über deine Grenzen gehst, dass es dich völlig erschöpft und womöglich sogar krank macht. Daher ist es unerlässlich, dass du lernst, deine Belastbarkeitsgrenze zu erkennen und dich zu schützen.

- Der Stolz der ZWEI kompensiert ihre unterschwellige Angst, nicht geliebt zu werden. Doch auch falsche Bescheidenheit kann ein Anzeichen von Stolz sein. Dies ist bei hochsensiblen ZWEIern öfter der Fall als offen zur Schau getragener Stolz, denn HSP-ZWEIer empfinden sich besonders oft als im Vergleich zu anderen bedürfnislos und beziehen daraus eine gewisse Genugtuung. Achte darauf, wenn du dazu tendierst, und frage dich, ob du tatsächlich so bedürfnislos bist.

- Vermutlich kennst du die Antwort bereits: Du bist nicht wirklich so bedürfnislos, du erkennst deine Wünsche nur schwer, nimmst sie nicht wichtig und ersetzt sie durch das Bedürfnis, für andere da zu sein. Es ist daher unerlässlich, dir regelmäßig Zeit für dich alleine zu nehmen, in der du dich nur um dich kümmerst und herausfindest, was du gerne hast und benötigst, damit es dir gutgeht. Je besser du für dich selbst sorgen kannst und je liebevoller du mit dir selbst umgehst, umso weniger wirst du darauf angewiesen sein, Bestätigung von anderen zu bekommen, um dich wertvoll zu fühlen. Das macht dich wiederum innerlich freier und du kannst dann deinen Mitmenschen helfen und beistehen, ohne aber dich dazu verpflichtet oder getrieben zu fühlen. Deine Hilfe wird dadurch selbstloser sein, sie wird dich weniger verausgaben und tiefer erfüllen, weil du nicht mehr (auch nicht unbewusst) auf eine entsprechende Reaktion deines Gegenübers angewiesen sein wirst, damit es dir gutgeht.

5.3 Typ DREI

Die zentrale Lebensaufgabe der DREI ist es, Zugang zu ihren wahren Gefühlen zu finden und sich von dem Gedanken zu befreien, sie sei nur dann wertvoll, wenn sie etwas leistet.

5.3.1 Selbstbeobachtung

Die folgenden Fragen können dabei hilfreich sein:

- ❖ Was bedeuten mir Erfolg und Anerkennung?
- ❖ Was tue ich alles, um effizient zu sein oder zu erscheinen?
- ❖ Inwieweit haben Projekte und meine Arbeit für mich Priorität vor anderen Lebensbereichen?
- ❖ Was bedeutet es mir, etwas Bestimmtes auszustrahlen und ein bestimmtes Image zu haben?
- ❖ Inwiefern vergleiche ich mich mit anderen?
- ❖ Inwiefern schiebe ich vor lauter Aktivität meine Gefühle beiseite?
- ❖ Wie wichtig ist es mir, Leistung zu erbringen?

5.3.2 Imaginieren von Veränderungen

Versuche Antworten auf folgende Fragen zu finden:

- Warum ist mein Selbstwert von meinem Erfolg abhängig?
- Was habe ich davon, einem bestimmten Image gerecht zu werden?
- Verhilft Status zu wahrem Lebensglück?
- Ist es tatsächlich notwendig, Erfolg zu haben, um geliebt zu werden?
- Wie würde mein Leben sich ändern, wenn ich daran glauben würde, unabhängig von meinen Erfolgen geliebt zu werden?

5.3.3 Übungen

Die folgenden Übungen können der DREI helfen, ihre verzerrten Denk- und Handlungsmuster aufzubrechen und eine Positiventwicklung in Richtung Integration in Gang zu setzen:

Grundübung: Mache dir bewusst, dass du deine Gefühle oft beiseiteschiebst, weil sie dir lästig sind oder dir für effizientes Handeln hinderlich erscheinen. Drossle bewusst dein Tempo, atme tief durch und versuche immer wieder wahrzunehmen, wie es dir eigentlich geht und was du empfindest.

Gefühlserforschung

Dazu gehört:

- den eigenen Gefühlen bewusst nachzuspüren, um sie besser zu erkennen,
- den Wert der eigenen Gefühle zu erkennen,
- herauszufinden, welche Gefühle man meidet, welche man unterdrückt und welchen Preis man dafür zahlt,
- sich im Erkennen wahrer Werte zu üben,
- erkennen zu lernen, wo andere Dinge als Ersatz für wahre Gefühle herangezogen werden,
- nicht erst auf Zusammenbruch oder Burn-out zu warten, bis man in sich geht.

Übung: Als DREI tendierst du dazu zu handeln, statt zu fühlen. Versuche, deine Gefühle nicht mehr beiseitezuschieben, um effizienter zu sein. Erkenne Gefühle als deine Verbündeten an, denn sie sind wichtige Wegwei-

ser dafür, was wir wirklich im Leben möchten, und nicht lästiges Hindernis auf dem Weg zum Ziel. Mache dir bewusst, dass du nur dann Ziele definieren kannst, deren Erreichen dich wirklich tief befriedigt, wenn du auch deine Gefühle beachtest und befragst.
Übung: Achte auf den Unterschied zwischen deinen tatsächlichen Gefühlen und den Gefühlen, die du zeigst, weil du sie für angemessen hältst.

Sich hinterfragen

Dazu gehört:

- zu erkennen, wie sehr der Selbstwert davon abhängt, wie andere über einen denken,
- seinen Wert unabhängig von der Anerkennung durch andere in sich zu entdecken,
- zu erkennen, wann man handelt statt fühlt,
- nicht immer höchstes Lob zu erwarten,
- zu hinterfragen, ob die Arbeit, der man nachgeht, einem auch soweit wie möglich tatsächlich Freude macht.

Übung: Denke darüber nach, wie sehr du nach außen statt nach innen ausgerichtet bist. Wie wichtig ist es dir, dass andere dich für erfolgreich, kompetent und tüchtig halten? Was bedeuten dir Lob, Anerkennung, Auszeichnungen und Beförderungen? Wie wichtig ist dir Erfolg? Wie würdest du dich fühlen, wenn man dir all das nehmen würde?

Maske ablegen

Dazu gehört:

- unterscheiden zu lernen, wann man etwas tut, um sein Image zu pflegen, und wann man es wirklich von sich aus tun möchte,
- zu entdecken, wer man jenseits des Images ist und welche Träume und Wünsche man wirklich hat,
- sich immer wieder zu fragen, wer man ist, wenn man nicht gerade eine Rolle spielt,
- zu erkennen, wann man etwas präsentiert, aber genauso gut einfach nur man selbst sein könnte,
- sich in Natürlichkeit und Ehrlichkeit zu üben,
- der Versuchung zu widerstehen, andere beeindrucken zu wollen,
- nicht mehr zu tun, was Anklang findet, nur damit man gut ankommt.

Übung: Lerne dich selbst und deine wahren Wünsche kennen. Lege eine Liste der Dinge an, die dich wirklich erfüllen würden. Stelle dir vor, Erfolg und Anerkennung existieren nicht mehr, es gibt keine Reaktionen mehr auf dein Tun und dein Leben, es gibt nur noch dich und das, was du wirklich von innen heraus möchtest. Was würdest du dann wollen? Was würdest du anders machen als bisher? Welche Prioritäten würdest du anders setzen? Versuche, nach und nach einige dieser Prioritäten tatsächlich anders zu setzen.

Bewusste Auszeiten nehmen

Dazu gehört:

- bewusst bestimmte Stunden des Tages nicht zu arbeiten, freie Wochenenden einzuplanen,
- Entspannung zu üben, Entschleunigen, keine Arbeit mit in den Urlaub zu nehmen,
- zu lernen, sich nicht (beruflich) selbst zu überfordern,
- Arbeitspensum herunterzuschrauben,
- sich Zeit für Hobbys zu nehmen,
- zu lernen, sich weniger unter Druck zu setzen und mit bisher Erreichtem zufrieden zu sein.

Übung: Da du als DREI ein besonders hohes Aktivitäts- und Produktivitätslevel hast und dich oft für deine verschiedenen Projekte völlig verausgabst, ist es für dich ganz besonders wichtig, eine Methode zu finden, die dir hilft, zur Ruhe zu kommen und dich wirklich zu entspannen, und diese Methode regelmäßig zu praktizieren. Das können Entspannungsübungen sein, Meditation, Yoga oder einfach nur still da zu liegen und Entspannungsmusik zu hören. Auch Massagen, Dampfbäder oder Saunagänge kommen dafür infrage. Hilfreich ist es auch, dich immer wieder ganz auf deinen Atem zu konzentrieren, langsam und tief zu atmen und dabei zu entspannen.

Übung: Mache dir bewusst, dass du nicht ständig in Aktion sein musst, finde heraus, was nicht unbedingt getan werden muss, konzentriere dich auf das Notwendige und übernimm keine vernachlässigbaren Aufgaben. Nimm dir außerdem Zeit für schöne Beschäftigungen jenseits deiner Arbeit.

Beziehung zu anderen stärken

Dazu gehört:

- bewusst mit wahren Freunden über verschiedenste Gefühlsangelegenheiten zu sprechen statt über Projekte, Erfolge und Vorhaben,
- den Wert menschlicher Beziehungen über den Wert von beruflichen Zielen zu stellen,
- Freundschaften neu zu bewerten, wahre Freunde von Scheinfreunden zu unterscheiden,
- zu lernen, auch die Leistungen anderer wertzuschätzen,
- Verbundenheit mit anderen durch Kooperation und Teamarbeit zu erfahren,
- zu erkennen, wann wichtige Teile des Privatlebens zugunsten der Arbeit vernachlässigt werden.

Übung: Als DREI hast du oft viele oberflächliche Freundschaften, Personen, neben denen du glänzen kannst und mit denen du Unpersönliches besprichst. Doch diese Freundschaften haben keinen echten Tiefgang. Überlege dir, welche deiner Freunde wahre Freunde sind, wem gegenüber du dich auch traurig, ratlos oder erfolglos zeigen kann, wer dich nimmt, wie du wirklich bist. Vertiefe diese Freundschaften.

Übung: Nimm dir Zeit für andere Menschen, höre ihnen bewusst zu und achte auf ihre Gefühle. Lass andere neben dir glänzen, unterstütze sie, erkenne ihre Leistungen an und stelle dich nicht über sie. Pflege deine Freundschaften und die Beziehung zu deiner Familie und vernachlässige Menschen, die dir wichtig sind, nicht zugunsten deiner Karriere oder verschiedenster Projekte. Übe, beim Zusammensein mit anderen auch einmal nicht das Zentrum der Aufmerksamkeit zu sein, nicht die Führung zu übernehmen und nicht derjenige zu sein, der am meisten heraussticht.

Prioritäten überdenken

Dazu gehört:

- herauszufinden, was man in seinem Leben aufgrund des Strebens nach Erfolg vernachlässigt,
- zu erkennen, was wirklich zählt im Leben,
- zu lernen, sich nicht über Leistung zu definieren,
- soziales Gewissen zu entwickeln, keinen Vorteil aus Situationen zu schlagen,
- mit anderen mehr zu kooperieren als zu konkurrieren,

- zu erkennen, dass der Eigenwert jenseits von Erfolgen liegt,
- Außenwirkung nicht mehr ganz so wichtig zu nehmen und dadurch zu entspannen,
- Selbsttäuschungen erkennen zu lernen,
- zu akzeptieren lernen, dass auch gelegentliches Scheitern zum Leben dazu gehört.

Übung: Lege eine Liste darüber an, was, wer und welche Lebensbereiche darunter leiden, während du deine ganze Energie in die Jagd nach Erfolg bzw. deine Außenwirkung steckst. Belebe diese vernachlässigten Lebensbereiche bewusst wieder.

Erfolg neu definieren

Dazu gehört:

- Versagen nicht negativ überzubewerten, sondern als Lernerfahrung abzubuchen,
- Versagen aber auch nicht in Erfolg umzudeuten, um besser dazustehen,
- Mitgefühl mit sich selbst zu entwickeln statt sich nur noch härter anzutreiben,
- dazu stehen zu lernen, dass nicht immer alles perfekt laufen kann,
- über die eigene Definition von Erfolg nachzudenken, zu überlegen, inwieweit man wirklich eigenen Träumen nachjagt,
- sich Zeit zu nehmen, die wirklichen Vorlieben und Wünsche zu entdecken.

Übung: Als DREI hilft es dir, »Erfolg« neu zu definieren und in diese neue Definition deine Gefühle, Werte und wahren Interessen miteinzubeziehen, anstatt die Definition darauf zu gründen, was du denkst, das man von dir erwartet, was gut ankommt oder was du von deiner Herkunftsfamilie übernommen hast.

Reflexion: Nimm dir jeden Abend ein paar Minuten Zeit, darüber nachzudenken, wie gut du es geschafft hast, auf deine Gefühle und wahren Bedürfnisse zu achten. Überlege, ob du beim Zusammensein gefühlsmäßig bei deinen Liebsten oder gedanklich mit Projekten beschäftigt warst, ob du dich gezeigt hast, wie du wirklich bist, oder ob dir eine glänzende Außenwirkung wichtiger war. Lass Revue passieren, ob du es geschafft hast, dein Tempo ein wenig zu drosseln und zu mehr innerer Ruhe zu finden. Sage dir jeden Abend, dass deine Gefühle mindestens so wichtig sind wie deine Leistung und dass du geliebt wirst dafür, welcher Mensch du bist, und nicht für das, was du tust.

5.3.4 Für die hochsensible DREI

Die hochsensible DREI muss vor allem Zugang zu ihren wahren Gefühlen finden, um zu wahrer Authentizität gelangen zu können. Für eine HSP ist es auf Dauer noch auslaugender, als es für die DREI ohnehin schon ist, wenn sie dauernd einem Image genügen und sich hinter Rollen und Masken verstecken muss. Auch wenn es ihr, weil sie es ja nicht anders gewohnt ist, vermutlich lange nicht bewusst ist, wie sehr sie sich verausgabt, um dem Bild zu entsprechen, das sie selbst von sich entworfen hat, so zahlt sie früher oder später dafür ihren Preis. Nicht wenige DREIer landen irgendwann im Burn-out, völliger Erschöpfung oder arbeiten bis zum Herzinfarkt, und HSP-DREIer umso eher, da sie früher überstimuliert sind.

Es ist für die HSP-DREI daher unbedingt nötig, dass sie ihr Tempo drosselt, immer wieder innehält, bewusst in sich geht und ihren eigenen Emotionen nachspürt. Sie muss lernen zu erkennen, wie es ihr wirklich geht und was sie wirklich empfindet, und es ist unerlässlich, dass sie ihrem Körper und Geist regelmäßig die Ruhepausen gönnt, die sie benötigen. Einer DREI fällt dies naturgemäß sehr schwer und sie kämpft häufig gegen ihre eigene Hochsensibilität an, was jedoch dauerhaft nicht von Erfolg gekrönt sein kann. Vielmehr muss die HSP-DREI lernen, ihre Hochsensibilität zu ihrem Verbündeten zu machen, der ihr zeigt, wie sie sich um sich kümmern muss, aber auch, welches Potenzial zur Authentizität, zu echtem Idealismus, zum Erkennen ihres wahren Selbst und zu Mitgefühl für sich und andere in ihr schlummert.

Die hochsensible DREI hat also einerseits typischerweise recht häufig mit ihrer Hochsensibilität zu kämpfen, bis sie sich damit arrangieren kann, andererseits hat sie genau aufgrund ihrer hohen Empfindsamkeit besonders gute Voraussetzungen dafür zu reifen und ihre allzu starre Charakterfixierung aufzubrechen.

Für die HSP-DREI gilt daher ganz besonders:

- Lerne, dir bewusst zu machen, wann du gerade ein Image pflegst, denn nur wenn du Klarheit darüber hast, wann du authentisch bist und wann nicht, kannst du auch Images bewusst nutzen, beispielsweise um dich einem hochsensiblen-unfreundlichen Umfeld anzupassen, wenn dies einmal nötig ist. Natürlich wäre es schön, wenn dies niemals notwendig wäre oder man sich das Leben so einrichten könnte, dass man immer authentisch sein könnte, aber das ist leider illusorisch. Wir alle, Typ DREI oder nicht, müssen zuweilen in Rollen schlüpfen und Masken tragen. Wichtig ist jedoch, dass wir diese Rollen von unserem wahren Selbst problemlos unterscheiden können und sie nicht unbewusst weiterspielen, auch wenn dies gar nicht unbedingt erforderlich wäre, denn nur dann können wir authentisch sein, wann immer dies möglich ist, was viel Druck von uns nimmt. Für dich als HSP-DREI ist es daher eine der wichtigsten Aufgaben, unterscheiden zu können, wann du in eine Rolle schlüpfst, und zu lernen, wieder authentisch zu sein, sobald dies möglich ist.

- Deine Fähigkeit, in Rollen zu schlüpfen, kann dir als HSP also durchaus behilflich sein, da du dich deshalb auch dann noch gut anpassen kannst, wenn du dich in einem für Hochsensible sehr untypischen oder reizüberflutenden Umfeld befindest. Sie hilft dir also, in »hochsensiblen-feindlichen Umgebungen« zurechtzukommen, was einerseits ein Vorteil ist.

Ganz wichtig ist jedoch, dass du, nur weil es dir möglich ist, dich, ohne dir äußerlich etwas anmerken zu lassen, in stark reizüberflutenden und auf Hochsensible eher abschreckenden Umgebungen zu bewegen, dich nicht überfordern und solche Umgebungen nicht dauerhaft bewusst aufsuchen solltest. Freue dich, dass du dich wenn nötig anpassen kannst, aber übertreibe es nicht. Gönne dir regelmäßige Auszeiten. Und vor allem: Achte bei deiner Berufswahl darauf, dass du dir nicht eine mit deiner Hochsensibilität schwer zu vereinbarende Tätigkeit suchst, nur weil du dich durchbeißen kannst, sie dir prestigeträchtig erscheint und es dir möglich ist, dir lange Zeit deine Überreizung nicht anmerken zu lassen. Das bedeutet nicht, dass die Überreizung nicht stattfindet, und es bedeutet erst recht nicht, dass sie dich nicht irgendwann einmal einholt. Besser ist es daher, dich auf die Positivseiten deiner Hochsensibilität (wie etwa Intuition, Idealismus, Kreativität und Fantasie) zu besinnen und zu versuchen, dir diese in deinem Berufsleben zunutze zu machen, anstatt dir ein Umfeld zu suchen, in dem du gezwungen bist, die problematischere Seite (Stressneigung, starke Sinnesüberreizungen) permanent zu überspielen.

- Für dich als hochsensible DREI ist es besonders wichtig, Zugang zu deinem inneren Reichtum zu finden und dich verbinden zu können damit, wie du tatsächlich bist und was du wirklich empfindest. Achte deshalb bewusst darauf, wann du »eine Show abziehst«, wann du also denkst, es wäre besser, nicht authentisch zu sein. Eine gute Möglichkeit ist es, über Körperempfindungen Zugang zu deinen Gefühlen zu bekommen. Beobachte deshalb besonders, was sich wo in deinem Körper in welchen Situationen wie anfühlt. Wann verspannst du dich? Wann bist du völlig entspannt? Wann kannst du ganz frei durchatmen und wann hältst du eher den Atem an? Etc.

- Vergiss nicht, dir regelmäßig Entspannung zu gönnen, komme in der Natur, beim Yoga oder beim Meditieren zur Ruhe oder betätige dich nur für dich kreativ, wenn du daran Freude hast.

- Stürze dich nicht in neue Projekte, um vor Problemen davonzulaufen, sondern bemühe dich, so oft wie möglich nach innen zu schauen und herauszufinden, was du wirklich fühlst, was du am liebsten verdrängen möchtest und was du benötigst, damit es dir gutgeht. Als HSP bist du zu tiefer Reflexion fähig. Nutze diese Gabe. Erkenne deine Angst vor Gefühlen, die dazu führt, dass du Handlungen setzt, die Bestätigung suchen.

- Verschiebe echtes emotionales Glück nicht zugunsten von Projekten, sondern nimm dir Zeit für das Zusammensein mit deinen Liebsten, Zeit, in der du auch wirklich emotional präsent bist und auf dein Gegenüber eingehst und nicht etwa in Wahrheit an deine Arbeit denkst oder daran, der »ideale Partner« zu sein, ohne wirklich gefühlsmäßig präsent zu bleiben.

- Je mehr Übung du darin hast, dich weniger über Leistung und eine beeindruckende Außenwirkung zu definieren, umso mehr fällt der selbst auferlegte Erfolgsdruck von dir ab und umso wertvoller wird für dich menschliche Echtheit sein, weil du in immer mehr Situationen deren Mehrwert spürst. Je mehr menschliche Reife du also erlangst, umso deutlicher wirst du erkennen, dass dir auch von deinen Mitmenschen immer mehr echte Sympathie und authentische Zuneigung entgegengebracht wird. Wenn deine Freundschaften und Beziehungen sich automatisch vertiefen, weil man einander Bedeutenderes mitteilt, wenn du deine eigenen Herzenswünsche immer besser erkennen kannst, weil du dich deinen wahren Emotionen mehr öffnest, wenn du mehr und mehr den Wunsch nach authentischen, loyalen und verlässlichen Beziehungen verspürst, weil du erkannt hast, wie viel zufriedenstellender sie im Vergleich zu oberflächlichen Kontakten sind, dann bist du auf dem besten Weg zur Integration.

- Suche dir Menschen, mit denen du über deine Gefühle sprechen kannst und die auch selbst gerne über ihre Gefühle reden. Du wirst merken, dass du Zuneigung dafür erhältst, dass du dich öffnest, deinem Gegenüber vertraust und ihm wirklich zuhörst, dich verwundbar zeigst und nicht nur die glänzenden Seiten von dir offenbarst. Das kann dir auch helfen zu sehen, dass du tatsächlich um deiner selbst willen anerkannt wirst und nicht – wie früher angenommen – nur für deine oder wegen deiner Leistungen Zuspruch erhältst. Wenn du es schaffst, das zu verinnerlichen, kannst du zu dir selbst finden, denn dann ist es nicht mehr nötig, dass du dich anders präsentierst, als du bist, dass du dich besser, erfolgreicher oder kompetenter darstellst und einem Image entsprichst. Du wirst dann keine Angst vor Wertlosigkeit und Versagen mehr haben, weil du dann verinnerlicht hast, dass nicht Erfolg dich wertvoll macht und somit Versagen deinen Wert nicht schmälern kann, und weil du Wertlosigkeit dadurch automatisch völlig neu definierst, denn: Je mehr du selbst an deinen Wert als Mensch glaubst und je öfter du die Erfahrung machst, dass du von anderen so angenommen und gemocht wirst, wie du bist, und zwar mit all deinen Seiten und Facetten, umso mehr wird dir bewusst, dass du gar nicht wertlos sein kannst. Aus diesem Grund kannst du dich nun auch dann mögen, wenn du keine herausragenden Leistungen erbringst, und auch dann, wenn dein Handeln einmal keine Bestätigung von außen erhält. Das ist wahre innere Freiheit.

5.4 Typ VIER

Die zentrale Lebensaufgabe der VIER ist es, mit dem, was ist, zufrieden zu sein und das einfache Glück schätzen zu lernen.

5.4.1 Selbstbeobachtung

Die folgenden Fragen können dabei eine Hilfe sein:

- Welche Beziehung habe ich zu meinen Gefühlen? Definieren sie mich?
- Inwiefern trennt mich mein inneres Gefühl des Nicht-richtig-Seins von anderen Menschen?
- Inwieweit verstärke ich meine Gefühle absichtlich?
- Inwieweit konzentriere ich mich auf die Vergangenheit oder Zukunft und was bedeutet das für meine gelebte Realität?
- Wie wichtig ist es mir, etwas Besonderes oder ungewöhnlich zu sein?
- Inwiefern sehne ich mich nach Unerreichbarem?

5.4.2 Imaginieren von Veränderungen

Beantworte dir folgende Fragen:

- Halte ich mich selbst durch mein Versinken in Gefühlen im Grunde von Wachstum und aktivem Handeln ab?
- Glaube ich, ein Außenseiter zu sein, weil ich etwas nicht haben kann, das andere haben können?
- Was kompensiere ich mit meinem Wunsch, etwas Besonderes zu sein?
- Bin ich meine Gefühle oder bin ich mehr als das?
- Wie würde mein Leben sich ändern, wenn ich nicht mehr das Gefühl hätte, anders als die anderen zu sein?

5.4.3 Übungen

Die folgenden Übungen können der VIER helfen, ihre verzerrten Denk- und Handlungsmuster aufzubrechen und eine Positiventwicklung in Richtung Integration in Gang zu setzen:

Grundübung: Beginne, bewusst darauf zu achten, wie viel Zeit du damit verbringst, dich nach etwas zu sehnen, das du nicht hast. Denke darüber nach, was dich immer wieder an den Punkt gelangen lässt, an dem du das Gefühl hast, etwas würde fehlen oder du könntest etwas Bestimmtes niemals haben, das du meinst zu benötigen, um wirklich erfüllt sein zu können.

Selbstannahme üben

Dazu gehört:

- zu lernen, auf die eigenen Talente stolz zu sein,
- sich nicht länger als defekt oder mangelhaft zu erleben,
- zuerkennen, dass man genau so, wie man ist, richtig ist,
- sich in liebevollem Selbstumgang zu üben,
- Tagebuch zu schreiben zum Verarbeiten der Gefühle.

Übung: Als VIER bist du besonders gut darin, dich selbst zu ergründen. Nutze dieses Talent, um zu größerer Selbstannahme zu gelangen. Versuche dafür herauszufinden, warum du denkst, nicht haben zu können, was andere haben. Achte darauf, in welchen Situationen und wieso du neidvoll auf etwas oder jemand anderen blickst. Denke darüber nach, warum du dich anders als die anderen fühlst und was dieses Gefühl in dir auslöst. Gibt es einen Zusammenhang mit einem Gefühl eigener Unzulänglichkeit?

Übung: Mache dir eine Liste, was du an dir selbst magst und welche Talente du selbst an dir fördern möchtest. Erkenne deine positiven Eigenschaften und versuche, dich stärker darüber und weniger über ein Mangelgefühl zu definieren.

Sich ins Hier und Jetzt holen

Dazu gehört:

- in der Gegenwart zu leben und am konkreten Leben teilzuhaben,
- wahres Glück nicht nur im Unerreichbaren zu erkennen,
- Vergangenes innerlich abschließen zu lernen,
- zu erkennen, dass das Leben nicht immer intensiv oder dramatisch sein muss, um bedeutungsvoll zu sein, und dass Intensität nicht Erfüllung bedeutet,
- das Leben anzunehmen, wie es ist, Gewöhnlichkeit annehmen zu lernen,
- sich generell weniger nach innen auszurichten, sondern mehr auf die Außenwelt zu fokussieren.

Übung: Konzentriere dich vollständig auf die Gegenwart und hole dich immer wieder bewusst in den Moment zurück, wenn du gedanklich in die Vergangenheit oder eine potenzielle Zukunft abdriftest oder in einem Gefühlsmorast zu versinken drohst.

Das Positive sehen

Dazu gehört:

- sich aktiv das Positive in sich selbst, seinen Mitmenschen und dem Leben vor Augen zu halten,
- Schönheit, Besonderheit und Bedeutung in den kleinen einfachen und gewöhnlichen Dingen erkennen zu lernen, statt sie nur im Außergewöhnlichen zu suchen,
- das Gute im eigenen Leben zu erkennen und das Schöne im Hier und Jetzt sehen zu lernen,
- wohlwollend auf das Gute im Leben anderer Menschen zu blicken,
- das kleine Glück schätzen zu lernen.

Übung: Für die VIER ist es besonders wichtig, die Gegenwart als erfüllender zu erleben und das Positive in dem sehen zu lernen, was da ist. Das beinhaltet, sowohl das Positive in sich selbst, ihrem Partner sowie ihrer gesamten Lebenssituation zu erkennen. Mache dir deshalb bewusst, wie viel Schönes dein Leben bereits jetzt beinhaltet. Dafür kann es hilfreich sein, wenn du dir eine Liste über deine »kleinen Schätze des Alltags« anlegst und immer wieder ergänzt. Wann immer du wieder das Gefühl hast, dass etwas fehlt, damit du glücklich sein kannst, nimm dir die Liste und lies dir durch, was du bereits alles hast.

Gefühle nicht überbewerten

Dazu gehört:

- nicht zu sehr in der Melancholie zu verweilen,
- zum neutralen Beobachter der eigenen Emotionen zu werden,
- zu versuchen, bei Beziehungsproblemen so objektiv wie möglich zu bleiben,
- zu erkennen, dass anders oder ungewöhnlich zu sein nicht automatisch bedeutet, einen sinnvollen Beitrag zu leisten,
- sich mehr auf Handlungen statt Emotionen zu konzentrieren,
- Partner und Freunde nicht als Mülleimer für unverarbeitete Emotionen zu missbrauchen.

Übung: Versuche, dich nicht mehr so stark von deinen Gefühlen und Launen bestimmen zu lassen. Erkenne, dass Gefühle kommen und gehen, du dich nicht mit ihnen überidentifizieren musst, sondern dass du mehr bist als deine Gefühle und du sie daher bewusst weiterziehen lassen kannst. Übe dich darin und erledige die Dinge, die du dir vornimmst, auch dann, wenn du dich nicht danach fühlst. Beschäftige dich mit einer sinnvollen, produktiven Arbeit und warte nicht darauf, in der Stimmung dafür zu sein. So kannst du dich weitaus besser verwirklichen, als dadurch, dass du deine Gefühle erforscht, dabei aber nicht ins Handeln kommst.

Fokus ändern

Dazu gehört:

- auch anderen wirklich zuzuhören, wenn sie über ihre Probleme und ihr Leid sprechen,
- zu erkennen, dass man nicht unbedingt selbst am meisten leidet und am tiefsten fühlt,

- zu realisieren, wie sehr man oft regelrecht in negativen Emotionen badet, um nicht aktiv am Leben teilnehmen und sich Möglichkeiten gegenüber öffnen zu müssen,
- zu erkennen, dass jeder Mensch etwas Besonderes ist.

Übung: Versuche, dich mehr auf Dinge, Situationen und Menschen außerhalb deiner Selbst zu konzentrieren, um aus deiner melancholischen Selbstbezogenheit herauszukommen und dich aktiver mit der Welt zu verbinden. Eine dem Gemeinwohl dienende Tätigkeit ist dafür sehr gut geeignet.

Ins Handeln kommen

Dazu gehört:

- zu tun, statt träumen, Disziplin zu entwickeln,
- negative Gefühle kreativ in etwas Schönes umzuwandeln (z. B. ein Gedicht schreiben bei Liebeskummer) und sie so zu verarbeiten,
- die eigenen Wünsche mit dem abzugleichen, was realistisch ist,
- sich konkrete, erreichbare Ziele zu setzen und diszipliniert darauf hinzuarbeiten.

Übung: Verrichte ganz normale, alltägliche, notwendige Beschäftigungen und Aufgaben mit besonderer Achtung und in dem Bewusstsein, dass nicht nur das Ungewöhnliche und Einzigartige deiner Aufmerksamkeit würdig ist. Setze dir realistische Ziele und arbeite diszipliniert darauf hin. Ein geregelter Tagesablauf mit fixen Schlafens- und Arbeitszeiten kann dabei sehr hilfreich sein.

Reflexion: Nimm dir jeden Abend vor dem Einschlafen ein paar Minuten Zeit und überlege dir, wofür du generell und wofür du am heutigen Tag dankbar bist. Lass Revue passieren, ob es dir heute besser gelungen ist, die Gegenwart und das, was du hast und erlebst, als erfüllend zu empfinden und ob du dich auf das konzentrieren konntest, was bereits in deinem Leben ist und nicht auf das, das dir unerreichbar scheint. Überlege dir, ob du deinen Gefühlsstimmungen zu sehr nachgegeben hast oder ob du diszipliniert sein und alles tun konntest, was du dir vorgenommen hattest. Sage dir jeden Abend, dass du vollständig und liebenswert bist, so wie du bist, und dass es in deinem Leben, so wie es jetzt ist, bereits viel Gutes und Schönes gibt.

5.4.4 Für die hochsensible VIER

Die hochsensible VIER muss vor allem lernen, ihre intensiven Gefühle dafür einzusetzen, sich mit der Welt zu verbinden, anstatt den Kontakt zu ihr zu verlieren und sich immer mehr von ihr abzusondern. Sie muss lernen, ihre Welt der Subjektivität gegen eine Welt der Objektivität einzutauschen. Ihr Ziel soll es also sein, ihren selbstversunkenen Zustand soweit einzuschränken, dass sie ein aktiver, mitwirkender Teil der Gesellschaft wird. Zu wenig in die Welt hinauszugehen, ist ein generelles Prinzip der zurückgezogenen Typen (VIER, FÜNF und NEUN). Die VIER versinkt stattdessen völlig in sich selbst und identifiziert sich mit ihren Emotionen. Bei der hochsensiblen VIER kann dies sogar verstärkt der Fall sein, da sie innere Reize besonders intensiv wahrnimmt und verarbeitet. Es ist für sie daher außerordentlich wichtig, aber auch häufig sehr schwierig, mehr am Leben teilzunehmen, sich in Disziplin zu üben und ihre Emotionen nicht mit ihrem Selbst gleichzusetzen.

Ziel der HSP-VIER ist es, ihre Sensibilität nicht mehr als Spiegel für sich selbst einzusetzen, sondern stattdessen die Welt damit zu bereichern. Wenn sie das schafft, kann sie sehr einfühlsam auf ihre Mitmenschen reagieren, was sie zu einem guten Therapeuten, Seelsorger, Pfleger oder Kinderbetreuer machen kann, und sie kann ihre Gefühlstiefe mit ihren Talenten wie Kreativität und Fantasie verbinden und im Kunst- und Kreativbereich erfolgreich sein.

Für hochsensible VIERer kann es besonders schwierig sein, sich nicht von ständig wechselnden Emotionen beherrschen zu lassen, doch gerade sie müssen unbedingt lernen, wie sie mit Selbstdisziplin und Durchhaltevermögen ihre Energie in sinnvolle Tätigkeiten investieren können. Denn das ist der Weg, der dazu führt, sie erkennen zu lassen, dass sie in Ordnung und gar nicht so defekt sind, wie sie immer dachten.

Für die HSP-VIER gilt daher ganz besonders:

- Übe dich darin, dich von äußeren, nicht wirklich bedeutenden Gegebenheiten stimmungsmäßig nicht zu sehr beeinflussen zu lassen. Für hochsensible VIERer ist das meist besonders schwierig und gerade deshalb so wichtig, da es den Grundstein legt für die ständig wechselnde Gefühlslage, auf der die VIER ihre Identität gründen möchte. Versuche deshalb, mehr zum Beobachter deiner Gefühle zu werden. Spüre sie kommen, aber auch wieder gehen, und merke, dass du mehr bist als diese Gefühle und dass du dich von ihnen nicht beherrschen lassen musst. Ergründe, ob dich nicht oft die Intensität eines Gefühls mehr reizt als die Emotion an sich und frage dich, ob du eventuell deshalb Gefühle häufig übertreibst. Bedenke, dass emotionale Reaktionen nicht das Gleiche bedeuten wie tiefes Erleben, und lerne zu erkennen, wann du deine Gefühle dramatisierst.

- Im Umgang mit anderen Menschen kann es hilfreich sein, Dinge anzusprechen, die dich beschäftigen, statt dich zurückzuziehen, nachzufragen, statt schnell beleidigt zu sein, dich mit Personen oder Situationen, die dich ärgern, auseinanderzusetzen und den Ärger nicht nach innen zu wenden, wo er zu depressiven Phasen heranwachsen kann, sowie belastende Gefühle zur besseren Verarbeitung in Briefen niederzuschreiben, diese jedoch nicht abzuschicken.

- Beschäftige dich mit Dingen, die dir guttun, die dich zugleich ein wenig herausfordern und für die du deine Talente einsetzen kannst. Ideal ist eine Tätigkeit, die deinem Idealismus entgegenkommt und die das Beste aus dir herausholt, selbst wenn es etwas ist, bei dem du dir nicht sicher bist, ob du es dir zutrauen sollst. Wage es einfach, denn jede positive Erfahrung wird deine Selbstachtung und dein Selbstvertrauen stärken. Achte dabei darauf, dass du auch deine Disziplin schulst, also dein Projekt nicht vorzeitig abbrichst, wenn du einmal frustriert bist, und auch dann daran arbeitest, wenn dir stimmungsmäßig nicht danach ist. Du wirst sehen, dass du dich danach besser fühlst, weil du deinen inneren Schweinehund überwunden hast und wieder ein Stück vorangekommen bist.

- Erkenne und fördere deine wirklichen Talente, statt dich verkannt zu fühlen oder dir zu wünschen, in Gebieten brillant zu sein, in denen du in Wahrheit niemals brillieren wirst.

Freunde dich mit der Realität an, übe dich darin, in der Gegenwart zufrieden zu sein, die Schönheit zu sehen in dem, was bereits da ist, und das Gute in dem zu erkennen, was du jetzt hast und erlebst. Widerstehe der »tragisch-schönen« Versuchung, dich selbst immer wieder zum Opfer zu machen, indem du leicht Erreichbares verwirfst und dich stattdessen auf Nichterreichbares fokussierst. Arbeite ganz gezielt auf das hin, was du erreichen kannst, auch wenn es dir weniger groß und bedeutungsvoll erscheint.

- Hochsensible VIERer neigen oft besonders stark dazu, sich selbst ergründen und ihre Seele erforschen zu wollen. Sie grübeln über ihre Gefühle nach, wollen wissen, wer sie wirklich sind, und sind ständig mit Nabelschau beschäftigt. So gut es einigen anderen Typen täte, mehr Innenschau zu betreiben, so wenig sinnvoll ist dies jedoch für die VIER, denn die VIER dreht sich dabei meist im Kreis, forciert so ihre Stimmungsschwankungen und nutzt ihre Selbstanalyse typischerweise vor allem dafür, sich selbst ihr Anderssein immer wieder zu bestätigen. Das zieht sie immer weiter in eine Negativspirale, was bis zu dem Punkt gehen kann, an dem sie sich völlig ihren Launen hingibt und sich sicher ist, dass ein normales Leben für sie ohnehin unmöglich ist und sie auch keiner gewöhnlichen Arbeit nachzugehen braucht, da sie auch dafür zu anders ist. Versuche deshalb, so gut du kannst, aus deiner Selbstversunkenheit herauszukommen, indem du liebevoll und ohne jeden Selbsthass, jedoch sehr wohl sehr kritisch darauf achtest, wie sehr du dich um deine Gefühle und deren Erforschung drehst. Beobachte, wie oft du dich dadurch im Grunde selbst handlungsunfähig machst, und setze dieser Tendenz etwas entgegen. Hilf dir selbst, Disziplin zu entwickeln und – ungeachtet dessen, wie du dich gerade fühlst – an Projekten und anderen wichtigen Aufgaben zu arbeiten. Setze dir Fristen und Abgabetermine, halte dich an fixe Arbeitszeiten, mache dir Pläne, wann was erledigt sein soll, und halte dich strikt daran. Lasse dich von deinen Gefühlen nicht ablenken und von deinen Zielen nicht abhalten.

- Auch regelmäßige körperliche Betätigung kann dir helfen, aus Stimmungen herauszukommen, ebenso wie Freundschaften mit positiven, tatkräftigen Menschen, die dich in deiner Melancholie nicht unterstützen (und die du nicht mit deinen negativen Gefühlen überfluten sollst), sondern dich eher dazu anspornen, aktiv zu werden. Dich einer Sache, die dem Gemeinwohl dient, wie etwa einer ehrenamtlichen Tätigkeit, zu widmen, kann dir ebenfalls helfen, aus deiner Selbstversunkenheit herauszukommen und dein Selbstwertgefühl zu stärken, weil du aktiv etwas tust, das etwas Gutes bewirkt. Gerade hochsensible VIERer sind Idealisten durch und durch und werden geradezu beflügelt, wenn sie etwas zum Positiven verändern können.

5.5 Typ FÜNF

Die zentrale Lebensaufgabe der FÜNF ist es, sich auf andere Menschen einzulassen sowie sich selbst und ihre Ressourcen mit anderen zu teilen.

5.5.1 Selbstbeobachtung

Die folgenden Fragen können dir dabei behilflich sein:

- ❖ Inwiefern halte ich meine inneren Ressourcen wie Zeit und Energie aus Angst vor Knappheit zurück?
- ❖ In welchen Situationen löse ich mich von meinen Emotionen?
- ❖ Inwiefern distanziere ich mich von meinen Mitmenschen, indem ich starre Grenzen ziehe und mich Kontrolle und Forderungen von außen entziehe?
- ❖ Sammle ich immer mehr und mehr Informationen, um nicht in Kontakt mit anderen treten zu müssen?
- ❖ Was bedeutet mir meine Privatsphäre?
- ❖ Wie ist es um meine Sozialkompetenz bestellt?
- ❖ Was bedeutet mir Logik, was bedeuten mir Gefühle?

5.5.2 Imaginieren von Veränderungen

Suche Antworten auf folgende Fragen:

- ❖ Sind meine Ressourcen wirklich so knapp, wie ich befürchte?
- ❖ Warum fühle ich mich als Außenseiter und bin ich wirklich einer?
- ❖ Wie fühle ich mich, wenn ich mich als Außenseiter wahrnehme?
- ❖ Wie würde sich mein Leben ändern, wenn ich mit meinen Ressourcen freizügiger umginge?
- ❖ Was würde geschehen, wenn ich mich emotional mehr öffnen würde?

5.5.3 Übungen

Die folgenden Übungen können der FÜNF helfen, ihre verzerrten Denk- und Handlungsmuster aufzubrechen und eine Positiventwicklung in Richtung Integration in Gang zu setzen:

Grundübung: Beginne, bewusst darauf zu achten, wann und wie du dich von deinen Gefühlen entfernst, um eine objektive Haltung einnehmen zu können. Frage dich, warum du dich von deinen Gefühlen, aber auch von jenen deiner Mitmenschen distanzierst. Was möchtest du damit erreichen? Wie reagierst du, wenn andere sich dir gegenüber sehr emotional zeigen? Warum reagierst du so?

Mangel erforschen

Dazu gehört:

- ❖ zu lernen, Dinge loszulassen und den eigenen Geiz zu erkennen,

- ❖ auch anderen etwas von sich zu geben,
- ❖ zu erkennen, dass weniger Mangel herrscht, als man befürchtet,
- ❖ zu lernen, mit den eigenen Ressourcen etwas lockerer umzugehen.
- ❖ sich in Großzügigkeit zu üben.

Übung: Mache dir bewusst, wie sehr du befürchtest, dass andere sich dir zu stark aufdrängen, dir zu nahe kommen oder zu viel von dir verlangen könnten. Werde dir über den Zusammenhang mit deiner Angst vor Ressourcenknappheit im Klaren. Überlege dir, welchen Gewinn dir mehr Interaktion mit anderen und ein weniger strenger Umgang mit deinen Ressourcen bringen könnten.

Ressourcen teilen

Dazu gehört:

- ❖ zu erkennen, wann man mit sich selbst, seiner Zeit, Gefühlen, Wissensweitergabe, Geld oder Zuneigung geizt,
- ❖ zu lernen, den eigenen Geiz zu bremsen,
- ❖ sich ab und zu selbst schöne Erlebnisse (Reisen, Ausflüge etc.) oder angenehme, aber eigentlich »unnötige« Dinge zu gönnen.

Übung: Stelle dir vor, dass du genügend Ressourcen und Energie hast und davon problemlos etwas abgeben kannst. Übe in kleinen Schritten, dies auch zu tun. Sei weniger geizig mit deiner Zeit und bringe dich mehr ein. Beobachte deine Rückzugstendenzen und gib ihnen nicht mehr ganz so stark nach.

In die Welt gehen

Dazu gehört:

- ❖ sich darin zu üben, wirklich präsent zu sein, wenn man mit anderen Menschen beisammen ist,
- ❖ zu erkennen, inwieweit man sich aus Angst vor Überwältigung zurückzieht,
- ❖ manchmal etwas ganz einfach nur zu machen,
- ❖ generell mehr zu handeln und weniger zu grübeln,
- ❖ sich immer öfter aus dem Elfenbeinturm zu wagen,
- ❖ zu üben, soziale Situationen müheloser zu meistern,
- ❖ Meinungsvielfalt akzeptieren zu lernen,
- ❖ den Augenblick genießen zu lernen.

Übung: Lege dir eine Liste mit Aktivitäten und Unternehmungen an, die dich mit anderen Menschen zusammenbringen, und arbeite sie ab, so gut du kannst.

Übung: Heiße jede Gelegenheit willkommen, bei der du üben kannst, tatkräftig zu handeln und aufzutreten. Versuche, mit anderen mehr verbunden zu sein und mit ihnen zusammenzuarbeiten, statt immer ein Einzelgänger zu bleiben. Bringe dich bei Teamarbeiten oder Gesprächen ein, indem du bereitwillig dein Wissen teilst oder indem du etwas Konkretes zur Lösung eines Problems beiträgst.

Sich mitteilen

Dazu gehört:

- auch dann, wenn man unsicher ist, immer wieder aktiv das Gespräch mit anderen zu suchen,
- nicht in reine Wissensmonologe zu verfallen,
- zu lernen, den Rat anderer anzunehmen,
- die eigenen Fähigkeiten und Kenntnisse mit anderen zu teilen, statt sie nur immer weiter zu vervollkommnen,
- Dankbarkeit verbalisieren zu lernen.

Übung: Übe, öffentlich deine Ansicht zu Themen zu äußern, selbst wenn du kein Experte bist.

Überwinde dich und sage hin und wieder auch dann etwas, wenn du befürchtest, dumm dazustehen. Versuche immer öfter zu handeln, auch wenn du noch nicht alle Informationen gesammelt hast, die verfügbar wären.

Übung: Wenn du deine Ideen zu deinen Spezialthemen mitteilst und nichts Persönliches offenbaren musst, bist du meist weit weniger zurückhaltend. Achte in solchen Situationen darauf, nicht so sehr in der Mitteilung deiner Gedanken aufzugehen, dass du dabei die gesellschaftlichen Formen vergisst, die im Umgang miteinander gewahrt werden sollten.

Kurz: Verunsichere dein Gegenüber nicht mit stundenlangen intellektuellen Monologen.

Emotionszugang finden

Dazu gehört:

- ❖ den eigenen Körper bewusst wahrnehmen zu lernen,
- ❖ dadurch auch den Zugang zu den eigenen Emotionen zu verbessern,
- ❖ aufgeschlossen zu sein,
- ❖ zu erkennen, wann man nur über Gefühle nachdenkt, anstatt sie wirklich zu fühlen,
- ❖ Gefühle in den zu ihnen gehörenden Situationen spüren zu lernen und nicht zurückzudrängen und sie erst nachträglich wahrzunehmen,
- ❖ als nächsten Schritt Gefühle immer öfter auch gegenüber anderen zu verbalisieren und so eine bessere Verbindung zu den Mitmenschen zu bekommen,
- ❖ den Austausch auf der Gefühlsebene zu forcieren.

Übung: Für dich als FÜNF ist es wichtig, einen Zugang zu deiner Körperlichkeit zu finden, da du dich so sehr mit deinen Gedanken identifizierst, dass du deine Körperempfindungen kaum registrierst. Yoga oder andere Techniken können dir helfen, die Wahrnehmung deines eigenen Körpers zu schärfen. Wenn du zu den zahlreichen FÜNFern gehörst, die körperlich häufig sehr verspannt sind, empfehlen sich besonders Körpertraining, Biofeedback-Methoden, Meditation, Jogging oder Tanzen.

Übung: Je mehr du dich in deinem Körper und nicht nur in deinem Geist zuhause fühlst, umso leichter wird es dir fallen, deine Emotionen spontaner zu empfinden und auszudrücken.

Versuche bewusst, in jeder emotional besetzten Situation deine Gefühle zuzulassen und sie dir nicht für eine spätere alleinige »Nachbereitung« der Situation aufzubewahren. Als nächsten Schritt versuche, hin und wieder deine Gefühle den Menschen, die du gerne hast, mitzuteilen, damit dein Gegenüber spürt, dass du dich ihm verbunden fühlst und nicht nur Fakten und abstrakte Ideen mit ihm austauschen möchtest. Dafür reichen anfangs kleine Bemerkungen wie die, dass dir der Abend gefallen hat, du dich über das Wiedersehen gefreut hast oder du dich gerne mit deinem Gegenüber triffst.

Emotionale Verbindlichkeiten wagen

Dazu gehört:

- ❖ anderen gegenüber mehr von sich selbst zu erzählen,

- sich darin zu üben, auch mit anderen Menschen spontan mitzufühlen, wenn sie etwas Emotionales erzählen,
- sich auf emotionale Nähe einzulassen, sich mit anderen nicht nur intellektuell zu verbinden, sondern auch Gefühle und Persönliches mit ihnen zu teilen,
- sich der Liebe zu öffnen,
- anderen Menschen zu sagen, was sie einem bedeuten,
- Emotionen generell mehr wertschätzen zu lernen,
- mehr Vertrauen in seine Mitmenschen zu entwickeln.

Übung: Versuche dich mit deinen Mitmenschen mehr zu identifizieren, statt sie aus der Ferne zu analysieren. Übe, dich stärker gefühlsmäßig und nicht nur intellektuell mit jenen, die du magst, zu verbinden. Stelle persönliche Fragen und versuche, dich ebenfalls persönlicher auszudrücken, etwas über dich selbst zu erzählen und deine Gefühle zu zeigen. Übe dich darin, mehr persönliche Nähe zuzulassen, Mitgefühl zu zeigen und zu vertrauen.

Reflexion: Nimm dir jeden Abend von dem Schlafengehen ein paar Minuten Zeit, um zu reflektieren, ob es dir gelungen ist, dich präsenter in der Außenwelt zu zeigen. Überlege, ob du deine Gefühle besser und spontaner wahrnehmen und dich anderen verbunden fühlen konntest. Sage dir selbst jeden Abend, dass es in deinem Leben eine Fülle an Ressourcen gibt und keine Knappheit an Energie, Wissen oder dem, was du zum Leben benötigst, herrscht.

Sage dir außerdem, dass du unbesorgt auch etwas geben kannst, da das Leben aus Geben und Nehmen besteht und der, der gibt, auch wieder etwas zurückbekommt, sodass ein natürlicher Kreislauf entsteht, in dem kein Mangel herrscht.

5.5.4 Für die hochsensible FÜNF

Die FÜNF ist, was die Neigung zur früheren Überstimulierung betrifft, im Grunde *die* HSP schlechthin. Für hochsensible FÜNFer ist es die größte Herausforderung, die Gratwanderung zwischen ihrem Bedürfnis nach Rückzug und der Notwendigkeit, mit der Welt in Kontakt zu treten, zu meistern. Dies ist für die FÜNF ohnehin schon eine große Aufgabe, für die HSP-FÜNF jedoch umso mehr.

Ein wichtiger Schritt zur Integration von Typ FÜNF ist es zu erkennen, dass keine Knappheit droht, sondern genügend Mittel zur Bewältigung des Lebens vorhanden sind. Das ist für hochsensible FÜNFer nicht auffallend schwieriger zu meistern als für die nicht-hochsensible FÜNF.

Der zweite wichtige Schritt jedoch, nämlich die Erkenntnis, dass eine aktive Teilnahme am Leben nicht zu viel Energie verschlingt, ist für die HSP-FÜNF besonders schwer zu erlangen, da dies für sie aufgrund ihrer schnelleren Überreizung in Kombination mit der meist stark ausgeprägten Introversion fast schon wie ein Widerspruch klingt, den sie irgendwie zu überwinden hat. Doch auch die hochsensible FÜNF kann lernen, ohne ständig überstimuliert zu sein, ihr Wissen und auch sich selbst mehr mit anderen zu teilen. Sie kann lernen, einen besseren Zugang zu ihren Gefühlen zu bekommen, ihre Gefühle spontaner wahrzunehmen und sie mehr mit jenen, an denen ihr viel liegt, zu teilen. Sie kann eine bessere Verbindung zu ihrer Körperlichkeit bekommen und lernen, Kontakte zu pflegen.

Es ist nicht nötig, dass sie sich andauernd zu extravertiertem Verhalten zwingt oder sich über ihre Kräfte hinausgehend öffentlich darstellt. Es ist gut, wenn sie weiß, wie sie sich vor Überreizung schützen kann, und es ist völlig in Ordnung, dass sie immer introvertiert sein und viel Zeit für sich alleine benötigen wird. Die »aktive Teilnahme am Leben« bedeutet für sie nicht, der Mittelpunkt jeder Party zu werden, sondern sie bedeutet, persönliche Beziehungen zu unterhalten, genug Sicherheit zu erlangen, um zu handeln, wenn dies erforderlich ist, und immer wieder vom Beobachter zum Teilnehmer des Lebens zu werden, weil sie spürt, dass sie dadurch mehr gewinnt, als verliert.

Für die HSP-FÜNF gilt daher ganz besonders:

- Übe dich darin, deine Gefühle zu tolerieren. Die hochsensible FÜNF tendiert besonders stark dazu, sich von ihren Emotionen abkoppeln zu wollen, da sie Angst hat, von ihnen überwältigt zu werden, und sie daher unter Kontrolle haben möchte. Dies ist jedoch nur eine Notlösungsstrategie und keine dauerhaft geeignete Methode, wenn man zu einem reifen, innerlich freieren Vertreter seines Typs werden möchte. Beobachte daher, wie häufig du denkst statt fühlst, und lerne zu erkennen, wann du deine Gefühle durch intellektuelle Konstruktionen ersetzt.

- Um einen besseren, spontaneren Zugang zu deinen Gefühlen zu bekommen, kann es helfen, wenn du lernst, dich in deinem Körper mehr zuhause zu fühlen. Gerade die HSP-FÜNF ist meist so sehr in ihrem Denken beheimatet, dass ihr Körper ihr meist kaum – und falls doch, dann sogar eher nur lästig bis negativ (Hunger, Müdigkeit ...) – bewusst ist. Dich in und mit deinem Körper wohler zu fühlen, kann dir helfen, deine Emotionen körperlich wahrzunehmen und dadurch spontaner zu fühlen und dich als ganzheitlicher und weniger stark verkopft wahrzunehmen. Außerdem führt es zu einer besseren körperlichen Präsenz und dadurch zu einer insgesamt größeren Selbstsicherheit.

- Werde dir bewusst, wie sehr du dich verschließt, wenn dein Gegenüber eine – vorrangig emotionale – Reaktion von dir erwartet. Übe dich deshalb darin, andere wissen zu lassen, wenn sie dir wichtig sind, damit sie sich auch dann, wenn sie es nicht gut spüren können, dennoch sicher sein können, dass du dich ihnen verbunden fühlst.

- Sammle Erfahrung im Umgang mit Menschen, gib dir einen Ruck und brich immer öfter deine Isoliertheit auf, wage ab und zu ein wenig mehr Spontanität, pflege deine Kontakte und Freundschaften und lerne, dich Menschen anzuvertrauen und deinen Kummer wie deine Freude immer öfter mit jemandem zu teilen. Suche dir dafür am besten Personen, die dir gut zuhören können und sich selbst nicht viel einmischen, wenn du etwas von dir gibst.

- Finde Wege, zur inneren Ruhe zu kommen, erkenne, wie sehr du permanent mit dem Verstand innerlich alles kommentierst, werde dir bewusst, dass auch das zur Überreizung beiträgt. Lerne daher, Eindrücke einfach nur aufzunehmen und unkommentiert auf dich wirken zu lassen. Übe dich darin, die Welt an dich heranzulassen und auf dich einwirken zu lassen. Versuche, Informationen möglichst ganzheitlich aufzunehmen und nicht alles alleine mit dem Verstand begreifen zu wollen, und übe dich darin, nicht alles sofort zu analysieren, sondern einfach nur wahrzunehmen.

- Erkenne, wie du durch dein eigenes Nicht-Handeln andere zu aktiv Handelnden machst bzw. sie manchmal sogar mehr oder weniger zwingst zu handeln. Überlege dir, in welchen Situationen es besser wäre, wenn stattdessen du aktiv handelst. Du warst sicher schon unzählige Male in Situationen, wo andere sich zu Wort gemeldet haben, obwohl sie viel weniger zu einem Thema wussten als du, während du geschwiegen hast, weil du befürchtet hast, noch nicht genug zu wissen, um einen guten Beitrag leisten zu können. Schiebe diese Unsicherheit in Zukunft immer öfter beiseite, bringe dich ein, sage auch dann etwas, wenn du dich hättest noch mehr informieren können. Sonst reden stattdessen andere, die meist noch weitaus weniger Ahnung haben. Und das ständig zu beobachten, frustriert schließlich auf Dauer unnötig.

- Bedenke, dass du selbst einen Positivkreislauf in Gang setzen kannst, wenn du es wagst, aktiver in die Welt hinauszugehen, dich mitzuteilen und ins Handeln zu kommen. Denn nur so hast du die Chance, darin bestärkt zu werden, dass du kompetent bist. Je häufiger dies geschieht, desto einfacher wird es für dich sein, noch aktiver zu werden und dich noch mehr und vielleicht sogar persönlicher einzubringen. Du wirst erkennen, dass deine Teilnahme an der Welt dich nicht nur Energie kostet, sondern dir auch Energie gibt, weshalb sie dir schließlich noch leichter fallen wird.

5.6 Typ SECHS

Die zentrale Lebensaufgabe der SECHS ist es, Vertrauen in sich selbst zu gewinnen, sodass sie auch anderen und dem Leben generell vertrauen kann.

5.6.1 Selbstbeobachtung

Die folgenden Fragen können dir dabei helfen:

- Inwiefern versuche ich durch Zweifel und Hinterfragen Sicherheit und Kontrolle in einer gefährlichen Welt zu erlangen?
- Inwiefern projiziere ich meine Befürchtungen auf andere?
- Auf welche Arten agiere ich meine Angst aus?
- Frage ich andere oft um Rat, wenn ja, wieso?
- Was mache ich, um Vertrauen zu erlangen?
- Was benötige ich, um mich sicher zu fühlen?
- Wie leicht fällt es mir, Entscheidungen zu treffen?

5.6.2 Imagination von Veränderungen

Versuche, dir folgende Fragen zu beantworten:

- Warum gehe ich so oft davon aus, dass etwas Schlimmes passieren wird?
- Was würde geschehen, wenn ich die Welt nicht voller Gefahren sehen würde?
- Ist mein Leben wirklich so unsicher, wie ich denke?
- Bin ich tatsächlich weniger befähigt, brauchbare Entscheidungen zu treffen, als andere?

- ❖ Was würde geschehen, wenn ich keine Angst hätte, die Loyalität anderer zu verlieren?
- ❖ Wie ist mein Verhältnis zu Autoritäten? Unterwerfe ich mich zu stark oder rebelliere ich zu schnell?

5.6.3 Übungen

Die folgenden Übungen können der SECHS helfen, ihre verzerrten Denk- und Handlungsmuster aufzubrechen und eine Positiventwicklung in Richtung Integration in Gang zu setzen:

Grundübung: Beginne, bewusst darauf zu achten, wie viel Aufmerksamkeit und Energie du dafür aufwendest, dir Sorgen zu machen, zu zweifeln, dir vorzustellen, was alles passieren könnte, und Maßnahmen zu treffen, um das Schlimmste abzuwenden. Denke darüber nach, was dir als bedrohlich erscheint oder dein Misstrauen erweckt, warum dies der Fall ist und wie du darauf reagierst.

Zentrieren und positive Einstellung

Dazu gehört:

- ❖ den eigenen Körper spüren zu lernen,
- ❖ nicht so sehr im Kopf zu verharren und ständig das Schlimmstmögliche zu erdenken, sondern zu lernen, den eigenen Körper besser wahrzunehmen, da dies hilft, Ängste zu reduzieren,
- ❖ bei Unsicherheiten an frühere Erfolge und positive Ergebnisse zurückzudenken,
- ❖ Vertrauen zu entwickeln, dass diese sich wiederholen können,
- ❖ eine positive Lebenseinstellung zu entwickeln,
- ❖ das Positive, das einem andere sagen, auch wirklich anzunehmen,
- ❖ sich selbst fürsorglich zu behandeln.

Übung: Für die SECHS ist es wichtig, sich zentrieren zu lernen, um ihren unruhig-ängstlichen Geist zur Ruhe kommen zu lassen. Meditation, Körper- oder Atemübungen können dafür hilfreich sein. Als SECHS musst du lernen, deine inneren Stimmen, die dich warnen, an etwas zweifeln lassen, die dich misstrauisch sein und das Schlimmste befürchten lassen, unter Kontrolle zu bringen, um dich entspannen zu können. Hole dir bei Unsicherheiten frühere positive Ergebnisse ins Gedächtnis zurück und versuche, bei dem Gefühl, das die Gedanken daran auslösen, zu bleiben. Versuche, zu einem realistischen Glauben an dich selbst und deine eigenen Fähigkeiten zu gelangen. Wenn du selbst an dich glaubst und positiv eingestellt bist, werden andere ebenfalls an dich glauben.

Vertrauen üben

Dazu gehört:

- darauf zu vertrauen, vieles ohne jede Unterstützung zu können,
- zu versuchen, nicht ganz so übervorsichtig zu sein,
- zu lernen, darauf zu vertrauen, dass alles gut ist, wie es ist,
- einen realistischen Glauben an sich selbst und die eigenen Fähigkeiten zu entwickeln,
- Vertrauen in andere Menschen zu gewinnen.

Übung: Lege eine Liste an mit Dingen, die du zur Sicherheit oder vorbeugend tust, und versuche in Zukunft auf einiges davon zu verzichten. Wenn trotzdem alles gut ausgeht, nimm das als Anlass, zuversichtlich zu sein, dass es auch weiterhin so sein wird, und taste dich vertrauensmäßig langsam in weitere Bereiche vor.

Übung: Übe dich darin, Vertrauen in andere zu gewinnen. Es gibt sicher einige Menschen in deinem Leben, die vertrauenswürdig sein könnten. (Falls nicht, überwinde dich und suche dir jemanden, dem du dich vertrauensvoll anschließen kannst.) Wenn du Angst hast, abgelehnt zu werden, bedenke, dass du, wenn das wirklich eintreten sollte, nicht schlechter dran bist als zuvor. Denn wer dich ablehnt, wäre ohnehin nicht der richtige Freund für dich gewesen, genauso wie jemand, den du ablehnst, nicht der richtige Freund für dich ist. Das Risiko, das du eingehst, wenn du dich vertrauensvoll an jemanden wendest, ist ein gutes Risiko, denn es führt ausschließlich dazu, Menschen zu finden, die wirklich zu dir passen.

Eigenverantwortung übernehmen

Dazu gehört:

- zu lernen, Entscheidungen auch einmal zu treffen, ohne um Rat zu fragen,
- sich auf die eigenen Stärken zu konzentrieren,
- bewusst kleinere Risiken einzugehen,
- zu einmal getroffenen Entscheidungen stehen zu lernen,

- zu üben, auf sich selbst stolz und mit den eigenen Leistungen zufrieden zu sein,
- Verantwortung zu übernehmen,
- Farbe zu bekennen.

Übung: Um mehr Vertrauen in dich selbst und deine Entscheidungen zu bekommen, kann es hilfreich sein, wenn du dir eine Liste anlegst, in der du Entscheidungen, die zu einem guten Ergebnis geführt haben, einträgst. Übe dich darin, ohne zu lange zu grübeln, erst kleinere, später immer wichtigere Entscheidungen zu treffen und zu ihnen zu stehen. Versuche, in einer größeren Runde zu einem Thema hin und wieder bereits dann deine Meinung zu äußern, wenn du noch nicht weißt, was die anderen denken.

Übung: Um weniger Angst vor falschen Entscheidungen zu bekommen, kannst du dir auch Notizen zu Situationen machen, in denen du zwar nicht optimal entschieden hast, wo aber dennoch alles halb so schlimm ausgegangen ist. Bedenke auch, dass Menschen, die die Verantwortung für ihr Handeln tragen, geachtet werden – und zwar auch dann, wenn sie einmal einen Fehler machen. Fehler sind menschlich und den Respekt verliert nur, wer nicht dazu steht oder die Verantwortung abgibt.

Beziehung zu Autoritäten hinterfragen

Dazu gehört:

- Beziehung zu Autoritäten zu entkrampfen,
- zu lernen, Autoritäten weder blind zu folgen (phobisches Verhalten), noch reflexartig gegen sie zu rebellieren (kontraphobisches Verhalten),
- erkennen zu lernen, wann eigene Ängste auf andere projiziert werden.

Übung: Beobachte dein Verhalten gegenüber Autoritäten. Könnte man deine Hass-Liebe zu Autoritäten als Ausdruck deiner eigenen Unsicherheit und deines Wunsches nach Führung, aber auch danach, nicht vereinnahmt zu werden, sehen?

Übung: Überdenke dein Verhalten bezüglich Autoritätspersonen, denn: Wenn du dich bei Autoritätspersonen einschmeichelst, bringt dir das letztendlich nur Nachteile gegenüber Leuten, an die anzuschließen sich wirklich lohnen würde. Außerdem untergräbt es dein Selbstbewusstsein und deine Selbstachtung und bringt dir weniger Sicherheit als erhofft, denn sobald du entbehrlich wirst, wird dich die Autoritätsperson vermutlich fallenlassen, da eure Beziehung nicht auf Augenhöhe funktioniert.

Zum Angstmanager werden

Dazu gehört:

- ❖ zu erkennen, wann Angst aufsteigt, und zu lernen, ruhig nachzuprüfen, ob die Angst wirklich gerechtfertigt ist,
- ❖ für die stärker kontraphobisch ausgeprägte SECHS, die ihre Angst oft nicht bewusst wahrnimmt, stattdessen zum Wutmanager zu werden und zu erkennen, in welchen Situationen sie zum Angriff bereit ist und ob dies wirklich immer gerechtfertigt ist,
- ❖ Flucht, Erstarrung oder Angriff, bevor man selbst angegriffen wird, als mögliche Angstreaktionen zu erkennen und zu lernen, deren Einsätze, dann wenn sie unnötig sind, zu minimieren,
- ❖ zu üben, Ängste zu überwinden,
- ❖ sich an Tatsachen zu orientieren, wenn die Angst sich verselbstständigt (z. B. Statistiken über Flugzeugabstürze).

Übung: Übe, immer öfter trotz Angst zu handeln, atme tief durch und versuche ruhig zu bleiben, vermeide angstbesetzte Situationen nicht zu sehr (phobisches Verhalten) und gehe in solchen Situationen nicht zum Angriff über (kontraphobisches Verhalten). Erforsche deine Angst und freunde dich mit ihr an.

Übung: Versuche unter Stress und wenn du Angst hast, nicht überzureagieren. Frage dich, weshalb du so heftig reagieren möchtest, und bedenke, dass von den vielen Dingen, die du in deinem Leben bereits befürchtet hast, nur ganz selten etwas eingetreten ist. Und selbst wenn das Befürchtete tatsächlich einmal eintreffen sollte, hast du immer noch die Möglichkeit, das Beste daraus zu machen, wodurch es wahrscheinlich halb so schlimm ist.

Denkmuster ändern

Dazu gehört:

- ❖ zu erkennen, dass wir, je mehr wir nach Gefahren Ausschau halten, umso mehr Gefahren überall lauern sehen,
- ❖ zu versuchen, zur Ruhe zu kommen und die Suche nach Gefahren im Zaum zu halten,
- ❖ die eigenen Ängste nicht überzubewerten,

- Ungewissheiten ertragen zu lernen,
- neben möglichen Komplikationen, Fallstricken und Problemen auch positive Optionen nicht aus den Augen zu verlieren,
- darauf zu achten, unter Stress nicht überzureagieren.

Übung: Versuche stets ganz bewusst, nicht zu viel nach Gefahren und möglichen Fallstricken zu suchen. Es ist in Ordnung, dass du vorsichtig bist, aber bremse dich nicht selbst aus, indem du zu viele Vorkehrungen triffst, zu lange nach möglichen Komplikationen suchst und zögerst, statt zu handeln, weil du über potenzielle Negativausgänge grübelst.

Wann immer dir Horrorszenarien durch den Kopf schwirren, lege einen imaginären Schalter um und überlege dir stattdessen, auf welche Arten alles gut ausgehen kann. Bedenke, dass die Gefahren erfahrungsgemäß meist kleiner sind, als du denkst, und wie viele Hindernisse du bereits überwunden hast und versuche, positiv eingestellt zu bleiben.

Im Hier und Jetzt leben

Dazu gehört:

- gedanklich so wenig wie möglich angstvoll in einer potenziellen Zukunft zu verharren,
- mehr in der Gegenwart zu leben,
- zu akzeptieren, dass Unsicherheit ein unvermeidlicher Faktor im menschlichen Leben ist,
- zu lernen, Angst als Kraftquelle umzufunktionieren.

Übung: Verwende die Energie, die in deiner Angst steckt, und wandle sie in einen Anstoß zum Handeln und zur Produktivität um. Übe, bei nicht so bedeutenden Entscheidungen deinem Bauchgefühl zu vertrauen. Wenn du gedanklich angstvoll in die Zukunft schweifst, hole dich immer wieder aktiv in die Gegenwart zurück, indem du dich auf deinen Atem konzentrierst und bewusst deinen Körper wahrnimmst.

Reflexion: Nimm dir jeden Abend vor dem Schlafengehen ein paar Minuten Zeit, darüber nachzudenken, ob du heute mehr vertrauen in dich selbst und deine Intuition hattest. Nimm dir vor, auch deinen Mitmenschen mehr zu vertrauen. Überlege dir, ob du dich besser auf mögliche positive Ausgänge von Situationen konzentrieren konntest und ob du etwas trotz Angst oder Unsicherheit getan hast und wie du dich nun fühlst.

Sage dir selbst, dass du Vertrauen in dich und das Leben hast, dass du die Macht über deine Unsicherheiten hast und dass viele Dinge ganz von alleine gut ausgehen.

5.6.4 Für die hochsensible SECHS

Zu der ohnehin schon stattfindenden Überstimulation kommt bei der HSP-SECHS noch der Stress hinzu, den sie sich selbst mit ihren ängstlich-besorgten Gedanken macht. Für die hochsensible SECHS ist es daher besonders wichtig, Wege zu finden, ihr überreiztes Nervensystem zu beruhigen. Außerdem ist sie meist besonders unsicher, zweifelnd und übervorsichtig, weshalb sie zu mehr innerer Stabilität und Sicherheit gelangen sollte.

Für hochsensible SECHSer ist es daher essenziell, mit ihrer Unsicherheit umgehen zu lernen, sie unter Kontrolle zu bringen und sich nicht zu stark von ihr leiten zu lassen. Ihrer eigenen Intuition vertraut die HSP-SECHS typischerweise eher nicht, was schade ist, da sie aufgrund ihrer Hochsensibilität meist eine gut ausgeprägte Intuition hat. Wenn sie aber lernt, sich selbst mehr zu vertrauen, wird sich auch ihr ambivalentes Verhältnis zu Autoritäten nach und nach entspannen.

Wichtig ist für die HSP-SECHS auch, sich gut um sich selbst zu kümmern, denn häufig ist sie mehr für andere als für sich da und übernimmt sich dabei aufgrund ihrer Gewissenhaftigkeit, ihrer große Zuverlässigkeit und ihres unermüdlichen Einsatzes nicht selten.

Wenn sie auch noch ihre Fähigkeit zu tiefer Reflexion und ihr reiches Innenleben dahingehend verwenden kann, sich bei Unsicherheiten immer wieder vergangene Erfolge, gute Ausgänge brenzliger Situationen und Entscheidungen, die sie gut getroffen hat, zu vergegenwärtigen und darin Zuversicht zu finden, ist sie auf einem guten Weg in Richtung Integration.

Für die HSP-SECHS gilt daher ganz besonders:

- Behandle dich selbst liebevoll. Konzentriere dich auf deine Stärken und nicht auf deine Schwächen, lobe dich selbst und klopfe dir auf die Schulter, wenn etwas gut geklappt hat, bei dem du Sorgen hattest, ob es funktionieren oder gut ausgehen würde.
- Kümmere dich um dich selbst und nimm dir Zeit für dich, in der du etwas tust, das dich erdet, wie zum Beispiel im Garten arbeiten, spazieren gehen, die Natur genießen, etwas, das sowohl deinen Körper als auch

deinen ruhelosen Geist zur Ruhe kommen lässt und bei dem du möglichst sämtliche Gedanken ruhen lässt.

- Als hochsensible SECHS hast du so hohe Ansprüche an dich selbst, dass du eventuell sogar so streng zu dir bist, dass du dich für deine Angst verurteilst. Versuche dich davon abzuhalten und beobachte stattdessen deine Angst. Betrachte sie mit etwas Abstand wie einen Gast, der sich selbst eingeladen hat, der eine Weile bleibt, dann aber auch bestimmt wieder geht. Lerne, deine übermäßige Vorsicht mit Humor zu nehmen, denn je lockerer du mit ihr umzugehen weißt, umso weniger wird sich dich belasten.

- Lerne, komplizierte Situationen und Probleme so ruhig und neutral wie möglich zu überprüfen. Du wirst sehen, dass sich alleine dadurch bereits einige Unsicherheiten auflösen werden. Bitte eventuell auch einen zuverlässigen Freund um Feedback, lerne jedoch langfristig, auch dir selbst und deiner eigenen Einschätzung zu vertrauen.

- Wenn du ein Ziel erreicht hast, grüble nicht sofort über das nächste Problem nach oder zweifle die nächste Sache an, sondern halte bewusst inne und genieße das erreichte Ziel.

Erlebe alles Positive ganz bewusst, das hilft dir, auf positive Erinnerungen zurückgreifen zu können, wenn du wieder einmal unsicher und zweifelnd bist. Versuche generell, dir ganz bewusst das Positive präsenter zu halten als das Negative.

- Um dich selbst zu schützen, bist du als HSP-SECHS wahrscheinlich besonders misstrauisch. Das ist jedoch oft gar nicht notwendig, da dir viel mehr Menschen wohlgesonnen sind, als du befürchtest. Im Grunde sagen also deine Ängste mehr über deine eigene Einstellung anderen gegenüber aus als über deren Einstellung zu dir. Beobachte deshalb, wann sich dein Misstrauen gegenüber jemand anderem als gerechtfertigt erwiesen hat und wann es nur deiner Angst entsprungen ist und sich aufgelöst hat, sobald du dein Gegenüber besser kennengelernt hattest. Mache dir Gedanken über einen möglichen Zusammenhang zwischen den Themen »dir selbst vertrauen« und »anderen vertrauen«.

- Eventuell tendierst du dazu, spitze und sarkastische Bemerkungen zu machen, wenn du dich aufregst, oder dazu, nur schwer ein gesundes Mittelmaß zu finden, wenn du es einmal wagst, gegenüber jemand anderem, vor allem gegenüber Autoritätspersonen, Kritik zu äußern. Für die HSP-SECHS kann dies solchen Stress bedeuten, dass sie große Schwierigkeiten hat, gelassen zu bleiben, wenn sie sich endlich dazu durchgerungen hat, den Mund aufzumachen.

Bemühe dich, in solchen Situationen so ruhig wie möglich zu bleiben, tief durchzuatmen und nicht heftig oder gar ausfallend zu werden.

- Als hochsensible SECHS hast du einen entscheidenden Vorteil gegenüber vielen nicht hochsensiblen Vertretern deines Enneagrammtyps: Du kannst dich selbst und deine eigenen Denkmuster eher durchschauen, weil du die Fähigkeit hast, bei der Erforschung deines eigenen Seelenlebens recht gut in die Tiefe zu gehen. Diese Fähigkeit kannst du nutzen, um zu erkennen, dass du keine wirkliche Sicherheit erreichen kannst, indem du dich auf deine Ängste und Zweifel verlässt, und auch nicht, indem du Führung und Unterstützung suchst. All das sind gewohnte Handlungsweisen und sie mögen sich kurzfristig entlastend anfühlen, aber letztendlich verstärken sie deine Unsicherheit, weil sie dich davon abhalten, deine eigene innere Führung zu finden, Stabilität von innen heraus zu erlangen und deinem Bauchgefühl zu vertrauen. Ein echtes, dauerhaftes Sicherheitsgefühl muss also aus dir selbst kommen.

All deine Versuche, deine eingefahrenen Denk- und Handlungsmuster zu durchbrechen, müssen also letztlich darauf abzielen, dass du innere Autorität erlangst und dadurch erkennst, dass die Hilfe, Sicherheit und Unterstützung, die du dir im Außen so sehr wünschst, in deinem eigenen Inneren bereits vorhanden sind. Diese Erkenntnis hilft dir, Mut und Gelassenheit zu entwickeln, vertrauensvoller, flexibler und autonomer zu werden und mehr in dir zu ruhen.

Wenn du dir dann noch den Rückzug und die Auszeiten gönnst, die dein hochsensibles Nervensystem benötigt, bist du dabei, zur besten Version deiner Selbst zu werden.

5.7 Typ SIEBEN

Die zentrale Lebensaufgabe der SIEBEN lautet, sich zu mäßigen und das Leben mit all seinen Facetten annehmen zu lernen.

5.7.1 Selbstbeobachtung

Dabei können dir die folgenden Fragen helfen:

- Inwiefern versuche ich, durch schöne Erlebnisse Angst und Schmerz zu entkommen?

- Wie reagiere ich auf Einschränkungen und Limits?
- Inwieweit lebe ich gedanklich in der Zukunft, um der Gegenwart auszuweichen?
- Was empfinde ich, wenn ich Verbindlichkeiten eingehen und mich festlegen muss?
- Wie gehe ich mit Langeweile um?
- Inwieweit kann ich wirklich im Hier und Jetzt leben?

5.7.2 Imaginieren von Veränderungen

Suche Antworten auf diese Fragen:

- Kann ich Zufriedenheit und Glück wirklich nur in der Außenwelt finden?
- Kann ich Zufriedenheit und Glück wirklich nur in der Zukunft finden?
- Ist Leiden wirklich vermeidbar, indem ich möglichst viele Erlebnisse, Vergnügungen und Unternehmungen plane?
- Kann ich negative Gefühle wie Langeweile, Kummer, Trauer oder Enttäuschung tatsächlich nicht aushalten?
- Würde ich vielleicht mehr Tiefe und Ganzheit erlangen, wenn ich es wagen würde, solche Gefühle an mich heranzulassen?
- Könnte ich dann eher im Hier und Jetzt leben?
- Könnte ich dann tiefere Beziehungen mit anderen Menschen eingehen?
- Wie würde mein Leben sich verändern, wenn ich das wagen würde?

5.7.3 Übungen

Die folgenden Übungen können der SIEBEN helfen, ihre verzerrten Denk- und Handlungsmuster aufzubrechen und eine Positiventwicklung in Richtung Integration in Gang zu setzen:

Grundübung: Beginne, bewusst darauf zu achten, wie viel Zeit, Energie und Aufmerksamkeit du in das Planen zukünftiger Aktivitäten und Möglichkeiten steckst. Überlege dir, wann du dich schnell Positivem zuwendest, sobald du befürchtest, dass du mit etwas Negativem konfrontiert werden könntest oder um dich von etwas Frustrierendem abzulenken.

Zur Ruhe kommen

Dazu gehört:

- innere Ruhe zu finden,
- aufmerksam und fokussiert zu bleiben und Themen auch einmal zu vertiefen,
- offen zu sein für Feedback,
- kurzweilige Ablenkungen zu vermeiden,
- nicht immer dem ersten Impuls nachzugeben.

Übung: Erlerne Techniken, die deinen Geist zur Ruhe kommen lassen, sodass du gedanklich nicht ständig von einer Idee zur nächsten springst, sondern mehr im Moment leben kannst.

Meditation kann sehr hilfreich sein, wobei du darauf achten solltest, nach Beenden der Meditation nicht aufzuspringen und genauso mit Volldampf weiterzumachen wie davor, sondern zu lernen, die gewonnene Ruhe zu nutzen, um bei deinen nächsten Vorhaben weniger Getriebenheit und mehr Präsenz zu erleben.

Übung: Gönne dir Zeiten der absoluten Ruhe bzw. plane sie fix in deinen Tagesablauf ein, denn wie »gönnen« wird es sich zunächst für dich vermutlich nicht anfühlen, wenn du nichts tun, ruhig daliegen und die Augen schließen sollst. Es hilft dir aber immens, deine hektischen Gedanken zu beruhigen.

Schmerzflucht erkennen

Dazu gehört:

- die eigene Seele zu erforschen und dabei angstbesetzte Themen nicht auszusparen,
- zu mehr Ganzheit zu gelangen, indem man sich auch mit den negativen Aspekten des eigenen Selbst auseinandersetzt,
- zu realisieren lernen, inwieweit Pläneschmieden und die Suche nach schönen Erlebnissen und den Freuden des Lebens in Wahrheit eine Flucht vor potenziellem Schmerz und Leid sind,
- zu lernen, nicht vor Schmerz davonzulaufen,
- Emotionszensur zu beenden, d. h sich auch unerwünschte Gefühle wie Angst, Enttäuschung, Neid, Traurigkeit oder Langeweile zu erlauben und zu üben, nicht sofort vor ihnen zu flüchten,

- zu erkennen, wann man aus der Gegenwart flüchtet, indem man gedanklich bei zukünftigen Aktivitäten verweilt und sich gegebenenfalls in die Gegenwart zurückzuholen.

Übung: Lege ein Tagebuch an, stelle dir darin existenzielle Fragen und beantworten sie.
(Beispiele: Was ist für mich der Sinn des Lebens? Wovor laufe ich davon? Wie kann ich zu mehr Tiefe finden? Was brauche ich, um wirklich erfüllt zu sein?)

Übung: Vergegenwärtige dir, dass krampfhafte Schmerzvermeidung auch Schmerz verursachen kann und dass negativen Situationen oft der Wind aus den Segeln genommen werden kann, wenn man sich mit ihnen auseinandersetzt, während sie sich ausweiten können, wenn man sie meidet.

Mäßigung und Verantwortung

- Dazu gehört:
- sich in Einschränkung zu üben, nicht alles zu haben, zu machen und zu kaufen, was man gutfindet,
- innezuhalten, sich selbst zu bremsen, weniger durchs Leben zu hasten, den Moment auf sich wirken zu lassen,
- dankbar zu sein für das, was man bereits hat,
- Ablenkung durch Reizüberflutung zu drosseln,
- sich selbst Grenzen zu setzen,
- zu lernen, sich nicht zu sehr zu verausgaben.

Übung: Nimm deine Pflichten und Verantwortlichkeiten ernst, auch wenn du lieber etwas anderes tun würdest. Halte dir nicht alle Optionen offen, sondern übe, dich festzulegen, bei deinem Entschluss zu bleiben und zuverlässig zu sein. Zügle dein Tempo, lebe bewusster im Augenblick und überlege dir, was du wirklich brauchst und worauf du verzichten kannst.

Übung: Widme dich voll und ganz einer wirklich lohnenden Sache, setze Prioritäten und verzettele dich nicht. Mache das, was du tust, bewusst, bleibe gedanklich bei der Sache und schweife nicht ab. Dann werden sich Glücksgefühle ganz von alleine einstellen, ohne dass du sie zum Hauptziel hattest.

Nüchternheit üben

Dazu gehört:

- Dinge zu Ende zu führen,
- Qualität vor Quantität zu setzen,
- sich verstärkt auch Details und Einzelheiten zu widmen,
- zu lernen, dass auch Dinge, die keinen Spaß machen, sich lohnen können,
- zu üben, gedanklich nicht dauernd von einer Idee zur nächsten zu springen, Verweilen zu üben,
- sich in Geduld zu üben.

Übung: Lege dir eine Liste der Dinge an, die du begonnen, aber abgebrochen hast, überlege dir, was davon du doch noch zu Ende führen möchtest, und nimm es in Angriff.

Übung: Da du sehr begeisterungsfähig bist, kann es dir passieren, dass du Angst bekommst, zu kurz zu kommen, und dass du dazu neigst, die Beherrschung zu verlieren. Übe dich deshalb darin, dich immer öfter zu beschränken und deinen großen Appetit zu zügeln. Lerne, einzelne Themen in der Tiefe und nicht sehr viel Verschiedenes jeweils nur oberflächlich zu verfolgen.

Selbstbezogenheit reduzieren

Dazu gehört:

- nicht nur auf die eigene Bedürfnisbefriedigung fokussiert zu sein,
- die Wünsche und Bedürfnisse des Gegenübers als genauso wichtig anzusehen,
- Freunden oder dem Partner in traurigen Situationen beizustehen, einfach nur da zu sein und zuzuhören (ohne Aufmunterungsversuche durch amüsante Geschichten),
- zu geben, statt zu nehmen.

Übung: Versuche, nicht mehr so sehr auf dein eigenes Leben konzentriert zu sein, und achte stattdessen mehr auf deine Mitmenschen. Übe dich in tiefer gehenden Gesprächen und achte darauf, wie es deinem Gegenüber wirklich geht. Gehe mehr auf die Bedürfnisse deiner Mitmenschen ein, frage sie, was sie möchten, höre ihnen wirklich zu und lerne, ab und zu zugunsten anderer zurückzustecken.

Negatives annehmen lernen

Dazu gehört:

- leidvolle, angstbesetzte oder unangenehme Aspekte des Lebens akzeptieren zu lernen und so die Freuden umso authentischer werden zu lassen,
- zu akzeptieren, dass es im Leben auch ereignislose, langweilige Momente gibt,
- zu erkennen, dass wahre Freiheit nicht eine Flucht vor der Angst bedeutet, sondern dass zur echten inneren Freiheit auch hin und wieder Ängste und die Fähigkeit, sich ihnen zu stellen, gehören,
- zu erkennen, dass Liebe nicht Dauerfreude bedeutet, sondern dass sich zu lieben bedeutet, auch dunkle Gefühle miteinander zu teilen und schwere Zeiten miteinander durchzustehen.

Übung: Ziehe Bilanz über alles, was in deinem Leben nicht optimal gelaufen ist, und über die traurigen Dinge, die dir widerfahren sind. Erlaube dir, über all das traurig zu sein und es gefühlsmäßig aufzuarbeiten, was du bisher beiseitegeschoben hast. Nimm dir Zeit, es richtig abzuschließen, und verdränge es nicht nur.

Übung: Heiße das Leben in all seinen Facetten willkommen. Werde dir bewusst, dass es wahre Freude nur als Gegenpol zu Trauer und Leid geben kann und dass du umso freudfähiger wirst, je weniger du vor den Negativseiten des Lebens flüchtest.

Reflexion: Nimm dir jeden Abend vor dem Schlafengehen ein paar Minuten Zeit und lasse Revue passieren, ob du es geschafft hast, gedanklich mehr in der Gegenwart statt bei zukünftigen Plänen zu sein und ob du achtsam mit den Bedürfnissen deiner Mitmenschen umgegangen bist. Frage dich, ob du auch unangenehmen Verpflichtungen nachgekommen bist und dich Situationen gestellt hast, die du lieber gemieden hättest. Sage dir selbst, dass ein vollständiges Leben das gesamte Spektrum von Freude und Leid, Glück und Kummer, Möglichkeiten und Limitierungen beinhaltet und nur derjenige wirklich frei und aus dem Vollen lebt, der sich dem gesamten Spektrum stellt, denn nur dann kann Freude wahre Freude und Glück wahres Glück bedeuten.

5.7.4 Für die hochsensible SIEBEN

Für die hochsensible SIEBEN ist es meist eine besondere Herausforderung, mit dem Spannungsfeld zwischen rascher Überreizung einerseits und ihrem Erlebnishunger andererseits zurechtzukommen. Für die HSP-SIEBEN ist es oft nicht so einfach, sich selbst in ihrem Drang zum Nach-vorne-Gehen zu bremsen, denn sich zurückzuziehen, gehört eigentlich nicht zu ihren natürlichen Reaktionen.

Doch wie jede HSP hat auch sie den Punkt, an dem zu viele Reize auf einmal oder bald nacheinander wahrgenommen und verarbeitet werden müssen, rascher erreicht. Für sie ist es jedoch besonders schwer innezuhalten, sich Pausen zu gönnen, sich in eine reizärmere Umgebung zurückzuziehen sowie sich zu entspannen, die Gedanken ruhen zu lassen oder einfach einmal eine Weile gar nichts zu tun, da dies ihrem Wunsch nach Anregung entgegensteht.

HSP-SIEBENer müssen also zuerst einmal akzeptieren, dass sie nicht drum herumkommen werden, sich in regelmäßigen Abständen weniger Aufregendem zu widmen, wenn sie nicht in einen Zustand der Dauerüberreizung geraten möchten.

Diesbezüglich kommt Hochsensiblen von Typ SIEBEN zugute, dass sie typischerweise etwas weniger oberflächlich orientiert, also eher an tiefer gehenden Erfahrungen und hin und wieder doch auch an einer genaueren Beschäftigung mit einem Thema interessiert sind als Nicht-HSP-SIEBENer. Das kann ihnen helfen, den Kreislauf des »Immer mehr, immer besser, immer schneller, immer toller!« zu durchbrechen, der automatisch bei einer Aneinanderreihung oberflächlicher Erfahrungen ohne echte Tiefe entsteht, da diese Erfahrungen eben nicht wirklich befriedigen können.

So hat die hochsensible SIEBEN also einen kleinen Startvorteil gegenüber ihren nicht hochsensiblen Typkollegen, nämlich, dass ihr das Fokussieren etwas leichter fällt und sie doch etwas eher an Beschaulicherem und Tiefergehendem interessiert ist.

Für die HSP-SIEBEN gilt daher ganz besonders:

- Für eine HSP-SIEBEN ist das Gefühl der Überreizung oft schwerer zu erkennen als für viele andere Hochsensible, denn die SIEBEN möchte ja vielen positiven Reizen ausgesetzt sein, sie flüchtet also nicht instinktiv vor Überreizung, sondern sucht sie bis zu einem gewissen Grad und in bestimmten Bereichen sogar. Zu erkennen, wann der Grad der Überreizung ein gesundes Maß übersteigt, ist für sie deshalb oft schwierig. Beobachte dich daher selbst genau und lerne zu erkennen, wann die Überstimulation ein belastendes Ausmaß angenommen hat.

Das ist beispielsweise dann der Fall, wenn so viele Eindrücke auf einmal auf dich eingeprasselt sind, dass du schon gar nicht mehr weißt, wo dir der Kopf steht, sodass du überdreht und fahrig wirst. Es ist auch dann der Fall, wenn du spürst, dass du eigentlich Ruhe bräuchtest, dieses Gefühl aber auszublenden versuchst. Ebenso ist es der Fall, wenn du mit einer Jetzt-erst-recht-Haltung auf Überreizung reagierst, um dir zu beweisen, dass du dich sicher nicht um schöne Erlebnisse bringen wirst, nur weil da irgendeine Spaßbremse in dir nach einer Auszeit schreit. Lerne, die Warnsignale deines Körpers zu erkennen, und ignoriere sie nicht.

- Mit Kopfschmerzen oder völliger Erschöpfung dafür zu zahlen, dass man von einem anregenden Erlebnis zum nächsten hastet, ist auf Dauer natürlich Gift für Körper und Seele.

Warte deshalb nicht, bis dein Körper dich zur Mäßigung zwingt, sondern gönne dir bereits davor regelmäßige Auszeiten. Finde ruhige Beschäftigungen wie beispielsweise Malen, Yoga, Meditieren, Spazierengehen oder in der Hängematte zu liegen und dabei leise Musik zu hören, die du in deinen Tagesplan einbauen kannst und die dir helfen, dich zu entspannen und Überstimulation abzubauen.

- Werde dir bewusst, wie oft dein Erlebnishunger in Wirklichkeit purer Eskapismus ist und du daher weit weniger frei bist, als du denkst, da du in Wahrheit von Ängsten angetrieben wirst, denen du davonlaufen möchtest. Ein eindeutiges Anzeichen dafür ist, wenn es dir schwerfällt, wirklich im Moment zu bleiben und das zu genießen, was du gerade erlebst, ohne dabei bereits daran zu denken, was du danach machen könntest.

- Lerne zu erkennen, wann du dich in Ersatztätigkeiten flüchtest und wann du geistig wegdriftest. Übe dich darin, in solchen Situationen innezuhalten und auf deine Gefühle zu achten, wenn du aufgedreht bist. Frage dich, was genau du empfindest: Bist du ängstlich oder verwirrt? Was genau ist los, warum und wovon möchtest du dich so schnell wie möglich ablenken?

- Versuche, auch negative Gefühle anzunehmen, spüre, wie sie sich anfühlen und wo im Körper du sie wahrnimmst. Lass sie zu in dem Wissen, dass sie vorübergehen werden, wenn du ihnen den Raum gibst, der ihnen zusteht.

- Suche dir Vertraute, mit denen du üben kannst, auch über Probleme und Kummer zu sprechen. Du wirst sehen, wie erleichternd es sich anfühlt, Themen nicht zu verdrängen, sondern zu bearbeiten, und du wirst erleben, dass sie dadurch eher verblassen, als wenn du sie einfach beiseiteschiebst.

- Übe dich darin, dich tiefer auf Themen einzulassen. Als HSP hast du die besten Voraussetzungen dafür, dich in Ruhe und genau mit allen Facetten eines Themas zu beschäftigen, das dich interessiert, oft handelst du aber eher wie ein Schmetterling, der von Blüte zu Blüte flattert und nirgendwo länger verweilt. Das ist schade, denn so entgehen dir viele Nuancen und Facetten, die du aufgrund deiner Hochsensibilität gut wahrzunehmen und zu bearbeiten imstande wärst. Gerade für HSP kann die eingehende Beschäftigung mit interessanten Themen sehr erfüllend sein. Außerdem übst du so, dich länger zu konzentrieren und beständiger an einer Sache dranzubleiben.
- Als HSP hast du die Gabe, sehr detailreich wahrnehmen zu können. Nutze sie und erkenne das Schöne in dem, was du bereits jetzt hast, an der Gegenwart und an dem, was jetzt gerade eben geschieht.

5.8 Typ ACHT

Die zentrale Lebensaufgabe der ACHT lautet, ihre sensible und weiche Seite anzunehmen, mitfühlender auf andere zu reagieren und einen angemessenen Umgang mit Stärke und Dominanz zu finden.

5.8.1 Selbstbeobachtung

Die folgenden Fragen können dir dabei behilflich sein:
- ❖ Inwiefern setze ich mich gegen Begrenzungen und Limits durch Rebellion zur Wehr?
- ❖ Kann ich spüren, wenn ich gegen etwas oder jemanden agiere?
- ❖ Welche Bedeutung haben Macht und Stärke für mich?
- ❖ Was empfinde ich beim Gedanken, von anderen abhängig zu sein?
- ❖ Warum verleugne ich meine verletzliche Seite?
- ❖ Wie wichtig ist es mir, die Kontrolle zu haben?

5.8.2 Imaginieren von Veränderungen

Versuche, dir folgende Fragen zu beantworten:
- ❖ Ist die Welt wirklich so hart und ungerecht zu mir, wie ich denke?

- Was würde passieren, wenn ich meine weiche Seite zeige?
- Muss ich wirklich immer stark sein und die Kontrolle über alles haben?
- Was würde passieren, wenn einmal jemand anderer die Kontrolle hätte?
- Was würde geschehen, wenn in vertrauten menschlichen Begegnungen überhaupt niemand die Kontrolle hätte?
- Wollen mich wirklich alle übervorteilen, ist mir tatsächlich kaum jemand wohlgesonnen?
- Was würde geschehen, wenn ich mich von diesen Denkmustern lösen würde?
- Wäre es denkbar, dass man mir mit Liebe begegnet?

5.8.3 Übungen

Die folgenden Übungen können der ACHT helfen, ihre verzerrten Denk- und Handlungsmuster aufzubrechen und eine Positiventwicklung in Richtung Integration in Gang zu setzen:

Grundübung: Beginne, bewusst darauf zu achten, wie deine Energie auf andere wirkt, ob Menschen dir zuweilen mit einer Abwehrhaltung begegnen, ob sie sich vor dir eher zurückziehen oder ob sie auf Konfrontation gehen. Frage dich, welchen Teil du zum Verhalten deines Gegenübers beiträgst. Vergleiche dich mit anderen: Bist du lauter, forscher, bestimmter, aggressiver, eindringlicher?

Grau statt Schwarz-Weiß

Dazu gehört:

- Schwarz-Weiß-Denken zu vermeiden und die Grauschattierungen des Lebens zu entdecken,
- sich zu hinterfragen,
- sich so oft wie möglich vor Augen zu halten, dass die Ansicht des Gegenübers genauso viel Wert ist wie die eigene,
- im Gespräch mit anderen nicht zu vergessen, dass man nicht zwingend recht hat, auch dann nicht, wenn es sich so anfühlt.

Übung: Als ACHT bist du dir deiner Meinung nicht nur sicher, du bist für gewöhnlich auch sicher, dass deine Meinung die einzig stimmige, logische, konsequente, kurz: die einzig wirklich richtige ist. Achte auf diese Tendenz und versuche, andere mit deiner Meinung nicht zu überfahren. Andere haben dasselbe Recht auf ihre Meinung wie du und auch wenn es schwerfällt, dies zu glauben: Sie können damit auch richtig liegen. Bedenke, dass aber auch mehrere Meinungen jede für sich ihre Gültigkeit haben können und dass die wenigsten Situationen schwarz oder weiß sind und es meist auf die Zwischentöne ankommt, die ein zu hartes Urteil nicht rechtfertigen. Übe dich im Erkennen der Grauschattierungen des Lebens und darin, andere Meinungen stehen lassen zu können.

Erst denken, dann handeln

Dazu gehört:

- nicht zu überstürzt und impulsiv zu handeln, sondern erst innezuhalten und zu reflektieren,
- sich selbst öfter mal zu hinterfragen,
- zu lernen, sich zurückzunehmen,
- Wut besser kanalisieren zu lernen,
- zu akzeptieren lernen, wenn man im Unrecht ist.

Übung: Übe dich darin, kurz innezuhalten und Situationen zu überdenken, dir mögliche Reaktionen zu überlegen und dann erst (angemessen) zu reagieren, sodass du nichts Unbedachtes tust. Frage dich, ob du die Position deines Gegenübers respektierst.

Dosieren lernen

Dazu gehört:

- die eigene Aggressivität und Wucht dosiert und situationsgemäß einzusetzen,
- feinere Abstufungen des Gefühlsausdrucks zu erproben,
- anzunehmen, dass das, was einem selbst nicht als dominant erscheint, auf manch anderen bereits ziemlich einschüchternd wirken kann,
- sich in Mäßigung zu üben, wenn die Pferde mit einem durchgehen,
- zu akzeptieren lernen, dass es Grenzen gibt, und diese nicht zu überschreiten,
- auch einmal freiwillig auf sein Recht zu verzichten oder darauf, zu bekommen, was man möchte, auch wenn man stark genug wäre, den eigenen Willen durchzusetzen,
- den Ereignissen auch manchmal ihren Lauf zu lassen und nicht einzugreifen,

- auch einmal andere bestimmen zu lassen und sich von anderen führen zu lassen,
- sich anpassen zu lernen,
- zu lernen, Regeln zu beachten, auch dann, wenn sie einem gegen den Strich gehen.

Übung: Akzeptiere, dass deine Energie für andere oft zu viel sein kann, und versuche, besser auf dein Gegenüber einzugehen und dich zurückzunehmen, wenn du merkst, dass dein Gegenüber irritiert ist. Lerne, die Grenzen anderer zu achten, auch wenn sie anders sind als deine eigenen Grenzen. Eventuell kann es in manchen Situationen auch hilfreich sein, den Partner oder einen guten Freund zu bitten, dir ein Zeichen zu geben, wann immer es angebracht ist, dass du dich etwas zurücknimmst.

Deine wahre Stärke liegt nicht darin, deine Macht zu demonstrieren, sondern darin, andere zu inspirieren, aufzurichten und zu beschützen. Dahin kommst du, wenn du deine Energie drosselst und Milde walten lässt, denn dann werden andere sich an dich und deine ruhige innere Stärke wenden.

Umgang mit den Mitmenschen

Dazu gehört:

- die Gefühle anderer Menschen nicht zu übergehen,
- anderen nicht über den Mund zu fahren,
- Kompromisse einzugehen,
- sich in Diplomatie zu üben,
- zu lernen, andere nicht durch allzu große Direktheit einzuschüchtern,
- Erfahrungen und Ansichten anderer anzunehmen.

Übung: Lerne, dich weniger hart und direkt auszudrücken, und nimm hin, dass du dein Gegenüber nicht von deiner Meinung, Vorgehensweise oder Denkart zu überzeugen brauchst.

Versuche zu erkennen, auf wen du einschüchternd wirkst, und dich gegebenenfalls in deiner Intensität zurückzunehmen. Akzeptiere, dass es auch zartere Gemüter gibt, für die ein herzhaft-lauter Streit nicht zu den anregenden Tagesunterhaltungen zählt. Akzeptiere Schwächere, erwarte nicht, dass sie sich verteidigen oder rechtfertigen, sondern versuche, dich in sie einzufühlen und Rücksicht zu nehmen. Bedenke außerdem immer, dass andere die gleichen Rechte haben wie du. Versuche, ab und zu auch einmal auf andere zu hören.

Gefühle entdecken

Dazu gehört:

- ❖ erkennen zu lernen, wann Wut eine Maske für ein anderes, weicheres Gefühl ist,
- ❖ die eigene Bedürftigkeit nicht zu leugnen,
- ❖ zu lernen, sich auch einmal zu schonen,
- ❖ den harten Schutzpanzer immer öfter abzulegen.

Übung: Auch wenn du als ACHT an solchen Übungen vielleicht wenig interessiert bist, würde es dir ganz besonders helfen, mit dem Teil von dir selbst in Kontakt zu kommen, den man das »innere Kind« nennt, dem Teil also, der zart und verwundbar und ohne Schutzpanzer ist, dem Teil, den du schützen und niemandem zeigen magst, damit er nicht verletzt wird.

Lass Situationen Revue passieren, in denen du dich besonders stark, dominant und unverletzbar gezeigt hast, und frage dich, welche weichere Seite in dir du damit beschützen wolltest.

Übung: Versuche auch zukünftig immer dann, wenn Wut in dir aufsteigt, kurz innezuhalten und dich zu fragen, ob die Wut nicht in Wahrheit ein anderes Gefühl verschleiert. Lerne zu erkennen, wenn unter deiner Aggression andere, verletzlichere Gefühle liegen, spüren ihnen nach und erweitere dadurch deine eigene bewusste Gefühlspalette. Das kann dir auch in der Kommunikation mit anderen behilflich sein, indem du so deine Wut erklären kannst, etwa indem du sagst, dass du wütend bist, weil dich etwas traurig gemacht hat oder du etwas als unfair empfunden hast etc.

Stärke neu bewerten

Dazu gehört:

- ❖ die eigenen weicheren Gefühle nicht zu übergehen,
- ❖ die eigene Verletzlichkeit anzuerkennen,
- ❖ erkennen zu lernen, welche Stärke darin liegt, sich verletzlich oder schwach zu zeigen, und dass dazu wahrer Mut und Größe gehören.

Übung: Auch wenn dir dies ganz besonders schwerfällt, versuche jemandem gegenüber, den du magst und dem du vertraust, dein Herz zu öffnen, dich ihm gegenüber absichtlich verwundbar zu machen und deine weiche und liebevolle Seite zu zeigen. Offenbare deine Gefühle und Ängste im Vertrauen darauf, nicht verletzt zu werden.

Übung: Lerne, deine Stärke zum Wohle anderer, d. h. konstruktiv-beschützend statt destruktiv-verschreckend einzusetzen.

Reflexion: Nimm dir jeden Abend vor dem Schlafengehen ein paar Minuten Zeit und frage dich, ob du es geschafft hast, anderen Ansichten und Vorgehensweisen gegenüber offener zu sein, ob es dir möglich war, dich und deine Energie mehr im Zaum zu halten und ob du Zugang zu deiner weicheren Seite gefunden hast, die du so oft verleugnest. Sage dir selbst, dass wahre Stärke darin liegt, sich auch sanft und verletzbar zu zeigen, dass es unterschiedliche Wahrheiten und Ansichten geben kann und dass du darauf vertrauen kannst, nicht übervorteilt zu werden, wenn du dich auch einmal zart und verwundbar zeigst, sondern dass man dich im Gegenteil dafür schätzen, respektieren und lieben wird.

5.8.4 Für die hochsensible ACHT

Die hochsensible ACHT hat häufig ziemlich mit sich zu kämpfen, da sie einige Widersprüche in sich vereint. Sie muss besonders viel Kraft aufwenden, um ihren zarten, sensiblen Kern zu schützen, und meist kämpft sie gegen ihre Hochsensibilität an und möchte sich auf gar keinen Fall anmerken lassen, dass sie »nicht so viel aushält«. Da die ACHT es unbedingt vermeiden will, schwach zu wirken, und ihr alles Zarte und Sensible als schwach erscheint, kämpft sie also einen ständigen Kampf gegen sich selbst.

Die Möglichkeit, dass sie hochsensibel sein könnte, wird eine ACHT meist zunächst verächtlich von sich weisen. Es gehört also bereits ein gewisser Grad an Reife dazu, dass die ACHT diese Möglichkeit für sich überhaupt in Betracht zieht. Tatsächlich wirkt die ACHT nach außen erst einmal auch kaum je hochsensibel, da sie all das, was auf eine Hochsensibilität hindeuten könnte, verbirgt oder sogar verleugnet. Wenn sie vermutet, tatsächlich hochsensibel zu sein, wird sie dies also zunächst einmal unbedingt für sich behalten und argwöhnisch beäugen.

Die erste und wichtigste Aufgabe für die hochsensible ACHT ist daher, ihre Hochsensibilität anzunehmen und sich mit ihr auseinanderzusetzen.

Es kann ihr dabei helfen zu erfahren, dass Hochsensible nicht weniger Reize ertragen als Nicht-Hochsensible, dass sie nicht verweichlicht, schlaff und kraftlos sind, sondern dass sie die Fähigkeit haben, besonders subtile Reize wahrzunehmen, weshalb die Menge an registrierten und verarbeiteten Reizen, die bei jedem Menschen, ob HSP oder nicht, eine Überrreizung bewirkt, bei ihnen ganz einfach eher erreicht ist. Vor allem aber kann es der HSP-ACHT auch helfen zu bedenken, dass Hochsensibilität auch mit vielen positiven Eigenschaften einhergeht, mit Begabungen und Besonderheiten, die das Leben bereichern können, wenn man sich ihnen öffnet.

Für eine hochsensible ACHT, die bereit ist, sich auf ihre Hochsensibilität einzulassen, eröffnet sich daher nicht selten eine völlig neue Daseinsebene, und tatsächlich ist für die HSP-ACHT das liebevolle Annehmen ihrer Hochsensibilität bereits ein großer Schritt in Richtung Integration.

Für die HSP-ACHT gilt daher ganz besonders:

- Wende dich deinem Innenleben zu, lerne ganz bewusst, vor allem die zarteren Seiten an dir zu schätzen. Ergründe, welche typischen Eigenschaften Hochsensibler du hast, mit denen du dich anfreunden kannst. Bist du besonders idealistisch, intuitiv, gerechtigkeitsliebend, gewissenhaft oder zuverlässig? Typisch für die ACHT ist ihr Wunsch, ihre Lieben bestmöglich beschützen und verteidigen zu können. Erkenne, wie sehr dir deine hohe Sensibilität und Reizoffenheit dabei hilft. Entdecke deine aufmerksame, liebevolle und selbstlose Seite, für die du geliebt wirst, wenn du es nur wagst, sie zu zeigen, und werde dir bewusst, wie viele deiner liebenswerten Eigenschaften du dank deiner Hochsensibilität besonders deutlich ausgeprägt hast.

- Erforsche die Ursachen für deine raue Schale. Was soll sie schützen und verstecken? Ist sie für dich auch ein Weg, auf deine Hochsensibilität und die dadurch umso deutlicher gespürte Härte der Welt zu reagieren? Soll sie etwas in dir beschützen, das noch betrauert werden müsste? Versuche zu ergründen, ob du Wünsche hast, die du unter deiner harten Tarnung versteckst, und ob dein Schutzpanzer dir hilft, diese Wünsche zu verleugnen. Was würdest du wollen, wenn du nicht das Gefühl hättest, stark sein zu müssen?

- Frage dich, ob es sein kann, dass du von Anfang an davon ausgehst, von anderen abgelehnt zu werden. Wenn ja, warum könnte das so sein? Was tust du dagegen? Ist es die richtige Strategie?

- Beobachte, wie du Härte, Stärke und Dominanz einsetzt, um deinen weichen Kern zu schützen. Versuche zu ergründen, warum es dir so unangenehm ist, Schwäche und zarte Gefühle zu zeigen. Hast du es früher einmal erlebt, dass du selbst oder andere in deiner bzw. ihrer Verletzlichkeit beschämt wurden?

- Als HSP-ACHT ist dein Wunsch, deine Umgebung kontrollieren zu können, besonders stark, genauso wie deine Angst, selbst kontrolliert zu werden. Indem du die Kontrolle behältst, möchtest du nicht nur sichergehen, nicht übervorteilt werden zu können, sondern es erscheint dir zugleich die geeignetste Strategie, deine Hochsensibilität zu schützen. Bedenke, dass es dich aber auch eine Menge an Energie kostet, den Schutzpanzer aufrechtzuerhalten.

Denn für dich bedeutet es zugleich, dir auch Überstimulation nicht anmerken zu lassen und dich häufig mitten in stark überreizende Situationen zu begeben, damit nur niemand auf die Idee kommt, du könntest schwach sein. Außerdem hältst du durch deinen harten Panzer deine Mitmenschen oft auf Abstand, was du eigentlich gar nicht möchtest.

- Als hochsensible ACHT möchtest du deinen Mitmenschen gerne nahe sein, du verwehrst es dir aber durch dein intensives Verhalten häufig unbewusst selbst. Beobachte, in welchen Situationen dies der Fall sein könnte. Übe dich darin, dich mit anderen emotional zu verbinden und deine Gefühle gegenüber jenen, die du gerne hast, nicht zu verleugnen. Wage es, wahre Intimität zu zeigen, indem du dich öffnest und mitteilst, deine Sorgen teilst, deinen Mitmenschen wirklich zuhörst, ihre Emotionen ernstnimmst, sie lobst, tröstest, sie sein lässt, wie sie sind, Kompromisse eingehst und deine Freunde etwas von deinem großen Herzen spüren lässt. Je häufiger du das schaffst, umso öfter wirst du auch spüren können, dass du um deiner selbst willen sowie für deine gefühlvolle Seite und nicht wegen deiner machtvollen Auftritte gemocht wirst.

- Lerne, dich zu entspannen und nichts Unrealistisches von dir zu verlangen. Tritt kürzer, wenn du ausgelaugt bist, und schufte dich nicht zu Tode, um dir zu beweisen, was du alles schaffst. Gönne dir Pausen und Zeiten der Ruhe und erkenne es als Stärke und nicht als Schwäche, wenn du auf dich achtest.

- Übe dich darin, nicht immer so viel Energie nach außen abzugeben. Lerne, Impulse wahrzunehmen und nicht sofort abwehrend darauf zu reagieren, d. h. übe, nicht augenblicklich in den »Kampfmodus« zu schalten, nicht sofort zu diskutieren und deinen Standpunkt mit aller Klarheit zu verdeutlichen, wenn eine Situation oder Person dich dazu reizt. Erweitere also deine Reiz-Reaktionslücke, sodass du weniger impulsiv reagierst und dir die Möglichkeit einräumst, kurz innezuhalten, abzuwarten und nachzudenken, welche Reaktion dir in welcher Situation angemessen erscheint und ob es dir möglich ist, dich etwas zurückzunehmen, wenn du stark offensiv oder wütend reagieren möchtest.

Wenn du lernst, Impulse erst einmal nur zu registrieren und zu beobachten, was sie mit dir machen und wie sie sich in deinem Körper anfühlen, hilft dir das, deine Lebenskraft nicht reflexartig destruktiv auszuagieren, sondern deine Intensität bewusst zu drosseln und die Dinge erst einmal geschehen zu lassen. Dadurch erhältst du die Freiheit, bewusster entscheiden zu können, wie du reagierst, wodurch du die Dinge auf eine bisher unbekannte, neue Art und Weise in den Griff bekommst. Das Gefühl, dich verteidigen zu müssen und in einem ständigen Kampf mit der Welt zu sein, wird dadurch schwächer werden und du wirst merken, dass du deinen weichen Kern, dein butterweiches Herz (von dem kaum jemand etwas wissen soll) gar nicht so stark und vor allem nicht so prinzipiell und ständig schützen musst.

Das wiederum ebnet dir den Weg, deine Stärke immer häufiger konstruktiv statt destruktiv einzusetzen.

5.9 Typ NEUN

Die zentrale Lebensaufgabe der NEUN ist es, ihre eigenen Motive, Bedürfnisse und Interessen zu entdecken und ernst zu nehmen, Eigeninitiative zu entwickeln und ins Handeln zu kommen.

5.9.1 Selbstbeobachtung

Die folgenden Fragen können dabei helfen:

- Inwiefern vergesse ich mich selbst, wenn ich mich den Wünschen anderer anschließe?
- Inwieweit setze ich Konfliktvermeidung ein, um meinen Seelenfrieden nicht zu gefährden und mich mit anderen verbunden zu fühlen?
- Inwieweit stehe ich wirklich voll im Leben?
- Wann und wieso bin ich passiv-aggressiv?
- Inwiefern verfolge ich oft Unwichtiges und vernachlässige wichtige Prioritäten?
- Wie wichtig sind mir die Bedürfnisse meiner Lieben im Vergleich zu meinen eigenen?

5.9.2 Imaginieren von Veränderungen

Suche Antworten auf diese Fragen:

- ❖ Bin ich wirklich unwichtiger als andere?
- ❖ Was würde passieren, wenn ich mich anderen gegenüber mehr durchsetzen würde?
- ❖ Was würde geschehen, wenn ich meine eigenen Bedürfnisse genauso wichtig nehmen würde wie die der anderen?
- ❖ Kann ich meine Prioritätensetzung verbessern? Was wäre dafür nötig?
- ❖ Wie könnte ich meinen Ärger konstruktiv ausdrücken?
- ❖ Was würde geschehen, wenn ich Verärgerung deutlich ausdrücken würde?
- ❖ Könnte ich Konflikt wirklich nicht aushalten oder könnte aus Konflikt vielleicht auch etwas Gutes entstehen?
- ❖ Wie würde sich mein Leben verändern, wenn ich mich selbst mit allen Konsequenzen wirklich wichtig nehmen würde?

5.9.3 Übungen

Die folgenden Übungen können der NEUN helfen, ihre verzerrten Denk- und Handlungsmuster aufzubrechen und eine Positiventwicklung in Richtung Integration in Gang zu setzen:

Grundübung: Beginne, bewusst darauf zu achten, wie deine Aufmerksamkeit sich auf andere richtet, darauf, was sie wollen oder erwarten könnten, auf Anforderungen, denen du gerecht werden möchtest, damit alle zufrieden sind. Beobachte, wie wenig du darauf achtest, was du selbst eigentlich möchtest, und wie sehr du dich mit deiner Aufmerksamkeit von dir selbst wegbewegst. Achte darauf, wie unentschieden du bist und ob du dich deinem Gegenüber, ohne auf deine eigenen Bedürfnisse zu achten, anschließt und wenn ja, wie du dich dabei und hinterher fühlst. Erkenne, wie deine Aufmerksamkeit sich Nebensächlichem zuwendet, und überlege, was du stattdessen in Angriff nehmen solltest und warum du es nicht machst.

Selbsterkenntnis

Dazu gehört:

- ❖ die eigenen Talente zu erkennen und wichtig zu nehmen,

- sich selbst wichtig zu nehmen,
- Eigeninitiative zu entwickeln,
- Prioritäten zu setzen,
- zu erkennen, dass Selbstbehauptung nicht aggressiv, sondern etwas Positives ist,
- zu lernen, ohne schlechtes Gewissen auch ab und zu Nein zu sagen,
- mehr Antrieb zum Handeln zu entwickeln.

Übung: Lege ein Tagebuch an und versuche, dich darin in detektivischer Detailarbeit immer besser selbst zu erkennen. Fragen, die dir dabei helfen können, sind: Was sind meine Interessen und Talente? Wie kann ich sie in meinen Alltag integrieren? Was brauche ich, um wirklich zufrieden und erfüllt zu sein? Welche Lösungen meiner Probleme sind nur Scheinlösungen? Was würde wirklich etwas bewirken?

Selbstachtsamkeit üben

Dazu gehört:

- sich darin zu üben, sich selbst deutlicher wahrzunehmen und infolge wichtig zu nehmen,
- aktiv zu werden, sich präsenter zu zeigen, die eigene Meinung vertreten zu lernen, selbstbewusster aufzutreten,
- zu erkennen, dass man wertvoll ist und einen bedeutenden Beitrag leisten kann,
- Ziele zu definieren,
- zu erkennen, was wirklich wichtig ist und was warten kann.

Übung: Nimm dich selbst wichtig. Nimm dich richtig wichtig und nicht nur scheinbar wichtig, indem du dich ablenkst, beschäftigst und tröstest, indem du versuchst, dich nicht aufzuwühlen, indem du dich anpasst und deine Wünsche begräbst. Nimm dich richtig wichtig, indem du dich um deine wahren Bedürfnisse kümmerst, dich nicht ständig anpasst, wenn du etwas anderes möchtest, Grenzen setzt und dich nicht verbiegst, um Konflikt zu vermeiden.

Selbstvergessenheit erkennen

Dazu gehört:

- sich darin zu schulen, die eigenen Mechanismen der Selbstbetäubung aufzuspüren,

- zu erkennen, wann man sich ablenkt statt das anzupacken, was getan werden sollte,
- von der Selbstvergessenheit zu mehr Wachheit zu finden,
- zu registrieren, wann man aus Bequemlichkeit zurücksteckt,
- Entscheidungsfreude und Antriebsstärke zu entwickeln,
- zu erkennen, wann man sich mit Unwichtigem vom Wichtigem abhält.

Übung: Lege dir einen Zeitrahmen für deine Bequemlichkeitsrituale (fernsehen, im Internet surfen, Computerspiele spielen etc.) fest und beende die jeweilige Tätigkeit, wenn die dafür vorgesehene Zeit abgelaufen ist.

Übung: Versuche, nach und nach immer aktiver zu werden. Schenke deiner Umgebung mehr Aufmerksamkeit, bleib konzentriert sowie geistig und gefühlsmäßig »wach«.

Übung: Mache Vorschläge, was du mit deinem Partner oder deiner Familie unternehmen könntest, wie ein Urlaub gestaltet werden kann oder in welches Lokal ihr abends gehen könntet.

Autonomie üben

Dazu gehört:

- die eigenen Wünsche und Bedürfnisse zu spüren,
- erkennen zu lernen, was man wirklich möchte, unabhängig davon, was andere wollen,
- eigene Bedürfnisse als gleich wichtig wie die Bedürfnisse anderer Personen zu erachten,
- infolge nicht immer zurückzustecken,
- die eigenen Wünsche anderen gegenüber konkret kundzutun.

Übung: Achte darauf, was es mit dir macht, wenn du dich des lieben Friedens willen oder aus Bequemlichkeit den Wünschen anderer anschließt oder dich ablenken lässt von kleinen Annehmlichkeiten oder Tätigkeiten, in denen du gerne versinkst. Versuche, immer öfter gegen diese Tendenzen zu agieren. Gib nicht so oft nach, bis dir irgendwann der Kragen platzt. Äußere deine Meinung und lasse dich nicht ablenken und mit Nebensächlichem beschäftigen. Stelle dir die Fragen »Was möchte ich wirklich?« und »Was sollte ich eigentlich tun?« und »Ist es wirklich dauerhaft befriedigend für mich, mich stillschweigend den Wünschen anderer anzuschließen?«

Übung: Lege eine To-do-Liste an, ordne sie nach Prioritäten und arbeite sie ab. Das hilft dir, mehr Struktur in deinen Tagesablauf zu bekommen. Dir feste Termine für Ziele und Projekte zu setzen, kann dir ebenfalls helfen, darauf konzentriert zu bleiben.

Körperwahrnehmung verbessern

Dazu gehört:

- Körperbewusstsein zu schulen
- regelmäßige Bewegung
- sich in Ausdauer und Disziplin zu üben
- Emotionen, vor allem Wut und Aggression, im eigenen Körper spüren zu lernen

Übung: Regelmäßige Körperübungen können dir als NEUN besonders hilfreich sein, denn die NEUN ist sich ihres Körpers und dessen Empfindungen oft nur sehr wenig bewusst. Auch regelmäßige Bewegung und sportliche Betätigung wie Wandern, Schwimmen, Radfahren oder flottes Spazierengehen stärken nicht nur die generelle Fitness und Selbstdisziplin, sondern auch das Bewusstsein für den eigenen Körper, was wiederum die beste Voraussetzung dafür ist, Zugang zu eigenen Impulsen und auch zur eigenen Wut zu bekommen.

Umgang mit Wut und Ärger

Dazu gehört:

- zu lernen, Ärger zu spüren, ihn von Traurigkeit zu unterscheiden lernen und ihn nicht als unbedeutend abzutun,
- als nächsten Schritt den Ärger auch gelegentlich zu äußern und die dadurch freigesetzte Energie wertschätzen zu lernen,
- sich direkter und bestimmter auszudrücken,
- zu widersprechen und Nein sagen zu lernen und zu riskieren, mit seiner Meinung sogar manchmal ein wenig anzuecken.

Übung: NEUNer unterdrücken Ärger und Wut sosehr, dass sie diese Emotionen oft kaum noch bewusst wahrnehmen. Achte daher genau darauf, wann du dich ärgerst, und schiebe dieses Gefühl nicht schnell beiseite. Nimm deine Wut ernst, denn du bist schließlich nicht ohne Grund wütend.

Finde Worte für deine Wut, übe, deinem Gegenüber mitzuteilen, was dich verärgert hat und was du brauchen würdest, damit es dir besser geht. *Übung:* Versuche, dich generell direkter auszudrücken, also weniger diplomatisch zu sein und mehr von dem, was du dir denkst, auch tatsächlich zu verbalisieren. Du gewinnst dadurch mehr Profil und wirst von deinem Gegenüber wichtiger genommen. Beginne bei kleinen unwichtigen Themen und arbeite dich zu Schwierigerem und Bedeutenderem vor. Lerne außerdem zu widersprechen, wenn du anderer Meinung bist, Nein zu sagen, wenn du nicht Ja sagen möchtest, und zu deiner Ansicht auch dann offen zu stehen, wenn sie anders ist als die deines Gegenübers.

Konflikt neu bewerten

Dazu gehört:

- zu erkennen, dass das Leugnen von Konflikten keinen Seelenfrieden bringt,
- zu realisieren, dass Konfliktvermeidung sogar der Grund sein kann, warum andere mit einem Konflikte haben,
- zu lernen, dass Konflikt nicht unbedingt etwas Negatives sein muss, sondern dass er Klarheit schafft und frischen Wind in eingefahrene Situationen bringen kann,
- zu erkennen, dass Konflikte auch mehr Nähe schaffen können, indem man dem Gegenüber die Gelegenheit gibt, einen besser kennenzulernen, wenn man ihm sagt, was man wirklich möchte,
- zu erkennen, dass man erst mit sich selbst im Einklang sein muss, um wirklich mit anderen im Einklang sein zu können.

Übung: Lerne, Konflikten nicht mehr so sehr aus dem Weg zu gehen. Manchmal ist es besser, Situationen zu klären, und oft ist etwas, das dir als große Meinungsverschiedenheit und bedrohlicher Streit erscheint, für dein Gegenüber halb so schlimm. Übe, daran zu glauben, dass Konfrontationen und Meinungsverschiedenheiten nicht gleich Trennung bedeuten und dass die Wahrscheinlichkeit, sich langfristig voneinander zu entfernen, weitaus größer ist, wenn man nicht offen sagt, was man empfindet oder möchte. Trainiere daher deine Konfliktfähigkeit und erhöhe deine Bereitschaft, Unstimmigkeiten anzusprechen.

Übung: Beobachte dich genau, um herauszufinden, wann du innerlich im Widerstand zu etwas bist und dies durch passiv-aggressives Verhalten wie

Langsam-Werden, Vermeidung und »Vergessen« von Aufgaben äußerst. Übe dich darin, deinen Unwillen stattdessen auszusprechen.
Reflexion: Nimm dir jeden Abend vor dem Schlafengehen ein paar Minuten Zeit und frage dich, ob du es geschafft hast, dich genauso zu lieben wie andere, dich gleich wichtig zu nehmen wie andere und deine Meinung als ebenso relevant zu betrachten wie jene deines Gegenübers. Sage dir selbst, dass du genauso wertvoll bist wie jeder andere Mensch und dass du es dir wert bist, dich selbst auch so zu behandeln.

5.9.4 Für die hochsensible NEUN

Sich mit ihrer Hochsensibilität anzufreunden oder sie überhaupt erst einigermaßen zu akzeptieren, wie es für die ACHT eine Herausforderung ist, ist für die NEUN normalerweise einfach. Für die HSP-NEUN ist es vielmehr wichtig, ihr eigenes Selbst deutlich herauszubilden, sie muss sich selbst um einiges wichtiger nehmen und erkennen lernen, dass ihr Beitrag in der Welt von Bedeutung ist.

Hochsensiblen von Typ NEUN fällt es oft besonders schwer, sich durchzusetzen, Grenzen zu ziehen und ihre Bedürfnisse zu erkennen und zu beachten. Aufgrund ihrer meist sehr stark ausgeprägten Empathie sind sie noch mehr, als es für die NEUN ohnehin schon typisch ist, mit ihrer Aufmerksamkeit bei ihrem Gegenüber. In der Enneagrammliteratur wird dies häufig so beschrieben, dass die NEUN sich gewohnheitsmäßig in die Standpunkte, Meinungen und Gefühle anderer sehr gut einfühlt und Schwierigkeiten hat, sich davon abzugrenzen. Das umreißt das Dilemma der NEUN – und erst recht der HSP-NEUN – jedoch maximal schemenhaft. Der Kern der Problematik ist nämlich der, dass die NEUN – und die HSP-NEUN verstärkt – sich regelrecht überschwemmt fühlt von den Gefühlen und Bedürfnissen ihrer Mitmenschen. Sie kann sich so gut in andere Menschen einfühlen, dass sie deren Gefühle, Gemütszustände und Bedürfnisse spürt, auch wenn ihr Gegenüber kein Wort sagt.

Dabei fühlt sich das, was sie von anderen wahrnimmt, schwer und bedeutend an.

Es ist meist nicht so, dass die NEUN absolut nicht wüsste, was sie selbst wollen würde, aber sie »kann es nicht mehr wollen wollen«, wenn daneben die Bedürfnisse eines anderen Menschen für sie so schwer wiegen. Wie kann man sich an einem Spaziergang freuen, den sie gerne gemeinsam unternehmen würde, wenn der Freund offenbar lieber zuhause bleiben möchte? Die NEUN kann es nicht mehr und *deshalb* schließt sie sich ihrem Gegenüber so oft an. Aus diesem Grund sind vor allem hochsensible NEUNer, bei denen diese Problematik aufgrund ihrer großen Empathie verstärkt ist, oft sehr gerne alleine, denn nur dann haben sie das Gefühl, ganz sie selbst sein zu können.

Für die HSP-NEUN gilt daher ganz besonders:

- Übe dich darin, deine eigenen Gefühle wahrzunehmen und nicht die Gefühle deiner Liebsten zu übernehmen, deine eigenen Gefühle also von jenen anderer Menschen trennen zu können.

Als HSP-NEUN tendierst du dazu, Gefühle anderer aufzusaugen wie ein Schwamm. Bist du beispielsweise mit jemandem zusammen, der deprimiert ist, macht dich dies ebenfalls deprimiert und es ist schwierig für dich, dieses Gefühl wieder loszuwerden. Das zu ändern, bedarf einiger Übung. Zu lernen, dich energetisch abzugrenzen (Stichwort: energetisches Schutzschild aufbauen), kann hierbei sehr hilfreich sein.

- Hochsensible NEUNer (vor allem mit EINSer-Flügel) haben besonders oft ein schlechtes Gewissen, wenn sie die – oft nur gefühlten und gar nicht ausgesprochenen – Erwartungen anderer einmal nicht erfüllen. Dennoch ist es keine Dauerlösung, ständig den Erwartungen der Mitmenschen nachzukommen. Zu lernen, kein schlechtes Gewissen zu haben, ist also unumgänglich, so schwierig es auch ist. Übe dich deshalb darin, Grenzen zu setzen. Zu Beginn kannst du deinen Freunden oder Familienmitgliedern durchaus sagen, dass du dabei bist, Grenzen Setzen zu lernen und deshalb von nun an ab und zu anders reagieren wirst, als man vielleicht von dir gewohnt ist. Das hilft dir, kein so starkes schlechtes Gewissen zu haben und dennoch neue Verhaltensweisen üben zu können. Achte auf das, was du selbst möchtest, und darauf, wann du dich anpasst, aber eigentlich etwas anderes benötigst oder möchtest. Lerne auch zu sagen, wenn du Zeit für dich alleine brauchst.

- Ein weiterer Teilbereich des Grenzen-Setzens ist das Nein-Sagen, das dir als HSP-NEUN typischerweise ebenfalls sehr schwerfällt. Oft kommt es dir viel zu hart und brutal vor, etwas einfach abzulehnen oder auszuschlagen, denn du bist bei den Gefühlen deines Gegenübers und stellst dir dessen Enttäuschung und Traurigkeit in einer Intensität vor, die vermutlich meist deutlich zu stark ist. Manchmal bist du dir aufgrund der vielen Faktoren, die du dabei stets berücksichtigen möchtest, auch nicht spontan sicher, ob du etwas ablehnen möchtest oder nicht. In beiden Fällen ist es eine gute Methode, wenn du Zeit zum Nachdenken erbittest.

Sage einfach, du brauchst eine Weile, um zu überlegen, so kannst du herausfinden, was du willst, und wenn du ablehnen möchtest, kannst du dies in Ruhe so formulieren, wie du es am besten schaffst, es auszusprechen.

- Als HSP-NEUN sind Streit und Konflikte für dich typischerweise besonders schwer zu ertragen. Lerne dennoch zu akzeptieren, dass das, was sich für dich als NEUN bereits als deutlicher Konflikt anfühlt, für die meisten anderen nicht viel mehr als ein (eventuell sogar anregender) Austausch kontroverser Meinungen ist. Was dir bereits als aggressives, lautes Die-Stimme-Erheben erscheint, ist für viele andere oft nur eine marginale Erhöhung der Lautstärke im Eifer des Gefechts. Hab keine Angst, dass solche Dinge die Beziehung zu deinem Gegenüber gefährden oder die Stimmung zwischen euch für immer vergiften. Die eigene Meinung des lieben Friedens willen dauernd zu verbergen, ist auf Dauer für jede Beziehung weitaus schädlicher als jedes anregende Gespräch über kontroverse Themen, selbst wenn es dabei einmal ein wenig hitziger zugehen sollte. Dasselbe gilt für deine Ängste und Sorgen. Traue dich, auch diese Gefühle gegenüber Freunden oder deinem Partner zur Sprache zu bringen. Vertraue darauf, dass dies deine Beziehungen keineswegs zerstört, sondern dass sie im Gegenteil sogar gestärkt werden, je mehr du dich zeigst und es wagst, ganz du selbst zu sein.

- Als hochsensible NEUN tendierst du ganz besonders dazu, Zorn als Bedrohung zu sehen, die deinen inneren Frieden gefährdet und ausschließlich destruktiv ist. Deinen eigenen Zorn und deine Wut spürst du meist kaum noch. Das bedeutet jedoch auch, dass du dich einer Energiequelle beraubst. Erforsche daher deinen Zorn, spüre ihm nach, finde heraus, wo in deinem Körper du spürst, wenn du wütend bist. Lerne zu erkennen, wenn sich dein Ärger anstaut, und übe, ihn angemessen zu äußern. Es kann auch sein, dass du anfangs eher Traurigkeit als Ärger entdeckst und mit der Zeit bemerkst, dass diese Traurigkeit deine Wut überdeckt. Wichtig ist, dass du dich damit auseinandersetzt und Wege findest, deine Wut zu spüren und auszuagieren, da man auf unterdrückte Gefühle sonst irgendwann körperlich reagiert (beispielsweise mit Kopfschmerzen, Rückenschmerzen, Übelkeit, Weinkrämpfen oder Panikanfällen).

- Achte darauf, wann du beginnst »einzuschlafen«, wann du wegdriftest und deine Aufmerksamkeit von Wesentlichem zu Unwesentlichem verlagerst. Oft ist das sehr schwer zu erkennen, eben weil der NEUN Unwesentliches oft wichtig erscheint oder weil sie diesen halb wachen Zustand schon sosehr gewohnt ist. Mit etwas Übung wirst du aber zunehmend spüren, wenn du nicht ganz präsent bist, wenn du wie hinter einem Schleier in irgendwelchen Tätigkeiten versinkst oder bei Gesprächen zwar lächelst und nickst, dich aber hinterher kaum an das Gesagte erinnerst. Versuche alles, was du tust, mit mehr Aufmerksamkeit zu tun.

- Oft passt die NEUN sich sosehr den Gegebenheiten und ihren Bezugspersonen an, dass sie ihr Leben kaum noch aktiv gestaltet, sondern nur noch reagiert auf das, was in ihrem Umfeld vor sich geht. Sie identifiziert sich mit den beruflichen Schwierigkeiten ihres Mannes, fiebert mit bei Herausforderungen, die ihre Kinder zu meistern haben, und leidet völlig mit den Alterserscheinungen der Eltern mit. Sie hilft und arbeitet dort mit, wo sie gebraucht wird, erschafft sich aber so gut wie nichts Eigenes. Sie hat kaum eigene Interessen oder etwas, das sie nur für sich tut und oft sogar nicht einmal einen Beruf, den sie sich selbst ausgesucht hat.

Wenn es dir ähnlich geht, dann versuche Tendenzen zu erkennen, in einem Leben zu verschwinden, das gar nicht deinen eigenen Vorstellungen entspricht, und beginne, dir etwas Eigenes zu erarbeiten. Werde nicht zu jemandem, der sein individuelles Menschsein ein Leben lang verdrängt, um letztendlich festzustellen, dass er nie richtig gelebt hat. Lebe nicht das Leben anderer mit aus Bequemlichkeit und aus Angst, den Problemen des Lebens sonst nicht gewachsen zu sein. Gib nicht einen Gutteil deines Lebens auf, sondern entwickle ein Gefühl dafür, wie großartig es ist, lebendig zu sein, und wie großartig es ist, dass du du selbst, ein völlig eigenständiges Individuum mit ganz eigenen Interessen, Begabungen, Ansichten, Träumen und Wünschen bist. Nimm deine Interessen ernst und verfolge sie mit Nachdruck.

Reserviere dir Zeit und Energie, die du ganz bewusst in deine eigene Entwicklung investierst (du kannst dir sicher sein, dass das nicht selbstsüchtig ist!)

- Die NEUN generell und die HSP-NEUN im Besonderen stellt ihr Licht unter den Scheffel.

Wenn es dir auch so geht, dass du dich unter deinem Wert verkaufst, deine Erfolge kaum jemals erwähnst, oft weitaus mehr weißt, als du sagst, und übermäßig bescheiden auftrittst, lädst du andere geradezu dazu ein, dich zu unterschätzen. Leider ist der NEUN dies häufig nicht einmal unrecht, denn wenn sie unterschätzt wird, lastet kein Druck auf ihr, etwas leisten zu müssen, und auch die Wahrscheinlichkeit, jemanden zu enttäuschen, ist dann geringer. Bedenke aber, dass du durch deine Haltung leider auch dazu einlädst, dich »nicht ganz für voll zu nehmen«, dich im Vergleich zu anderen zu ignorieren und den Ansichten der anderen mehr Gehör zu schenken als deinen. Im Grunde behandelt dich dein Gegenüber also so, wie du dich selbst behandelst, und du ermunterst es dazu auch noch. Auch wenn dir das manchmal als bequem und Weg des geringsten Widerstandes erscheint, es macht dich so viel unbedeutender, als du bist.

In jeder NEUN steckt das Potenzial, ihre Fähigkeiten zu zeigen, sich Gehör zu verschaffen, sich genauso wichtig zu nehmen wie ihre Mitmenschen und deshalb auch für genauso wichtig genommen zu werden. Letztendlich ist es das, was wirklich dauerhaft zufrieden macht. Bei jedem Schritt in diese Richtung wird dich das Gefühl, doch wichtig und bedeutend zu sein, merken lassen, dass es sich lohnt, sich in diese Richtung von mehr Selbstbestimmung und Selbstbewusstsein weiterzuentwickeln.

- Übe dich darin, deine Ansichten und Ideen zu äußern und auch manchmal über deine eigenen Probleme zu sprechen, statt immer nur zuzuhören. Deine Bedürfnisse sind genauso wichtig wie die der anderen, auch wenn dir das oft nicht so erscheint. Beziehe klar Position, tue nicht so, als wäre alles in Ordnung, wenn dies nicht der Fall ist, und hoffe nicht, dass sich alles irgendwie von alleine klärt, wenn es ein Problem gibt, sondern lerne, es anzusprechen. Kurz: Opfere deine Gemütsruhe kurzfristig zugunsten lebendiger Beziehungen und eines langfristigen und echten Seelenfriedens.

Zum Geleit

Nun hast du, lieber Leser, alle neun Enneagrammtypen und deren Entsprechung bei Hochsensiblen kennengelernt. Dennoch kann es sein, dass du dir noch nicht sicher bist, welchem Enneagrammtyp du dich zuordnen kannst. Es mag sein, dass du die Beschreibung eines bestimmten Typs liest und dir spontan denkst »Das bin ich!«, dann liest du weiter über einen anderen Typ, wirst erneut unsicher und denkst dir, »Nein, ich bin doch dieser Typ«.

Damit bist du bei Weitem nicht allein, denn dieses Problem liegt einerseits an der Komplexität des Enneagramms und andererseits daran, dass es sehr schwierig ist, sich selbst wirklich zu durchschauen.

Das Enneagramm beschreibt zwar neun Persönlichkeitsmuster, denen man bis zu einem gewissen Grad bestimmte Eigenschaften zuordnen kann, jedoch steht eine Zuordnung zu einem Typ *nur* aufgrund von Charaktereigenschaften, Vorlieben oder Eigenheiten auf sehr wackeligen Beinen, denn diese Eigenschaften und Eigenheiten sind nicht jeweils nur einem einzigen Typ vorbehalten. So kann etwa eine SECHS genauso pünktlich sein wie eine EINS, eine SIEBEN genauso kreativ wie eine VIER und eine NEUN genauso hilfsbereit wie eine ZWEI, um nur wenige Beispiele zu nennen. Viel wichtiger sind die hinter unserem Verhalten und unseren Eigenheiten liegenden Motivationen. Unsere Hauptmotivationen sind uns aber sehr oft gar nicht oder bestenfalls schemenhaft bewusst. So wissen wir also beispielsweise zwar, dass wir sehr hilfsbereit sind und dass die Bedürfnisse anderer für uns Vorrang vor unseren eigenen Bedürfnissen haben, aber wir wissen zunächst nicht, *warum* das so ist.

Wenn es dir also schwerfällt, deinen Typ zu finden, gilt es, verstärkt nach dem Warum zu schauen, dich zu hinterfragen, weshalb du in bestimmten Situationen auf die Weise reagierst, wie du es tust, zu erkunden, warum dich etwas besonders stresst, kränkt, wütend, traurig oder nachdenklich macht. Das ist nicht einfach und kann einige Zeit in Anspruch nehmen.

Es ist meist auch relativ wenig hilfreich, mit verschiedensten Enneagrammtests, von denen man im Internet genügend findet, wieder und wieder zu versuchen, dem eigenen Typ auf die Spur zu kommen, denn diese Tests fragen meist entweder nur Eigenschaften und keine Motivationen ab oder sie sind generell zu einfach gestrickt, um wirklich Klarheit zu bringen. Am besten ist es, sich die Beschreibungen der Typen wirklich genau, in Ruhe und mehrmals durchzulesen. Meist kann man dann doch relativ bald zumindest einige Typen für sich ausschließen und sich auf wenige verbleibende konzentrieren. Hilfreich kann auch sein, sich die Typbeschreibungen verschiedener Autoren herzunehmen, da diese durchaus unterschiedlich nuanciert sein können.

Ebenfalls hilfreich ist, darüber nachzudenken, wie man selbst agiert, wenn es einem richtig gutgeht, wenn man sozusagen die »beste Version seiner selbst« ist, und wie man sich andererseits verhält, wenn es einem sehr schlecht geht und dies mit den Bewegungen der infrage kommenden Enneagrammtypen zu ihren jeweiligen Trost- und Stresspunkten vergleicht.

Auch das Gespräch mit Menschen zu suchen, die uns gut kennen, kann bei der Typfindung weiterhelfen, denn nicht selten sind nahe stehenden Personen unsere Muster präsenter als uns selbst.

Last but noch least können auch die Tipps am Ende dieses Buches bei der Typfindung behilflich sein, wenn du dir folgende Fragen stellst: »Welche Tipps können mir am meisten helfen?« und vor allem »*Warum* können mir gerade diese Tipps am meisten helfen?«

Es gilt also, sich selbst und die eigenen Denk- und Handlungsmuster zu hinterfragen und sich nicht verleiten zu lassen, sich aufgrund oberflächlicher Charakteristika oder kleiner Details einem Typ zuzuordnen. Dass der Typfindungsprozess einige Zeit in Anspruch nehmen kann, ist also ganz normal und kein Grund zur Beunruhigung oder Frustration, denn wir lernen auch während der Suche nach unserem Enneagrammtyp ständig dazu. Schließlich wusste es bereits Konfuzius: »Der Weg ist das Ziel«.

Literaturempfehlungen

- Almaas, A. H.: Facetten der Einheit. Das Enneagramm der Heiligen Ideen. Kamphausen Media GmbH, 2012.
- Baron, Renee / Wagele, Elizabeth: Das Enneagramm leichtgemacht. Entdecken Sie das System der neun Archetypen - mit Typentest. Schirner Verlag, 2011.
- Jaxon-Bear, Eli: Das spirituelle Enneagamm. Neun Pfade der Befreiung. Goldmann Verlag, 2003.
- Maitri, Sandra: Neun Portraits der Seele. Die spirituelle Dimension des Enneagramms. J. Kamphausen Verlag, 2. Auflage 2002.
- Naranjo, Claudio: Das Enneagramm der Gesellschaft. Die Übel der Welt, das Übel der Seele. Via Nova Verlag, 1998.
- Naranjo, Claudio: Wandlung durch Einsicht. Die Enneagrammtypen im Leben, in der Literatur und in klinischer Praxis. Via Nova Verlag, 1999.
- Palmer, Helen: Das Enneagramm in Liebe und Arbeit. Droemer Knaur Verlag, 2000.
- Palmer, Helen: Das Enneagramm. Sich selbst und andere verstehen lernen. Droemer Knaur Verlag, 2000.
- Riso, Don Richard: Das Enneagramm-Handbuch. Mit ausführlichem Testteil. Droemer Knaur Verlag, 1993.
- Riso, Don Richard / Hudson, Russ: Die Weisheit des Enneagramms. Entdecken Sie Ihren inneren Reichtum. Goldmann Verlag, 2000.
- Rohr, Richard / Ebert, Andreas: Das Enneagramm. Die 9 Gesichter der Seele. Claudius Verlag, 48. Auflage 2017.
- Skarics, Marianne: Sensibel kompetent – Zart besaitet und erfolgreich im Beruf. Festland Verlag, 3. Auflage 2015.
- Skarics, Marianne: Sensibilität und Partnerschaft – Hochsensible Menschen erzählen. Festland Verlag, 3. Auflage 2019.

Weitere Titel der Autorin

Sensibilität und Partnerschaft

Hochsensible Menschen haben typischerweise ein besonders reiches und vielschichtiges Innenleben, hohe Ansprüche sowie ein tiefes Bedürfnis nach Gerechtigkeit und Harmonie. Ihre feinen Antennen für die Stimmungen des Partners machen sie oft zu besonders achtsamen Partnern.

Die Schattenseiten: Sie laufen Gefahr, häufig überfordert und von subtilen Eindrücken überlastet zu werden sowie sich selbst und dem Partner den Alltag kompliziert zu gestalten.

AUS DEM INHALT:
* Was macht Hochsensibilität aus, und welchen Einfluss hat sie auf Liebesbeziehungen?
* Haben hochsensible Menschen besondere Ansprüche an Liebesbeziehungen, oder haben sie besondere Begabungen, die ihnen im Beziehungsleben zugute kommen?
* Hochsensible SIngles: Ihre Erfahrungen und ihre speziellen Schwierigkeiten bei der Beziehungsanbahnung
* Fällt es hochsensitiven Menschen besonders schwer, passende Partner zu finden? Wenn ja, was kann man dagegen tun?
* Komplizierte Beziehungsmuster: Schon wieder an den "Falschen" geraten?
* Welche Strategien zur Bewältigung von Partnerschaftskrisen haben sich bewährt?
Ca. 288 Seiten, Festland Verlag, ISBN 978-3950176544

Sensibel kompetent: Zart besaitet und erfolgreich im Beruf

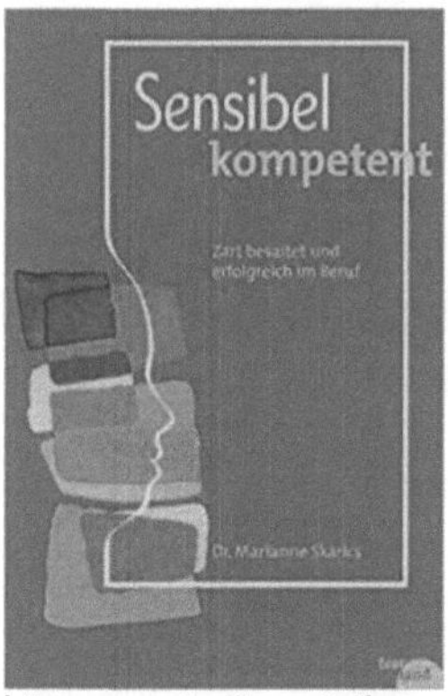

Neuauflage des Klassikers über Ausbildungswege und Berufsleben hochsensibler Menschen, mit ausführlichem Selbsttest. Es sind besonders die Hochsensiblen, die kreativ, integrativ und innovativ wirken, in größeren Zusammenhängen denken und überdurchschnittliche Arbeitsethik zeigen. Trotzdem werden sie allzu oft unter ihrem Wert eingesetzt oder von weniger fähigen, aber durchsetzungskräftigeren Mitarbeitern verdrängt. Doch es geht auch anders.
Dieses Buch kann hochsensiblen Menschen helfen, sich auch am Arbeitsplatz den besten Ruf zu verschaffen, den Beruf nicht als Plackerei zu erleben und vielleicht sogar ihre Berufung zum Lebensunterhalt zu machen. Jedenfalls finden Sie Strategien, wie Sie den Arbeitsalltag erfreulicher gestalten können, wie Sie mit Ihren Kollegen und Vorgesetzten besser auskommen, und wie Sie für Ihre ganz speziellen Fähigkeiten Anerkennung finden.
Ca. 223 Seiten, Festland Verlag, ISBN 9783950412109

Novitäten 2020 im Franzius Verlag

Sachbücher und Ratgeber

»Increase your energy – Mehr Gesundheit, Erfolg und Glück«
Deutsche Erstausgabe des Titels »Increase your energy«
Von Frederick Dodson, ISBN 978-3-96050-136-7

»Magnetic Wealth Attraction – Sei ein Magnet für Wohlstand, Überfluss und Fülle«
Deutsche Erstausgabe des Titels » Magnetic Wealth Attraction «
Von Frederick Dodson, ISBN 978-3-96050-180-0

»Eine glückliche Seelen in zwei Körpern – Dualseele 2.0«
Von Petra Liermann, ISBN 978-3-96050-178-7

»2021 – Wer wir sind, wo wir stehen und wohin wir gehen«
Aktualisierte und überarbeitete Fassung von »2015«
Von Petra Liermann, ISBN 978-3-945509-31-9

Romane

»Das Zugticket«
Roman von Monica Heinz, ISBN 978-3-96050-188-6

»Endstation Himmel«
Roman von Angelika Lorenz, ISBN 978-3-96050-186-2

»Hüter der Feder«
Fantasy-Roman von L. T. Ayren, ISBN 978-3-96050-093-3

»Bis ans Ufer«
Historischer Krimi von Sophie Heinig, ISBN 978-3-96050-182-4

»Reise zum inneren Avatar«
Spiritueller Roman von Mirjam Wyser, ISBN 978-3-96050-176-3

»Die Heimsuchungen der Familie Bell – Teil 1«
Historischer Krimi von Christiane Kromp, ISBN 978-3-96050-174-9

»Mörderische Psychospiele – Zwischen Bremen und der Nordsee«
Regionalkrimi von Sabine Bruns, ISBN 978-3-96050-172-5

»28 m² – Die Probandenstudie«
Thriller von Perry Payne, ISBN 978-3-96050-168-8

»Redric _ Die andere Seite der Angst«
Young-Adult Thriller von Jenny Rubus, ISBN 978-3-96050-160-2